# ماحولیاتی تعلیم

**ڈاکٹر ساجد جمال**، مولانا آزاد نیشنل اُردو یونیورسٹی، کالج آف ٹیچر ایجوکیشن بھوپال میں ایسوشیئٹ پروفیسر کے عہدے پر فائز ہیں۔ اس سے قبل شبلی نیشنل کالج اعظم گڑھ (یوپی) میں بحیثیت لکچرر اپنی خدمات انجام دے چکے ہیں۔ زیرنظر کتاب سے قبل آپ کی دو کتابیں، ''سائنس ٹیچنگ'' اور ''اُبھرتے ہوئے ہندوستانی سماج میں تعلیم'' شائع ہو چکی ہیں۔ آپ کے کئی ریسرچ پیپر مختلف قومی رسالوں میں شائع ہو چکے ہیں اور اس کے علاوہ یو. جی. سی کے مختلف پروجیکٹس پر بھی کام کر چکے ہیں۔ مزید تحقیقی کاموں کا سفر جاری ہے۔

**محمد مشاہد**، مولانا آزاد نیشنل اردو یونیورسٹی حیدرآباد کے شعبۂ تعلیمات اور تربیت برائے اساتذہ میں اسسٹنٹ پروفیسر کے طور پر اپنی خدمات انجام دے رہے ہیں۔ اس سے قبل آپ این. سی. ای. آر. ٹی کے ریجنل انسٹی ٹیوٹ آف ایجوکیشن اجمیر میں اپنی خدمات دے چکے ہیں۔ آپ کے مختلف ریسرچ پیپر مختلف قومی اخبار و رسائل میں وقتاً فوقتاً شائع ہوتے رہتے ہیں۔

# ماحولیاتی تعلیم

ساجد جمال
محمد مشاہد

شپرا پبلی کیشنز، دہلی

**Rs. 750 US$ 37.50**

ISBN: 978-81-7541-730-4

First Published in India, 2014

*Environmental Education* (in Urdu)



*Published by:*

**SHIPRA PUBLICATIONS**

H.O.: LG 18-19, Pankaj Central Market, I.P. Ext.,
Patparganj, Delhi 110092,
Ph. 22235152, 22236152
Br. Off.: 4617/18, Ansari Road, Daryaganj,
New Delhi 110002; Ph.9650028065, 9810522367
Email: info@shiprapublications.com
Website: www.shiprapublications.com

# انتساب

سرکاری وغیر سرکاری تنظیموں سے منسلک
اُن تمام خادمین کے نام جنھوں نے
ماحولیاتی تحفظ کے لئے اپنے آپ کو
وقف کر رکھا ہے۔

# فہرست

پیش لفظ xi

**باب-۱ ماحول اور ماحولیات**

(Environment & Ecology)

ماحول کا تصور (Concept of Environment) 1
ماحول کے اجزاء (Components of Environment) 2
ماحولیات (Ecology) 3
ماحولیاتی اصول (Ecological Principles) 5
ماحولیات کے مطالعہ کے مقاصد (Aims of Studying Ecology) 6
ماحولیات کی وسعت (Scope of Ecology) 6
ماحولیاتی آلات اور تکنیکیں Ecological Tools & Techniques) 7
ماحولیات کی قسمیں (Types of Ecology) 8
ماحولیات کی شاخیں (Branches of Ecology) 8
ماحولیاتی سلسلہ مراتب (Ecological Heirarchy) 11
حیاتی کرۂ اور حیاتی خطے (Biosphere & Biome) 11

**باب-۲ ماحولی نظام** (Ecosystem)

ماحولی نظام کی تعریف (Definition of Ecosystem) 13
ماحولی نظام کے اقسام (Types of Ecosystem) 13
ماحولی نظام کی خصوصیات (Characteristics of Ecosystem) 14
ماحولی نظام کی ساخت (Structure of Ecosystem) 15
ماحولی نظام کے غیر حیاتیاتی اجزاء (Abiotic Components of Eco System) 16
ماحولی نظام کے حیاتیاتی اجزاء (Biotic Components of Eco System) 17
غذائی سلسلہ اور غذائی جال (Eco Chains & Food Webs) 18
ماحولی نظام میں توانائی کی آمدورفت (Flow of Energy in Ecosystem) 20

ماحولی نظام میں تغذیائی ادوار(Nutrient Cycles in Ecosystem) 21
کاربن کا دور (Carbon Cycle) 21
نائٹروجن کا دور (Nitrogen Cycle) 23
آکسیجن کا دور (Oxygen Cycle) 24
فاسفورس کا دور (Phosphorus Cycle) 25
کچھ مخصوص ماحولی نظام (Some Specific Ecosystems) 26
جنگلاتی ماحولی نظام (Forest Ecosystem) 26
گیاہستانی ماحولی نظام (Grassland Ecosystem) 28
صحرائی ماحولی نظام (Desert Ecosystem) 29
آبی ماحولی نظام (Aquatic Ecosystem) 30

**باب-۳ قدرتی وسائل(Natural resources)**

قدرتی وسائل کی تعریف(Definition of Natural Resources) 35
قدرتی وسائل کی درجہ بندی(Classification of Natural Resources) 35
آبی وسائل (Water Resources) 37
معدنی وسائل (Mineral Resources) 42
غذائی وسائل (Food Resources) 45
توانائی کے وسائل (Energy Resources) 51
برّی وسائل (Land Resources) 59
جنگلاتی وسائل (Forest Resources) 66

**باب-۴ حیاتیاتی کثرت (Biodiversity)**

حیاتیاتی کثرت کی تعریف (Definition of Biodiversity) 70
حیاتیاتی کثرت کی اہمیت (Importance of Biodiversity) 73
عالمی سطح پر حیاتیاتی کثرت(Biodiversity at Global Level) 74
مقامی نوع (Endemic Species) 75
ہندوستان کے تناظر میں حیاتیاتی کثرت(Biodiversity in Indian Context) 76

**باب-۵ ماحولیاتی انحطاط (Environmental Degradation)**

ماحولیاتی انحطاط کی تعریف (Definition of Environmental Degradation) 78
ماحولیاتی انحطاط کی وجوہات(Causes of Environmental Degradation) 78
ماحولیاتی انحطاط کی قسمیں (Types of Environmental Degradation) 79
آبادی میں بے تحاشہ اضافہ (Population Explosion) 80

جنگلات کی کٹائی (Deforestation) 88
غربت (Poverty) 97
لوگوں کا شہروں کی طرف آنا (Urbanisation) 102

**باب-٦ آلودگی** (Pollution)

آلودگی کی تعریف (Definition of Pollution) 109
آلودگی کی قسمیں (Types of Pollution) 110
متعفِن (Pollutants) 110
متعفِن کی درجہ بندی (Classification of Pollutants) 111
ہوا کی آلودگی (Air Pollution) 112
پانی کی آلودگی (Water Pollution) 118
مٹی کی آلودگی (Soil Pollution) 122
آواز کی آلودگی (Noise Pollution) 125
بحری آلودگی (Marine Pollution) 129
حرارتی آلودگی (Thermal Pollution) 130
تاب کار آلودگی (Radioactive Pollution) 133

**باب-٧ آلودگی کی انفرادی اِکائیوں کا تفصیلی جائزہ** 136
(Pollution Case Studies)

**باب-٨ ٹھوس کچرے کا انتظام** 139
(Solid Waste Management)

**باب-٩ نباتات اور حیوانات کا فنا ہونا**
(Extinction of Flora & Fauna)
نباتات اور حیوانات کے فنا ہونے کا مطلب 141
(Meaning of Extinction of Flora & Fauna)
نباتات اور حیوانات کے فنا ہونے کی وجوہات 142
(Causes of Extinction of Flora & Fauna)
رہنے کی جگہ میں کمی کی وجوہات (Causes of Habitat Loss) 142
جانوروں کا چوری سے شکار (Poaching) 143
نباتات اور جانوروں کو فنا ہونے سے بچانے کے طریقے 144
(Methods of Saving Flora & Fauna)

## باب-۱۰ آلودگی کے خطرناک اثرات

(Dangerous Effects of Pollution)


اوزون کے پرت میں تخفیف (Ozone Layer Depletion) 145

دنیا میں بڑھتی ہوئی گرمی (Global Warming) 152

تیزابی بارش (Acid Rain) 158

آب وہوا میں تبدیلی (Climate Change) 162


## باب-۱۱ مستحکم فروغ

(Sustainable Development)


مستحکم فروغ کا مفہوم (Meaning of Sustainable Development) 168

غیر مستحکم فروغ کی وجوہات (Causes of Unsustainable Development) 169

مستحکم فروغ کے اصول (Principles of Sustainable Development) 169

مستحکم فروغ کے مقاصد (Aims of Sustainable Development) 170

مستحکم فروغ کے لئے اپنائی جانے والی حکمت عملیاں 170
(Strategies for Sustainable Development)

مستحکم فروغ اور ترقی پذیر ممالک 172
(Developing Countries & Sustainable Development)

تعلیم اور مستحکم فروغ (Education & Sustainable Development) 173


## باب-۱۲ ماحولیاتی تعلیم (Environmental Education)


ماحولیاتی تعلیم کی تعریف (Definition of Environmental Education) 174

ماحولیاتی تعلیم کی نوعیت (Nature of Environmental Education) 175

ماحولیاتی تعلیم کی وسعت (Scope of Environmental Education) 178

ماحولیاتی تعلیم کے مقاصد (Aims of Environmental Education) 181

ماحولیاتی تعلیم کے اقوام متحدہ کے ذریعہ اعلان کئے گئے مقاصد 182
(Aims of Environmental Education Declared by UNO)

ماحولیاتی تعلیم کے اغراض (Objectives of Environmental Education) 182

ماحولیاتی تعلیم کی اہمیت Importance of Environmental Education) 183


## باب-۱۳ ماحولیاتی تعلیم کا نصاب

(Curriculum of Environmental Education)


ایک آزاد مضمون کی حیثیت سے ماحولیاتی تعلیم 184
(Environmental Education as a Separate Subject)

190 ماحولیاتی تصوّرات کو دوسرے مضامین میں ڈال کر ماحولیاتی تعلیم دینا
(Environmental Education Through Infusion Approach)
190 وقتاً فوقتاً مختلف پروگرام منعقد کروا کر ماحولیاتی تعلیم دینا
(Environmental Education Through Occasional Programmes)
191 ہندوستان میں ماحولیاتی تعلیم کا نصاب
(Curriculum of Environmental Education in India)

## باب-۱۴ ماحولیاتی تعلیم اور اساتذہ

(Environmental Education & Teachers)
193 اساتذہ کا کردار (Role of the Teacher)
194 اساتذہ کی ذمّہ داریاں(Responsibilities of the Teacher)
195 اساتذہ کی مہارتیں (Competencies of the Teacher)

## باب-۱۵ ماحولیاتی تعلیم کی تدریس کے لئے اپنائی جانے والی مخصوص طرزِ رسائیاں

(Specific Approaches to Teach Environmental Education)
198 طریقۂ تحقیقات/ کھوج (Investigation Method)
198 تجرباتی طریقہ (Experimental Method)
202 مساحت کا طریقہ (Survey Method)
203 کردار نبھانا (Role Play)
204 ماحولیاتی کھیل (Ecogame)
206 حلقہ جاتی مطالعہ(Field Study)
209 منصوبے کا طریقہ(Project Method)
210 انفرادی اِکائی کا تفصیلی جائزہ (Case Study)
211 اقدار کی توضیح (Value Clarification)
213 بحث ومباحثہ (Discussion)
214 نمائش (Exhibition)
216 معلومات عامہ کا مقابلہ (Quiz)
217 مذاکرہ (Debate)
217 مظاہرہ (Demonstration)
218 پوسٹر کی نمائش (Poster Presentation)
218 بیت بازی (Antakshari)
219 کٹھ پتلی (Puppet)

ماحولیاتی کلب (Eco Club) 219
223

**باب-۱۶ ماحولیاتی تعلیم کے مسائل**
(Problems of Environmental Education)

**ضمیمہ (Annexure)**
آلودگی کو کم کرنے کے لئے ہندوستان میں بنائے گئے کچھ اہم قوانین (Some Important Laws
for the Prevention and Control of Pollution in India) 223

# پیش لفظ

## (Preface)

موجودہ دَور میں ماحول اور ماحولیاتی مسائل کو بین الاقوامی ڈپلومیسی اور سیاسی حلقوں میں کافی اہمیت دی جارہی ہے۔ ایسا اس لئے ہے کیونکہ آج مختلف ماحولیاتی مسائل مثال کے طور پر دنیا کی بڑھتی ہوئی گرمی، گرین ہاؤس گیسوں کا اخراج، اوزون کی پرت میں تخفیف، تیزابی بارش اور آب وہوا میں ہونے والی تبدیلی کی وجہ سے انسانی وجود کو خطرہ لاحق ہوگیا ہے۔ اس کے علاوہ دنیا کے ہر گوشے میں بڑھتی ہوئی ہوائی، آبی، صوتی، حرارتی اور تاب کار آلودگی لوگوں کی صحت کے لئے خطرناک مسائل پیدا کررہی ہیں۔ بے تحاشہ بڑھتی ہوئی آبادی، جنگلات کی کٹائی، زمین کے اندر سے قیمتی معدنیات کا تیزی سے نکالنا، لوگوں کا تیزی سے شہروں کی طرف آنا اور بنا منصوبہ بندی کے صنعتیں لگانا یہ سب کچھ ایسی وجوہات ہیں جن کی وجہ سے لوگوں کو ایسے ماحول میں رہنا پڑ رہا ہے جو صحت و تندرستی کے لئے مُضر ہے۔ آج کے دور میں لوگوں کو اب نہ تو صاف ہوا میسر ہے، نہ ہی صاف پانی اور نہ ہی دل کا سکون و چین۔ زراعت کے شعبے میں جراثیم کش دواؤں کا بے تحاشہ استعمال، کیمیکل کھادوں کا بیجا استعمال، ایک ہی سال میں مٹی میں کئی کئی فصلیں اُگانا اور اچھی پیداوار حاصل کرنے کے لئے زمین کے اندر موجود پانی کا کثرت سے آب پاشی کے لئے استعمال کرنا یہ کچھ ایسے مسائل ہیں جن کی وجہ سے ماحول کافی آلودہ ہوتا ہے اور اس کا خمیازہ انسان کو ہی مختلف صورتوں میں بھگتنا پڑتا ہے۔ آج کل لوگوں کی طرز زندگی پہلے سے کافی بدل چکی ہے اور لوگوں کو کافی مقدار میں توانائی کی ضرورت پڑتی ہے اور عام طور پر یہ توانائی غیر تجدید پذیر وسائل سے حاصل ہوتی ہے یعنی ایسے وسائل سے جن کے ختم ہونے کا اندیشہ رہتا ہے اور جو ایک بار ختم ہوگئے تو دوبارہ حاصل نہیں کئے جاسکتے۔ توانائی کے ان روایتی ذرائع کا استعمال کرنے سے بھی ماحول کافی آلودہ ہوتا ہے اور اس کے خطرناک نتائج انسان کو بھگتنا پڑتا ہے۔ انسانی نقل و حرکت کی وجہ سے آج کئی جانور اور نباتات یا تو ختم ہوچکے ہیں یا ختم ہونے والے ہیں۔ اس سے دو طرح کے نقصانات ہونگے، ایک تو یہ کہ ہم اُن سے حاصل ہونے والے تمام فائدوں سے محروم ہوجائیں گے اور دوسرا یہ کہ ہم جمالیاتی منفعت سے بھی محروم ہوجائیں گے۔ ہم زمین کے اندر سے قیمتی معدنیات کو تیزی سے کھود کر نکال رہے ہیں اس سے یہ اندیشہ پیدا ہورہا ہے کہ کہیں آنے والی نسلوں کے لئے کچھ نہ بچے اور وہ ان تمام چیزوں سے محروم رہیں جن سے ہم استفادہ کررہے ہیں۔

ان تمام باتوں کا ہرگز یہ مطلب نہیں ہے کہ مقامی، قومی یا بین الاقوامی سطح پر ماحول کے تحفظ کے

لئے کچھ نہیں کیا جا رہا ہے بلکہ ان مختلف سطحوں پر حکومتیں، انفرادی لوگ اور غیر سرکاری تنظیمیں کافی کچھ کر رہی ہیں۔ پرنٹ اور الکٹرانک میڈیا بھی اس سلسلے میں قابل تعریف رول ادا کر رہا ہے۔ لیکن ابھی بھی یہ سارے کام مسائل کی نوعیت کے مطابق نہیں ہو پا رہے ہیں۔ اس سلسلے میں یہ کہا جاتا ہے کہ ماحولیاتی مسائل سے صحیح طرح سے بنٹنے کے لئے ہماری سوچ عالمی سطح کی ہونی چاہیئے لیکن کام ہمیں مقامی سطح پر کرنا چاہئے اور ہم مقامی سطح پر کام تبھی کر پائیں گے جب ہمارے اندر ماحول کے تحفظ کا جذبہ ہو اور مختلف ماحولیاتی مسائل کے بارے میں آگہی ہو۔

لوگوں کے اندر ماحول کے تئیں آگہی یا بیداری پیدا کرنے کا کام ماحولیاتی تعلیم بڑی آسانی کے ساتھ کر سکتی ہے۔ یہ نہ صرف لوگوں کے اندر شعور وظرف پیدا کرتی ہے بلکہ لوگوں کے اندر ایسے کام کرنے کی مہارت بھی پیدا کرتی ہے جس سے ماحول کا تحفظ ہو سکے اور اس کے معیار میں اصلاح ہو۔ اسی لئے ماحولیاتی تعلیم کو دنیا کے تقریباً تمام ممالک میں داخلِ نصاب کیا گیا ہے۔ ہمارے ملک میں بھی اسے قومی تعلیمی پالیسی 1986 نے تعلیم کے نصاب کا ایک اہم جز قرار دیا اور ہمارے ملک کی عدالتِ عالیہ نے بھی حکومت کو یہ حکم دیا کہ ماحولیاتی تعلیم کو ثانوی اور گریجویشن سطح تک کے سارے کورسیز میں لازمی طور ر داخلِ نصاب کیا جائے جس سے کہ ماحول کا تحفظ ہو سکے اور لوگوں کو آلودگی سے نجات حاصل ہو سکے۔ چونکہ اسکولوں میں ماحولیاتی تعلیم دینے کی ذمے داری اساتذہ کی ہوتی ہے اسی لئے ماحولیاتی تعلیم کو اساتذہ کو تربیت دینے والے اداروں کے نصاب میں بھی شامل کیا گیا جس سے ان کے اندر ماحول کے تئیں ایک مثبت رویہ پیدا ہو اور وہ اپنی شخصیت اور اپنی حرکات وسکنات کے ذریعہ طلباء میں ماحول کے تحفظ کے لئے بیداری پیدا کر سکیں۔

ہماری یونیورسٹیوں میں اس مضمون پر نہایت اعلیٰ قسم کی کتابیں داخلِ نصاب ہیں۔ لیکن ان میں سے بیشتر ہندی، انگریزی یا دوسری مقامی زبانوں میں ہی دستیاب ہیں اس لئے اردو ذریعۂ تعلیم سے علم حاصل کرنے والے طلباء کے لئے ان سے استفادہ مشکل ہو جاتا ہے۔ اس لئے یہ ضرورت محسوس کی جارہی تھی کہ اس موضوع پر ایک ایسی جامع کتاب پیش کی جائے جس میں ان تمام اہم مدعوں اور مسائل کو شامل کیا جائے جو طلباء کے لئے مفید اور کارآمد ثابت ہوں اور زیادہ سے زیادہ عنوانات ایک ہی کتاب میں حاصل ہو جائیں۔ اس کتاب میں اسی علمی تشنگی کو دور کرنے کی سعی کی گئی ہے اور یہ کوشش کی گئی ہے کہ تکنیکی مباحث کو آسان سے آسان زبان میں سمجھایا جائے۔ تکنیکی اصطلاحات کا ترجمہ اس طرح کیا گیا ہے کہ سمجھ میں آسکے اور حافظہ اس کو قبول کرے۔ جہاں کہیں اردو میں کوئی اصطلاح پیش کی گئی ہے وہاں مروّجہ انگریزی اصطلاح کو بھی اس کے ساتھ پیش کیا گیا ہے تاکہ عصری لٹریچر سے آگہی قائم رہ سکے۔

اس پوری کتاب کو مجموعی طور پر 16 ابواب میں تقسیم کیا گیا ہے۔ باب ایک سے باب گیارہ تک ماحول اور ماحولیات کے بارے میں بنیادی علم، مختلف طرح کے ماحولیاتی انحطاط اور ماحولیاتی آلودگی کی وجوہات، انھیں روکنے کے طریقے اور ماحول کو بہتر بنانے کے مشورات پر مشتمل ہیں۔ اس کے علاوہ ان ابواب میں مختلف طرح کے ماحولی نظام اور ان میں توانائی کی آمد و رفت، مختلف طرح کے غذائی جال اور ان کی کارکردگی، مختلف طرح کے قدرتی وسائل اور ان کی افادیت، حیاتیاتی کثرت اور اس کی افادیت، حیوانات اور

نباتات کی معدومی کی وجوہات اوراس سے بچنے کے طریقے وغیرہ پر بھی تفصیل سے روشنی ڈالی گئی ہے۔طلباء کو بہتر فہم عطا کرنے کے واسطے آلودگی کی کچھ انفرادی اکائیوں کا تفصیلی جائزہ بھی پیش کیا گیا ہےاوراس کے علاوہ آلودگی کے جو چند بہت خطرناک قسم کے اثرات انسانوں کے سامنے آرہے ہیں اور جن سے انسانون کے وجود کو ہی خطرہ لاحق ہوگیا ہے ان کے بارے میں بھی تفصیل سے روشنی ڈالی گئی ہے۔ ان تمام طرح کی آلودگیوں اور پریشانیوں سے بچنے کے لئے ہمیں مستحکم فروغ کی ضرورت کیوں ہے اس کی بھی وضاحت کی گئی ہے۔باب 12 سے 16 میں ماحولیاتی تعلیم کی تعریف،نوعیت، وسعت، اہمیت، اس کے مقاصد اور نصاب کے بارے میں تفصیل سے روشنی ڈالی گئی ہے۔ ماحولیاتی تعلیم کے لئے کون سی مخصوص طرزِ رسائیوں کی ضرورت ہے اوران میں اساتذہ کیا کردار نبھا سکتے ہیں اس پر بھی بحث کی گئی ہے۔آخری باب میں ماحولیاتی تعلیم کے سامنے درپیش مسائل کا بھی تفصیل سے ذکر کیا گیا ہے ہندوستان میں آلودگی سے بچنے کے لئے بنائے گئے کچھ اہم قوانین کے خدوخال کو ضمیمے کے طور پر پیش کیا گیا ہے۔

اس کتاب کی ایک اہم خاصیت یہ ہے کہ اس میں کافی تعداد میں تصاویر، خاکے، جدول اور ڈاٹا پیش کیے گئے ہیں۔اس طرح کی کتاب لکھنے کے لئے اور ایسے خاکے یا ڈاٹا پیش کرنے کے لئے ظاہر ہے کہ ان موضوعات پر مختلف زبانوں میں دستیاب لٹریچر سے استفادہ کرنا بہت ضروری ہے۔ اس لئے ہم نے مختلف زبانوں میں موجود لٹریچر، انسائیکلوپیڈیا اور انٹرنیٹ کے وسائل سے کافی استفادہ کیا ہے۔ اس بات کو بھی مدِنظر رکھا گیا ہے کہ جو چیز جہاں سے لی گئی ہے اس کا ذریعہ بھی پیش کردیا گیا ہے اگر بشریت کے ناطے کہیں سہو ہوگیا ہےتو ہم اس کے لئے تہہ دل سے معذرت خواہ ہیں اور ہم ان تمام مصنفین ،مؤلفین اور پبلشرز کے تہہ دل سے شکرگزار ہیں جن کی گراں قدر تصانیف سے ہمیں استفادہ ہوا ہے۔

اس تصنیف میں ہمیں اپنے بہت سارے کرم فرما احباب سے مدد ملی ہےاور یہ بڑی ناشکری ہوگی اگر ہم ان کا شکریہ ادا نہ کریں ۔ یہ فہرست طویل ہے اس لئے نام بنام یہ فریضہ ادا کرنا ممکن نہیں ۔تاہم محترم پروفیسر جناب نبی احمد صاحب کا ذکر ضروری سمجھتے ہیں جنھوں نے ہمیں طالب علمی کے زمانے سے لیکر آج تک ہمیشہ لکھنے پڑھنے کی ترغیب دی اور حوصلہ افزائی کرنے میں کوئی کسر نہ چھوڑی، اس لئے ہم ان کے شکرگزار ہیں۔ ساتھ ہی محترمہ پروفیسر خدیجہ بیگم، محترمہ پروفیسر فاطمہ بیگم، محترم پروفیسر ودود الحق صدیقی، جناب پروفیسر ایس ایم محمود، محترمہ پروفیسر اوبناش گریوال اور ڈاکٹر نجم السّحر کا نام ہم بڑے احترام سے لیتے ہیں۔ان حضرات نے ہمیں یہ کتاب لکھنے کا شوق دلایا اور ہم جب کسی بھی پریشانی سے دوچار ہوئے تو ہماری ہر ممکن مدد کی ۔ ہم ان تمام کرم فرماؤں کا شکریہ بڑے ادب واحترام سے ادا کرتے ہیں۔ ان افراد کے علاوہ ڈاکٹر عبدالرحیم (اسوشیٹ پروفیسر، مولانا آزاد نیشنل اردو یونیورسٹی، کالج آف ٹیچر ایجوکیشن، سری نگر)، ڈاکٹر انصار الحسن (اسسٹنٹ پروفیسر کالج آف ٹیچر ایجوکیشن، دربھنگہ) اور ڈاکٹر سراج خانؔ (سائنس داں، Central Ground Water Board, Bhopal) کے بھی ہم مشکور وممنون ہیں جنھوں نے ہمیں اس کتاب کے لئے وقتاً فوقتاً ضروری مسوّدے مہیا کرائے۔مولانا آزاد نیشنل اردو یونیورسٹی کے ڈپارٹمنٹ آف ایجوکیشن اینڈ ٹریننگ اور کالج آف ٹیچر ایجوکیشن بھوپال سے جڑے ہوئے اپنے تمام اساتذہ، ساتھیوں کا بھی

ہم شکریہ ادا کرتے ہیں جنھوں نے ہمیں اس کتاب کی تصنیف کے دوران قیمتی آراء سے نوازا۔ مولانا آزاد نیشنل اردو یونیورسٹی، کالج آف ٹیچر ایجوکیشن بھوپال کے لائبریرین جناب بلال احمد کلا صاحب، لیب اسسٹینٹ ایس ایم فرحت اللہ اور لیب اٹینڈ ینٹ شبیر احمد بھی شکریہ کے مستحق ہیں جنھوں نے ہمیں مختلف موضوعات پر کتابیں دستیاب کرائیں اور انٹرنیٹ سے ضروری وسائل فراہم کرنے میں مدد و معاون ثابت ہوئے۔

اس کاوش کے دوران بیگم کہکشاں ساجد اور بیگم ناہید محمد مشاہد کا کافی قیمتی وقت صَرف ہوا ہے۔ ہم ان کے مشکور و ممنون ہیں کہ انہوں نے صبر و تحمل کے ساتھ ہمیں اپنا تعاون پیش کیا۔ ہمیں اس بات کا احساس ہے کہ شادان ساجد اور صابر بن مشاہد کی شرارتوں کی وجہ سے اس کتاب کو پورا ہونے میں دوگنا وقت لگ گیا لیکن اب ان کے لئے خوش خبری یہ ہے کہ ہم اپنی تمام تر توجہ ان پر مرکوز کر سکیں گے اور ان کا پورا خیال رکھ سکیں گے۔ ان تمام عزیزوں اور دوستوں کے تعاون، دلجوئی اور عرق ریزی کے باوجود ہماری یہ کوشش نا کام ہو سکتی تھی اگر ہمیں اپنے والدین، بھائی بہن اور جملہ عزیز و اقارب کی دعائیں اور نیک تمنائیں حاصل نہ ہو پاتیں۔ اس لئے ہم ان کے بھی تہہ دل سے شکر گزار ہیں۔ آخر میں ہم شکریہ ادا کرتے ہیں جناب محمد افروز قاسمی کا جنہوں نے اس کتاب کو قبل از وقت کمپیوٹرائز ڈ کر کے تکمیل کی راہ آسان کردی اور شپرہ پبلیشرز کے منتظم جناب ڈی کمار صاحب کا جن کی ذاتی دلچسپی اور مؤثر کوشش کے باعث یہ کتاب جلدی ہی منظر عام پر آسکی۔

خدایا ہماری یہ حقیر کاوش تعلیمی کارکنوں، اساتذہ اور زیر تربیت اساتذہ کے لئے مفید ثابت ہو۔

آمین یا رب العالمین

باب-۱ (Chapter-I)

# ماحول اور ماحولیات

# (ENVIRONMENT AND ECOLOGY)

## ماحول کا تصوّر (Concept of Environment)

لفظ ماحول کی ابتدا فرانسیسی زبان کے لفظ 'environner' سے ہوئی جس کا مطلب ہوتا ہے دائرہ بنانا، یا گھیرنا۔ اس کا مطلب یہ ہوا کہ جو بھی چیزیں ہمارے آس پاس کے دائرے میں ہیں یا ہمیں گھیرے ہوئے ہیں وہ 'ماحول' کی تخلیق کرتی ہیں اور اُن چیزوں کے تعامل کے بغیر زندگی کی نشو ونما ممکن نہیں ہے۔ اس سلسلے میں Encyclopaedia Britannica میں ماحول کی تعریف یوں بیان کی گئی ہے "یہ (ماحول) طبعی، کیمیاوی اور حیاتیاتی (biotic) عناصر کا وہ مخلوط ہے جو کہ ایک فرد یا ایک معاشرے پر کام کرکے اس کی نوعیت یا اس کے وجود کا تعین کرتا ہے۔" اس کے علاوہ مختلف ماہرین نے ماحول کی مندرجہ ذیل تعریفات پیش کی ہیں:-

"ماحول کا مطلب ایسے حالات کے میزان سے ہے جو کہ ایک خاص وقت اور جگہ پر انسان کو گھیرے ہوئے ہے"۔ (C.C.Park,1980)

"ماحول ان سارے مادّی اور حیاتاتی حالات کا مجموعہ ہے جو انسانوں اور جانوروں کے ردّعمل کو متاثر کرتا ہے"۔ (S.C. Kendeigh,1974)

"کسی بھی خطے کے طبعی، کیمیاوی اور حیاتیاتی حالات، جس میں کہ انسان رہتا ہے اس کے ماحول کی تخلیق کرتے ہیں۔" (Martin et al.,2000)

"ماحول وہ سب کچھ ہے جو افراد کو متاثر کرتا ہے صرف وراثتی (genetic) اثر کے علاوہ"۔ (Anastasi)

"اصطلاح میں ماحول کا استعمال مکمل طور پر ان قوتوں، اثرات اور حالات کی وضاحت کرنے کے لئے استعمال ہوتا ہے جو کہ انسان کی زندگی، اس کی فطرت (nature)، اس کے کردار، اس کی نشو ونما اور اس کی پختگی کو متاثر کرتے ہیں"۔ (Douglass and Holland)

مندرجہ بالا تعریفات کی بنیاد پر ہم ماحول کی مندرجہ ذیل خصوصیات بیان کر سکتے ہیں:-

۱) یہ انسان کی پیدائش سے لے کر مرنے تک کے تمام محرکوں (stimulus) کا مجموعہ ہے۔

۲) یہ وراثت (genes) کے علاوہ وہ سب کچھ ہے جو انسان کو کسی بھی طرح سے متاثر کرتا ہے۔

۳) اس میں وہ تمام خارجی قوتیں شامل ہیں جو انسان کی بالیدگی اور نشو ونما کو متاثر کرتی ہیں۔

۴) اس میں وہ تمام طبعی، ذہنی، سماجی، اخلاقی، ثقافتی، جذباتی، معاشی اور سیاسی قوتیں شامل ہیں جو کہ انسان

کی زندگی اوراس کے کردار کو متاثر کرتی ہیں۔

۵) اس میں طبعی اجزا (زمین، ہوا اور پانی) اور حیاتاتی اجزا (نباتات، جاندار، انسان اوراس کی مختلف سرگرمیاں) دونوں شامل ہیں۔

۶) اس میں بہت سارے طبعی، کیمیاوی اور حیاتاتی عمل (processes) شامل ہیں۔

## ماحول کے اجزاء (Components of Environment)

ماحول کے مندرجہ ذیل اجزا ہوتے ہیں:-

ماحول (Environment)

- حیاتیاتی اجزاء (Biological or Biotic Components)
- غیر حیاتاتی اجزاء (Abiotic Components)

حیاتیاتی اجزاء:

- انسان (Man)
- جانور (Animals)
- نباتات (Plants)

غیر حیاتاتی اجزاء:

**کرۂ جامد (Lithosphere)**

یہ زمین کا ٹھوس (solid) حصہ ہوتا ہے۔ اس میں مختلف قسم کی چٹانیں، معدنیات اور مٹی شامل ہیں۔

**کرۂ آب (Hydrosphere)**

زمین کا 71 % حصہ تالابوں، جھیلوں، ندیوں اور دریاؤں کی شکل میں پانی سے گھرا ہوا ہے۔ اسی کو کرۂ آب کہتے ہیں

**کرۂ ہوا (Atmosphere)**

یہ ہوا کا وسیع وعریض پھیلاؤ ہے جو زمین کو گھیرے ہوئے ہے۔ یہ بہت ساری گیسوں، پانی کی بھاپ، اور مختلف مادی اشیاء کا مخلوط مجموعہ ہے۔ یہ زمین کی سطح سے لے کر 500km کی اونچائی تک پھیلا ہوا ہے ۔ اس کو مندرجہ ذیل حصوں میں بانٹا جاسکتا ہے:-

| 1 | 2 | 3 | 4 |
|---|---|---|---|
| کرّہ حارّہ | کرّہ درمیانی | کرّہ قائمہ | کرّہ متغیرہ |
| (85-500 km) | (50-85 km) | (11-50km) | (0-11km) |
| (Thermosphere) | (Mesosphere) | (Stratosphere) | (Troposphere) |
| اس میں حرارت $-92^{o}C$ سے لے کر $1200^{o}C$ تک رہتی ہے۔ | کرّہ ہوا کے اس حصے میں حرارت بہت کم ہوتی ہے اور ہوا کا دباؤ (atmospheric pressure) بھی بہت کم ہوتا ہے اس کی حرارت $-2^{o}C$ سے $-92^{o}C$ تک ہوتی ہے۔ | اس میں حرارت بلندی کے ساتھ کم نہیں ہوتی ہے بلکہ یکساں رہتی ہے اس سطح پر اوزون کی تخلیق ہوتی ہے۔ $O_2+h^{v} \Rightarrow 2O$ $O_2+O \Rightarrow O_3$ (oxygen) (ozone) | یہ کرّہ ہوا کا وہ حصہ ہے جس میں اونچائی (height) کے ساتھ ساتھ حرارت (temperature) کم ہوجاتی ہے۔ یہ پورے کرّہ ہوا کا تقریباً %70 وزن اپنے آپ میں رکھتا ہے اس کی حرارت $15^{o}C$ سے شروع ہوکر $-56^{o}C$ تک جاتی ہے۔ |

## ماحولیات
## (Ecology)

ماحولیات مختلف ذی حیات وجود (Organisms) کے آپس کے تعامل اوران کے طبعی ماحول کے تعامل کا سائنسی مطالعہ ہے۔ لفظ ماحولیات کا سب سے پہلے استعمال Ernst Haeckel نے 1866ء میں کیا تھا۔ یونانی زبان کے دو الفاظ 'Oikos' (جس کا مطلب ہوتا ہے رہائش) اور 'logos' (جس کا مطلب ہوتا ہے مطالعہ) سے مل کر بنا ہے۔ ماحولیات کی تعریف مختلف سائنس دانوں نے مختلف طریقے سے پیش کی ہیں۔ کچھ اہم تعریفات مندرجہ ذیل ہیں:-

۱) ''یہ مختلف طرح کے ماحولی نظاموں (ecosystems) کی ساخت اوران کے کام کا یا وسیع مفہوم میں قدرت (nature) کا مطالعہ ہے۔'' (Odum,1971)

۲) ''ماحولیات تمام ذی حیات وجود کے تمام ماحول کے تمام تعلقات کا مطالعہ ہے۔'' (Taylor)

۳) ''یہ تمام آباد ذی حیات وجود کے آپس کے تعلقات کا اوران کے ماحول سے تعلق کا سائنسی مطالعہ ہے۔'' (Southwick,1976)

۴) ''ماحولیات معاشرے کا مطالعہ ہے۔''(Frederick Clements,1916)

۵) ''ماحولیات مختلف ماحولی نظاموں کا مطالعہ ہے یا مختلف آباد ذی حیات وجود اور ان کے طبعی مضافات کے باہمی تعامل کی کاملیت کا مطالعہ ہے۔''(Clark,1954)

۶) ''ماحولیات مختلف ذی حیات وجود اور قدرت کے بیچ کے تعامل کا مطالعہ ہے جو کہ ذی حیات وجود کی تقسیم، ان کی وسعت اور ان کی فراوانی کا تعین کرتا ہے۔''(Dreb,1985)

۷) ''ماحولیات، ذی حیات وجود اور ان کو متاثر کرنے والے یا ان سے متاثر ہونے والے مختلف حیاتیاتی اور طبعی عناصر کے تعلقات کی کاملیت کا مطالعہ ہے۔''( Pinaka,1973)

۸) ''ماحولیات ایک ایسا علم ہے جس کا تعلق مختلف آباد ذی حیات وجود، پیڑ، پودوں، جانوروں اور ان کے ماحول کے باہمی تعلق سے منسلک ہے۔''(Macfadyen,1967)

۹) ''ماحولیات ماحول کی نسبت سے ذی حیات وجود کا مطالعہ ہے۔''(Warming,1909)

۱۰) ''ماحولیات قدرت کی ساخت اور اس کے مختلف کاموں کا مطالعہ ہے۔''(R.A. Sharma,2007)

مندرجہ بالا تعریفات کی بنیاد پر ہم ماحولیات میں مندرجہ ذیل خصوصیات پاتے ہیں:۔

۱) ماحولیات کا دائرہ بہت وسیع ہے، اس میں مختلف طرح کے عالمی عمل (مثال کے طور پر جنگلات اور ان کو پھر سے لگانا) سے لے کر مقامی عمل تک شامل ہوتے ہیں (مثال کے طور پر غذا کے خراب ہونے میں جراثیم کا کردار)۔

۲) ماحولیات مختلف طرح کے ماحولی نظام کا مطالعہ ہے۔

۳) ماحولیات مختلف طرح کے مضامین مثال کے طور پر عضویات (physiology)، ارتقاء، جنسیات اور کردار (behaviour) سے مربوط ہے۔

۴) اس میں مطابقت (adaptations) کی تشریح کرنے والے بہت سارے عمل شامل ہوتے ہیں۔

۵) یہ مختلف ذی حیات وجود (organisms) کی تقسیم اور ان کی فراوانی کا مطالعہ کرتا ہے۔

۶) یہ مختلف آباد معاشروں کے ذریعہ مختلف مادّوں اور توانائی کی حرکت کا مطالعہ کرتا ہے۔

۷) ماحولیات حیاتیاتی سائنس (Biology) کی ایک شاخ ہے جو کہ زندگی کے مختلف پہلوؤں اور امر وواقعات کا مطالعہ کرتا ہے۔

۸) مختلف طرح کے ماحولی نظام کی وراثتی نشوونما کا مطالعہ کرتا ہے۔

۹) یہ ماحول کے تناظر میں مختلف طرح کی حیاتیاتی تنوع (Biodiversity) کی فراوانی اور ان کی تقسیم کا مطالعہ کرتا ہے۔

۱۰) مختلف ذی حیات وجود اور ماحول ایک دوسرے کے ساتھ کس قدر مربوط ہیں اور کیسے ایک دوسرے پر منحصر ہیں۔ یہ اس کا بھی مطالعہ کرتا ہے۔

۱۱) یہ ایک ایسا فلسفہ ہے جس میں ہم زندگی کے مختلف النوع امر وواقعات کی تشریح قدرتی عمل کے طور پر کرتے ہیں۔

۱۲) یہ ایک ایسی سائنسی طرز رسائی ہے جس سے کہ ہم مختلف ذی حیات وجود کی فلاح وبہبود کے

بارے میں مطالعہ کرتے ہیں۔

۱۴) ماحولیات کی بہت ساری شاخیں ہیں جن کا استعمال انسانوں اور مختلف ذی حیات وجود کے لئے بہت افادی ہوتا ہے۔ مثال کے طور پر قدرتی وسائل جیسے پانی، جنگل، مٹی اور مختلف معدنیات کا کیسے بہتر استعمال کریں۔ کس طرح سے شہر بسانے کا صحیح منصوبہ بنایا جائے اور اس پر عمل کیا جائے کہ مختلف طرح کے پیڑ پودوں اور جانوروں کو کم سے کم نقصان پہنچے اور معاشرتی صحت وغیرہ کا خیال کیسے رکھا جائے وغیرہ۔

## ماحولیاتی اصول
## (Ecological Principles)

۱) تمام ذی حیات وجود اور ان کا ماحول ایک دوسرے کے ساتھ ردِّعمل کرتے رہتے ہیں۔ مختلف ذی حیات وجود ایک دوسرے کے ساتھ تعامل کرتے رہتے ہیں۔ وہ ایک دوسرے کو بھی متاثر کرتے ہیں اور اپنے ماحول کو بھی۔

۲) انسان کی مختلف نقل وحرکت کی وجہ سے ماحول متاثر ہو رہا ہے اور اس کا اثر تمام ذی حیات وجود پر ایک جیسا ہوگا۔

۳) مختلف حیاتیاتی معاشروں کو قدرتی خدشات (Natural hazards) مثال کے طور پر تیزابی بارش، آندھی، طوفان، زلزلہ، سونامی، سیلاب وغیرہ بُری طرح سے متاثر کرتے ہیں۔

۴) زمین پر جو زندگی دکھائی پڑ رہی ہے وہ ماحولی نظام (eco-system) کی ایک خصوصیت ہے نہ کہ کسی خاص آبادی یا ذی حیات وجود کی۔

۵) ماحولیاتی مطالعہ کی سب سے بنیادی اکائی ماحولی نظام ہے کیونکہ اس میں حیاتیاتی (biotic) اور غیر حیاتاتی (abiotic) دونوں ہی اجزاء شامل ہیں۔

۶) ایکو نظام بنیادی طور پر ایسی توانائی کے ذریعہ کام کرتا ہے جو کہ سورج کی روشنی سے حاصل ہوتی ہے اور پیڑ پودھوں کے ذریعہ اکٹھی کی جاتی ہے۔ اس توانائی کا استعمال کھانا پکانے کے کام میں ہوتا ہے۔

۷) کسی بھی ایسے نظام میں جو کہ مستقل طور پر کمیت (constant mass) رکھتا ہو، توانائی نہ تو پیدا کی جاتی ہے اور نہ ہی برباد کی جاتی ہے۔ بلکہ یہ ایک شکل سے دوسری شکل میں تبدیل ہو جاتی ہے۔

۸) کسی بھی ماحولی نظام کی پیداوار مندرجہ ذیل دو باتوں پر منحصر ہوتی ہے۔

الف) بنیادی پیدا کرنے والوں کے لئے موجود سورج کی روشنی اور

ب) سورج کی توانائی کو کیمیاوی توانائی میں تبدیل کرنے کی پودھوں کی استعداد

۹) کسی بھی ماحولی نظام میں عدم استحکام کی کیفیت اس وقت پیدا ہوتی ہے جب کہ وہ ماحولیاتی تبدیلیوں کے ساتھ ربط قائم نہیں کر پاتے۔

۱۰) ماحولیاتی تبدیلی لانے میں انسان سرگرم کردار نبھاتا ہے۔ اور قدرتی وسائل کو صرف کرکے پورے

ماحولی نظام کو تبدیل کر دیتا ہے۔

۱۱) مختلف طرح کے طبعی اور حیاتیاتی عمل یکسانیت پسندی کے اصول کا اتباع کرتے ہیں جس کے مطابق مختلف طرح کی ارضیاتی کارفرمائیاں ہمیشہ مسلسل اور یکساں طور پر کام کرنے والی قوتوں کا نتیجہ ہوتی ہیں۔

## ماحولیات کے مطالعے کے مقاصد

## (Aims of Studying Ecology)

ماحولیات مطالعے کا ایک خود مختار شعبہ ہے اور اس کے مطالعہ کے کچھ مخصوص طریقۂ کار اور تکنیکیں ہوتی ہیں۔ اس کے مطالعے کے مندرجہ ذیل مقاصد ہیں:-

۱) آباد ذی حیات وجود اور ماحول کے تعلقات کا مطالعہ کرنا۔

۲) وسیع قدرت کی ساخت، نوعیت اور کام کی صحیح فہم عطا کرنا۔

۳) مختلف ماحولیاتی اجزا اور ذی حیات وجود کس طرح سے ایک دوسرے پر منحصر ہیں، اس کا مطالعہ کرنا۔

۴) مختلف آباد ذی حیات وجود کی فلاح و بہبود کے لئے سائنسی طرز رسائیاں اپنانا۔

۵) دنیاوی زندگی کی تشریح مختلف قدرتی عمل کے طور پر کرنا۔

۶) تمام آباد ذی حیات وجود اور ان کے تمام ماحول کے بیچ کے تمام تعلقات کی ایک وسیع آگاہی پیدا کرنا۔

۷) قدرتی وسائل کے تحفظ اور انتظام کا اور ماحولیاتی آلودگی کا مطالعہ کرنا۔

۸) طبعی ماحول کی حیاتیاتی پیداوار کا مشاہدہ کرنا اور اس بات کا بھی مطالعہ کرنا کہ کس طرح سے یہ پیداوار انسان کے معیار کو بہتر بنا سکتی ہے۔

## ماحولیات کی وسعت

## (Scope of Ecology)

ماحولیات کے مطالعہ کا دائرہ بہت وسیع ہے اور یہ صرف ایک مضمون تک محدود نہیں ہے۔ بلکہ اس کی رسائی مختلف مضامین تک ہوگئی ہے۔ حیاتیاتی سائنس کے دائرے سے نکل کر سماجی سائنس اور کرداری سائنس کی منزلوں سے گذرتے ہوئے یہ ایک رویہ یا رجحان یا دماغی کیفیت کی شکل اختیار کر چکا ہے۔ اس کے علم کی مدد سے ملکوں کی معاشی ترقی کی رفتار بڑھی ہے اور مقامی اور عالمی سطح پر بڑھتی ہوئی آبادی کے مطابق لوگوں کی ضرورتوں کو پورا کرنے میں آسانیاں حاصل ہوئی ہیں۔ آج کے زمانے کے بہت سارے مسائل کے حل کے لئے ہمیں کسی نہ کسی طرح ماحولیات کا علم حاصل کرنا ضروری ہے اس لئے ماحولیات آج کے زمانے کی مختلف سیاسی سماجی، معاشی، تکنیکی، اور صنعتی پالیسیوں کے تعین میں اہم کردار نبھا رہی ہے۔

ماحولیات کی نوعیت بین الکلیات علمی (Interdisciplinary) ہے اور اس کا تعلق صرف حیاتیاتی

سائنس سے ہی نہیں ہے بلکہ Physics، کیمیا، جغرافیہ، ریاضی، شماریات، عمرانیات، بشریات (Anthropology)، موسمیات (Climatology)، علم ارضیات (Geology)، آبیات (Hydrology) وغیرہ سے ہے۔ ایک ماہرِ ماحولیات (Ecologist) جب کوئی اطلاع اکٹھی کرتا ہے اور اس کا تجزیہ کرتا ہے تو اسے بہت سارے ذرائع کی ضرورت پڑتی ہے۔ مثال کے طور پر انواع بندی (Taxonomy)، جنسیات (Genetics)، عضویات (Physiology) وغیرہ۔ ماحولیات کے علم کا اطلاق ہم بہت سارے شعبوں میں دیکھتے ہیں۔ مثال کے طور پر چمن بندی (Horticulture)، جنگلات (Forestry)، مچھلیاں پالنے اور پکڑنے کا کاروبار (Fishery)، میٹھے پانی کے ذخیروں کا مطالعہ (Limnology)، عوامی تندرستی، صاف صفائی اور ذہنی تندرستی (Mental health) وغیرہ۔ ماحولیات کا علم ہمیں غذا کے نئے ذرائع کی کھوج میں مدد کرتا ہے۔ توانائی کے لئے ذرائع کو ڈھونڈنے میں مدد کرتا ہے اور جراثیم کو مارنے اور ان پر قابو کرنے کے غیر کیمیاوی (non-chemical) طریقوں کے استعمال کی تحقیق کرنے میں مدد کرتا ہے، ایسے طریقے جن کی وجہ سے ماحول کو کسی قسم کا نقصان نہ پہنچے اور نہ ہی آلودگی پھیلے۔

## ماحولیاتی آلات اور تکنیکیں

## (Ecological Tools and Techniques)

ماحولیات ماحول کے مطالعے کے لئے ایک بین الکلیات علمی طرز رسائی ہے۔ یہ آرٹ بھی ہے اور سائنس بھی اور اس کا تعلق وقوفی، تاثراتی اور نفسیاتی حرکی تینوں حلقے سے ہے۔ ایک ماہر ماحولیات کو ایک آباد نظام (Living System) میں کام کرنا پڑتا ہے، اور ماحول کے مختلف اجزا سے اس کا واسطہ پڑتا ہے۔ اس لئے اس کو بہت سارے آلات اور تکنیکوں کی ضرورت پڑتی ہے۔ یہ آلات سائنسی بھی ہو سکتے ہیں اور غیر سائنسی بھی، longitudinal بھی ہو سکتے ہیں اور cross-sectional بھی۔ موٹے طور پر ہم ان آلات کو مندرجہ ذیل دو درجوں میں تقسیم کر سکتے ہیں۔

کیفیتی طریقے (Qualitative Methods)

۱) مشاہدہ (Observation)

۲) تاریخی طریقہ (Historical Method)

۳) تفصیلی طریقہ (Descriptive Method)

۴) Longitudinal Method

۵) نمونے کا طریقہ (Sampling Methods)

کمیتی طریقے *(Quantitative Methods)*

۱) تجرباتی طریقہ (Experimental Method)

۲) منصوبے کا طریقہ (Project Method)

۳) اندرونی منظر کے مطالعے والا طریقہ (Cross-sectional Method)

## ماحولیات کی قسمیں

## (Types of Ecology)

پہلے کے سائنس دانوں نے انواع بندی کی بنیاد پر ماحولیات کو دو درجوں میں تقسیم کیا تھا۔ یہ دو درجے تھے۔

i) ماحولیات حیوانات (Animal Ecology) اور

ii) ماحولیات نباتات (Plant Ecology)

جب حیوانات اور نباتات دونوں کو برابر کی ترجیح دینا ہو تو ہم اسے حیاتیاتی ماحولیات کہتے ہیں (Bio ecology) کہتے ہیں۔ وسیع مفہوم میں تنظیم کی بنیاد پر ہم ماحولیات کو مندرجہ ذیل دو درجوں میں بانٹ سکتے ہیں:-

۱) مخصوص ماحولیات (Antecology): اس میں ہم صرف ایک طرح کی نوع (species) کا مطالعہ کرتے ہیں۔ بالخصوص اس نوع کی زندگی کی تاریخ، آبادی کی حرکیات (population dynamics) اور کردار وغیرہ کے بارے میں مطالعہ کرتے ہیں۔

۲) حیاتیاتی ماحولیات (Syneclogy): اس میں ہم پورے ماحولی نظام اور اس میں پائی جانے والی مختلف نوع کا مطالعہ کرتے ہیں۔ خاص طور پر ریگستان، غار، گفا، (Caves) جنگلات اور ان کے ذریعہ بہنے والی توانائی وغیرہ۔

## ماحولیات کی شاخیں

## (Branches of Ecology)

آج کے دور میں نئی نئی تحقیقوں اور نئے نئے ماحولیاتی انحطاط، آلودگی اور مسائل کی وجہ سے ماحولیات کا دائرہ کافی بڑھ گیا ہے اور اس دائرے میں اضافہ ہوتا ہی جارہا ہے۔ ہم موٹے طور پر یہ کہہ سکتے ہیں کہ ماحولیات کی کل 17 شاخیں ہیں جن کا ذکر تصویر 1.1 میں کیا گیا ہے۔

۱) اطلاقی ماحولیات: اس میں ہم انسانی ضرورتوں کا مطالعہ کرتے ہیں اور ان ضرورتوں کو پورا کرنے کے لئے مختلف ماحولیاتی اجزاء مثال کے طور پر جنگلات، مٹی، پانی وغیرہ کا استعمال کرتے ہیں۔

۲) تازے پانی کی ماحولیات: اس شاخ میں ہم تازے پانی کے ذرائع جیسے ندی، تالاب، جھیل وغیرہ میں پائے جانے والے مختلف جانوروں کا مطالعہ کرتے ہیں۔

۳) سمندری ماحولیات: یہ سمندر اور اس سے تعلق رکھنے والے ماحول کا مطالعہ کرتا ہے۔

۴) دریائی ماحولیات: ماحولیات کی اس شاخ میں ہم اس ماحولی نظام کا مطالعہ کرتے ہیں جو کہ ایسی جگہ پر تعمیر ہوتا ہے جہاں پر دریا کا چوڑا دہانہ سمندر کی موجوں سے ملتا ہے۔

۵) ارضی ماحولیات: ماحولیات کی اس شاخ میں ہم زمین یا اس کے مختلف حصوں میں پائے جانے والے مختلف جانوروں کی رہائش (habitat) کے بارے میں مطالعہ کرتے ہیں۔

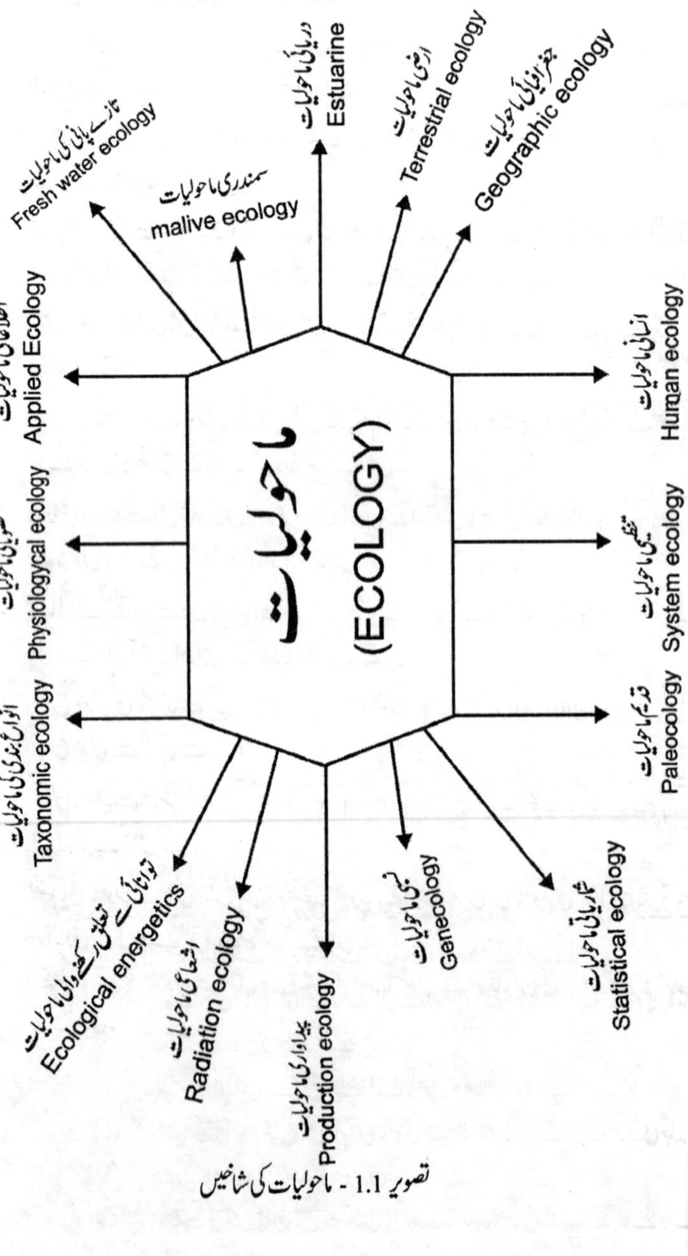


تصویر 1.1 - ماحولیات کی شاخیں

۶) جغرافیائی ماحولیات: ماحولیات کی اس شاخ میں ہم مختلف جانوروں اور پیڑ پودھوں کی مختلف جغرافیائی علاقوں میں تقسیم کے بارے میں مطالعہ کرتے ہیں۔

۷) تنظیمی ماحولیات: ماحولیات کی اس شاخ میں ہم ریاضی کے علم کے استعمال سے مختلف طرح کے ماحولی نظام کی کارکردگی اور ان کی ساخت کا تجزیہ کرتے ہیں۔

۸) قدیم ماحولیات: اس شاخ میں ہم قدیم زمانے کے ماحولیاتی حالات اور اس وقت کے لوگوں کی زندگی کے بارے میں مطالعہ کرتے ہیں۔

۹) شماریاتی ماحولیات: ماحولیات کی اس شاخ میں ہم آبادی کے بارے میں، اس کے مختلف مسائل کے بارے میں اس کے صحیح طرح سے نمونہ لینے کے بارے میں مطالعہ کرتے ہیں۔

۱۰) نسبی ماحولیات: اس میں ہم مختلف نسلوں میں ان کے توریثی تبدیلی کی وجہ سے ہونے والے اثرات کا مطالعہ کرتے ہیں۔

۱۱) پیداواری ماحولیات: ماحولیات کی اس شاخ میں ہم مختلف ماحولی نظام میں پیدا ہونے والے عضویاتی ماڈے اور ان کی شرح کے بارے میں مطالعہ کرتے ہیں۔

۱۲) اشعاعی ماحولیات: اس شاخ میں ہم ریڈیو ایکٹیو ماڈوں کے استعمال یا اطلاق اور شعاعوں (radiation) کے ماحول پر پڑنے والے اثر کا مطالعہ کرتے ہیں۔

۱۳) توانائی سے تعلق رکھنے والی ماحولیات: اس میں ہم مختلف طرح کے ماحولی نظام میں مختلف شکلوں میں پائی جانے والی توانائی اور اس کے تحفظ کا مطالعہ کرتے ہیں۔

۱۴) انواع بندی کی ماحولیات: یہ شاخ زمین پر موجود مختلف جاندار چیزوں (organisms) اور ان کی انواع بندی سے متعلق ہے۔

۱۵) تنظیمی ماحولیات: یہ شاخ حیاتیاتی کرّہ (biosphere) پر انسان کی مختلف حرکات وسکنات سے پڑنے والے اثر سے متعلق ہے

۱۶) عضویاتی ماحولیات: اس شاخ میں ہم مختلف عضویہ کے مختلف طرح کی ماحولیاتی حالات میں تسویہ اور آبادی کے وجود کے تعلق سے مطالعہ کرتے ہیں۔

۱۷) ارتقائی یا تدریجی ماحولیات: اس شاخ میں ہم مختلف نسلوں کے ارتقا، ان کی بقا اور تحفظ کا مطالعہ کرتے ہیں۔

## ماحولیاتی سلسلہ مراتب
## (Ecological Hierarchy)

کسی بھی سلسلۂ مراتب میں سب سے نیچے سب سے آسان شئے ہوتی ہے اور ہم جیسے جیسے اوپر چڑھتے جاتے ہیں ان کی ساخت میں پیچیدگی بڑھتی جاتی ہے۔ یہی معاملہ ماحولیاتی سلسلۂ مراتب کا ہے اس میں سب سے نیچے جوہر ہوتا ہے اور سب سے اوپر حیاتی کرّہ جس کو کی تصویر 1.2 میں دکھایا گیا ہے۔

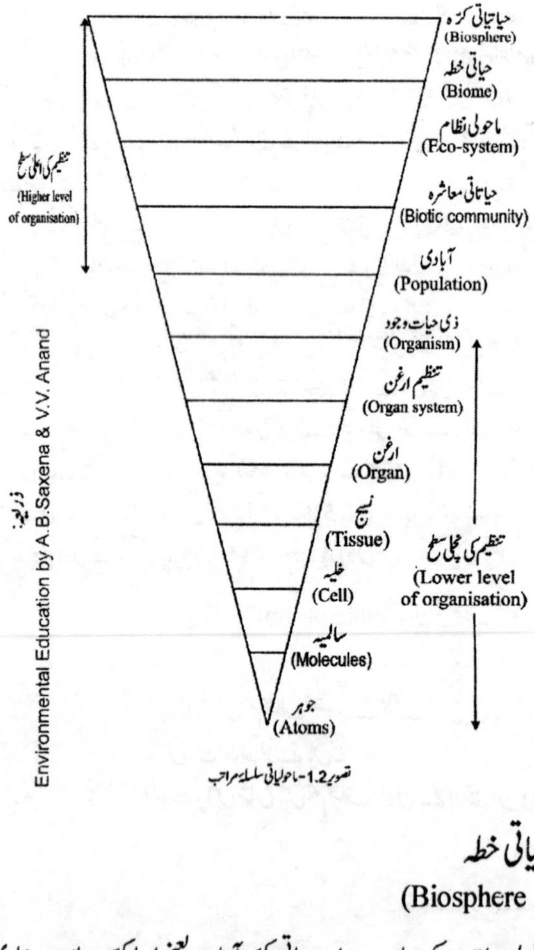


تصویر 1.2 - ماحولیاتی سلسلۂ مراتب

## حیاتی کرّہ اور حیاتی خطہ
## (Biosphere and Biome)

ماحولیاتی سلسلۂ مراتب کے حساب سے اوپر حیاتی کرّہ آتا ہے یعنی ایسا کرّہ جہاں پر دنیاوی زندگی کا وجود پایا جاتا ہے۔ یہ سب سے بڑا اور خود کفیل ماحولی نظام ہے اور کروڑوں سال سے قائم ہے۔ اس میں تمام ذی حیات وجود اور ان کا طبعی ماحول کے ساتھ تعامل شامل ہے۔ یہ مختلف حیاتاتی شئے اور تمام طبعی قوتوں کے بیچ ایک توازن برقرار رکھتا ہے۔ ہم حیاتی کرّہ کو ایک عظیم ماحولیاتی نظام کہہ سکتے ہیں جو کہ اس سیارے

(planet) پر پھیلے ہوئے مختلف ماحولی نظاموں کے جال سے مل کر بنا ہے۔

اس عظیم ماحولی نظام میں حیاتیاتی اور غیر حیاتیاتی اجزاء مسلسل ایک دوسرے کے ساتھ عمل اور ردِ عمل کرتے رہتے ہیں اور اس کے نتیجے میں اس کے (حیاتی کرّہ کے) ساخت اور کام میں تبدیلی لاتے رہتے ہیں۔ یہ بھی ایک بڑی دلچسپ بات ہے کہ حیاتی کرّہ کا دائرہ اوپر سے نیچے کی طرف (vertical) زمین سے صرف کچھ میٹر ہی اوپر ہے اور کچھ ہزار میٹر زمین کی سطح کے نیچے ہے۔ اسی ادنیٰ سے حصے میں پوری دنیا کی تمام زندگی پائی جاتی ہے۔

چونکہ حیاتی کرّہ بہت وسیع ہے اور اس میں ہونے والے تعامل کا مطالعہ اور فہم حاصل کرنا بہت مشکل ہے اس لئے ماہرینِ ماحولیات (ecologists) نے وسیع مطالعہ کے لئے اس کو چھوٹی اکائیوں میں بانٹ دیا ہے۔ حیاتی خطہ (biome) حیاتی کرّہ سے چھوٹی اکائی ہے لیکن پھر بھی یہ ماحولی نظام (eco-system) سے کافی بڑی اور بہت پیچیدہ ہے۔ اس میں ایک بڑا جغرافیائی علاقہ شامل ہے جس میں کہ عام طبعی عناصر میں بہت زیادہ تبدیلی نہیں آتی ہے۔ یہ ایک مخصوص طرح کے حیاتیاتی معاشرہ کی مدد کچھ مخصوص غیر حیاتیاتی عناصر کے تعاون سے کرتا ہے۔

حیاتی خطے کو ہم موٹے طور پر دو حصوں میں بانٹ سکتے ہیں۔ (i) ایسا حیاتی خطہ جو کہ زمین پر پایا جاتا ہے جسے کہ ہم ارضی حیاتی خطّہ (terrestrial biomes) کہتے ہیں اور (ii) ایسا حیاتی خطّہ جو کہ پانی میں پایا جاتا ہے جسے کہ ہم آبی حیاتی خطّہ (Aquatic biomes) کہتے ہیں۔ جو بڑے بڑے ارضی حیاتی خطے ہیں ان میں شامل ہیں ریگستانی حیاتی خطہ، ٹنڈرا حیاتی خطہ، بارشی جنگل کا حیاتی خطہ، گھاس کا حیاتی خطہ اور حرارتی جنگل کا حیاتی خطہ وغیرہ۔ ہر طرح کا حیاتی خطہ زمین کے ایک بڑے دائرے میں پھیلا ہوا ہے اور اس کی کچھ مخصوص موسمی، زمینی خصوصیات ہوتی ہیں اور ان میں کچھ مخصوص طرح کے حیاتیاتی معاشرے پائے جاتے ہیں۔

آبی حیاتی خطے کو ہم موٹے طور پر دو حصوں میں بانٹ سکتے ہیں۔ (i) سمندری حیاتی خطہ، جس میں کہ پانی میں نمک کی تعداد بہت زیادہ ہوتی ہے۔ (تقریباً 3.5%)۔ اور (ii) تازے پانی کا حیاتی خطہ جس میں کہ نمک کی تعداد کم ہوتی ہے (تقریباً 0.5%) سمندر اور دریا دونوں طرح کے حیاتی خطوں کی مثالیں ہیں۔

باب-۲ (Chapter-II)

# ماحولی نظام

# (ECOSYSTEM)

## ماحولی نظام کی تعریف

## (Definition of Ecosystem)

کسی بھی جغرافیائی علاقے میں پائی جانے والی ایک جیسی نوع کے گروہ (species) کو جو کہ آپس میں نسل کشی (breeding) کرتی ہیں، آبادی (population) کہتے ہیں اور مختلف نوع کی آبادیاں، جو کہ ایک جیسے جغرافیائی علاقے میں پائی جاتی ہیں، حیاتیاتی معاشرہ (biotic community) کہلاتی ہیں۔ کوئی بھی معاشرہ کبھی خلا میں نہیں رہ سکتا بلکہ ہمیشہ ایک ماحول میں رہتا ہے، جو کہ اس کے مختلف توانائی اور مادّوں کی ضرورت کو پورا کرتا ہے۔ ایک ایسی بنیادی اکائی جو کہ کسی بھی حیاتیاتی معاشرے کی ضرورتوں کو پورا کرتی ہو اور جس میں حیاتیاتی اور غیر حیاتیاتی اجزا اس طرح سے پائے جائیں کہ وہ ایک دوسرے کے ساتھ تعامل کرسکیں اور ایک دوسرے پر منحصر رہیں، ہم ماحولی نظام کہتے ہیں۔ اس لفظ کا سب سے پہلے استعمال A.G. Tansley (1935) نے کیا تھا اور اس کی کچھ اہم تعریفات مندرجہ ذیل ہیں:-

''ایک ایسا نظام جو کہ ماحول کے حیاتیاتی اور غیر حیاتیاتی عناصر کے متحد ہونے کی صورت میں وجود میں آتا ہے، ماحولی نظام کہلاتا ہے۔'' A.G.Tansley (1935)

''ذی حیات وجود (organism) کا ایک گروہ جو کہ آپس میں بھی تعامل کرتا ہے اور ماحول کے ساتھ بھی تعامل کرتا ہے، ماحولی نظام کہلاتا ہے۔'' Fitzpatrick (1974)

''ماحولی نظام ایک دوسرے پر منحصر رہنے والے ذی حیات وجود کے معاشرے اور ماحول کی مشترکہ شکل ہے۔'' Michael Allaby (2005)

''ماحولی نظام کسی بھی علاقے کے حیاتیاتی (biological) اور غیر حیاتیاتی (non-biological) حصوں کا مجموعہ ہے جو کہ اس طرح سے تعامل کرتا ہے کہ پودے بڑھیں، فنا ہوں، مٹی اور پتھر کی تشکیل ہو اور پانی کی کیمیا میں تبدیلی ہونے لگے۔'' (J.D.Aber and J.M.Melillo, 1982)

## ماحولی نظام کے اقسام

## (Types of Eco-system)

ماحولی نظام کی مندرجہ ذیل اقسام ہوتی ہیں:

ماحولی نظام
(ECO-SYSTEM)

- قدرتی (natural) ماحولی نظام
  - خشکی کا ماحولی نظام (Terrestrial Eco-system)
    - جنگلات کا ماحولی نظام (Forest Ecosystem)
    - گھاس کے میدان کا ماحولی نظام (Grassland Ecosystem)
    - ریگستان کا ماحولی نظام (Desert Ecosystem)
  - آبی ماحولی نظام (Aquatic Eco system)
    - بہتے ہوئے پانی کا ماحولی نظام مثال کے طور پر ندی، چشمہ وغیرہ
    - رُکے ہوئے پانی کا ماحولی نظام مثال کے طور پر تالاب جھیل وغیرہ۔
- مصنوعی (artificial) ماحولی نظام
  - مثال کے طور پر باغیچہ، دھان، سرسوں یا گنّے کے کھیت وغیرہ اور (aquarium)

## ماحولی نظام کی خصوصیات

## (Characteristics of Eco system)

۱) یہ ماحولیات کی ایک بڑی اکائی (ساخت اور افعال دونوں کے لحاظ سے) ہے۔

۲) اس کی ساخت کا تعلق مختلف طرح کی نوع کی تنوع سے ہوتا ہے۔ جو ماحولی نظام زیادہ پیچیدہ ہوتا ہے اس میں نوع کی تنوع اور زیادہ ہوتی ہے۔

۳) اس کے افعال اس بات پر منحصر کرتے ہیں کہ اس میں توانائی کس طرح سے، کہاں سے آرہی ہے اور کیسے اپنی شکل تبدیل کررہی ہے۔

۴) کسی بھی ماحولی نظام کو کتنی توانائی کی ضرورت ہے یہ اس بات پر منحصر کرتا ہے کہ اس نظام کی ساخت کیسی ہے۔

۵) جیسے جیسے یہ کم پیچیدگی سے زیادہ پیچیدگی کی طرف بڑھتا ہے، اس میں پختگی آتی رہتی ہے۔

۶) کسی بھی ماحولی نظام کے ماحول میں تھوڑی سی بھی تبدیلی پورے نظام کو متاثر کرتی ہے۔ جو نوع اس تبدیلی کے مطابق اپنے آپ کو ڈھال نہیں پاتی ہیں وہ فنا ہو جاتی ہیں۔

۷) کسی بھی ماحولی نظام میں توانائی کی کمیت اور اس کی صورت طے شدہ ہوتی ہے۔ اگر ہم اس میں تھوڑی سی بھی تبدیلی لائیں گے تو پورے ماحول میں تبدیلی آجائے گی۔

۸) ماحولی نظام کی سرحد (boundary) مبہم یا غیر واضح ہوتی ہے اور یہ وقت کے حساب سے بدلتی رہتی ہے۔

۹) ماحولی نظام کے اندر پائے جانے والے مختلف ذی حیات وجود اس نظام میں ہونے والے مختلف طرح کے طبعی اور حیاتاتی عمل پر منحصر کرتے ہیں۔

۱۰) آس پڑوس کے ماحولی نظام ایک دوسرے کے ساتھ تعامل کرتے رہتے ہیں اور حیاتیاتی تنوع کے لئے ذمہ دار ہوتے ہیں۔

۱۱) ماحولی نظام میں بنیادی طور پر تین جز ہوتے ہیں۔ حیاتاتی (biotic)، رہائشی (habitat) اور توانائی کے اجزا۔

۱۲) ہر ماحولی نظام کی اپنی ایک پیداوار ہوتی ہے جو کہ عضویاتی organic مادّے کے بنانے کے عمل میں حاصل ہوتی ہے۔

۱۳) یوں تو ماحولی نظام کو توانائی بہت سارے ذرائع سے ملتی ہے لیکن شمشی شعاعیں (solar radiation) اس میں سب سے اہم ہوتی ہیں۔

۱۴) یہ ایک منظّم نظام ہوتا ہے۔ اس نظام کی نشو و نما کا مطالعہ مختلف طرح کے ماحولیاتی منصوبے میں مدد گار ثابت ہوتا ہے۔

## ماحولی نظام کی ساخت

## (Structure of Ecosystem)

ماحولی نظام کی ساخت کو مندرجہ ذیل خاکے کی مدد سے دکھایا گیا ہے۔

### ماحولی نظام کی ساخت

### Structure of Eco-system

| حیاتیاتی جز (Biotic Component) | غیر حیاتیاتی جز (Abiotic Component) |
|---|---|
| 1) پیدا کرنے والے (Producers)<br>الف) ہرے پودے<br>ب) نوری تالیفی جراثیم (Photo Synthetic Bacteria)<br>ت) کیمیائی تالیفی جراثیم (Chemosynthetic Bacteria)<br>2) کھپت کرنے والے یا صارف (Consumers)<br>i) سبزی خور (Herbivores)<br>ii) گوشت خور (Carnivores)<br>iii) سبزی خور اور گوشت خور دونوں (Omnivores)<br>iv) حیوانی فضلوں کو کھانے والے (Detrivores)<br>3) تجزیہ یا تحلیل کرنے والے (Decomposers)<br>i) جراثیم (Bacteria)<br>ii) خمیر یا پھپھوندی (Fungus) | 1) آب و ہوا سے متعلق عناصر (Climatic Factors)<br>i) روشنی<br>ii) حرارت<br>iii) زمین پر گرنے والی بارش (Precipitation)<br>iv) کرّہ ہوا اور ہوا<br>2) زمینی عناصر (Edaphic Factors)<br>i) تغزیائی مادّے (Nutrients Content)<br>ii) تیزابیت (Acidity)<br>iii) نمی کا مادّہ (Moisture Content)<br>3) طبوغرافیائی عناصر (Topographic Factors) |

# ماحولی نظام کے غیر حیاتیاتی اجزاء
# (Abiotic Components of Eco System)

۱) روشنی: کسی بھی ماحولی نظام میں جو بھی توانائی ہوتی ہے اس کی ابتدا شمسی شعاعوں سے ہوتی ہے۔ روشنی کے تین پہلو ہوتے ہیں جو کہ ماحولی نظام میں موجود حیاتیاتی معاشرے کو متاثر کرتے ہیں۔ روشنی کی شدت (intensity) یعنی کتنا مادّہ روشنی کا ہے، روشنی کا معیار (wave length) اور پودوں اور جانوروں کی شکلیات اور ہیئت (morphology) کا عمل۔ مثال کے طور پر اگر زیادہ شدت اور اچھے معیار کی روشنی ہے تو پودوں میں اچھی طرح سے نوری ترکیب (photosynthesis) ہوگی اور ان کے پھول صحیح طرح سے لگنے لگیں گے، پتّیاں اور اچھی طرح ہری ہوں گی اور گریں گی اور اس کے علاوہ جانوروں کا گھونسلہ بنانے کا عمل اور مہاجرت (migration) کا عمل بھی متاثر ہوگا۔

۲) حرارت: مختلف طرح کے ٹھوس، رقیق اور گیسی مادّے جب سورج کی شعاعوں کے ذریعہ حاصل ہونے والی توانائی کو اپنے اندر جذب کرتے ہیں تو ان مادّوں کی حرارت میں اضافہ ہو جاتا ہے۔ حرارت میں فرق کی وجہ سے توانائی زیادہ گرم مادّوں سے کم گرم مادّوں کی طرف بہتی ہے۔ ماحول کی حرارت ذی حیات وجود کی کارکردگی کو متاثر کرتی ہے۔ اس کے علاوہ تبخیر (evaporation) جیسے عمل کو بھی حرارت متاثر کرتی ہے۔ زیادہ تر ایکو نظام کی کارکردگی عام طور پر $0\text{-}50^{o}C$ کی حرارت میں عمل میں آتی ہے۔

۳) پانی: پودوں اور جانوروں کے نسیج (tissues) کا زیادہ تر حصہ پانی ہی ہوتا ہے اور پودھوں میں زیادہ تر عضویاتی اور کیمیائی عمل پانی ہی کی وجہ سے ہوتا ہے۔ آبی رہائشوں (Aquatic habitats) کی زندگی کا ذریعہ پانی ہی ہوتا ہے۔ اس کے علاوہ بارشی جنگلات (rain forest) اور ریگستان پانی اور ہریالی کے بیچ کے تعلقات کی تشریح کرتے ہیں۔ زمین پر گرنے والے پانی کی مقدار اور سورج کی شعاعوں میں فرق کی وجہ سے پانی کی فراہمی پر اثر پڑتا ہے۔ جس کی وجہ سے خشکی کی رہائش (terrestrial habitat) کی کارکردگی متاثر ہوتی ہے۔

۴) کرّہ ہوا اور ہوا: اس میں زیادہ تر نائٹروجن، آکسیجن اور کاربن ڈائی آکسائیڈ گیس پائی جاتی ہیں۔ یہ گیسوں کا ایک بڑا ذخیرہ (reservoir) ہے جو کہ زمین پر اور اس کی مختلف حیاتیاتی رہائش پر پھیلا ہوا ہے۔ ہمارے سامنے چلتا پھرتا کرّہ ہوا، ہوا کی شکل میں موجود ہوتا ہے۔ تیزی سے چلنے والی ہوا خشکی پر پائے جانے والے پودوں کی بالیدگی اور ان کی ساخت کو متاثر کرتی ہے۔ اس کے علاوہ ہوا کی وجہ سے پودوں کے بخارات خارج کرنے (transpiration) کے عمل میں تیزی آتی ہے۔

۵) زمینی عناصر: ان میں ایسے عناصر شامل ہیں جو کہ مٹی کی اوپری سطح پر منحصر رہتے ہیں۔ مٹی کی یہ سطح نباتات اور حیوانات کے ذریعہ متاثر ہوتی ہے۔ یہ بہت سارے حیاتیاتی معاشروں کی پناہ گاہ ہوتی ہے جن میں مخصوص طور پر جراثیم (bacteria) اور پھپھوندی یا خمیر (fungi) شامل ہوتے ہیں جو کہ کرّہ ہوا میں موجود نائٹروجن کی مقدار کو طے کرتے ہیں اور مختلف قسم کے مادّوں کو تحلیل کرنے میں مدد کرتے ہیں۔ زمینی رہائش گاہوں (terrestrial habitats) میں مٹی پودوں کی بالیدگی کے لئے ایک ذریعہ کا کام کرتی ہے۔

۶) طبوغرافیائی عناصر: طبوغرافیائی عناصر (topography) ماحول میں موجود آب و ہوا کے متعلق عناصر (climatic factors) کو متاثر کرتے ہیں۔ کسی خاص رہائش گاہ کی ڈھلان (slope) اس بات کا تعین کرتی

ہے کہ وہاں پر سورج کی شعاعوں کے ذریعے کتنی توانائی آئے گی۔ وہ ڈھلان جو کہ سیدھے طور پر سورج کے رُخ کی طرف ہوتے ہیں وہ زیادہ گرم ہوتے ہیں اسی لئے اُن کے اندر زیادہ پیداواری ہوتی ہے۔ جو ڈھلان سائے کی طرف ہوتے ہیں وہاں پر پیداواری کم ہوتی ہے۔ اسی وجہ سے ان دونوں قسم کی ڈھلانوں کی آبادی کی تقسیم میں نمایاں فرق پایا جاتا ہے۔

## ماحولی نظام کے حیاتیاتی اجزاء
## (Biotic Components of Eco System)

۱) پیدا کرنے والے (producers): ایسی نباتات جن کے اندر chlorophyll پائی جاتی ہے اُن کو پیدا کرنے والے کہا جاتا ہے۔ ان میں خاص طور پر algae، گھاس اور پیڑ پودے شامل ہیں۔ کسی بھی ماحولی نظام میں سب سے اہم پیدا کرنے والے ہرے پودے اور پیڑ ہی ہوتے ہیں اور ان میں چھوٹے چھوٹے تنکوں سے لیکر بڑے بڑے درخت آتے ہیں۔ یہ پودے سورج کی توانائی کو نوری ترکیب کے ذریعے کیمیاوی توانائی میں تبدیل کردیتے ہیں کیمیاوی توانائی بہت سارے ذی حیات وجود کے لئے غذا کا ذریعہ ہوتی ہے۔ ہرے پیڑ پودوں کو خود خوراک تیار کرنے والے (autotrophs) بھی کہا جاتا ہے کیونکہ وہ hydrates Carbo کی شکل میں اپنی خوراک خود تیار کرتے ہیں۔ کاربوہائیڈریٹ ہی وہ بنیادی اجزاء ہوتے ہیں جن کی مدد سے ذی حیات وجود میں پروٹین اور چربی کی شکل میں مختلف طرح کی غذا تیار ہوتی ہے۔

۲) صرف کرنے والے (consumers): صرف کرنے والے یا صارف ایسے ذی حیات وجود ہوتے ہیں جو کہ اپنی غذا دوسرے پودوں یا جانوروں کو صرف کر کے حاصل کرتے ہیں۔ ان میں زیادہ تر شمار جانوروں کا ہوتا ہے۔ جو صارف سیدھے طور پر پودوں کو کھاتے ہیں (یعنی autotrophs کو) ان کو ہم سبزی خور (herbivores) کہتے ہیں۔ مثال کے طور پر ٹڈے (grasshoppers)، خرگوش، بکری اور بھیڑ وغیرہ۔ ایسے جانور جو کہ سبزی خور کو کھاتے ہیں گوشت خور (carnivores) کہلاتے ہیں۔ مثال کے طور پر شیر، چیتا، بھیڑیا، تیندوا وغیرہ۔ ایسے ذی حیات وجود جو کہ سبزی اور گوشت دونوں کھاتے ہیں، omnivores کہلاتے ہیں۔ مثال کے طور پر cockroaches، لومڑی اور انسان۔ Detrivores مرے ہوئے جانوروں یا سڑے گلے پودوں کو کھاتے ہیں۔ مثال کے طور پر خنزیر کوّے، گدھ وغیرہ۔ صارف ہضم ہوئے کھانے کو نئے خلیوں والے ذی حیات وجود (protoplasm) میں تبدیل کردیتے ہیں۔ کسی بھی ماحولی نظام میں صارف کے ذریعہ حاصل کی جانے والی یا صرف کی جانے والی غذا کا سب سے بڑا ذریعہ وہ مادّہ ہوتا ہے جو کہ autotrophs کے ذریعے تیار کیا جاتا ہے۔

۳) تحلیل کرنے والے (decomposers): یہ ایسے خرد ذی حیات وجود (micro organisms) ہیں جو کہ پیدا کرنے والے اور صرف کرنے والوں کے کچرے کو چھوٹے چھوٹے ٹکڑوں میں توڑتے ہیں۔ ان میں خاص طور پر جراثیم اور خمیر یا پھپھوند (algae) شامل ہوتے ہیں۔ تحلیل کے عمل میں ایسے چھوٹے چھوٹے اجزاء کی تخلیق ہوتی ہے جس کو کہ ہرے پودے پھر سے استعمال کرسکیں۔ زمینی ماحولی

نظام میں عام طور پر جراثیم پودوں پر کام کرتے ہیں۔ تحلیل کرنے والے کسی بھی ماحولی نظام کے لئے اتنے ہی ضروری ہوتے ہیں جتنے کہ پیدا کرنے والے اور صرف کرنے والے کیونکہ ان کی غیر موجودگی میں مختلف طرح کے کچرے تحلیل نہیں ہو پائیں گے اور پیدا کرنے والوں تک ان ماڈوں کی رسائی نہیں ہو پائے گی جس کی وجہ سے ماحولی نظام میں پیدواری کا کام صحیح طرح سے انجام ہو پاتا ہے۔

## غذائی سلسلہ اور غذائی جال

## (Food Chains and Food Webs)

ہم پہلے ہی اس بات کا ذکر کر چکے ہیں کہ ہرے پودوں کے ذریعہ تیار کی گئی غذا کو صارف (جس میں کہ سبزی خور اور گوشت خور دونوں شامل ہیں) صرف کرتے ہیں اور آخر میں تحلیل کرنے والے اسے تحلیل کرتے ہیں۔ اس طرح کے غذائی تبادلے کو جس کی شروعات ہرے پودوں سے ہوتی ہے اور اس میں کئی طرح کے ذی حیات وجود کی شمولیت ہوتی ہے، غذائی سلسلہ (food chain) کہا جاتا ہے۔ ہر تبادلے کی سطح پر غذا سے ایک بڑی تعداد میں توانائی حرارت (heat) کی شکل میں خارج ہوتی ہے۔ اس لئے کسی بھی غذائی سلسلے میں تبادلے کے ان مراحل کی تعداد چار پانچ ہوتی ہے۔ جو غذائی سلسلہ جتنا چھوٹا ہوتا ہے اس میں دستیاب توانائی اتنی ہی زیادہ ہوتی ہے۔ ایک عام غذائی سلسلے کو ہم مندرجہ ذیل خاکے 2.1 کی مدد سے سمجھ سکتے ہیں۔

پیدا کرنے والے ← سبزی خور ← گوشت خور

(Producers) ← (Herbivores) ← (Carnivores)

کچھ اہم غذائی سلسلوں کی مثالیں مندرجہ ذیل ہیں:۔

۱- گھاس (Grass) ← ہرن (Deer) ← چیتا (Tiger)

۲- گھاس (Grass) ← ٹڈا (Grasshoper) ← مینڈک (Frog) ← سانپ (Snake) ← چیل (Eagle)

۳- ہرے پودے (Green plants) ← بکری (Goat) ← انسان (Man) ← شیر (Lion)

خاکہ 2.1 : غذائی سلسلہ

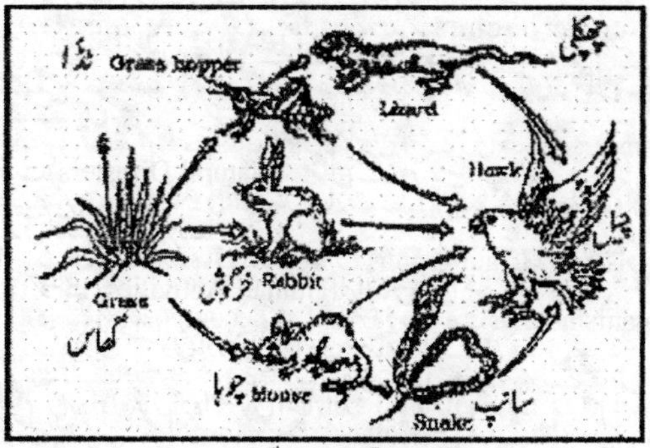


تصویر 2.2- غذائی جال

ذریعہ: Environmental Science by Arti Rajput

کوئی بھی غذائی سلسلہ خلاء میں کام نہیں کرتا ہے بلکہ کئی سارے غذائی سلسلے قدرتی حالات میں ایک دوسرے سے مربوط ہوتے ہیں۔ایک جانور اپنی غذائی عادت (food habit) کی بنیاد پر ایک سے زائد غذائی سلسلے سے منسلک ہوسکتا ہے۔مختلف غذائی سلسلوں کے اس جال کو جو کہ متحدہ طور پر کام کرتے ہیں، غذائی جال (food web) کہتے ہیں۔مثال کے طور پر گھاس کو ٹڈے بھی کھا سکتے ہیں، خرگوش بھی کھا سکتے ہیں یا بڑے مویشی بھی اور مینڈک، سانپ یا چڑیا بھی۔یہ اس بات پر منحصر کرتا ہے کہ ان کی غذائی عادت کس طرح کی ہے۔غذائی جال کی مثال مندرجہ ذیل تصویر 2.2 کے ذریعہ دی گئی ہے۔

## غذائی جال کی خصوصیات

## (Characteristics of Food Web)

۱) غذائی جال ہر طرح کے غذائی سلسلوں کے آپس میں ملنے سے بنتا ہے۔

۲) غذائی جال غذا کی موجودگی کے متبادل راستوں کو دکھاتا ہے۔

۳) اس کی مدد سے نباتات اور جانوروں کی زیادہ آبادی پر قابو رکھنے میں مدد ملتی ہے۔

۴) غذائی جال ماحولی نظام کی نشو ونما میں مدد کرتا ہے۔

۵) غذائی جال مختلف سطحوں پر پائی جانے والی نوع کے ذائقے اور کھانے کی ترجیحات پر منحصر کرتا ہے۔ ہر سطح پر موجود غذا کے وسائل بھی غذائی جال کے بنانے میں اہم کردار نبھاتے ہیں۔

## غذائی سلسلے اور غذائی جال کو متاثر کرنے والے عناصر

کسی بھی ماحولی نظام کا استحکام غذائی جالوں کے صحیح طرح سے کام کرنے پر منحصر کرتا ہے۔مثال کے طور پر اگر کسی بھی نظام میں پیدا کرنے والوں کی تعداد بڑھ جائے گی اور صرف کرنے والوں کی تعداد کم ہو جائے گی تو پیدا کرنے والوں کی تعداد بہت زیادہ ہو جائے گی اور وہ آپس میں ایک دوسرے کے ساتھ مسابقت کی وجہ سے فنا ہو جائیں گے اور تحلیل کرنے والے، صرف کرنے والوں کی غیر موجودگی سے ختم ہو جائیں گے کیونکہ انہیں خوراک نہیں مل پائیگی۔عام طور پر غذائی سلسلے اور غذائی جال کو متاثر کرنے والے عناصر کو ہم مندرجہ ذیل دو گروہوں میں بانٹ سکتے ہیں:-

۱) قدرتی آفات (Natural Disasters): مثال کے طور پر سیلاب، جنگلات کی آگ، زلزلہ، زمین کا کھسکنا، آندھی اور طوفان وغیرہ۔

۲) انسانی نقل وحرکت (Human Activities): انسان اپنی مختلف سرگرمیوں اور نقل وحرکت سے مختلف طرح کے غذائی سلسلوں اور غذائی جالوں کو متاثر کر رہے ہیں۔ان میں اہم ہیں۔جنگلات کی کٹائی جراثیم کش دواؤں کا زیادہ استعمال، شکار اور صنعتی یا ترقیاتی کام۔

## تغذیائی سطحیں
## (Trophic Levels)

کسی بھی غذائی سلسلے کے مختلف مراحل مختلف قسم کی تغذیائی سطحوں کی تعمیر کرتی ہیں۔ ہرے پودے سب سے پہلی سطح کی تخلیق کرتے ہیں۔اس کے بعد ابتدائی صارف آتے ہیں۔اس کے بعد ثانوی صارف آتے ہیں اور سب سے آخر میں ثلاثی صارف آتے ہیں جو کہ تغذیائی سطح پر چوتھے نمبر پر ہوتے ہیں۔ان کی مزید تفصیلات کو ہم مندرجہ ذیل تصویر 2.3 سے سمجھ سکتے ہیں:-

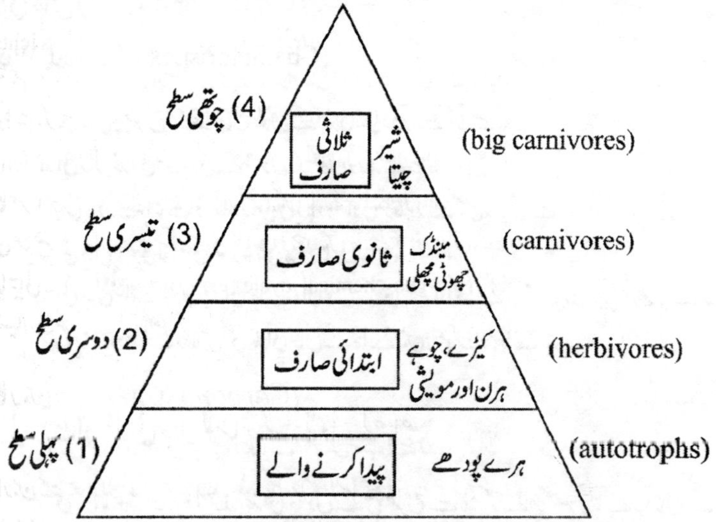


تصویر 2.3: تغذیائی سطحیں

## ماحولی نظام میں توانائی کی آمدورفت
## (Flow of Energy in Eco-system)

سورج کی توانائی کو نوری ترکیب کے ذریعہ نباتات، کیمیاوی توانائی (کاربوہائڈریٹ) میں تبدیل کر دیتے ہیں جس کا استعمال تمام ذی حیات وجود کرتے ہیں۔یعنی کسی بھی ماحولی نظام میں پیدا کرنے والے ہی غذائی سلسلے کی شروعات کرتے ہیں اور ان سے ہوتے ہوئے توانائی (اور غذا دونوں) تغذیائی سطح کی دوسری، تیسری اور چوتھی منزل تک پہنچتی ہے۔ دوسری، تیسری اور چوتھی سطح پر موجود جانوروں میں یہ کیمیائی توانائی، مشینی توانائی اور حرارتی توانائی (mechanical and heat energy) میں تبدیل ہوجاتی ہے۔ تغذیائی سطح کے ہر مرحلے پر حرارت (heat) کرّہ ہوا میں کھوجاتی ہے۔اور صرف 30% ہی اگلی سطح تک پہنچتی ہے۔ یہاں پر ایک بات غور کرنے لائق یہ ہے کہ کسی بھی ماحولی نظام میں توانائی کی آمدورفت صرف یک طرفہ ہوتی ہے یعنی نباتات کے ذریعہ پیدا کی جانے والی توانائی کبھی بھی سورج کے پاس واپس نہیں جاتی ہے

یا سبزی خور(harbivores) کے پاس آنے والی توانائی کبھی بھی واپس نباتات کے پاس نہیں جاتی ہے۔ چونکہ اعلیٰ تغذیائی سطح پر رہنے والے ذی حیات وجود دانستہ یا نادانستہ طور پر اس توانائی پر منحصر رہتے ہیں جو کہ نباتات کے ذریعہ آتی ہے اس لئے اگر سورج کی توانائی کا تسلسل ختم ہوجائے تو یہ پورا سلسلہ درہم برہم ہوجائے گا۔

## ماحولی نظام میں تغذیائی ادوار
## (Nutrient Cycles in Ecosystem)

مختلف ذی حیات وجود کو اپنی زندگی چلانے کے لئے تھوڑی یا زیادہ مقدار میں کچھ غذا بخش عناصر (nutrients) کی ضرورت پڑتی ہے۔ پودوں میں کاربن، آکسیجن، نائٹروجن، ہائڈروجن، فاسفورس، پوٹیشیم، مگنیشیم، کیلشیم اور سلفر کی زیادہ تعداد میں ضرورت پڑتی ہے جب کہ آئرن، کاپر، زنک بوران، سوڈیم، کوبالٹ وغیرہ کی کم تعداد میں۔ جن عناصر کی زیادہ تعداد میں ضرورت پڑتی ہے ان کو ہم macro nutrients کہتے ہیں جب کہ جن عناصر کی کم تعداد میں ضرورت پڑتی ہے انہیں micro nutrients۔ یہ عناصر ماحول میں ٹھوس، رقیق یا گیسی شکل میں پائے جاتے ہیں اور دوسرے عناصر سے جڑے ہوتے ہیں۔ ان عناصر کی زمین سے مختلف ذی حیات وجود میں جانے کا اور وہاں سے واپس پھر زمین پر آنے کا عمل حیاتیاتی۔ جغرافیائی۔ کیمیاوی دور (bio-geo-chemical cycle) کہلاتا ہے۔ اس دور کی کچھ اہم تفصیلات مندرجہ ذیل ہیں:-

### کاربن کا دور *(Carbon Cycle)*

زمین پر اور تمام ذی حیات وجود کے جسم میں سب سے زیادہ کثرت سے پایا جانے والا کیمیاوی عنصر کاربن ہے جو کہ ان کے اندر کاربوہائڈریٹ، امینو ایسڈ، پروٹین، چربی، وٹامن اور ہارمون وغیرہ کی شکل میں پایا جاتا ہے۔ کرّہ ہوا میں موجود تمام گیسوں میں کاربن ڈائی آکسائیڈ گیس کافی زیادہ تعداد میں پائی جاتی ہے اور تقریباً 10 لاکھ ذرّات میں اس کی تعداد 336 (336 ppm) ہے۔ یہ تعداد اب سے ڈیڑھ لاکھ سال پہلے کی تعداد کا دوگنا ہے۔ اس کے علاوہ پچھلے دوسو سالوں سے اس کی تعداد میں بتدریج اضافہ ہو رہا ہے اور اس وقت یہ تعداد تقریباً 1 ppm فی سال کی شرح سے بڑھ رہی ہے جو کہ ایک خطرے کی بات ہے۔ کاربن کا دور ایک ایسا حیاتیاتی۔ کیمیاوی۔ جغرافیائی (bio-geo-chemical) دور ہے جس کے ذریعہ سے کاربن کا تبادلہ، حیاتیاتی کرّہ، آبی کرّہ اور کرّہ ہوا کے درمیان ہوتا ہے۔ یہ ایک بہت اہم دور ہے جس کے ذریعہ سے کاربن کا پھر سے استعمال تمام ذی حیات وجود کرتے ہیں۔ اس دور کی کھوج سب سے پہلے Joseph Priestley اور Antoine Lavoisier نے کیا تھا اور اس کو مقبول بنانے کا کام Humphry Davy نے کیا تھا۔ آج یہ مانا جاتا ہے کہ اس دائرے کے مندرجہ ذیل پانچ ذخیرے ہیں جو کہ آپس میں ایک دوسرے سے جڑے ہوئے ہیں اور ان میں آپس میں کاربن کا تبادلہ ہوتا رہتا ہے۔

ا) کرّہ ہوا(atmosphere): کرّہ ہوا میں کاربن، کاربن ڈائی آکسائیڈ گیس($CO_2$) کی شکل میں پایا جاتا ہے۔ حالانکہ کرّہ ہوا میں اس کی مقدار بہت کم (0.04%) ہوتی ہے لیکن پھر بھی یہ تمام جانداروں کی زندگی کے لئے بہت ضروری ہوتا ہے۔ کرّہ ہوا میں پائی جانے والی دوسری گیس جن میں کاربن ہوتا ہے اُن

میں اہم ہیں methane ($CH_4$) اور کلوروفلوروکاربن (CFC)-CFC کا زیادہ تر تعلق انسانی نقل وحرکت سے ہے یعنی وہ قدرتی طور پر نہیں پائی جاتی ہے بلکہ انسان کے ذریعہ خارج کیے جانے والے مختلف متعفّن کے نتیجے میں پیدا ہوتی ہے۔ نباتات $CO_2$ کو نوری ترکیب کے عمل کے ذریعہ Carbohydrates میں تبدیل کر دیتے ہیں اور اس عمل کے نتیجے میں آکسیجن گیس خارج کرتے ہیں۔

جنگلات میں پوری زمین کے اوپر پائے جانے والے کاربن کا تقریباً 86% حصہ ہوتا ہے اور مٹی میں پائے جانے والے کاربن کا تقریباً 73% حصہ۔ کرّہ ہوا میں کاربن مختلف طریقوں سے چھوڑا جاتا ہے۔ مثال کے طور پر جانوروں اور نباتات کے سانس لینے کے عمل میں (respiration)، مختلف طرح کے حیوانات اور نباتات کے سڑنے گلنے اور مرنے کے عمل میں، بہت سارے ایسے مادّوں کے جلنے کے عمل میں جن میں کہ کاربن پایا جاتا ہے (مثال کے طور پر کوئلہ، پٹرول، LPG، قدرتی گیس وغیرہ)، مختلف طرح کی صنعتوں کے ذریعہ جن میں سیمنٹ کی صنعت، پٹرولیم کی صنعت، کار وغیرہ بنانے کی صنعت شامل ہیں وغیرہ۔ اِس کے علاوہ سمندر کی اوپری سطح پر جہاں سے پانی گرم ہو کر $CO_2$ کو کرّہ ہوا میں چھوڑتا ہے اور آتش فشاں وغیرہ کے پھٹنے کے عمل میں بھی $CO_2$ کرّہ ہوا میں چھوڑی جاتی ہے۔

۲) حیاتیاتی کرّہ (Biosphere): حیاتیاتی کرّہ میں تقریباً 42,000 Gigatonnes کاربن پایا جاتا ہے۔ زیادہ تر پائے جانے والے کاربن کا ذریعہ ایسے نباتات ہوتے ہیں جو کہ نوری ترکیب کے عمل سے اپنی غذا خود تیار کرتے ہیں۔ حیاتیاتی کرّے سے نکلنے والی زیادہ تر کاربن سانس لینے کے عمل میں نکلتی ہے۔ اس کے علاوہ مختلف طرح کے جنگلات میں لگنے والی آگ یا لکڑیوں کا ایندھن کے طور پر استعمال کرنے کے نتیجے میں بھی کافی مقدار میں کاربن خارج ہوتا ہے۔ جب جانور مر جاتے ہیں تو اس کے ذریعہ بھی کچھ کاربن حیاتیاتی کرّے میں آتا ہے۔

۳) سمندر (Oceans): سمندر میں تقریباً 36,000 Giga tonnes کاربن پایا جاتا ہے۔ جب سمندر میں بڑے طوفان آتے ہیں (مثال کے طور پر Hurricanes and Typhoons) تو کافی تعداد میں کاربن کو ختم کر دیتے ہیں۔ سمندر اور کرّہ ہوا کے بیچ کافی تعداد میں کاربن کا تبادلہ ہوتا ہے۔ کرّہ ہوا میں اگر کاربن کی تعداد میں 10% کا اضافہ ہو جائے تو اس کے نتیجے میں سمندر میں موجود کاربن میں 1% کا اضافہ ہو جاتا ہے۔ سمندر میں موجود کیلشیم کاربونیٹ ($CaCO_3$) بہت سارے چھوٹے چھوٹے جانوروں کا خول (shell) بن جاتا ہے۔ جب یہ جانور مرتے ہیں تو ان کا خول سمندر کی تہہ پر اکٹھا ہونے لگتا ہے اور دھیرے دھیرے کاربن کا ایک بہت بڑا ذخیرہ بن جاتا ہے۔

۴) زمین کے اندر موجود بہت سارے ایندھن کی چٹانیں (مثال کے طور پر کوئلہ، گریفائٹ وغیرہ) اور پٹرول کے ذخائر وغیرہ بھی کاربن کا بڑا ذریعہ ہیں۔

۵) زمین کے اندر بھی کاربن بہت ساری شکلوں میں پایا جاتا ہے جو کہ آتش فشاں کے پھٹنے اور زلزلے یا اس طرح کے دوسرے جغرافیائی عمل کے طور پر کرّہ ہوا میں ملتا ہے۔

کاربن کا مختلف ذخائر میں تبادلہ مختلف طرح کے جغرافیائی، طبعی، کیمیاوی اور حیاتیاتی عمل کے نتیجے میں ہوتا ہے۔ ہم اس کاربن دور کو مندرجہ ذیل خاکے 2.4 سے آسانی سے سمجھ سکتے ہیں:-

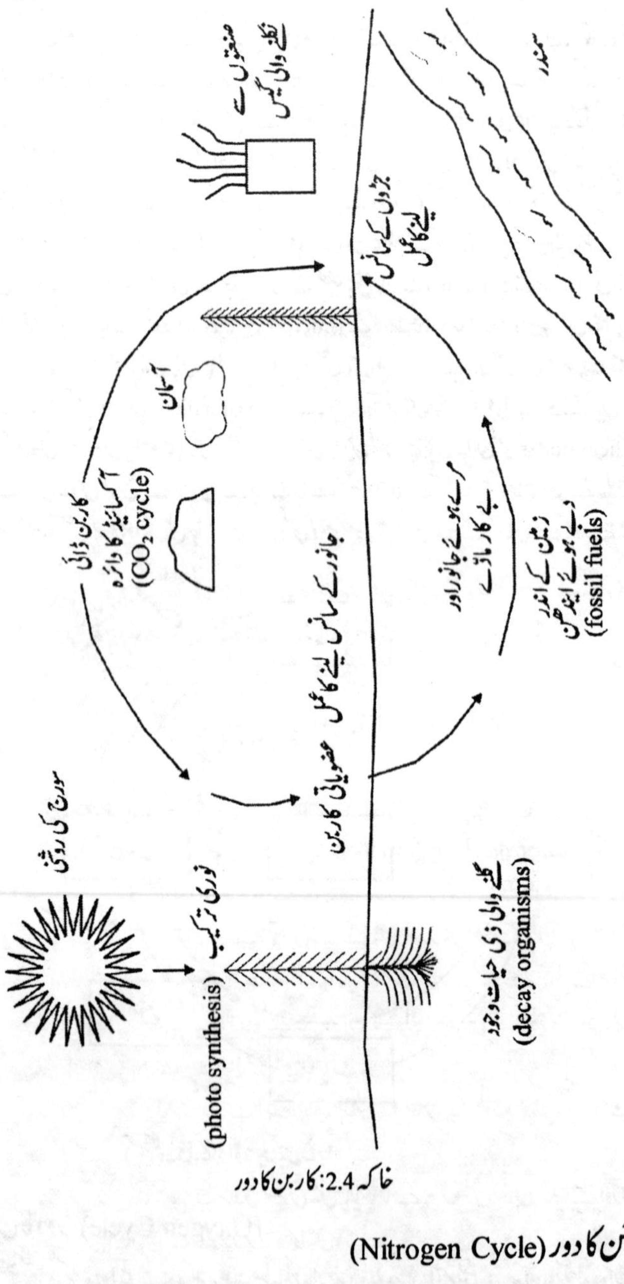


خاکہ 2.4: کاربن کا دور

## نائٹروجن کا دور (Nitrogen Cycle)

مختلف طرح کے ذی حیات وجود کے جسم میں پائے جانے والے عناصر میں نائٹروجن کا نمبر چار پر آتا ہے یعنی کاربن، آکسیجن اور ہائڈروجن کی تعداد کے بعد۔ کرہ ہوا میں نائٹروجن کی تعداد تقریباً 78.08% ہے

یعنی یہ سب سے بڑا گیس کا دائرہ ہے لیکن یہ حیاتیاتی مقاصد کے لئے دستیاب نہیں ہوتا ہے۔ مختلف طرح کے پروٹین اور امینوایسڈ کی تخلیق کے لئے نائٹروجن بہت ہی اہم ہے۔ کسی بھی ذی حیات وجود کے استعمال کے لئے پہلے نائٹروجن کا آکسیجن اور ہائڈروجن کے ساتھ کیمیاوی ردّ عمل کرنا ضروری ہوتا ہے۔ مٹی میں پائے جانے والے مختلف طرح کے جراثیم کی وجہ سے جو کہ مختلف طرح کے پیڑوں کی جڑوں میں پائے جاتے ہیں، اس کی مقدار متعین کی جاتی ہے۔ یہ جراثیم نائٹروجن کو نائٹریٹ($NO_3$) اور امونیا($NH_3$) کی شکل میں تبدیل کر کے نباتات کے لئے دستیاب کرادیتے ہیں۔ نباتات ان نائٹریٹ کو لے کر پروٹین میں تبدیل کر دیتے ہیں۔ ان نباتات اور مختلف طرح کے جانوروں کے عضویاتی مادّے (organic matter) مٹی میں پائے جانے والے خرد ذی حیات وجود (micro organism) کے ذریعے امونیا اور امینوایسڈ میں تحلیل ہوجاتے ہیں۔ یہ امونیا یا تو کرّہ ہوا میں چلی جاتی ہے اور یا تو مٹی میں ہی رہتی ہے اور کبھی کبھی نائٹریٹ میں تبدیل ہوجاتی ہے۔ اس عمل کو (nitrification) کا عمل کہتے ہیں۔ آخر میں کچھ جراثیم ایسے ہوتے ہیں جو کہ ان نائٹریٹ کو واپس نائٹروجن یا امونیا یا کسی اور آکسائیڈ میں تبدیل کر دیتے ہیں۔ اس عمل کو ہم denitrification کا عمل کہتے ہیں۔ اس طرح سے خارج کیے جانے والے نائٹروجن کے آکسائیڈ کو نباتات لے لیتے ہیں اور آزاد نائٹروجن واپس کرّہ ہوا میں مل جاتا ہے۔ اس عمل کو ہم تصویر 2.5 کی مدد سے آسانی سے سمجھ سکتے ہیں:-

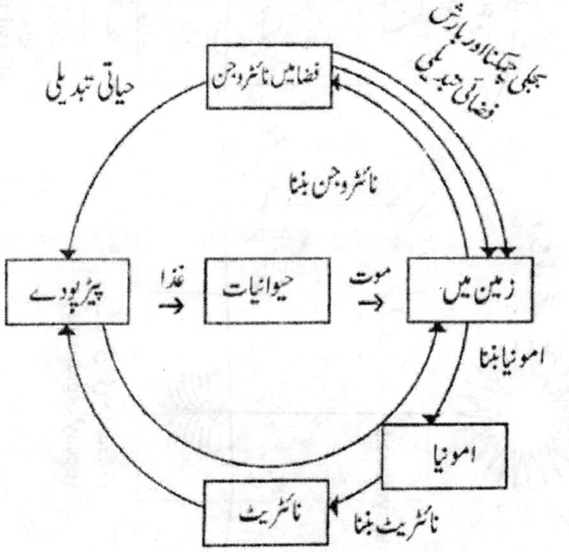


شکل 2.5: نائٹروجن دور

## آکسیجن کا دور (Oxygen Cycle)

آکسیجن کرّہ ہوا میں زیادہ کثرت سے پائی جانے والی دوسری اہم گیس ہے اور یہ کرّہ ہوا میں تقریباً 20% (حجم کے اعتبار سے) پائی جاتی ہے۔ یہ زندگی کے لئے بہت اہم ہے۔ کیونکہ اس زمین پر پائے جانے والے تمام ذی حیات وجود سانس لینے کے عمل میں کرّہ ہوا میں موجود اس آکسیجن کو جذب کرتے ہیں۔ آکسیجن

مختلف پانی کے ذرائع میں گھلی ہوئی حالت میں پائی جاتی ہے اور پانی میں رہنے والے زیادہ تر ذی حیات وجود اس شکل کی آکسیجن کو سانس لینے کے عمل میں استعمال کرتے ہیں۔ اس کے علاوہ جلنے کے عمل میں اور مختلف صنعتوں کے چلنے کے لئے بھی آکسیجن کی ضرورت پڑتی ہے۔ حالانکہ آکسیجن کرّہ حیات، کرّہ ہوا اور کرّہ جامد کے بیچ بہت سارے طریقوں سے گزرتی ہے لیکن جو سب سے بڑا عمل اس کے کرّہ ہوا میں دستیاب ہونے کے لئے ذمہ دار ہے وہ ہے نوری ترکیب۔ اس کے علاوہ زمین پر موجود کاربونیٹ کی چٹانوں کی فرسودگی (weathering) سے بھی کچھ آکسیجن نکلتی ہے۔ قدرتی طور پر پانی اور کاربن ڈائی آکسائیڈ دو ایسے مرکب ہیں جن میں آکسیجن پایا جاتا ہے۔ اور وہی دونوں مرکب حیاتیاتی اور غیر حیاتیاتی دنیا کے بیچ آکسیجن کی آمد و رفت کا ذریعہ بنتے ہیں۔
آکسیجن کے دور کو ہم مندرجہ ذیل تصویر 2.6 سے سمجھ سکتے ہیں:-

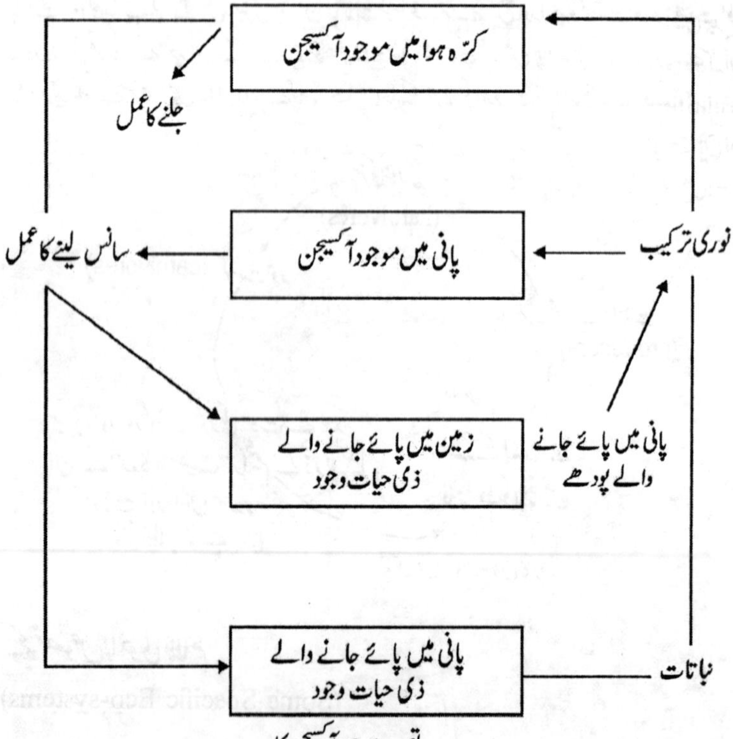


تصویر 2.6: آکسیجن کا دور

## فاسفورس کا دور (Phosphorons Cycle)

فاسفورس نباتات اور جانوروں کے لئے ایک اہم تغذیائی جز ہے جو کہ فاسفیٹ آین (ion) کی شکل میں پایا جاتا ہے۔ لیکن یہ کرّہ حیات میں بہت کثرت سے نہیں پایا جاتا ہے۔ عام طور پر یہ کرّہ ہوا میں داخل نہیں ہوتا ہے اور اگر ہوتا ہے تو بھی چھوٹے چھوٹے ذرّات کی شکل میں اور چٹانوں، معدنیات اور مٹی میں پایا جاتا ہے۔ یہ ہوا میں ایک گیس کی طرح بھی نہیں پایا جاتا ہے۔

حالانکہ فاسفورس کا نباتات اور جانوروں کے ذریعہ بہت تیزی سے تبادلہ ہوتا ہے لیکن مٹی یا سمندر سے

نکلنے والے فاسفورس کی رفتار بہت دھیمی ہوتی ہے۔ اس لئے فاسفورس دور کا شمار سب سے دھیمے حیاتاتی جغرافیائی کیمیاوی دور میں ہوتا ہے۔ فاسفورس کا 80% استعمال کھاد (اورتھوڑے سے حصے کا استعمال کولڈڈرنکس) بنانے میں ہوتا ہے۔ فصلوں کے لئے فاسفورس کافی فائدہ مند ہوتا ہے۔لیکن جھیلوں اورجھرنوں کے لئے یہ آلودگی کا بھی ایک ذریعہ بن جاتا ہے۔ کیونکہ زیادہ فاسفیٹ کے استعمال سے algae کافی تیزی سے بڑھتی ہیں، ان کو جراثیم صرف کرتے ہیں جس کے نتیجے میں ان کی تعداد میں بڑی تیزی سے اضافہ ہوتا ہے۔ یہ جراثیم پانی میں موجود آکسیجن کوزیادہ سے زیادہ صرف کرتے ہیں اوراس کے نتیجے میں پانی میں موجود مچھلیاں مرنے لگتی ہیں۔ زیادہ تر فاسفیٹ سمندر کے اندر کی چٹانوں میں پایا جاتا ہے۔ جب یہ چٹانیں فرسودہ ہونے لگتی ہیں تو فاسفیٹ ان سے نکل کر دھیرے دھیرے جغرافیائی عمل کے ذریعہ زمین پر پہنچنے لگتی ہیں۔ نباتات ان کو جذب کرتے ہیں، سبزی خور ان نباتات کوصرف کرتے ہیں اوران کو گوشت خور۔ نباتات اور جانوروں کی موت کے بعد اُن کے اندر موجود فاسفیٹ واپس پھر سے مٹی میں چلا جاتا ہے اوروہاں سے بارش کے ذریعہ پھر سے سمندر میں۔ اس دائرے کومندرجہ ذیل خاکے 2.7 کی مدد سے ہم آسانی سے سمجھ سکتے ہیں:-

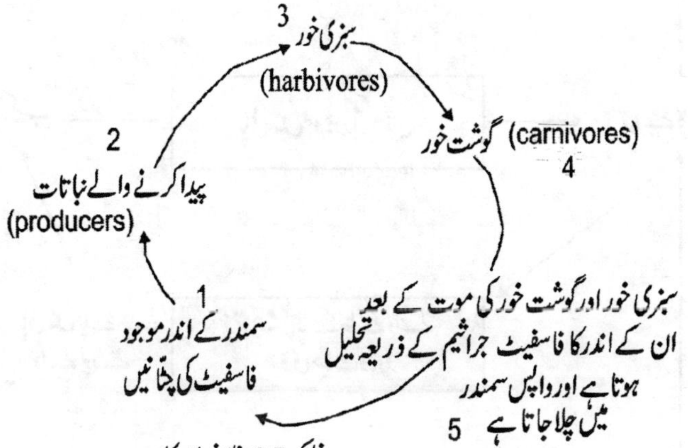


خاکہ 2.7: فاسفورس کا دور

## کچھ مخصوص ماحولی نظام
## (Some Specific Eco-systems)

### ۱) جنگلاتی ماحولی نظام
### (Forest Eco-system)

کسی بھی جنگلاتی ماحولی نظام کومندرجہ ذیل پانچ سطحوں میں تقسیم کیا جاسکتا ہے۔

۱) پیڑ (Trees)
۲) جھاڑیاں (Shrubs)
۳) نباتی سبزہ (Herbaceous Vegetation)
۴) جنگلاتی فرش (Forest floor)

۵) زیرزمیں رہنے والا خطہ (Subterranean zone)

ان تمام سطحوں کی موجودگی کو ہم مندرجہ ذیل تصویر 2.8 سے سمجھ سکتے ہیں:

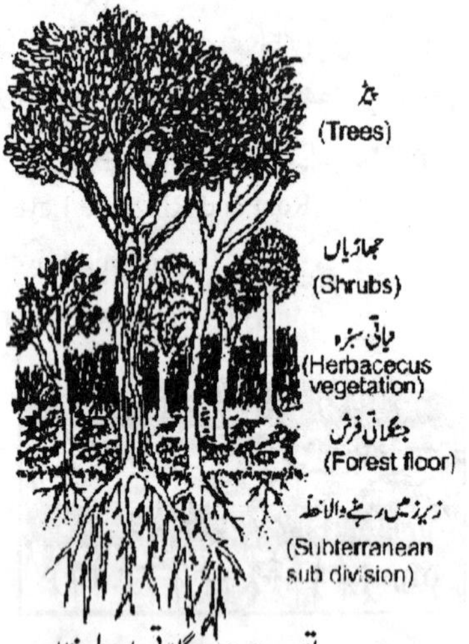


تصویر 2.8: جنگلاتی ماحولی نظام

ذریعہ: Environmental Science by Arti Rajput

اس کے علاوہ جنگلاتی ماحولی نظام میں پائے جانے والے مختلف حیاتیاتی اور غیر حیاتیاتی اجزاء کی تفصیل مندرجہ ذیل ہے:

جنگلاتی ماحولی نظام میں موجود حیاتیاتی اور غیر حیاتیاتی اجزاء

- حیاتیاتی اجزاء
  - پیدا کرنے والے ← پیڑ پودے، جھاڑیاں، گھاس پھوس
  - صرف کرنے والے ← ابتدائی صارف: ہرن، گلہری، چیونٹی، ہاتھی وغیرہ؛ ثانوی صارف: چڑیا، لومڑی، سانپ، چھپکلی وغیرہ؛ ثلاثی صارف: شیر، چیتے، تیندوے وغیرہ
  - تحلیل کرنے والے ← مختلف طرح کے جراثیم
- غیر حیاتیاتی اجزاء
  - عضویاتی مادّے ← پروٹین، کاربوہائیڈریٹ، چربی
  - غیر عضویاتی مادّے ← نائٹروجن، آکسیجن، فاسفورس
  - آب وہوا کے متعلق عناصر ← حرارت، دباؤ، روشنی، نمی

## ۲) چراگاہی/گیاہستانی ماحولی نظام
## (Grassland Eco-system)

گیاہستانی ماحولی نظام میں اکثریت کے ساتھ گھاس پائی جاتی ہے اوراس کے علاوہ کچھ چھوٹے چھوٹے کنٹیلے پودے اور جھاڑیاں بھی۔ پوری دنیا کا تقریباً 40% حصہ چراگاہوں کے طور پر استعمال ہوتا ہے۔ کسی بھی گیاہستانی ماحولی نظام میں مندرجہ ذیل تین سطحیں ہوتی ہیں جن کو تصویر 2.9 میں دکھایا گیا ہے:

۱) جڑ کی سطح (Root and Rhizome Layer)

۲) زمینی سطح (Ground Layer)

۳) نباتی سطح (Herbaceous Layer)

تصویر 2.9: گیاہستانی ماحولی نظام کی سطحیں

گیاہستانی ماحولی نظام کی اہم خصوصیات مندرجہ ذیل ہیں:

۱) یہاں کی مٹی تغذیائی عناصر سے بھری ہوتی ہے

۲) یہاں پر سالانہ بارش اوسطاً 25 سے 75cm ہوتی ہے

۳) اس میں پیدا کرنے والی (producers) زیادہ تر گھاس ہی ہوتی ہیں

۴) اس میں پیڑ بہت کم ہوتے ہیں

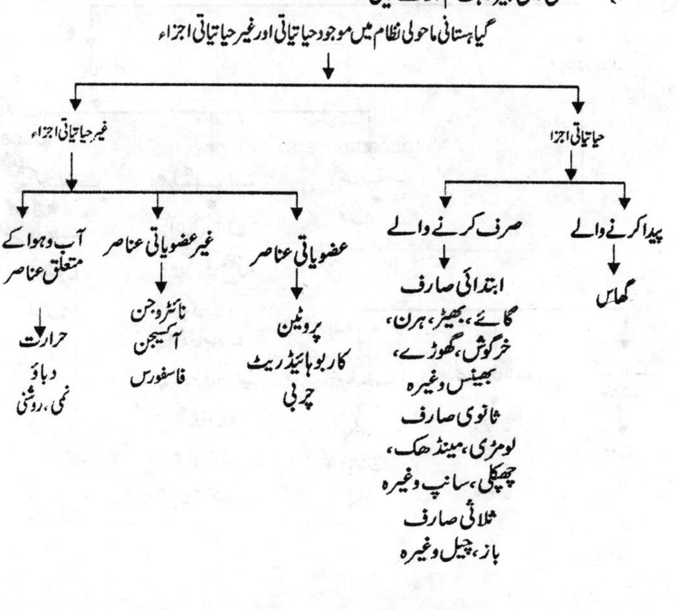

## ۳) صحرائی ماحولی نظام (Desert Eco-system)

پوری دنیا کے تمام رقبہ کا تقریباً 17% حصّہ صحرا کی شکل میں ہے۔ دنیا کے کچھ اہم صحرا ہیں۔ شمالی افریقہ کا سہارا صحرا، آسٹریلیا کے گریٹ وکٹوریا اور گریٹ سینڈی صحرا، ہندستان کے شمال مغرب میں موجود تھار ریگستان اور ترکیمنستان میں موجود کراکم صحرا۔ صحرا کی کچھ اہم خصوصیات مندرجہ ذیل ہیں:

۱) اِس میں دن میں حرارت کافی زیادہ ہوتی ہے تقریباً $50^oC$-$60^oC$

۲) رات کے وقت میں حرارت میں کافی کمی آجاتی ہے اور سردی بڑھ جاتی ہے۔

۳) اس میں بارش بہت کم ہوتی ہے۔

۴) زیادہ حرارت اور کم بارش کی وجہ سے اس میں پانی کی بہت قلت ہو جاتی ہے۔

۵) اس میں ہوائیں بہت تیز چلتی ہیں اور ریگستانی طوفان بہت آتے ہیں۔

صحرا کی کچھ اہم اقسام مندرجہ ذیل ہیں:

۱) سرد صحرا (Cold Desert)

۲) کم بارش والے صحرا (Low Rainfall Desert)

۳) زیادہ نمک والے صحرا (High- salt Desert)

۴) آتش فشاں والے صحرا (Volcanic Deserts)

۵) گرم اور خشک صحرا (Hot and Dry Deserts)

صحرائی ماحولی نظام ایک اہم ماحولی نظام ہوتا ہے اور اس میں موجود حیاتیاتی اور غیر حیاتیاتی اجزاء کی تفصیل مندرجہ ذیل ہے:

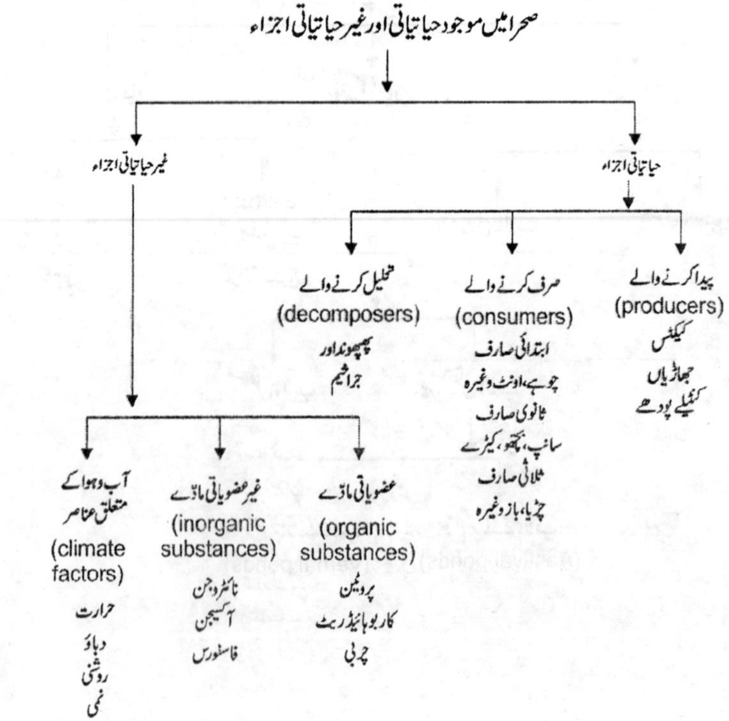

## ۴) آبی ماحولی نظام
## (Aquatic Eco-system)

دنیا کے زیادہ تر حصے (تقریباً 71% حصے) میں پانی ہے اور عام طور پر پانی دو طرح کا ہوتا ہے۔ کھارا پانی اور تازہ پانی۔ انہیں دونوں پانیوں میں کل ملا کر چار طرح کے ماحولی نظام پائے جاتے ہیں۔ یہ چار ہیں تالاب کا ماحولی نظام، جھیل کا ماحولی نظام، سمندر کا ماحولی نظام، اور دہانہ کا ماحولی نظام۔ ہم ان چاروں طرح کے ماحولی نظام کی مختلف قسمیں، ان کی خصوصیات اور ان کے مختلف اجزاءء کا تفصیل سے ذکر مندرجہ ذیل سطروں میں کریں گے:

### ۱) تالاب کا ماحولی نظام (Pond Eco-system)

تالاب بھرے ہوئے پانی کے چھوٹے اور کم گہرے ذرائع ہوتے ہیں۔ یہ کئی طرح کے ہوتے ہیں اور ان کی درجہ بندی ہم مندرجہ ذیل طریقے سے کر سکتے ہیں:

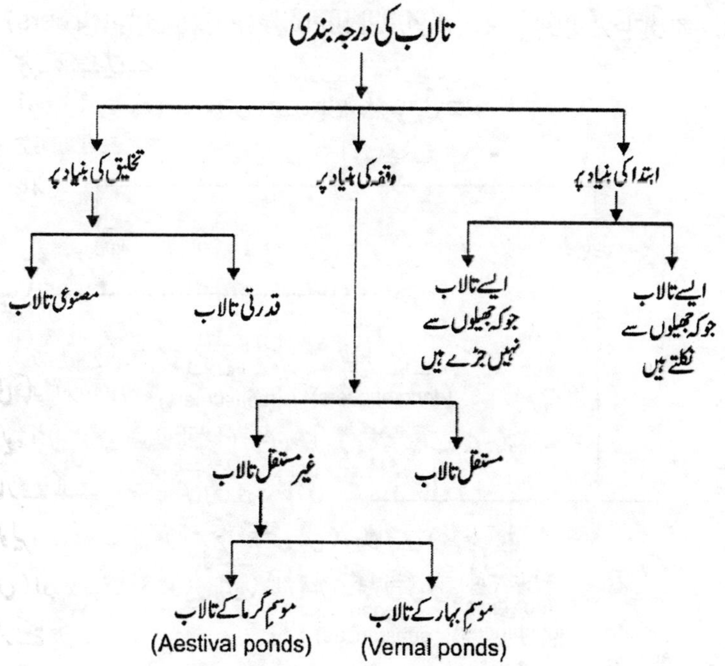

کسی بھی تالاب میں مندرجہ ذیل تین خطے ہوتے ہیں

۱) انفرادی خطّہ (Trophogenic zone):- اس خطّے میں نوری ترکیب کا عمل ہوتا ہے۔ یہ خطّہ دوحصوں پر مشتمل ہوتا ہے۔ ساحلی حصہ (Littoral zone) اورنصف ساحلی حصّہ (Sub Littoral zone)

۲) تحلیلی خطّہ (Tropholytic zone):- اس خطے میں تحلیلی عمل پیش آتے ہیں۔

۳) تلافی کا خطّہ (Compensation zone):- اس خطے میں نوری ترکیب عمل تنفّس میں توازن قائم کرتا ہے۔

### تالاب میں پائے جانے والے حیاتیاتی اجزاء

**پیدا کرنے والے (producers)**

- تیرنے والے پودے
- آدھا پانی میں ڈوبے پودے
- جڑ والے پودے
- بنا جڑ والے پودے

**صرف کرنے والے (consumers)**

ابتدائی صارف - گھونگھے اور بہت چھوٹے جانور

ثانوی صارف - چھوٹی مچھلیاں

ثلاثی صارف - بڑی مچھلیاں

**تحلیل کرنے والے (decomposers)**

پھپھوند اور مختلف طرح کے جراثیم

## ب) جھیل کا ماحولی نظام (Lake Eco-System)

جھیلیں رُکے ہوئے پانی کا ایسا ذخیرہ ہوتی ہیں جو کہ سمندر سے جڑی نہیں ہوتی ہیں۔ دنیا کی کچھ مشہور جھیلوں میں کیسپین جھیل (روس میں)، وکٹوریا جھیل (تنزانیہ میں)، ہورن جھیل (یو، ایس، اے اور کناڈا میں)، مشیگن جھیل (یو.ایس.اے میں) شامل ہیں۔ اس کے علاوہ ہمارے ملک ہندوستان میں بھی بہت ساری جھیلیں پائی جاتی ہیں جن میں ڈل جھیل (کشمیر میں) کولیرو اور پُلیکٹ جھیل (آندھرا پردیش میں)، چلکا جھیل (اُڑیسہ میں)، سمبھر جھیل (راجستھان میں) اور بڑی جھیل (بھوپال میں) شامل ہیں۔ جھیلوں کی درجہ بندی ہم مندرجہ ذیل طریقے سے کر سکتے ہیں۔

## جھیلوں کی درجہ بندی

- **حرارت کی بنیاد پر**
  - ٹھنڈی منومکٹک جھیل: اِن میں حرارت 4°c سے زیادہ نہیں ہوتی ہے
  - گرم مونومکٹک جھیل: اِن میں حرارت 4°c سے کم نہیں ہوتی ہے
  - اولیگومکٹک جھیل: ایسی جھیلیں بہت کم ہوتی ہیں اور عام طور پر گرم ممالک میں پائی جاتی ہیں
  - پولی مکٹک جھیل: یہ جھیلیں متوسط ہوتی ہیں نہ زیادہ ٹھنڈی اور نہ زیادہ گرم
  - ڈائی مکٹک جھیل: اس طرح کی جھیلیں مخلوط ہوتی ہیں کبھی سرد اور کبھی گرم
- **ابتدائی پیداوار کی بنیاد پر**
  - اولیگوٹرافک جھیل: اِن کی پیداوار بھی کم ہوتی ہے اور تغذیائی عناصر بھی اِن میں کم ہوتے ہیں
  - یوٹرافک جھیل: اِن میں پیداوار اور تغذیائی عناصر دونوں زیادہ ہوتے ہیں
  - ڈسٹرافک جھیل: اِن میں عضویاتی تغذیائی عناصر کافی مقدار میں موجود ہوتے ہیں

جھیل میں عام طور پر چار سطحیں ہوتی ہیں جن کی وضاحت تصویر 2.10 میں کی گئی ہے۔

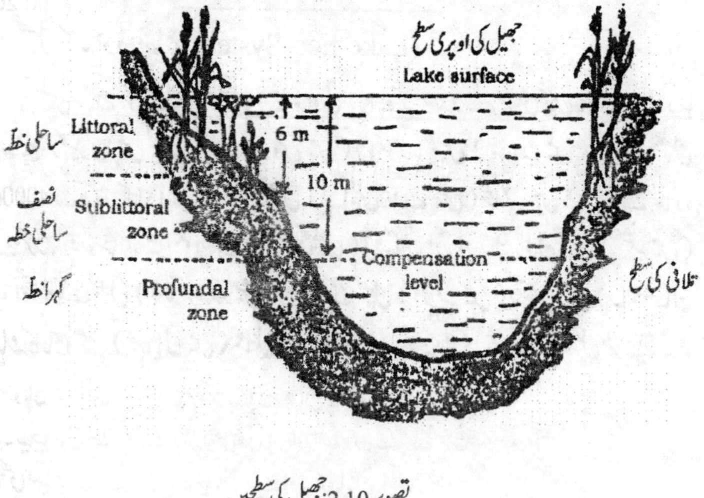


تصویر 2.10: جھیل کی سطحیں

## ج) بحری ماحولی نظام (Ocean Eco-system)

دنیا کے تمام رقبے کا تقریباً $3,62,000,000 km^2$ کا رقبہ سمندروں پر مشتمل ہے اور اوسطاً ان سمندروں کی گہرائی 3,750 میٹر ہے۔ دنیا کے چار بڑے سمندروں میں سے ہیں۔ بحرِ اوقیانوس، بحرِ ہند، بحرِ الکاہل اور بحرِ قطب شمالی بحری ماحولی نظام دنیا کے اہم ماحولی نظاموں میں سے ایک ہے اور اس کی اہم خصوصیات مندرجہ ذیل ہیں:

۱) دنیا کے تمام سمندر ایک دوسرے سے جڑے ہوئے ہیں اس لئے بحری ماحولی نظام میں دوسرے تمام ماحولی نظام کے مقابلے ایک طرح کا تسلسل پایا جاتا ہے۔

۲) بحری ماحولی نظام کی ایک اور خصوصیت یہ ہے کہ اس کی سطح اور اُس کی تہہ کی حرارت میں کافی فرق ہوتا ہے۔

۳) بحری ماحولی نظام میں پانی کی لہریں مسلسل چلتی ہیں۔

۴) سمندر کی سطح پر کم دباؤ ہوتا ہے لیکن جیسے جیسے ہم تہہ کی طرف بڑھتے ہیں اس میں تیزی سے اضافہ ہونے لگتا ہے۔

۵) سمندر کا پانی کافی کھارا ہوتا ہے اور اِس میں نمک کی اوسطاً مقدار 35% ہوتی ہے۔

۶) بحری رہائش گاہ کو ہم مندرجہ ذیل خطوں میں تقسیم کرسکتے ہیں:

۷) بحری ماحولی نظام میں اہم پیدا کرنے والوں میں بھوری کائی اور لال کائی ہیں جب کہ صارف میں چھوٹی اور بڑی مچھلیاں شامل ہیں۔

## د) دہانہ کا ماحولی نظام (Estuarial Eco-System)

دہانہ (estuary) اس مقام کو کہا جاتا ہے جہاں پر سمندر کا کھارا پانی دریا یا جھرنے کے تازے پانی سے ملتا ہے۔ یہ حیاتیاتی نقطۂ نظر سے کافی اہم ہوتی ہیں اور انسانوں کے لئے تفریحی کام بھی آتی ہیں۔ یہ ہمیں ایسے بندرگاہ بھی مہیا کراتی ہیں جہاں سے کچا مال، بنے ہوئے سامان اور کھانے کی چیزوں کی آمدورفت بھی ہوسکے۔ اس کے علاوہ کچھ دہانوں کا استعمال گھریلو اور صنعتی کچروں کو نپٹانے میں بھی کیا جاتا ہے۔ دہانے کئی طرح کے

ہوتے ہیں اور عام طور پر ان کی درجہ بندی مندرجہ ذیل طرح سے کی جاتی ہے

## دہانہ (Estuary) کی درجہ بندی

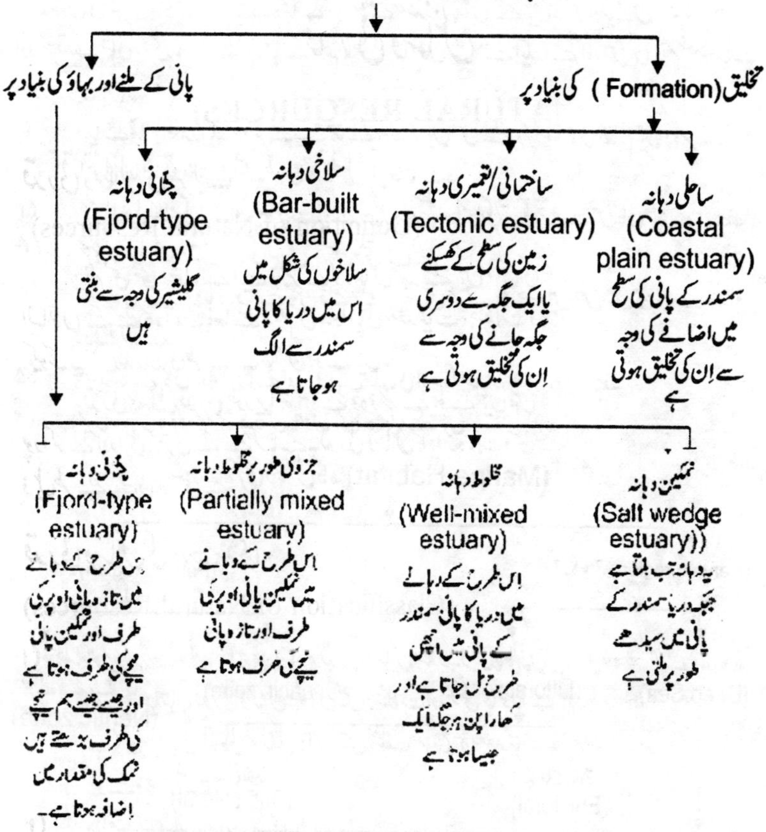


دنیا کے کچھ اہم دہانوں میں سان فرانسسکو کی کھاڑی (San Francisco Bay)، کارپین ٹریا کی خلیج Gulf of Carpentaria، نکویا کی خلیج (Gulf of Nicoya) اور بنگال کی کھاڑی (Bay of Bengal) شامل ہیں۔ عام طور پر دہانے میں کائی بحری کائی (benthic algae) اور تہہ کے نزدیک پائے جانے والے کچھ گھاس پھوس اور پودے پیدا کرنے والے ہوتے ہیں۔ جب کہ کچھ مخصوص قسم کی مچھلیاں، دہانے میں پائے جانے والے کچھ مخصوص قسم کے آبی جانور وغیرہ صارف ہوتے ہیں۔ آج کے دور میں انسانی نقل وحرکت کی وجہ سے ان کو کافی خطرہ لاحق ہورہا ہے اور گھریلو اور صنعتی کچروں کی وجہ سے، حرارت میں تبدیلی کی وجہ سے، بڑے پیمانے پر مچھلیوں کے شکار کی وجہ سے، پانی میں نمک کے مقدار میں تبدیلی کی وجہ سے اور بڑے پیمانے پر جراثیم کش دواؤں اور کیمیکلس کے استعمال کی وجہ سے ان میں آلودگی کافی بڑھ رہی ہے۔

باب-۳ (Chapter-III)

# قدرتی وسائل

# (NATURAL RESOURCES)

## قدرتی وسائل کی تعریف
## (Definition of Natural Resources)

ہم کسی بھی اشیاء کے ایسے ذخیرے کو وسائل کہہ سکتے ہیں جس کی صورت میں تبدیلی کرکے اُسے انسانوں کے لیے کارآمد بنایا جاسکے۔ ہم مٹی، ہوا، پانی، معدنیات، جنگلات وغیرہ کو قدرتی وسائل کہہ سکتے ہیں کیونکہ یہ ہمیں قدرت کی طرف سے حاصل ہوئے ہیں۔

قدرتی وسائل قدرتی طور پر اکٹھا ہوئے وہ ذخیرے ہوتے ہیں جن کا استعمال انسان اپنی ضرورت کو پورا کرنے اور اپنی بہتری کے لیے کرتا ہے۔ قدرتی وسائل کا دائرہ بہت وسیع ہے اور اِس کی درجہ بندی مندرجہ ذیل طریقے سے کی جاسکتی ہے:

## قدرتی وسائل کی درجہ بندی
## (Classification of Natural Resources)

۱) روایتی درجہ بندی:- اس کی بنیاد پر قدرتی وسائل مندرجہ ذیل دو طرح کے ہوتے ہیں۔

الف) حیاتیاتی قدرتی وسائل:- اس میں جنگلات اور جنگلی جانور آتے ہیں

ب) غیر حیاتیاتی قدرتی وسائل: اس میں مختلف طرح کی معدنیات اور زمین کے اندر موجود تیل، کوئلے وغیرہ آتے ہیں۔

۲) مقام کے اعتبار سے درجہ بندی۔

الف) قومی (National) قدرتی وسائل:- یہ ایسے وسائل ہوتے ہیں جو کہ کسی ایک ملک کی چوحدّی کے دائرے میں آتے ہیں مثال کے طور پر مختلف کانیں (mines)، جنگلات، جھیل، دریا وغیرہ۔

ب) کثیر قومی قدرتی وسائل: یہ ایسے وسائل ہوتے ہیں جو کہ ایک سے زیادہ ممالک میں مشترکہ ہوتے ہیں۔ مثال کے طور پر مختلف ندیاں۔

ت) بین الاقوامی قدرتی وسائل:- یہ ایسے وسائل ہوتے ہیں جن کو کہ دنیا کے تمام ممالک کے لوگ استعمال کرتے ہیں مثال کے طور پر سمندر، ہوا وغیرہ۔

۳۔ کیمیاوی نوعیت (chemical nature) کے اعتبار سے درجہ بندی: اس کے مطابق قدرتی وسائل مندرجہ ذیل تین طرح کے ہوتے ہیں:

الف) ایسے وسائل جن میں کاربن ہوتا ہے (Organic Natural Resources):- مثال کے طور پر مختلف طرح کی پیٹرولیم کی چیزیں، نباتات، جانور وغیرہ۔

ب) ایسے وسائل جن میں کاربن نہیں ہوتا ہے (Inorganic Natural Resources): مثال کے

طور پر پانی اور معدنیات۔

ت ) ایسے وسائل جن میں مندرجہ بالا دونوں طرح کی خصوصیات ہوتی ہیں (mixed) مثال کے طور پر مٹی (soil)

۴) وسائل کی موجودگی اور استعمال کی بنیاد پر درجہ بندی: اس کے مطابق وسائل کی درجہ بندی مندرجہ ذیل دو طرح سے کی جاسکتی ہے:

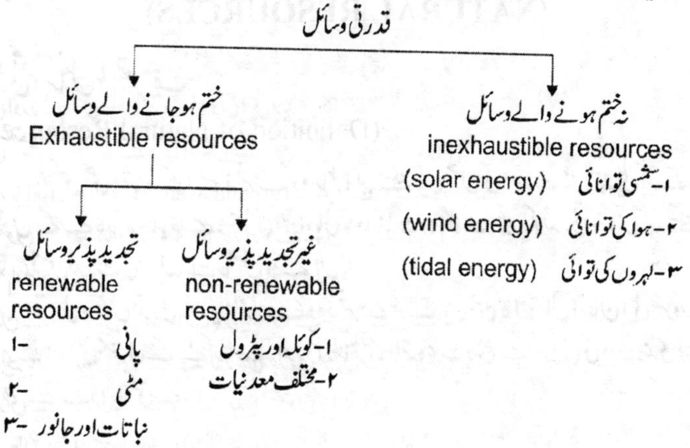


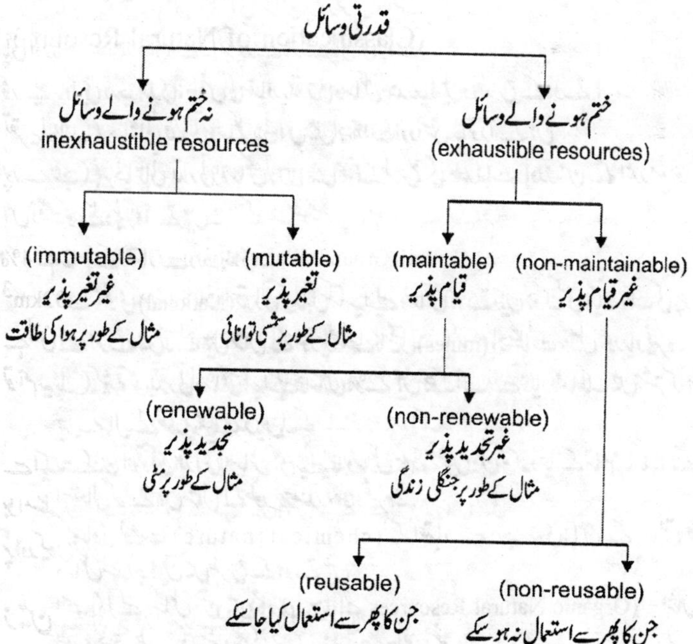

مندرجہ بالا آخری درجہ بندی Owen (1971) نے کی ہے۔
اب ہم باری باری سے مختلف قسم کے وسائل پر تفصیل سے روشنی ڈالیں گے۔

# (ا) آبی وسائل

## (Water Resources)

پانی ایک بہت ہی اہم اور بنیادی قدرتی وسائل ہے اوراس کی عدم موجودگی میں انسانی زندگی کا تصور بھی نہیں کیا جاسکتا ہے۔ یہ ہمیں مختلف طرح کی غذا دیتا ہے۔اس سے مختلف طرح کے مشروب تیار ہوتے ہیں اورزمین میں مختلف طرح کی نوع اپنی رہائش کا انتظام پانی میں ہی کرتی ہیں۔ عام طور پر پانی کو دو درجوں میں تقسیم کیا جاسکتا ہے۔ (i) زمین کے اوپر پایا جانے والا پانی (surface water) اور(ii) زمین کے اندر پایا جانے والا پانی (ground water)۔زمین کے اوپر پائے جانے والے پانی میں مختلف طرح کے چشموں، ندیوں، تالابوں وغیرہ کا شمار ہوتا ہے۔اس طرح کے پانی کی خصوصیت یہ ہوتی ہے کہ یہ آسانی سے تمام لوگوں اور جانوروں کے لیے دستیاب تو ہوتا ہے لیکن ساتھ ہی بہت ہی آسانی سے آلودہ بھی ہوجاتا ہے۔ زمین کے اندر کا پانی زیادہ صاف اور اچھا ہوتا ہے لیکن یہ زمین کے اندر محدود مقدار میں ہوتا ہے اوراس کا واحد ذریعہ بارش کا پانی ہوتا ہے جسے کہ زمین جذب کرلیتی ہے۔ چونکہ پچھلے کچھ سالوں سے بارش میں لگاتار کمی ہورہی ہے اورلوگ بڑے پیمانے پر جدید مشینوں کا استعمال کر کے اِسے زمین سے نکال رہے ہیں اس لیے یہ خطرہ لاحق ہوگیا ہے کہ آنے والے کچھ سالوں میں اس کے ذخائر میں بھاری کمی آجائے گی۔

اگر ہم پوری دنیا میں موجود آبی وسائل پر غور کریں تو ہم یہ پائیں گے کہ پورے پانی کا 97% حصہ سمندری پانی اور 3% حصہ تازہ پانی ہے۔ اگر پورے تازے پانی کی موجودگی پر غور کریں تو icecaps and glaciers کے ذریعے پائے جانے والے پانی کی مقدار 68.7%، زمین کے اندر موجود پانی (ground water) کی مقدار تقریباً 30.1%، زمین کے اوپر کے پانی کی مقدار 3%. اور دوسرے ذرائع کے پانی کی مقدار 0.9% ہے۔ پورے تازے پانی کی مقدار 87% جھیلوں (lakes) میں جب کہ 11% دلدلی زمین اور 2% دریا میں ہے۔ اِس وقت ہمارے ملک میں 1850 کیوبک کلومیٹر پانی موجود ہے جو کہ پوری دنیا کے تازے پانی کے ذرائع کا 4% ہے ۔ Central Ground Water Board (CGWB) کے مطابق ہمارے پورے ملک میں 432$km^3$ زمین کے اندر کا پانی استعمال کیا جاسکتا ہے اور 690$km^3$ زمین کے اوپر کا پانی استعمال کیا جاسکتا ہے یعنی اس طرح سے کل 1122$km^3$ پانی استعمال کیا جاسکتا ہے۔ اگر ہم پانی کے استعمال کا عالمی سطح پر جائزہ لیں تو ہم یہ پائیں گے کہ یہ تقریباً 70% آب پاشی میں، 22% صنعتوں میں اور 8% گھریلو استعمال میں آتا ہے۔

آنے والے دنوں میں پوری دنیا کے سامنے جو چند ایک اہم مسائل پیش ہونے والے ہیں ان میں سے ایک ہے پانی کی کمی اور اگر اس پر ابھی سے قابو پانے کی کوشش نہ کی گئی تو آنے والے دنوں میں یہ ایک بڑا مسئلہ بن جائے گا۔ اس کے لیے ہمیں بہتر طریقے سے منصوبہ بندی کرنی ہوگی اور یہ جاننا ہوگا کہ پانی کہاں پر اور کیوں خرچ ہوتا ہے۔

### زمین کے اوپر اور اندر کے پانی کا استعمال

زمین کے اوپر اور اندر کے پانی کا استعمال مندرجہ ذیل جگہوں پر ہو رہا ہے:-

۱) آب پاشی میں پانی کا سب سے زیادہ استعمال ہوتا ہے۔تمام پانی کا تقریباً 70% حصہ اس میں صرف ہورہا ہے۔

۲) مختلف طرح کی کھدانوں میں اوران سے نکلنے والے معدنیات کی صفائی میں بڑے پیمانے پر پانی کا استعمال ہوتا ہے۔

۳) مختلف طرح کی صنعتوں میں پانی کا خوب استعمال ہوتا ہے۔ ان صنعتوں میں کپڑے کی صنعت، چمڑے کی صنعت، اسٹیل کی صنعت وغیرہ اہم ہیں۔

۴) مختلف طرح کے گھریلو کاموں مثال کے طور پر کپڑا دھونے میں، نہانے میں، مختلف طرح کے پانی کے کھیلوں میں، گھروں میں لگے ہوئے فوّاروں میں اور پیڑ پودھوں کو پانی دینے میں بھی کافی پانی خرچ ہوتا ہے۔

۵) مختلف طرح کے بجلی بنانے والے plants میں بھی کافی پانی کا استعمال کیا جاتا ہے۔ پانی سے بنائی جانے والی بجلی (Hydro electricity) یا کوئلے سے بنائی جانے والی بجلی (Thermal electricity) یا یورینیم سے بنائی جانے والے بجلی ہر جگہ پر پانی کا استعمال ہوتا ہے۔

## پانی کے بے تحاشہ استعمال کی وجوہات

۱) آبادی میں ہونے والا بے تحاشہ اضافہ۔ زیادہ لوگ زیادہ پانی خرچ کرتے ہیں اپنی مختلف ضروریات کو پورا کرنے کے لیے۔

۲) تیزی سے بڑھتی ہوئی صنعت کاری (industrialisation) بھی اس کیلئے ذمے دار ہے۔ زیادہ صنعتوں کی وجہ سے زیادہ پانی کی ضرورت پڑتی ہے۔

۳) لوگ تیزی سے شہروں کی طرف آرہے ہیں۔ شہر کے لوگوں کی زندگی اور ضروریات گاؤں کے لوگوں سے مختلف ہوتی ہیں یہ بھی ایک وجہ ہے کہ لوگ زیادہ پانی کی کھپت کررہے ہیں۔ دوسری وجہ یہ ہے کہ شہر میں بجلی وغیرہ زیادہ دیر تک رہتی ہے اس لئے لوگ زیادہ مشینوں کا استعمال کرکے زمین کے اندر سے زیادہ پانی نکالتے ہیں۔

۴) آج کل کی جدید زرعی تکنیکیں بھی زیادہ پانی کے خرچ کے لیے ذمّے دار ہیں مختلف طرح کے hybrid پھل اور ترکاری کو اُگانے کے لیے زیادہ پانی کی ضرورت پڑتی ہے۔

۵) مختلف طرح کی کھانوں اوران کے اندر سے نکالے جارہے مختلف طرح کے معدنیات اوران کی صفائی کی عمل میں بھی زیادہ پانی درکار ہوتا ہے۔

۶) آج کل لوگ نئے نئے submersible pumps اور bore well pumps کا استعمال کررہے ہیں۔ ان pumps کی خصوصیت یہ ہوتی ہے کہ یہ ذراسی دیر میں زمین کے کافی اندر سے پانی کھینچ کر اوپر لے آتے ہیں۔ چونکہ لوگوں کو ایسے پانی کی اہمیت کا احساس نہیں ہوتا ہے اس لیے وہ اِسے بیجا خرچ کرتے ہیں۔

## بند/ باندھ/ پشتہ (Dams)

باندھ یا پشتہ ہم ایسی تعمیر کو کہتے ہیں جو کہ پانی کے بہاؤ کو کم کرتے ہیں۔ ان کا استعمال ہم بجلی بنانے کے لیے یا آب پاشی کے لیے ضروری پانی کو روکنے کے لیے کرتے ہیں۔ ہندوستان کے کچھ اہم بند مندرجہ ذیل ہیں:-

۱) بھاکھڑا ننگل باندھ (Bhakra Nangal Dam):- یہ پنجاب میں سطلج ندی پر بنایا گیا ہے۔ یہ دنیا کا سب سے اونچا بند ہے اس کی اونچائی 226m ہے۔
۲) ہیراکینڈ باندھ (Hirakund Dam):- یہ اُڑیسہ میں مہاندی پر بنایا گیا ہے اور یہ دنیا کا سب سے لمبا بند ہے تقریباً 4801 میٹر لمبا
۳) پونگ باندھ (Pong Dam):- یہ پنجاب میں بیاس ندی پر بنایا گیا ہے۔
۴) ناگارجناساگر باندھ:- یہ آندھراپردیش میں دریائے کرشنا کے اوپر بنایا گیا ہے۔
۵) ٹہری باندھ:- یہ اُترا کھنڈ میں بھاگیرتھی ندی پر بنایا گیا ہے۔

ہمارے ملک میں جیسے جیسے ترقی میں اضافہ ہو رہا ہے ویسے ویسے بند بھی تیزی سے بنائے جارہے ہیں ان سے مختلف طرح کے فائدے بھی ہیں اور نقصانات بھی۔ ہم یہاں پر پہلے فائدے کا ذکر کررہے ہیں۔

۱) یہ پانی کے بہاؤ کو کم کردیتے ہیں اس سے سیلاب کا خطرہ بھی کم ہوجاتا ہے۔
۲) ان کی وجہ سے پانی کی رفتار قابو میں آجاتی ہے اس لئے مٹّی کا کٹاؤ (soil erosion) کم ہوجاتا ہے۔
۳) ان کے ذریعے سے محفوظ کیا گیا پانی پینے یا آب پاشی کے کام آسکتا ہے۔
۴) ان کے ذریعہ اکٹھا کیا گیا پانی مختلف طرح کی صنعتوں کے مختلف استعمال کے لیے دستیاب ہوتا ہے۔ اس کے علاوہ قحط یا خشک سالی میں بھی ہم اس پانی کا استعمال کرسکتے ہیں۔
۵) ان کے ذریعہ اکٹھا کیے گئے پانی کی وجہ سے زمین کے اندر موجود پانی کی بھی سطح اوپر ہوجاتی ہے۔
۶) ان کی تعمیر سے بہت سارے لوگوں کو روزگار ملتا ہے۔
۷) ان کے ذریعے سے پیدا کی گئی آبی بجلی بہت سارے کاموں میں استعمال ہوتی ہے۔
۸) اِن کی وجہ سے مصنوعی جھیلوں کی نشو ونما کی جاسکتی ہے اور سیاح آسکتے ہیں۔
۹) اِن کی وجہ سے ہم مچھلی پالنے کے کام کو آسان بناسکتے ہیں۔ اس کے دو فائدے ہونگے۔ ایک تو لوگوں کو تازی مچھلیاں مل جائیں گی اور دوسرے لوگوں کو روزگار بھی۔

لیکن ساتھ ہی ان باندھوں کی وجہ سے بہت سارے نقصانات بھی ہیں جن کی تفصیل مندرجہ ذیل ہے:

۱) باندھ کے ذریعہ اکٹھا کیا گیا پانی کافی مقدار میں بھاپ کی شکل میں اُڑجاتا ہے۔
۲) اگر باندھ کی تعمیر صحیح طرح سے نہ کی جائے یا پانی بہت زیادہ برس جائے تو اس میں مختلف طرح کی شگافیں پڑجاتی ہیں اور اگر باندھ ٹوٹ جاتا ہے تو اس سے جان و مال کو بڑے پیانے پر نقصان پہنچتا ہے۔
۳) باندھ کی تعمیر سے سب سے زیادہ نقصان جنگلات کو ہوتا ہے۔ بڑے پیانے پر کٹائی ہوتی ہے اور ان کی وجہ سے کافی بڑے حصے کے جنگلات پانی میں ڈوب جاتے ہیں۔ ایک اندازے کے مطابق گجرات میں سردار سرور باندھ کے بننے سے تقریباً 1,44,371 ha جنگلات پانی میں ڈوب جائیں گے۔ اس کے علاوہ باندھ بننے سے اُس جگہ کے پانی کی سطح (water table) اوپر آجاتی ہے اس سے پودھوں کی جڑوں کو نقصان پہنچتا ہے اور اُن کی نشو ونما بھی بری طرح سے متاثر ہوتی ہے۔
۴) باندھ بننے سے مختلف طرح کے قبائل کو کافی نقصان پہنچتا ہے۔ یہ قبائل عام طور پر اپنا بسیرا انہیں جنگلوں

میں بناتے ہیں اور اُن کی روزی روٹی کا ذریعہ بھی یہی جنگل ہوتے ہیں لیکن بند کی تعمیر کے دوران وہ اُجڑ جاتے ہیں۔ جب وہ نئی جگہ پر جاتے ہیں اور نیا بسیرا کرتے ہیں تو اُنھیں مختلف طرح کی معاشی اور سماجی دقتوں کا سامنا کرنا پڑتا ہے۔

۵) باندھ جب بنایا جاتا ہے اور اس کے لیے لوگوں کو ایک جگہ سے دوسری جگہ ہٹایا جاتا ہے تو اس کے بدلے میں سرکار اُنہیں کچھ معاوضہ دیتی ہے۔ لیکن سرکاری مشینری میں پھیلی ہوئی بدعنوانیوں کی وجہ سے یہ معاوضہ صحیح آدمی تک صحیح مقدار میں نہیں پہنچ پاتا ہے۔

۶) باندھ کی تعمیر کے دوران زمین کے بڑے حصّے میں پانی بھر جاتا ہے۔ بعد میں جب پانی وہاں سے ہٹتا ہے تو اس زمین کے اوپر کا زرخیز حصہ پانی کے ساتھ بہہ جاتا ہے جس کے نتیجے میں مٹّی کی زرخیزی میں کمی آجاتی ہے۔

۷) باندھ کی تعمیر کے نتیجے میں بڑے پیمانے پر حیاتاتی مسائل پیدا ہوتے ہیں۔ بہت ساری مچھلیاں اور پانی میں پائے جانے والے جانور اِن سے متاثر ہوتے ہیں۔ باندھ کے آس پاس کے علاقوں کی فصلیں بھی اِس سے متاثر ہوتی ہیں۔

۸) باندھ کی وجہ سے بہت ساری ایسی بیماریاں پیدا ہوتی ہیں جو کہ پانی میں پیدا ہوتی ہیں اور پانی کی ہی وجہ سے پھیلتی ہیں۔ اس سلسلے میں Madhya Pradesh Council of Science and Technology نے اس بات کا اندیشہ ظاہر کیا ہے کہ نرمدا ساگر اور سردار سرو ور باندھوں کی وجہ سے ملیریا، فائلیریا، کالرا، اور مختلف طرح کی پیٹ کی بیماریوں میں اضافہ ہوسکتا ہے۔

## سیلاب (Flood)

سیلاب ایک قدرتی آفت ہے اور یہ عام طور پر زیادہ بارش ہونے کی وجہ سے آتی ہے۔ ہر سال یہ دنیا بھر کے مختلف حصوں میں رہنے والے لوگوں کے لیے بہت سارے مسائل پیدا کرتی ہے۔ ان کی وجوہات قدرتی اور انسانی دونوں ہی ہوسکتی ہیں۔ اس کی اہم وجوہات مندرجہ ذیل ہیں:۔

۱) زیادہ بارش کا ہونا یا بادل کا پھٹنا۔

۲) دنیا میں بڑھ رہی حرارت (Global Warming) کی وجہ سے glaciers کا پگھلنا۔

۳) کسی بھی باندھ (dam) کا اچانک ٹوٹ جانا۔

۴) بڑھتی ہوئی صنعت کاری کی وجہ سے ہو رہی جنگلوں کی کٹائی۔

۵) باندھ (dam) کی حفاظت کے لیے کبھی کبھی باندھ کے دروازے کھول دیئے جاتے ہیں اس کی بھی وجہ سے سیلاب آتا ہے۔

۶) بڑے پیمانے پر گھاس کا چرانا (Over grazing) بھی سیلاب آنے کی ایک بڑی وجہ ہے۔

۷) کھدانوں کی کھدائی یا دوسرے ترقیاتی کاموں کی وجہ سے زمین کے کھسکنے کا عمل (land sliding) واقع ہوتا ہے۔ یہ بھی سیلاب آنے کی ایک وجہ ہے۔

ہم مندرجہ ذیل تصویر 3.1 میں ہندوستان میں مختلف علاقوں میں ہونے والی بارش کا خاکہ پیش کر رہے ہیں۔

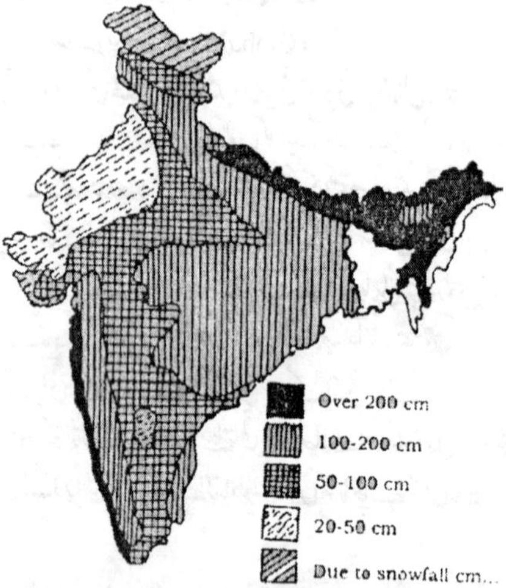


تصویر 3.1: ہندوستان میں مختلف علاقوں میں بارش کی مقدار

سیلاب کی وجہ سے بڑے پیمانے پر جان و مال کا نقصان ہوتا ہے اور بہت سارے جانور اور پودھے جو کہ شاذونادر قسم کے ہیں فنا ہو جاتے ہیں۔ ہم مندرجہ ذیل حکمت عملی کو اپنا کر سیلاب کو روک سکتے ہیں:-

۱) بڑے پیمانے پر پیڑ پودھے لگائے جائیں۔
۲) جہاں دریا اور پانی زیادہ ہوں وہاں پر باندھ بنائے جائیں۔
۳) موسم کے احوال بتانے والے اداروں کا قیام کیا جائے۔
۴) لوگوں کے اندر آگاہی پیدا کی جائے۔
۵) زمین کے کھسکنے کے عمل کو کم کرنے کی حکمتِ عملی اپنائی جائے۔

## قحط/خشک سالی (Drought)

لفظ قحط کا استعمال بڑے پیمانے پر ہونے والے سوکھے (dryness) کے لیے کیا جاتا ہے۔ جب کسی بھی علاقے میں عام بارش کے مقابلے 25% سے لے کر 50% بارش کم ہوتی ہے تو وہاں پر قحط کی کیفیت پیدا ہوتی ہے لیکن اگر بارش 50% سے بھی کم ہو تو وہاں پر بھک مری (Famine) کی کیفیت پیدا ہوتی ہے اور اس کی وجہ سے وہاں پر زمین کے اندر کا پانی کافی نیچے چلا جاتا ہے، پیڑ پودھوں کی نشوونما بُری طرح سے متاثر ہونے لگتی ہے اور اکٹھا کی گئی چیزوں میں بھاری کمی ہونے لگتی ہے۔ قحط کی کچھ اہم وجوہات مندرجہ ذیل ہیں:-

۱) جنگلات کی کٹائی (Deforestation)
۲) ماحولیاتی آلودگی (Environmental Pollution)

۳)　زمین کے اوپر کے پانی کا صحیح انتظام اور استعمال نہ کر پانا۔

۴)　دنیا کی حرارت میں اضافہ (Global Warming)

۵)　مختلف طرح کی کھدانوں کی کھدائی جس میں کہ پانی کا کافی استعمال ہوتا ہے اور زمین کے اندر کے پانی میں کمی آنے لگتی ہے۔

قحط پر قابو پانے کے لیے مندرجہ ذیل حکمت عملی اپنائی جاسکتی ہے:-

۱)　بڑے پیمانے پر پیڑ لگائے جائیں اور پانی کا صحیح طرح سے استعمال کیا جائے۔

۲)　بارش کے پانی کو اکٹھا کیا جائے، اُسے برباد نہ کیا جائے اور پانی کے روایتی ذرائع جیسے کنویں وغیرہ کو نظر انداز نہ کیا جائے۔

۳)　زمین کے اندر کے پانی کے بیجا اور فالتو استعمال پر روک لگائی جائے۔

۴)　تمام طرح کی دریاؤں کو آپس میں جوڑنا چاہیے اس سے سیلاب اور قحط دونوں سے ہی نجات حاصل ہوگی۔

۵)　غیر روایتی توانائی کے ذرائع کا زیادہ سے زیادہ استعمال کرنا چاہیے جس سے کہ ماحولیاتی آلودگی کم سے کم پیدا ہوں۔

## (۲) معدنی وسائل (Mineral Resources)

معدنی وسائل ایسے وسائل ہوتے ہیں جو کہ نا قابلِ تجدید (non-renewable) اور صرف کرنے والے (exhaustible) وسائل ہوتے ہیں اور یہ زمین کے اندر سے برآمد کیے جاتے ہیں۔ آج کے زمانے کے بہت سارے ترقیاتی کام اِن کی موجودگی پر منحصر ہیں اور وہ ملک جن میں یہ کثیر تعداد میں پائے جاتے ہیں وہاں پر خوب ترقی ہو رہی ہے اور ان کی معیشت بھی بہتر ہو رہی ہے۔ معدنیات میں نامیاتی (organic) اور غیر نامیاتی (inorganic) دونوں طرح کی دھاتیں آتی ہیں۔ معدنیات کا آج کی دنیا میں بہت اہم استعمال ہو رہا ہے۔ کچھ اہم معدنیات کے اہم استعمالات کی تفصیل مندرجہ ذیل جدول 3.1 میں بیان کی گئی ہے۔

جدول 3.1: مختلف معدنیات کا استعمال

| معدنیات | استعمالات |
|---|---|
| المونیم۔ (Alluminium) | ہوائی جہاز اور راکٹ بنانے میں، گھریلو برتن بنانے میں اور مختلف طرح کے تار (Wire) بنانے میں۔ |
| تانبہ (Copper) | بجلی کے تار، پائپ، کھانا پکانے کے برتن، مختلف طرح کی عمارتیں بنانے میں اور صنعتی مشینوں کے بنانے میں۔ |
| سونا (Gold) | مختلف طرح کے گہنوں اور دانت میں لگانے کے کام میں۔ |
| لوہا (Iron) | مختلف طرح کی مشینوں اور گاڑیوں، موٹروں اور عمارت بنانے کے کام میں۔ |
| | کاروں کی بیٹری، پینٹ اور بارود وغیرہ بنانے میں |
| سیسہ (Lead) | مختلف طرح کی فولاد بنانے میں |
| Manganese | سکّے بنانے میں اور مختلف طرح کے آمیزہ (alloy) بنانے میں۔ |
| Nickle | |

چاندی(Silver) گہنے بنانے اور فوٹو گرافی کے کام میں۔
یورینیم(Uranium) نیوکلیائی بم، بجلی اور مختلف طرح کے شیشے بنانے کے کام میں۔
Tin مختلف آمیزہ اور soldering wire بنانے کے کام میں۔
جست(Zinc) مختلف دوائیں اور electrodes بنانے کے کام میں۔
میگنیشیم (Magnesium) مختلف دھاتوں کو کڑا کرنے میں (refractories)
ریڈیم(Radium) مختلف طرح کے ڈاکٹری اور صنعتی کاموں میں۔
فاسفیٹ(Phosphates) کھاد (fertilizer) بنانے کے کام میں۔
سلفر(Sulphar) لوہے اور فولاد کی صنعتوں اور کھاد بنانے والی صنعتوں کے استعمال میں۔

معدنیات مختلف طرح کی ہوتی ہیں اور ان کی درجہ بندی ہم مندرجہ ذیل طریقے سے کر سکتے ہیں:

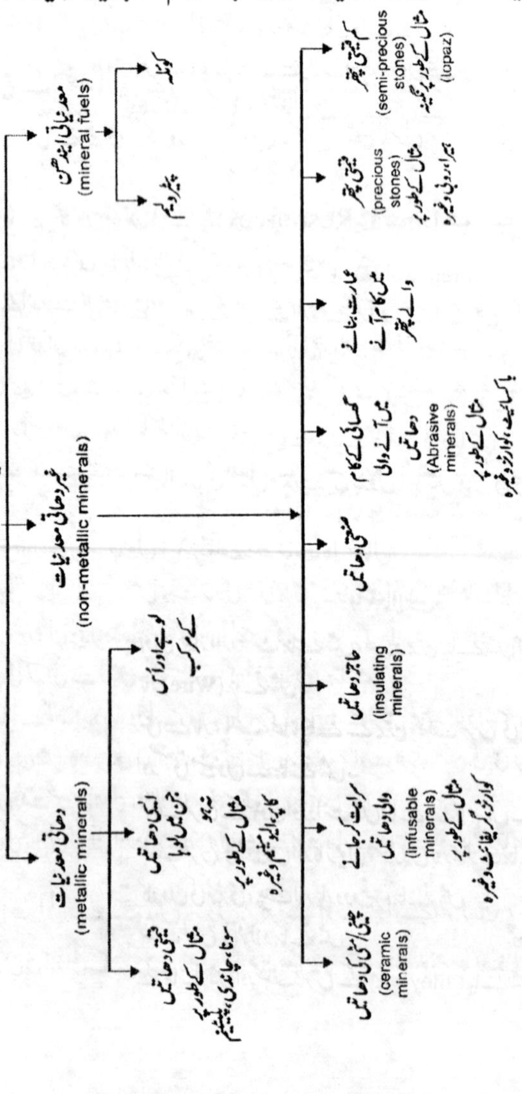

## معدنی وسائل کا استحصال

معدنی وسائل کا استحصال پچھلے کچھ سالوں سے بہت زیادہ ہورہا ہے اوراس کی مندرجہ ذیل وجوہات ہیں:-

۱- آبادی میں ہورہا بے تحاشہ اضافہ
۲- تیزی سے ہورہی صنعت کاری
۳- ٹکنالوجی کے شعبے میں تیزی سے ہورہی ترقی
۴- لوگوں کے تیزی سے بڑھتے ہوئے مطالبات اور چیزوں کی کھپت مثال کے طور پر کریم، پاؤڈر، سیاہی وغیرہ۔

## معدنی وسائل کے استحصال کے ماحول پر مرتب ہونے والے اثرات

معدنی وسائل کے تیزی سے ہورہے استحصال کے نتیجے میں ماحول پر مندرجہ ذیل اثرات مرتب ہورہے ہیں۔

۱) بڑے پیمانے پر کانوں کی کھدائی کے نتیجے میں جنگلات کو کاٹا جاتا ہے جس سے بڑے پیمانے پر نباتات کا خاتمہ ہوتا ہے جس سے کہ حیاتاتی کثرت کو نقصان پہنچتا ہے۔
۲) زمین کے اندر سے ان معدنی وسائل کو نکالنے کے عمل میں بڑے پیمانے پر کوڑا کچرا بھی پھیلتا ہے۔
۳) کانوں کی کھدائی کے سلسلے میں ایسی بہت سی گیس نکلتی ہیں اور ایسے ذرّات نکلتے ہیں جس سے کہ ہوائی آلودگی پیدا ہوتی ہے۔ ان ذرّات میں سیسے، کیڈمیم اور آرسینک کے ذرّات اور گیسوں میں $SO_2$ اور نائٹروجن کے آکسائیڈ شامل ہیں۔
۴) زمین کے اندر سے نکلنے والے بہت سارے مادے اور نقصان دہ ذرّات جب تالابوں جھیلوں یا ندیوں سے بارش کے پانی کے ذریعے ملتے ہیں تو وہ آبی آلودگی پیدا کرتے ہیں۔ اس سے پیڑ پودوں جانوروں اور انسان سب کو نقصان پہنچتا ہے۔
۵) کانوں کی کھدائی کے عمل میں بہت ساری بڑی بڑی مشینوں اور انجن کا استعمال کیا جاتا ہے اس کے نتیجے میں شوروغل پیدا ہوتا ہے اور آواز کی آلودگی بھی۔
۶) کانوں کی کھدائی سے زمین کے کھسکنے کا بھی خطرہ لاحق رہتا ہے۔
۷) بہت سارے نقصان دہ مادوں کے مٹی میں مل جانے کی وجہ سے زمین کی زرخیزی کم ہوجاتی ہے۔
۸) جن علاقوں میں کانوں کی کھدائی ہوتی ہے وہاں پر زیادہ حرارت اور آکسیجن کی کمی کی وجہ سے سانس لینے میں دقت محسوس ہوتی ہے اور دوسری بیماریاں پیدا ہوتی ہیں۔
۹) کانوں کی مسلسل کھدائی اور دوسرے کام کی وجہ سے بہت سارے نباتات اور جانور فنا ہورہے ہیں۔

## کھدانوں کی کھدائی کے نتیجے میں ماحول پر مرتب ہونے والے اثرات پر قابو پانا

کھدانوں کی کھدائی کے نتیجے میں ماحول پر مرتب ہونے والے اثرات کو ہم مندرجہ ذیل حکمت عملی کو اپنا کر کم کرسکتے ہیں:-

۱) ہم کو سائنسی طریقے سے کھدانوں کی کھدائی (scientific mining) کرنی چاہئے۔ اس سلسلے میں عالمی سطح پر بڑی کوششیں کی جارہی ہیں کہ کھدائی سے ماحول پر پڑنے والے نقصان دہ اثرات کو روکنے کے لئے کیا کیا اقدام اٹھائے جائیں۔ ہمیں بھی ان کوششوں میں حصہ لینا چاہئے اور جدید ٹکنالوجی اور علم کا استعمال کرنا چاہئے۔

۲) کھدانوں کی کھدائی کے وقت پیدا ہونے والے کوڑے کچڑے (waste material) کو ہم کو صحیح طرح سے نبٹانا چاہئے اور اس کو نبٹانے کا معقول انتظام پہلے سے ہونا چاہئے۔

۳) اس بات کی تحقیق کی جانی چاہئے کہ ہم زمین کے اندر سے مختلف معدنیات کو نکالیں تو اس کے نتیجے میں متعفن کم سے کم پیدا ہوں اور جو متعفن (pollutant) پیدا بھی ہوں ان کے اثر کو بہت محدود کر دیا جائے۔

۴) جس علاقے میں کھدانوں کی کھدائی کا عمل ہو رہا ہو وہاں پر بڑے پیمانے پر پیڑ پودے لگائے جانے چاہئے کیونکہ یہ پیڑ پودے شور وغل کو بھی کچھ کم کرتے ہیں، تمام اُڑنے والے ذرات کو اپنے اندر جذب کرتے ہیں اور مختلف متعفن کے نقصان دہ اثرات کو کم کر دیتے ہیں۔

۵) اس بات کی کوشش ہونی چاہئے کہ کھدانوں سے نکلنے والے نقصان دہ مادّے کسی بھی صورت میں پانی کے ذرائع مثال کے طور پر تالابوں، جھرنوں، دریاؤں، جھیلوں یا سمندروں میں نہ ملنے پائیں۔

## ۳) غذائی وسائل

## (Food Resources)

کھانا، کپڑا اور مکان انسان کی بنیادی ضرورتیں ہیں۔ ان میں سے کھانا سب سے اہم ہے کیونکہ یہ تمام ذی حیات وجود (living organisms) کو توانائی فراہم کرتا ہے۔ انسان خود اپنے لیے غذا تیار نہیں کر سکتا ہے اور مختلف غذائی ضرورتوں کو پورا کرنے کے لیے یہ مختلف طرح کے نباتات اور جانوروں پر منحصر رہتا ہے۔ انسان کی غذا کی سب سے زیادہ ضرورت نباتات کے ذریعہ پوری ہوتی ہے اور اس کے لیے وہ زراعت کا سہارا لیتا ہے۔ تقریباً دنیا کی 80% آبادی زراعت پر منحصر ہے اور اسی سے اپنی روزی روٹی چلا رہی ہے۔ یوں تو زراعت کی اہمیت ہر دور میں رہی ہے لیکن آج کے وقت میں تیزی سے بڑھتی ہوئی آبادی کی غذائی ضرورت کو پورا کرنے کے لئے زراعت کی اہمیت بہت زیادہ بڑھ گئی ہے۔ انسان اپنی غذائی ضرورت کو پورا کرنے کے لیے نئے طریقوں، مشینوں، کھاد، جراثیم کش دوائیں، hybrid seeds وغیرہ کا بہت تیزی سے استعمال کر رہا ہے۔ اس کے علاوہ ہمارے ملک کے کچھ حصوں میں اور دنیا کے کچھ علاقوں میں کسان ایک سال میں جلدی جلدی کئی فصلیں اُگا رہے ہیں۔ کچھ ممالک میں زرعی پیداوار کو ایندھن (fuel) کے طور پر بھی استعمال کیا جا رہا ہے، جس کی وجہ سے ان ممالک میں زیادہ پیداوار حاصل کرنے کی اندھادھند کوشش ہو رہی ہے۔ ان سب کے نتیجے میں ہمارے ماحول پر بڑا ہی منفی اثر پڑ رہا ہے اور بہت سارے نباتات اور جانوروں کے لیے خطرہ لاحق ہو گیا ہے۔

لیکن ساتھ ہی یہ بھی ایک تلخ حقیقت ہے کہ دنیا کے بہت سارے حصوں میں آندھی سوکھا، سیلاب یا دوسرے قدرتی آفات کی وجہ سے زراعت بری طرح سے متاثر ہو رہی ہے اور وہاں پر ضرورت کے اعتبار سے پیداوار حاصل نہیں ہو پا رہی ہے۔ اُن ممالک کے پاس جدید آلات، مشینوں اور دوسری سہولیات نہ ہونے کی

بھی وجہ سے ضرورت کے مطابق اناج نہیں پیدا ہو پارہا ہے۔ اِس کی وجہ سے اُن ممالک میں بہت سارے مسائل پیدا ہورہے ہیں اور لوگوں کے اندر متوازن غذا نہ مل پانے کی وجہ سے بہت ساری بیماریاں پیدا ہو رہی ہیں۔ یہ بیماریاں اس لیے پیدا ہوتی ہیں کیونکہ ہمارے جسم کو پوری توانائی حاصل کرنے کے لیے ایک خاص مقدار اور ایک خاص معیار کا کھانا ملنا چاہئے۔ چونکہ بچے بہت نازک ہوتے ہیں اور اُن کے آگے بڑھنے کی عمر ہوتی ہے اس لیے اُن کو متوازن غذا کا ملنا بہت ضروری ہے لیکن اگر یہ نہیں دستیاب ہو پائے گی تو اُس کے نتیجے میں ان کے اندر بہت ساری بیماریاں پیدا ہوں گی اور اُن کی بالیدگی منفی طریقے سے متاثر ہوگی۔ آج لوگوں کو متوازن غذا کیوں نہیں مل پا رہی ہے اس کی بہت ساری وجوہات ہیں اور ہم انہیں وجوہات کو تفصیل سے بیان کر رہے ہیں۔

## غذائی مسائل/قلت کی وجوہات

## (Causes of Food Problems/Shortage)

لوگوں کو صحیح طرح سے غذا دستیاب نہ ہو پانے کی مندرجہ ذیل وجوہات ہیں:-

۱) تیزی سے بڑھتی ہوئی آبادی سب سے بڑی وجہ ہے۔ آبادی دو طرح سے نقصان پہنچاتی ہے۔ ایک تو تیزی سے آبادی بڑھتی ہے اس تناسب سے اناج کی پیداوار نہیں بڑھتی۔ اور دوسرے بڑھتی ہوئی آبادی کی وجہ سے لوگوں کو زیادہ مکان چاہئے ہوتے ہیں اور یہ مکان عام طور پر انہیں کھیتوں میں بنائے جاتے ہیں جن پر کہ کھیتی ہوتی ہے۔

۲) زمین کے معیار میں گراوٹ (Land Degradation) دوسری اہم وجہ ہے جس سے غذائی قلت پیدا ہوتی ہے۔ بڑے پیمانے پر زمین میں پانی بھر جانا، بارش کے پانی یا سیلاب کی وجہ سے مٹی کے اوپری حصے کا بہہ جانا یا کھارے پانی کی وجہ سے مٹی کی ساخت میں تبدیلی ہو جانا یہ سب ایسے عناصر ہیں جس سے مٹی کی زرخیزی کم ہو جاتی ہے اور پیداوار بھی۔

۳) بہت زیادہ تعداد/مقدار میں کیمیاوی کھادوں (Chemical Fertilizers) کے استعمال کی وجہ سے اور مٹی کے اندر زیادہ سے زیادہ فصلیں اُگانے کی کوشش کرنے سے پیداوار میں کمی واقع ہوتی ہے۔

۴) قدرتی آفات جیسے زلزلہ، آندھی، طوفان، سیلاب وغیرہ کے آنے سے ایک تو فصل کی پیداوار متاثر ہوتی ہے اور دوسرے انسانوں کے پاس جو محفوظ غذا ہوتی ہے وہ بھی اِدھر اُدھر ہو جاتی ہے اس لیے غذا کی قلت پیدا ہوتی ہے۔

۵) جن علاقوں میں جنگیں ہوتی ہیں یا جہاں پر وقفے وقفے پر فرقہ وارانہ فسادات یا دوسرے طرح کے مسائل پیدا ہوتے ہیں وہاں پر بھی غذائی قلت پیدا ہو جاتی ہے۔

۶) کچھ ممالک میں اناج کی تقسیم کا طریقہ صحیح نہیں ہے۔ پیسے والے لوگ زیادہ اناج خرید کر اکٹھا کر لیتے ہیں اور غریب لوگ اس سے محروم رہ جاتے ہیں۔ بعد میں یہی لوگ ان غریبوں کو زیادہ پیسے میں اناج فروخت کرتے ہیں اس کی وجہ سے بھی اناج کی قلت پیدا ہوتی ہے۔

۷) کچھ ممالک میں اتنا پیداوار ہو جاتی ہے کہ حکومت اس کا صحیح طرح سے رکھ رکھاؤ نہیں کر پاتی ہے اور کافی اناج سڑ گل جاتا ہے یا برباد ہو جاتا ہے۔ اس کی وجہ سے بھی غذائی قلت پیدا ہوتی ہے۔

۸) آج کل دنیا کے کچھ حصوں میں عضویاتی کھیتی (Organic Farming) کا چلن بڑھ رہا ہے۔ اس کھیتی کے ذریعے حاصل ہونے والی پیداوار کم ہوتی ہے اور کافی مہنگی بکتی ہے۔ پیداوار کم ہونے کی وجہ سے اور قیمت زیادہ ہونے کی وجہ سے غذائی قلت پیدا ہوتی ہے۔

۹) کچھ ممالک میں مکّا اور کیلے سے حاصل ہونے والے carbohydrate کا استعمال ایندھن کے طور پر کیا جارہا ہے۔ وہ لوگ ان اناجوں کو بازار میں فروخت کرنے کے لیے نہیں لاتے بلکہ اس کو سیدھے تجربہ گاہوں میں پہنچادیتے ہیں۔ یہ بھی ایک وجہ ہے کہ دنیا میں غذائی قلت پیدا ہورہی ہے۔

۱۰) آج کل لوگوں کی طرزِ زندگی کافی تبدیل ہوگئی ہے اور پہلے کے مقابلے لوگ زیادہ معیاری غذا کو پسند کرنے لگے ہیں۔ ذرائع مواصلات کی وجہ سے پوری دنیا سمٹ کر ایک چھوٹا سا گاؤں بن گئی ہے اس لیے لوگ ایک دوسرے کے ممالک میں چلنے والی چیزوں کو اپنانے کی کوشش کررہے ہیں چونکہ غذا بھی انہیں چیزوں میں شامل ہے اس لیے اس کی طلب دن بہ دن بڑھتی جارہی ہے اس وجہ سے دنیا میں غذائی قلت پیدا ہورہی ہے۔

## جدید زرعی تکنیکوں کے ماحول پر پڑنے والے اثرات

لوگوں کی بڑھتی ہوئی غذا کی ضرورت کو پورا کرنے کے لیے آج ہندوستان کے ساتھ ساتھ پوری دنیا میں زراعت کے شعبے میں نئے نئے طریقے اور تکنیکیں رائج ہورہی ہیں۔ ان تکنیکوں میں نئے نئے زرعی آلات اور مشینوں کے استعمال، مختلف طرح کی زرعی کیمیا کا استعمال، مختلف طرح کے بیج کا استعمال، مٹی کی زرخیزی کو جانچنے کے طریقے، بارش کے پانی کا حفاظت کے ساتھ استعمال، آب پاشی کے ایسے طریقے جن سے کم پانی میں تمام پودے سیراب ہوجائیں، فصلوں کو مختلف طریقے سے بدل بدل کر بونا (Crop rotation) وغیرہ شامل ہیں۔ ان نئی تکنیکوں کے استعمال سے اناج کی پیداوار میں بے تحاشہ اضافہ ہوا ہے۔ لیکن ساتھ ہی ساتھ بہت سارے ماحولیاتی مسائل بھی پیدا ہوئے ہیں۔ ان مسائل میں پانی بھر جانے کا مسئلہ اور بہت ساری آلودگی شامل ہیں۔ زیادہ تر مسائل کے لیے دو چیزیں ذمّے دار ہیں۔ ایک تو کھاد کا استعمال اور دوسرے جراثیم کش دواؤں کا استعمال۔ ہم انہیں دونوں پر مندرجہ ذیل سطروں میں تفصیل سے روشنی ڈال رہے ہیں۔

### کھاد کا استعمال

پودے اپنی غذا کو تیار کرنے کی خود اہلیت رکھتے ہیں اور اس کے لیے وہ کسی اور پر منحصر نہیں رہتے ہیں۔ لیکن وہ یہ غذا مٹی کے ذریعے ہی تیار کرتے ہیں اور اس کے لیے انہیں نائٹروجن، پوٹیشیم، آئرن، فاسفورس، زنک، کاپر وغیرہ کی ضرورت پڑتی ہے۔ اگر مٹی میں کسی طرح کی کمی ہوتی ہے تو ان کی غذا اچھی طرح تیار نہیں ہوپاتی ہے۔ مٹی میں موجود مختلف طرح کے تغذیائی عناصر (nutrients) کی کمی کو پورا کرنے کے لیے ہم کھاد کا استعمال کرتے ہیں۔ کھادیں کئی طرح کی ہوتی ہیں اور جس طرح کی پودھوں کی ضرورت ہوتی ہے ہم اُسی اعتبار سے انہیں کھاد مہیا کراتے ہیں۔ کھاد کی اہم قسموں کی تفصیل مندرجہ ذیل ہے:

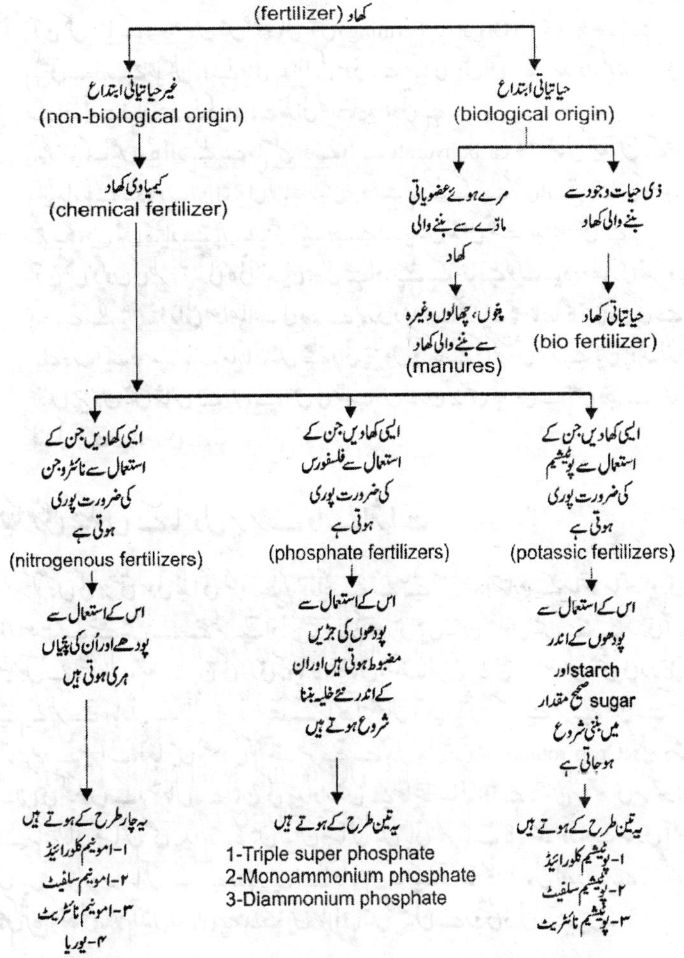


## کھاد کے بہت زیادہ استعمال سے ہونے والے نقصانات

۱) پوٹیشیم والی کھادوں کے زیادہ استعمال سے ترکاریوں اور پھلوں کے اندر وٹامن C اور Carotene کی کمی ہوجاتی ہے جس کی وجہ سے اُن تک کیڑوں اور جراثیم کی رسائی اور آسان ہوجاتی ہے

۲) جس زمین میں زیادہ کھاد کا استعمال کیا جاتا ہے اس میں پیدا ہونے والے پھل اور ترکاری اپنے فطری قد سے زیادہ بڑے ہوتے ہیں اور ان میں ان قدرتی تغذیائی عناصر کی کمی ہوجاتی ہے جو کہ ہمارے جسم کے لیے ضروری ہیں۔ ساتھ ہی ایسے پھل اور ترکاریوں کا ذائقہ بھی بدل جاتا ہے۔

۳) اگر بہت زیادہ تعداد میں نائٹریٹ والی کھادوں کا استعمال کیا جائے تو ایک ایسی بیماری انسان کے اندر ہوجاتی ہے جسے ہم methemoglobinemia کہتے ہیں۔ جس شخص کو یہ بیماری ہوتی ہے اس کے خون کے اندر آکسیجن کو جسم کے ایک اعضا سے دوسرے اعضا تک پہنچانے کی قوت کمزور ہوجاتی ہے۔

۴) اگر انسان کے پیٹ میں نائٹریٹ یا نائٹرائیٹ کے عناصر زیادہ مقدار میں پہنچ رہے ہیں تو اس سے کینسر (Cancer) ہونے کا خطرہ لاحق رہتا ہے۔

۵) ضرورت سے زیادہ کھیتوں میں ڈالی گئی کھاد جب بارش کے پانی کے ذریعے تالابوں، ندیوں یا پانی کے دوسرے ذرائع تک پہنچتی ہے تو اس کے نتیجے میں ان میں بڑے پیمانے پر گھاس پھوس اور دوسرے پودے اُگ آتے ہیں۔ یہ پودے آکسیجن کو تیزی کے ساتھ صرف کرنے لگتے ہیں اس لیے وہ پانی انسانوں کے لیے بہت زیادہ افادی نہیں رہ پاتا ہے۔ اس عمل کو eutrophication کہتے ہیں۔ اس عمل کے چلتے پانی میں ایک خاص طرح کی بدبو پیدا ہو جاتی ہے۔ پانی میں موجود مچھلیاں اور دوسرے چھوٹے جانور مرنے لگتے ہیں اور کچھ ایسے زہریلے عناصر پیدا ہونے لگتے ہیں جس کی وجہ سے انسانوں کو بھی بہت ساری بیماریاں ہونے لگتی ہیں۔ اس طرح سے زیادہ کھاد کا استعمال پورے ماحولی نظام کے لیے بڑا نقصان دہ ثابت ہوتا ہے۔

۶) کھاد کی وجہ سے زمین کے اندر موجود پانی بھی آلودہ ہو جاتا ہے۔

## کھاد کا متبادل

۱) زمین میں مسور، برسیم یا ایسے ہرے پودے لگائے جائیں جو کہ مٹی کو زرخیز بناتے ہیں اور اس مٹی کی کٹائی اور اس کے معیار میں گراوٹ کو کم کرتے ہیں۔ اس کے علاوہ اگر ہم فصل تیار ہونے کے بعد اس سے اناج نکال کر ڈنٹھل جلا دیں تو بھی وہ ایک اچھے کھاد کے طور پر کام کرتا ہے۔

۲) گوبر، سڑی ہوئی ترکاریوں اور جانوروں کے حصے کے بچے ہوئے چارے کو بھی ہم کھاد کے طور پر استعمال کر سکتے ہیں۔

۳) ہم کو حیاتیاتی کھاد (bio-fertilizers)) کا استعمال کرنا چاہئے۔ اس میں ہم کچھ ایسے پودوں کو زمین میں لگاتے ہیں جن سے نائٹروجن دور قائم رہتا ہے اور ان میں کچھ ایسے bacteria پائے جاتے ہیں جو کہ مٹی کو زرخیز بناتے ہیں۔

## جراثیم کش دواؤں (Pesticides) کا استعمال

جراثیم کش دواؤں کا استعمال مختلف طرح کے کیڑوں، جراثیم اور بیکٹیریا کو مارنے کے لیے کیا جاتا ہے۔ ان کی درجہ بندی ہم مندرجہ ذیل طریقے سے کر سکتے ہیں:-

۱) کیڑوں کو مارنے والی دوائیں (Insecticides) جن کا استعمال صرف کیڑوں کو مارنے کے لیے کیا جاتا ہے۔

۲) چوہوں اور اس طرح کے دوسرے جانوروں کو مارنے والی دوائیں (Rodenticides)

۳) کینچوے اور اس طرح کے دوسرے جانوروں کو مارنے والی دوائیں (Nematicides)

۴) کائی (fungus) وغیرہ کو ختم کرنے والی دوائیں (Fungicides)

جب ان دواؤں کا استعمال کیا جاتا ہے تو یہ ذی حیات وجود (living organisms) میں پہنچ کر اور اکٹھا ہو کر ان کے DNA کو نقصان پہنچاتے ہیں ان کی مختلف خلیوں (cells) کو نقصان پہنچاتے ہیں، ان کے harmones کے توازن کو بگاڑتے ہیں اور ان کی بیماریوں سے لڑنے کی قوت (Immune System) کو

نقصان پہنچاتے ہیں۔اس کے علاوہ اِن کے استعمال سے کیڑوں کے انڈے پتلے ہوجاتے ہیں اوران کے اندر بچوں کو پیدا کرنے کی صلاحیت پر بھی منفی اثر پڑتا ہے۔اپنی کیمیاوی ساخت کی بنیاد پر ہم جراثیم کش دواؤں کو مندرجہ ذیل تین درجوں میں تقسیم کرسکتے ہیں:۔

۱) ایسی دوائیں جن میں کاربن اورکلورین شامل ہوتے ہیں (Organochlorines)۔اس کی مثال DDT, BHC,Aldrin وغیرہ ہیں۔

۲) ایسی دوائیں جن میں کاربن اورفاسفیٹ شامل ہوتے ہیں(Organophosphates) اس کی مثال Trithion, Ethion, malathion, parathion وغیرہ ہیں۔

۳) ایسی دوائیں جن میں کاربونک ایسڈ شامل ہوتا ہے (Carbamates)۔اس کی مثال Fennron, Carbofuran, Zectran, Carboryl وغیرہ ہیں۔

جراثیم کش دواؤں کے زیادہ استعمال سے زمین کے اندر موجود فائدہ پہنچانے والے بیکٹیریا مرجاتے ہیں اوراس کے علاوہ جانوروں اورانسانوں میں مختلف طرح کی بیماریاں پیدا ہوتی ہیں۔

## جراثیم کش دواؤں کا متبادل

جراثیم کش دواؤں کے متبادل کے طور پر ہم حیاتیاتی جراثیم کش دواؤں کا (Biopesticides) کا استعمال کرسکتے ہیں جوکہ پودوں، جانوروں اوران کے مختلف پیداوار سے تیار ہوتی ہیں عام طور پر یہ مندرجہ ذیل دوطرح کی ہوتی ہیں۔

۱) ایسے کیڑوں کا استعمال کرنا جوکہ صرف کھر پتوار (weeds) کو کھاتے ہیں اور پودوں کو نہیں (Bioherbicides)

۲) ایسے جانوروں کا استعمال کرنا جوکہ نقصان دہ کیڑوں کو کھاجاتے ہیں مثال کے طور پر Gambusia مچھلی کا استعمال مچھروں کے larva کو کھانے کے لیے کیا جاتا ہے۔

## زمین میں پانی بھرنا اور مٹی کا کھاراپن
## (Water Logging and Salinity)

مٹی کی زرخیزی اوراس کے معیار میں گراوٹ کی ایک اہم وجہ یہ ہے کہ اس میں کافی دنوں تک اورکافی تعداد میں پانی بھرا رہے۔ایسی صورت میں مٹی میں موجودہ سوراخ جن کے ذریعہ سے ہوااندرجاتی ہے، بھرجاتے ہیں اوراس کے نتیجے میں آکسیجن کی تعداد کم ہوجاتی ہے اور فصلوں اور پودھوں کو اُن کی ضرورت کے مطابق آکسیجن نہیں مل پاتا ہے۔اس سے دوطرح کے نقصان ہوتے ہیں۔ایک تو مٹی کے اندر موجود بہت سارے کارآمد خوردذی حیات وجود کی تعداد میں کمی آجاتی ہے اوردوسرے فصل کی پیداوار بھی منفی طور پر متاثر ہوتی ہے۔زمین میں پانی بھرنے کا عمل بہت ساری وجوہات سے ہوتا ہے۔ان میں بہت زیادہ مقدار میں پانی کا برسنا، جنگلات کی کٹائی اور پانی کے صحیح طرح سے نکلنے کے نظام (drainage system) کی غیر موجودگی وغیرہ شامل ہیں۔

مٹی کے کھارے پن سے مراد یہ ہے کہ اس میں ایسے کتنے طرح کے نمک (salt) پائے جاتے ہیں جوکہ مٹی میں جذب نہیں ہوسکتے۔اگرزیادہ نمک جذب نہیں ہوسکتا تو وہ مٹی کھاری مٹی کہلائے گی۔اس طرح کی مٹی کو ہم مندرجہ ذیل تین درجوں میں تقسیم کرسکتے ہیں:۔

۱) کھاری مٹی(Saline Soil):اس میں مٹی کے اندر جذب ہونے والے نمک کی کافی تعداداور سوڈیم کی تھوڑی تعداد پائی جاتی ہے۔

۲) لقلی کھاری مٹی(Saline Alkaline Soil):اس میں نمک کی زیادہ تعداداور سوڈیم کی زیادہ تعداد ہوتی ہے۔

۳) غیر کھاری القلی مٹی (Non-saline Alkaline Soil):اس میں سوڈیم کی مقدار کافی تعداد میں ہوتی ہے۔

مٹی کا کھاراپن بہت سارے وجوہات سے ہوسکتا ہے مثال کے طور پر بہت زیادہ زرعی کیمیا کے استعمال سے،مٹی کے اندر کے پانی کے بھاپ بن کر اڑ جانے کی وجہ سے،کھارے پانی کے ذریعہ کھیتوں میں کی جانے والی آب پاشی کی وجہ سے،یا سمندر کے پانی کے مٹی میں مل جانے کی وجہ سے۔مٹی کے کھارے پن کی وجہ سے فصلوں اور پودھوں پر بہت بُرے اثرات مرتب ہورہے ہیں۔اس کی وجہ سے پودھوں کی جڑوں کی لمبائی میں اضافہ ہوجاتا ہے، Chlorophyll کی کمی ہوجاتی ہے، پودھوں کے سانس لینے کے عمل میں میں سستی آجاتی ہے،پتّیاں پیلی ہونے لگتی ہیں اور اناج کی پیداوار میں کمی واقع ہوجاتی ہے۔مٹی کا کھاراپن ہمارے لیے بڑا نقصان دہ ثابت ہوسکتا ہے کیونکہ آنے والے دنوں میں اس کی وجہ سے غذا کی قلت بھی پیدا ہوسکتی ہے۔دنیا کے بہت سارے ممالک میں اس مسئلے پر تحقیق ہورہی ہے اور مٹی کے کھارے پن کو کم کرنے کی تدبیریں اپنائی جارہی ہیں۔ ہمارے ملک میں بھی کرنال (ہریانہ) میں مرکزی حکومت نے ایک ادارہ Central Soil Salinity Research Institute (CSSRI) کو قائم کیا ہے جو کہ اس بات کی تحقیق کررہا ہے کہ مٹی کے کھارے پن کو دور کرکے غذائی مسائل کو حل کیسے کیا جاسکتا ہے۔

## (۴) توانائی کے وسائل

## (Energy Resources)

توانائی کی تعریف ہم کام کرنے کی استعداد کے طور پر بیان کرتے ہیں۔ ہرے پودے نوری ترکیب کے ذریعہ اپنا کھانا خود تیار کرتے ہیں اور توانائی حاصل کرتے ہیں۔ انسان توانائی کھانا کھانے کے بعد حاصل کرتے ہیں۔توانائی کو عام طور پر جول(Jule)یاجیگا جول(Giga Jule, GJ) میں ناپتے ہیں جیگا جول توانائی کی بہت بڑی اکائی ہے اور ایک جیگا جول میں ایک عرب ($10^9$J) جول ہوتے ہیں۔کام کرنے کی شرح کو (یعنی اکائی وقت میں کیے گئے کام کو) ہم طاقت کہتے ہیں اور طاقت کی اکائی واٹ(Watt)ہوتی ہے۔اس کی بڑی اکائی میگاواٹ Mega Watt ہوتی ہے اور ایک میگاواٹ میں دس لاکھ واٹ ہوتے ہیں۔آج کے دور میں مختلف ترقیاتی کاموں کے لیے توانائی ایک بہت اہم ضرورت ہے۔یہ ہمارے گھروں کو روشن کرنے کے کام آتی ہے، ہماری گاڑیوں، موٹروں، ریلوں اور جہازوں کو چلانے کے کام آتی ہے، مختلف طرح کے راکٹوں اور لڑاکو جہازوں کو چلانے کے کام آتی ہے اور مختلف صنعتوں میں موجود مختلف مشینوں کے چلانے کے کام آتی ہے۔دورِ قدیم میں توانائی کی فی آدمی ضرورت بہت کم تھی لیکن جیسے جیسے انسان مہذب ہوتا گیا ویسے ویسے توانائی کی ضرورت بڑھتی گئی۔ یہ ضرورت خاص طور پر 17 ویں صدی کے صنعتی انقلاب کے بعد بڑھ گئی اور آج تو ہم اپنا کوئی بھی کام توانائی کے وسائل کی غیر موجودگی میں کرہی نہیں سکتے۔آج کے دور میں ہونے

والے مختلف تکنیکی ایجادات کی وجہ سے، بڑھتی ہوئی آبادی اور صنعت کاری کی وجہ سے اور شہروں کی طرف تیزی سے لوگوں کے رجوع کرنے کی وجہ سے توانائی کی ہماری ضرورت بہت زیادہ بڑھ گئی ہے۔ اس بڑھتی ہوئی ضرورت کی وجہ سے ہم کو زمین کے اندر سے مختلف معدنی وسائل جن میں کہ پیٹرول اور کوئلہ شامل ہیں، بڑی مقدار میں نکالنا پڑ رہا ہے۔ اِسی ضرورت کی ہی وجہ سے دنوں دن پیٹرول کے دام بڑھتے جا رہے ہیں اور آنے والی نسلوں کے لیے اُن کے ختم ہونے کا خطرہ پیدا ہو رہا ہے۔ اسی ضرورت کی وجہ سے بڑے پیانے پر آلودگی پھیل رہی اور دھویں اور دوسری گیسوں کے اخراج سے ماحول کو بدترین نقصان پہنچ رہا ہے اور دنیا کی حرارت بھی بڑھ رہی ہے۔

وہ وسائل جو توانائی فراہم کرتے ہیں توانائی کے وسائل (Energy Resources) کہلاتے ہیں۔ عام طور پر یہ مندرجہ ذیل دو طرح کے ہوتے ہیں:-

۱) روایتی وسائل (Conventional Sources):- یہ وہ وسائل ہوتے ہیں جو کہ ہم زمانے سے استعمال کرتے آئے ہیں اور جو تیزی سے ختم ہو رہے ہیں۔ ہم ان کی تجدید (renew) نہیں کر سکتے۔ اگر یہ ختم ہو گئے تو پھر ہم اُن سے محروم ہو جائیں گے۔ مثال کے طور پر کوئلہ، پیٹرول، قدرتی گیس وغیرہ۔

۲) غیر روایتی وسائل (Non-conventional Sources):- یہ ایسے ذرائع ہوتے ہیں جن کے ختم ہونے کا اندیشہ نہیں ہوتا ہے اور ہم ان کی تجدید کر سکتے ہیں۔ مثال کے طور پر سورج کی توانائی، زمین کے اندر کی گرمی سے حاصل ہونے والی توانائی، حیاتیاتی گیس کی توانائی وغیرہ۔ توانائی کے ان وسائل کا ہم اب تفصیل کے ساتھ ذکر کریں گے۔

## توانائی کے روایتی ذرائع

### (i) کوئلہ *(Coal)*

کوئلہ کالے رنگ کا ایک سخت مادہ ہے جو کہ کاربن، ہائیڈروجن، آکسیجن، نائٹروجن اور سلفر سے مل کر بنا ہوتا ہے۔ ایسا کہا جاتا ہے کہ لاکھوں سال پہلے مختلف طرح کے نباتات کے زمین کے اندر دب جانے کی وجہ سے ان کی تخلیق ہوئی۔ عام طور پر کوئلہ مندرجہ ذیل چار طرح کا ہوتا ہے۔

۱) Anthracite: یہ سب سے زیادہ سخت کوئلہ ہوتا ہے اور اس کے اندر کاربن کافی تعداد میں یعنی 96% پایا جاتا ہے۔ یہ سب سے زیادہ توانائی دینے والا کوئلہ ہوتا ہے۔

۲) Bituminous: یہ ملائم کوئلہ ہوتا ہے اور anthracite کے مقابلے کم توانائی دیتا ہے۔ اس میں کاربن کی مقدار تقریباً 65% ہوتی ہے۔

۳) Lignite: یہ بھورے رنگ کا کوئلہ ہوتا ہے اور anthracite اور Bituminous کے مقابلے کم توانائی دیتا ہے۔ اس میں کاربن کی مقدار تقریباً 38% ہوتی ہے۔

۴) Peat: یہ ایسا کوئلہ ہوتا ہے جس میں کاربن کی مقدار صرف 5% ہوتی ہے۔

### کوئلے کا استعمال

ہمارے ملک میں کوئلہ توانائی حاصل کرنے کا ایک اہم ذریعہ ہے اور ہماری تمام توانائی کی تقریباً آدھی ضرورت یہی پورا کرتا ہے۔ جیسا کہ مندرجہ ذیل تصویر 3.2 میں دکھایا گیا ہے۔

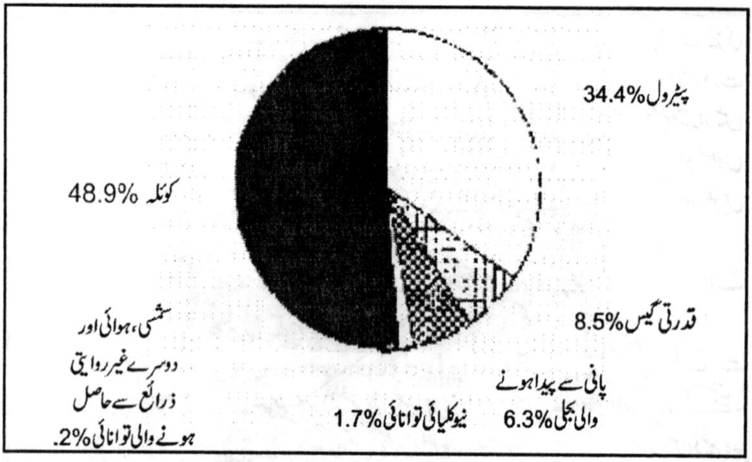


تصویر 3.2: ہندوستان میں توانائی کے مختلف ذرائع کا استعمال

ذریعہ: Energy Information Administration

اس کے علاوہ کوئلے کی مختلف پیداوار کو ہم مندرجہ ذیل کاموں میں استعمال کرتے ہیں۔

۱) کوئلے کی گیس (Coalgas): اس کا استعمال صنعتی ایندھن (Industrial Fuel) کے طور پر ہوتا ہے۔

۲) امونیائی عرق (Ammoniacal Liquor):- اس کا استعمال امونیا گیس اور کھاد بنانے میں ہوتا ہے۔

۳) کول تار (Coal tar):- اس کا استعمال مختلف طرح کے رنگ، کپڑے، دوائیں وغیرہ بنانے میں ہوتا ہے۔

۴) کوک (Coke):- اس کا استعمال ہم مختلف طرح کی دھاتوں کی صفائی کے کام میں کرتے ہیں

## ii) تیل *(Oil)*

تیل کالے رنگ کا ایک گاڑھا رقیق ہوتا ہے۔ اسے ہم کالا سونا بھی کہتے ہیں۔ ایسا کہا جاتا ہے کہ لاکھوں سال پہلے مختلف طرح کے نباتات کے زمین میں دب جانے سے ان کی تخلیق ہوئی۔ تیل کو مختلف طرح کی درجہ حرارت دیکر ان کو مختلف درجوں میں رکھا جاتا ہے مثال کے طور پر پیٹرول، ڈیزل، مٹی کا تیل، naptha وغیرہ۔ ریاست متحدہ امریکہ (USA)، روس، میکسکو، عراق، ایران، سعودی عرب، قطر، بحرین، کویت، متحدہ عرب امارات وغیرہ مما لک میں یہ بہت کثیر مقدار میں پایا جاتا ہے۔ ہندوستان میں سب سے پہلے آسام کے ماکم نام کی جگہ پر تیل پایا گیا تھا۔ ہم دنیا کے مختلف مما لک میں تیل کی موجودگی کو مندرجہ ذیل تصویر 3.3 سے سمجھ سکتے ہیں۔

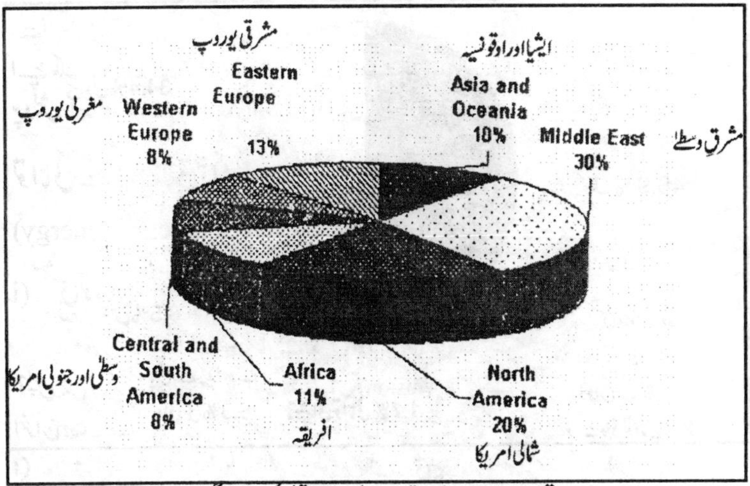


تصویر3.3: دنیا کے مختلف مما لک میں تیل کی موجودگی

ذریعہ: Energy Information Administration

مندرجہ ذیل تصویر3.4 میں دنیا میں 2002-1970 کے بیچ پیٹرول کی پوری پیداوار کا خاکہ پیش کیا گیا ہے۔

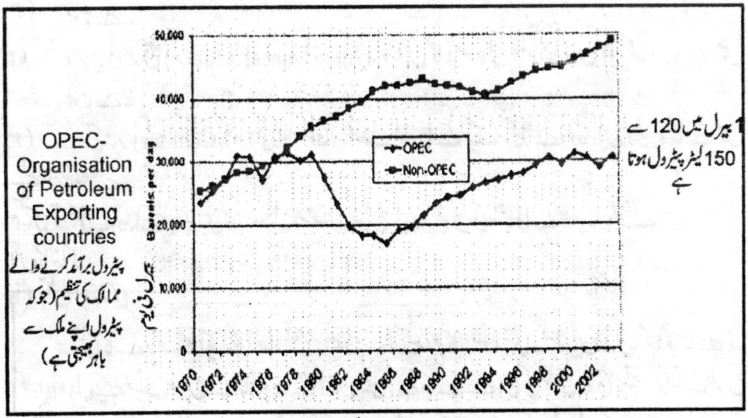


تصویر3.4: تیل کی پیداوار

ذریعہ: Energy Information Administration

### iii) قدرتی گیس *(Natural Gas)*

قدرتی گیس میں زیادہ تر methane گیس اوراعلیٰ درجے کے hydrocarbons پائے جاتے ہیں۔ان کی تخلیق کا بھی عمل وہی ہے جو کہ تیل کا۔اور یہ عام طور پر انہیں جگہوں سے نکالے جاتے ہیں جہاں

سے ہم تیل نکالتے ہیں۔ آج کل یہ بھی ہمارے ملک کی توانائی کی ضرورت کو کافی حد تک پورا کررہے ہیں اور ہم اپنے ملک کے نئے نئے علاقوں میں ان کی کھوج کر رہے ہیں۔ ہمارے ملک میں یہ آندھرا پردیش، اروناچل پردیش، آسام، گجرات، راجستھان اور تامل ناڈو میں پائی جاتی ہے۔

## توانائی کے غیر روایتی ذرائع
## (Non- Conventional Sources of Energy)

### i) شمسی توانائی *(Solar Energy)*

سورج کے اندر ایسے بہت سارے ردِ عمل ہوتے ہیں جن کے تحت بہت سارے چھوٹے چھوٹے جوہر آپس میں مل کر ایک بڑا جوہر یا سالمیہ بناتے ہیں (fusion) اور اس کے نتیجے میں بڑے پیمانے پر توانائی کا اخراج ہوتا ہے۔ اس توانائی کا استعمال ہم مختلف کاموں میں کر سکتے ہیں جس کی فہرست مندرجہ ذیل ہے:-

۱) زرعی کاموں میں استعمال مثال کے طور پر مختلف زرعی پیداوار کو سُکھانا اور مختلف طرح کے ایسے پودوں کو اُگانا جن کے لئے حرارت پر قابو پانا ضروری ہوتا ہو (Green Houses)

۲) صنعتی کاموں میں استعمال مثال کے طور پر بھاپ پیدا کرنا، پانی میں نمک کی مقدار کو کم کرنا (desalination) اور مختلف طرح کی صنعتی پیداوار کو سُکھانا وغیرہ۔

۳) تجارتی استعمال (commercial) مثال کے طور پر کپڑے دھونے کے لئے پانی کو گرم کرنا، کسی ضرورت کے تحت کسی جگہ کو گرم کرنا وغیرہ۔

۴) گھریلو استعمال (domestic) مثال کے طور پر کھانا پکانے میں، پانی کو گرم کرنے میں، کپڑے اور دوسری چیزوں کو سُکھانے میں وغیرہ۔

شمسی توانائی کا بہتر گھریلو استعمال ہم شمسی کوکر سے کر سکتے ہیں۔

شمسی کوکر (Solar Cooker):- آج کے دور میں توانائی کی بڑھتی ہوئی ضرورت کو پورا کرنے کے لیے اور توانائی کے روایتی وسائل مثال کے طور پر کوئلہ، لکڑی، مٹی کے تیل وغیرہ کی کھپت کو کم کرنے کے لیے شمسی توانائی کے استعمال پر زور دیا جارہا ہے اور اس سلسلے میں شمسی کوکر کا استعمال کافی افادی ثابت ہورہا ہے۔ اس کا خاکہ مندرجہ ذیل تصویر 3.5 میں پیش کیا گیا ہے۔

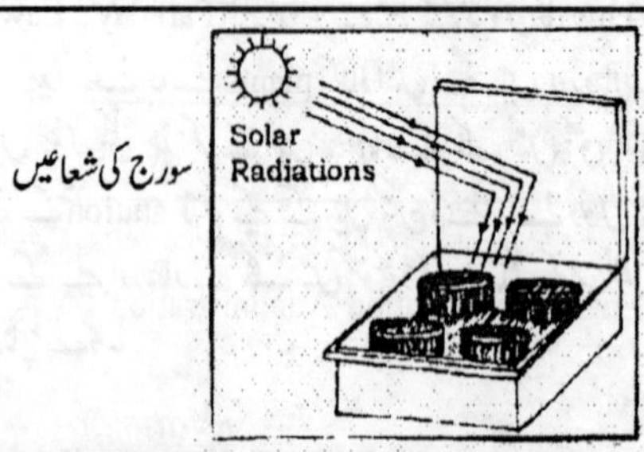


تصویر 3.5: شمسی کوکر

اس کے استعمال کے دو فائدے ہیں۔ ایک تو یہ کسی طرح کی آلودگی (مثال کے طور پر ہوا کی یا آواز کی) نہیں پیدا کرتا ہے۔ اور دوسرے اس کا استعمال کم خرچیلا (economical) ہوتا ہے۔

## ii) نیوکلیائی توانائی *(Nuclear Energy)*

آج کل نیوکلیائی توانائی دنیا کے کافی حصوں میں توانائی کی ضرورت کو پورا کر رہی ہے۔ جب دو چھوٹے چھوٹے نیوکلیس آپس میں مل کر ایک بڑا نیوکلیس بناتے ہیں (Nuclear fusion) یا ایک بڑا نیوکلیس کئی چھوٹے چھوٹے نیوکلیس میں ٹوٹتا ہے (Nuclear fission) تو ایسی صورت میں بڑے پیمانے پر توانائی کا اخراج ہوتا ہے۔ اس بات کو سب سے پہلے سائنس داں Albert Einstein نے ایک مساوات $E=mc^2$ (equation) کے ذریعہ پیش کیا جہاں پر E توانائی، m کمیت اور c روشنی کی رفتار ہے۔ لیکن نیوکلیائی توانائی حاصل کرنے کا عمل آسان نہیں ہوتا ہے بلکہ اس کے لیے ایک بڑا انظام قائم کرنا پڑتا ہے اور بڑے بڑے reactors قائم کرنے پڑتے ہیں۔ اس وقت پوری دنیا میں 300 سے زیادہ atomic power plants ہیں۔ ان میں سے USA میں سب سے زیادہ 83، اور روس میں 40، انگلستان میں 35، فرانس میں 34، جاپان میں 24، جرمنی میں 15، اور کناڈا میں 13 ہیں۔ چین اور ہندوستان میں بھی اچھی خاصی توانائی ان plant کے ذریعے حاصل کی جارہی ہے۔ ہمارے ملک میں اس طرح کے چھ (6) Plants تاراپور (مہاراشٹرا)، کال پکم (تامل ناڈو)، کرور (کرناٹک)، کوٹا (راجستھان)، نروره (اترپردیش) اور کاکراپور (گجرات) میں کام کررہے ہیں۔ آنے والے دنوں میں نیوکلیائی توانائی کی اہمیت بہت بڑھ جائے گی کیونکہ دنوں دن توانائی کے روایتی ذرائع کم ہونے لگیں گے اور دوسری بات یہ ہے کہ سائنس داں یہ کہتے ہیں کہ نیوکلیائی توانائی ہر طرح سے محفوظ ہوتی ہے اور ماحول کو اس سے کوئی نقصان نہیں پہنچتا ہے۔

## iii) پانی سے پیدا ہونے والی بجلی *(Hydroelectricity)*

ہمارے ملک میں اور دنیا کے دوسرے حصوں میں کافی تعداد میں ندیاں اور پانی کے دوسرے ذرائع ہیں جن میں کافی پانی پایا جاتا ہے۔ اس پانی کا بھی استعمال بجلی پیدا کرنے کے کام میں ہوتا ہے۔ ہم باندھ بنا کر پانی کو رفتار کے ساتھ گراتے ہیں جس سے turbine چلتی ہے اور بجلی پیدا ہوتی ہے۔ اس طرح سے پانی کے دو فائدے حاصل ہوتے ہیں۔ ایک تو بجلی پیدا ہو جاتی ہے اور دوسرے وہ پانی جو سیلاب کی شکل میں تباہی مچاتا، کسی کارآمد کام میں استعمال ہو گیا۔ بنیادی طور پر اس عمل میں ہم دو قوانین کا استعمال کرتے ہیں۔ ایک تو فیراڈے کے قانون کا (Faraday's Law) اور دوسرے لینز کے قانون کا (Lenz's Law)۔ دنیا میں سب سے زیادہ پانی سے بجلی پیدا کرنے والے plants کناڈا میں لگے ہیں اور وہاں پر 400 سے زیادہ ایسے station بنائے گئے ہیں جو کہ بجلی پیدا کرتے ہیں۔ ہمارے ملک میں بھی مختلف حصوں میں hydro electricity پیدا کرنے کے station قائم کیے گئے ہیں لیکن آنے والے دنوں میں توانائی کی بڑھتی ہوئی ضرورت کو پورا کرنے کے لیے اور ہمارے ملک میں موجود آبی وسائل کو مدِ نظر رکھتے ہوئے ہمیں ایسے اور stations کو قائم کرنا پڑے گا۔

## iv) فوٹو وولٹائک سیل *(Photo Voltaic Cells)*

فوٹو وولٹائک اثر (Photo Voltaic Effect) کی کھوج سب سے پہلے فرانسیسی سائنس داں

Alexander Edmond Bacquerel نے 1839ء میں کی تھی۔ مندرجہ ذیل تصویر میں اس کے کام کرنے کے انداز کو دکھایا گیا ہے۔ اس میں سب سے پہلے سورج کی روشنی مختلف شمسی سیلوں (Solar Cells) پر پڑتی ہے جس سے کہ الکٹران کا اخراج ہوتا ہے اور بجلی (electric current) پیدا ہوتی ہے۔ اس کا خاکہ تصویر 3.6 میں پیش کیا گیا ہے:

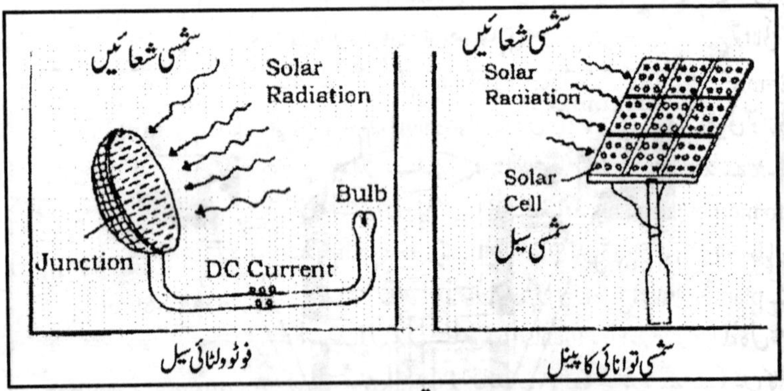


تصویر 3.6

مختلف طرح کے شمسی سیلوں کو ایک گروہ میں رکھ کر ایک module بنایا جاتا ہے۔ اور پھر ان module کو گروہ میں رکھ کر شمسی توانائی کا پینل (Solar Energy Panel) بنایا جاتا ہے جس کا خاکہ اوپر پیش کیا گیا ہے۔ ہمارے ملک میں مختلف تجربہ گاہوں میں بہت سارے سائنس داں اس شعبے میں کافی کام کر رہے ہیں۔

## v) ہوائی توانائی *(Wind Energy)*

تیز رفتار سے چلنے والی ہوا کو ہم توانائی کے کام میں استعمال کر سکتے ہیں۔ ہمارے ملک کے بہت سارے حصوں میں بہت تیز ہوائیں چلتی ہیں اور ہم وہاں پر اس کا استعمال بجلی پیدا کرنے کے لیے کر رہے ہیں۔ اس کے لیے ہم Wind mill کا استعمال کرتے ہیں جس میں کہ بڑے بڑے blades لگے ہوئے ہیں۔ جب ہوا چلتی ہے تو یہ blade بہت تیزی سے چلنے لگتے ہیں اور اس طرح سے بجلی پیدا ہوتی ہے۔ دنیا میں سب سے زیادہ ہوائی توانائی جرمنی میں پیدا کی جاتی ہے۔ اس کے علاوہ ڈین مارک، ہالینڈ، اسپین، انگلستان، امریکہ، برازیل وغیرہ میں بھی یہ کافی مقدار میں پیدا کی جاتی ہے۔ ہمارے ملک میں گجرات، آندھرا پردیش، تامل ناڈو اور کرناٹک کافی مقدار میں یہ توانائی پیدا کرتے ہیں۔

## vi) حیاتیاتی گیس *(Bio gas)*

حیاتیاتی گیس میں میتھین (methane) 50% سے 60% تک کی مقدار میں پایا جاتا ہے۔ اور باقی کاربن ڈائی آکسائیڈ اور ہائیڈروجن ہوتا ہے۔ اس میں ہم گوبر (animal wastes) کا استعمال گیس پیدا

کرنے کے لیے کرتے ہیں۔ 82-1981 میں ہندوستان میں Natioanl Project on Biogas Development (NPBD) شروع کیا گیا تھا جس کا مقصد تھا کہ گاؤں میں رہنے والے لوگوں کو ایسے آلات مہیا کرانا جس سے کہ وہ گوبر کا استعمال گیس بنانے میں کرسکیں اور گاؤں کی گندگی بھی دور ہو اور صفائی بھی بہتر طریقے سے ہو سکے۔ اس پروجیکٹ کے تحت مختلف صوبوں میں بہت سارے آلات مہیا کرائے گئے۔ حیاتیاتی گیس بننے کے عمل کو ہم مندرجہ ذیل تصویر 3.7 سے آسانی سے سمجھ سکتے ہیں:۔

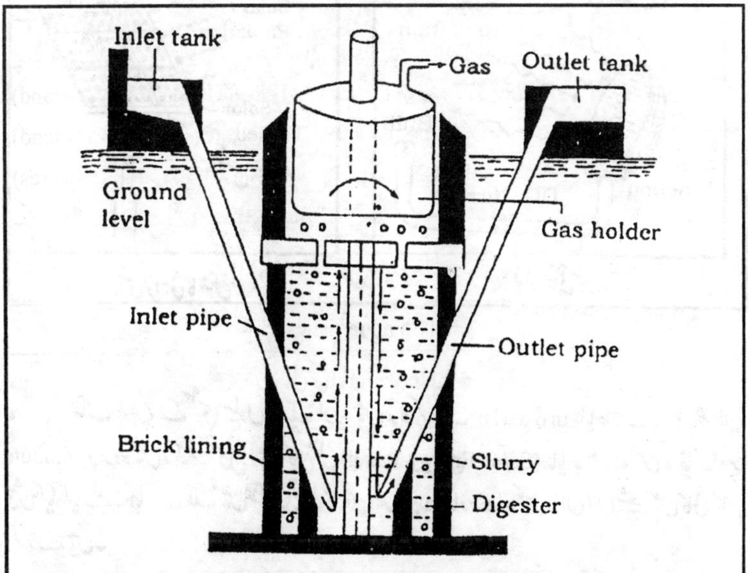


تصویر 3.7: حیاتیاتی گیس پلانٹ کا خاکہ

### (vii) سمندر سے حاصل ہونے والی توانائی *(Ocean Thermal Energy)*

سمندر کے اندر موجود پانی کی مدد سے ہم ٹربائین چلا کر بجلی پیدا کر سکتے ہیں۔ اس کی کھوج سب سے پہلے، 1880ء میں ہوئی تھی اور اس طرح کا پروجیکٹ سب سے پہلے فرانس میں شروع ہوا تھا۔ آج دنیا کے مختلف حصوں میں اس کے ذریعے توانائی حاصل کی جارہی ہے۔

### (viii) زمین کی حرارت سے حاصل ہونے والی توانائی *(Geothermal Energy)*

زمین کے اندر کا حصہ کافی گرم ہوتا ہے اور اس کی وجہ سے زمین کے اندر جو توانائی ہوتی ہے اُسے Geothermal Energy کہتے ہیں۔ اس حرارت سے بجلی پیدا کرنے کی ٹکنالوجی کی کھوج ہو چکی ہے اور کئی ملکوں میں اس کی ذریعے سے توانائی حاصل کی جارہی ہے۔

# ۵) برّی وسائل/ زمینی وسائل
## (Land Resources)

نظام شمسی میں نو (۹) سیارے (planet) ہیں۔ ان میں سے زمین (earth) ایک اہم سیارہ ہے کیونکہ یہاں پر زندگی پائی جاتی ہے۔ زمین (earth) کی تخلیق مختلف طرح کی چٹانوں کی پرتوں (layers) سے ہوئی ہے۔ زمین کی اوپری پرت میں سمندر، خشکی اور پہاڑ وغیرہ کثرت سے پائے جاتے ہیں۔ زمین کے اوپری پرت کا تقریباً 71% حصہ پانی ہے جب کہ باقی حصہ جنگل، خشکی اور پہاڑ کا ہے۔ اس وقت پوری دنیا میں زمین (land) تقریباً 13, 128, 841 hectares ہے جس میں کہ 1,477, 877 hectares پر کاشت کاری (Cropland) ہوتی ہے، 4,095,317hectares میں جنگلات ہیں اور جانوروں کی چراگاہیں hectares (pastures) 3,322, 943 میں ہیں۔ مندرجہ ذیل جدول 3.2(table) میں ہم مختلف طرح کی زمین اور اس کے استعمال کی فہرست پیش کر رہے ہیں۔

جدول 3.2: مختلف طرح کی زمین اور اُن کا استعمال

| گروہ(Group) | خصوصیات(Characteristics) | استعمال(Uses) |
|---|---|---|
| گروہ نمبر ۱ (Group 1) | اچھی زمین، پانی کی اچھی سہولیات کا دستیاب ہونا، پانی نکلنے کا بھی اچھا انتظام | مختلف طرح کی فصلوں کو اگانے میں اور چراگاہ کے طور پر۔ |
| گروہ نمبر ۲ (Group 2) | اچھی زمین لیکن ریتیلی مٹی (sand soil) پانی کی کمی اور اس کے نکلنے کا بھی اچھا انتظام نہ ہو پانا (drainage) | مختلف طرح کی فصلوں کو اگانے میں، چراگاہوں کے طور پر اور جنگلی جانوروں کے لیے |
| گروہ نمبر ۳ (Group 3) | اچھی زمین لیکن پانی کی قلت اور پانی کے نکلنے کا بھی اچھا انتظام نہ ہو پانا | زراعت، جنگلی جانوروں کے لیے اور مختلف طرح کی صنعتوں کے لیے |
| گروہ نمبر ۴ (Group 4) | اوسط درجے کی زمین لیکن پانی کی زیادہ قلت اور نکلنے کی بھی (drainage) | چراگاہ، پیڑ پودے لگانے (plantation) اور چنندہ فصلوں کے اگانے میں |
| گروہ نمبر ۵ (Group 5) | ایسی زمین جہاں پر جنگلات ہوں لیکن پانی کی قلت ہو | جانوروں کے لیے چراگاہ کے طور پر |
| گروہ نمبر ۶ (Group 6) | ایسی زمین جہاں پر مٹی کا کٹاؤ soil) erosion) ہوتا ہے اور مٹی زیادہ ٹھوس (dense) نہیں ہے | جنگلات لگانا اور چراگاہ کے طور پر استعمال کرنا جنگلی جانوروں کے لئے بھی |
| گروہ نمبر ۷ (Group 7) | ایسی زمین جہاں پر اُتار چڑھاؤ (slope) زیادہ ہو اور پانی کی قلت ہو | چراگاہ کے طور پر استعمال کرنا اور صنعت کاری کے لیے |
| گروہ نمبر ۸ (Group 8) | ایسی زمین جو بہت سوکھی (dry) ہو اور جنگلات اور چراگاہ کے لیے موزوں نہ ہو | مکان بنانا اور مختلف طرح کی صنعت لگانا |

مندرجہ ذیل تصویر 3.8 میں اس بات کا ایک خاکہ پیش کرنے کی کوشش کی گئی ہے کہ دنیا کے مختلف

ممالک میں زمین کا کیا کیا استعمال ہو رہا ہے۔ ہندوستان میں آبادی میں ہونے والے بے تحاشہ اضافے کی وجہ سے چراگاہیں دن بدن کم ہوتی جارہی ہیں جب کہ جنگلاتی زمین تقریباً 21% ہے۔

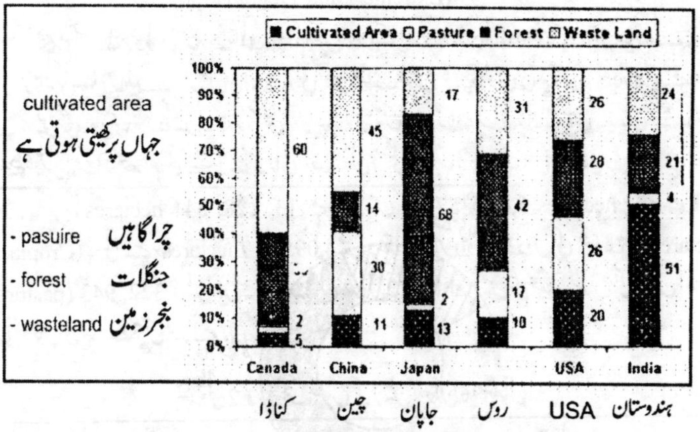


تصویر 3.8: مختلف ممالک میں مختلف کاموں کے لئے استعمال کی جانے والی زمین

ذریعہ: R.L.Oldemann et al. (1990)

زمین کے جن حصوں میں زراعت اچھی طرح نہیں ہو پاتی ہے اُس کی وجوہات مندرجہ ذیل چار ہیں:

## i) برّی انحطاط/مٹی کی تنزّلی *(Land Degradation)*

مٹی قدرت کی طرف سے عطا کیا گیا ایک انمول تحفہ ہے اور یہ مختلف فصلوں اور پھولوں کے اُگانے کے لیے، جانوروں کو چارہ کھلانے کے لیے، مکان بنانے کے لیے، مختلف طرح کی صنعتوں کو لگانے کے لیے اور شہروں کو بنانے کے لیے استعمال کی جاتی ہے۔ لیکن آج انسانوں کی مختلف نقل وحرکت کی وجہ سے زمین کی زرخیزی متاثر ہو رہی ہے اور اس کے معیار میں انحطاط ہو رہا ہے اور یہ بنجر (infertile) ہو رہی ہے۔ برّی انحطاط مٹی میں آنے والی اس تبدیلی کو کہتے ہیں جس سے مٹی کی ساخت متاثر ہو، اس کا معیار متاثر ہو اور اس کی وجہ سے اس کی پیداواری بھی متاثر ہو۔ انحطاط کے درجے (degree) کے مطابق ہم برّی انحطاط کو مندرجہ ذیل چار قسموں میں بانٹ سکتے ہیں:-

۱) ہلکا برّی انحطاط (Light Land Degradation): اس طرح کے انحطاط میں مٹی کی اوپری سطح کا کچھ حصہ نکل جاتا ہے لیکن پھر بھی کم سے کم 70% قدرتی عناصر موجود رہتے ہیں اور اس کی زرخیزی بہت کم متاثر ہوتی ہے۔

۲) معتدل برّی انحطاط (Moderate Land Degradation): اس طرح کے انحطاط میں مٹی کی اوپری سطح تقریباً پوری نکل جاتی ہے اور 30% سے 70% تک قدرتی عناصر موجود رہتے ہیں۔

۳) سخت برّی انحطاط (Severe Land Degradation):- اس طرح کے انحطاط میں مٹی کی اوپری

سطح اوراس کے نیچے موجود قدرتی عناصر پوری طرح سے نکل جاتے ہیں اور ایسی زمین میں سبزہ کا اگنا کافی مشکل ہوتا ہے۔

۴) شدید برّی انحطاط (Extreme Land Degradation):اس طرح کی زمین میں کسی طرح کی پیداواری تقریباً ناممکن ہوجاتی ہے کیونکہ اس کے اندر موجود قدرتی عناصر پوری طرح سے ختم ہوجاتے ہیں۔

پوری دنیا میں جتنی بھی مٹی کا جائزہ لیا گیا ہے اس میں سے زیادہ تر میں انحطاط پایا گیا ہے۔ اس کو ہم مندرجہ ذیل تصویر 3.9 سے سمجھ سکتے ہیں:

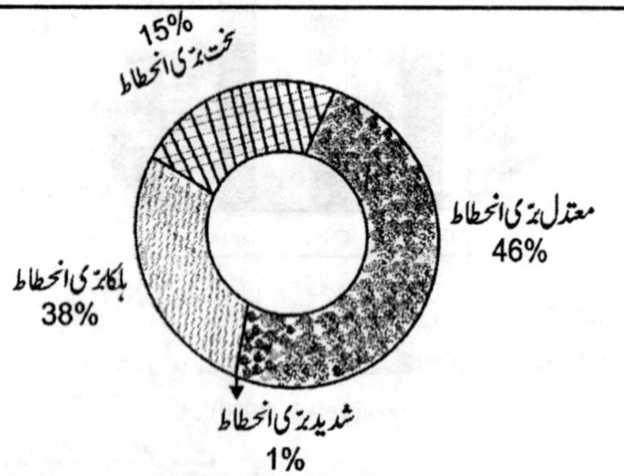


تصویر 3.9: برّی انحطاط

ذریعہ: R.L.Oldemann et al. (1990)

## برّی انحطاط کی وجوہات *(Causes of Land Degradation)*

برّی انحطاط کی وجوہات مندرجہ ذیل ہیں:-

۱) جنگلات کی کٹائی (Deforestation):- جنگلات کی کٹائی کی وجہ سے مٹی میں پانی بھرنا شروع ہوجاتا ہے اور تیز پانی کا بہاؤ مٹی کی اوپری سطح کو بہادیتا ہے جس کی وجہ سے برّی انحطاط ہوتا ہے۔

۲) بے پناہ چرائی (Over grazing):- جب جانور کسی خاص علاقے میں بہت زیادہ چرائی کردیتے ہیں تو اس کی وجہ سے بھی مٹی کا کٹاؤ (soil erosion) ہوتا ہے اور اس کے نتیجے میں برّی انحطاط ہوتا ہے۔

۳) زراعتی سرگرمیاں (Agricultural activities):- پیداوار بڑھانے کے لیے استعمال کئے جارہے کیمیاوی عناصر اور کیڑوں کو مارنے والی دوائیں (pesticides) بھی کسی نہ کسی طرح سے برّی انحطاط کے لیے ذمہ دار ہوتی ہیں۔

۴) صنعتوں سے نکلنے والے کچرے (Industrial effluents):- صنعتوں سے نکلنے والے بہت سارے کچروں میں زہریلے عناصر ہوتے ہیں جو کہ مٹی کی پیداواری کو متاثر کرتے ہیں اور انحطاط کے لیے ذمہ دار ہوتے ہیں۔

۵) زمین کا بہت زیادہ استعمال (Over exploitation of land):- آج کل کسان سال بھر میں کئی کئی

فصلوں کو اگاتے ہیں۔ اس کے علاوہ کانوں کی کھدائی (mining) کی وجہ سے مٹی میں موجود قدرتی عناصر کم ہو جاتے ہیں اس کی بھی وجہ سے برّی انحطاط ہوتا ہے۔

مندرجہ بالا ذکر کیے گئے انہیں پانچ وجوہات سے عام طور پر برّی انحطاط ہوتا ہے۔ دنیا کے مختلف علاقوں میں کیے گئے مطالعے کی بنیاد پر ہم مندرجہ ذیل تصویر 3.11 کے ذریعے یہ سمجھ سکتے ہیں کہ کون سی وجہ برّی انحطاط کے لیے کتنی ذمہ دار ہے۔

تصویر3.10: برّی انحطاط کی وجوہات

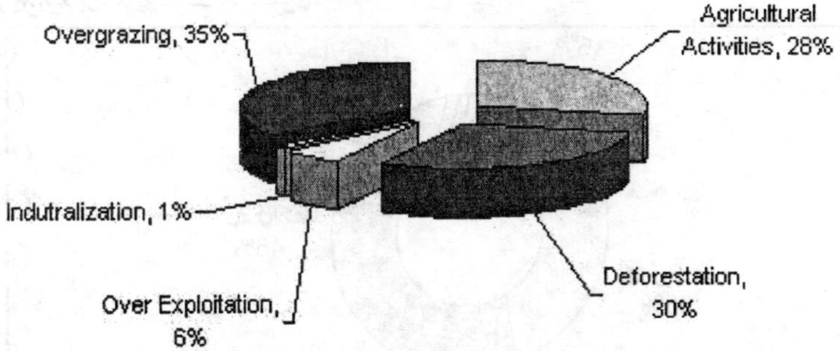


## برّی انحطاط کو روکنے کے طریقے

تیزی سے بڑھتی ہوئی آبادی کی ضرورتوں کو پورا کرنے کے لیے اور زمین پر حیاتیاتی کثرت کو قائم رکھنے کے لیے ہمیں زمین کو انحطاط سے بچانا ہوگا اور اس کے لیے ہم مندرجہ ذیل اقدام اٹھا سکتے ہیں:-

۱) زیادہ تعداد میں پیڑ لگانا اور جنگلات کی کٹائی پر روک لگانا۔

۲) کیمیاوی کھاد کی جگہ پر حیاتیاتی کھاد کا استعمال کرنا۔

۳) صنعتوں سے نکلنے والے کچروں اور گھریلو کچروں کا صحیح بندوبست کرنا۔

۴) ایسی تکنیکوں کا استعمال کرنا جس سے کہ ہم مختلف فصلوں کو بدل بدل کر زمین میں اگائیں (crop rotation)۔ ہمارے ملک میں National Bureau of Soil Survey (NBBS) اور Land Use Planning (LUP) جیسے ادارے مختلف طرح کی ایسی تحقیقات کر رہے ہیں جس سے کہ برّی انحطاط کو روکا جا سکے یہ ادارے دہلی، کلکتہ اور بڑودا میں موجود اپنے علاقائی دفاتر کے ذریعے کسانوں کو مختلف مواقع پر برّی انحطاط کو روکنے کے لیے مشورات بھی فراہم کرتے رہتے ہیں۔

### ii) زمین کا کھسکنا *(Land Slides)*

ہمارے ملک میں پہاڑی علاقوں میں (زیادہ تر ہماچل پردیش اور جموں و کشمیر میں) زمین کھسکنے کی واردات اکثر سنائی پڑتی ہے۔ اس کے تحت پہاڑ، چٹان، پتھر، مٹی یا دوسرے ایسے عناصر اچانک اپنی جگہ بدل کر نیچے چلے جاتے ہیں۔ عام طور پر یہ چٹانوں کے زیادہ پرانی ہو جانے کی وجہ سے، زمین کے اندر موجود پانی کی حرکت کی وجہ سے، بہت زیادہ مقدار میں بارش ہونے کی وجہ سے، زلزلے کی وجہ سے یا ایسے اُتار اور چڑھاؤ

(slopes) کی وجہ سے ہوتی ہے جو کہ مستقل نہ ہوں۔ اس کے علاوہ مندرجہ ذیل انسانی نقل وحرکت بھی زمین کے کھسکنے کے لیے ذمہ دار ہوتی ہیں۔

۱) کسی علاقے میں باندھ کی تعمیر ہونے کی وجہ سے۔
۲) جنگلات کی کٹائی کی وجہ سے
۳) کھدانوں کی کھدائی کے عمل میں بارود یا دوسرے explosives کے استعمال کی وجہ سے اور
۴) گھروں یا سڑکوں کے بنانے کی وجہ سے۔

زمین کے کھسکنے کی وجہ سے مندرجہ ذیل اثرات مرتب ہوتے ہیں:-

۱) انسانوں کے مال اور جائداد کو نقصان پہنچتا ہے۔
۲) پانی کے ذرائع، باندھ، جنگلات اور مچھلیوں کو نقصان پہنچتا ہے۔
۳) لوگ گھائل ہوتے ہیں اور مر بھی جاتے ہیں۔
۴) اس کی وجہ سے آنے جانے میں دقت ہوتی ہے۔
۵) قدرتی خوبصورتی کو بھی نقصان پہنچتا ہے۔

زمین کے کھسکنے کے عمل کو روکنے کے لیے ہم کو ایسے علاقوں میں صنعت لگانے یا کارخانہ کھولنے اور کھدان کھودنے سے پہلے سخت حفاظتی انتظام کرنا چاہئے اور سخت احتیاط بھی برتنا چاہئے جو کہ زمین کھسکنے والے علاقے (land slides prone areas) کے طور پر پہچانے جاتے ہیں۔ ایسے علاقے میں مکان بنانے یا دوسرے ترقیاتی کاموں کے کرنے سے بھی گریز کرنا چاہئے۔ بالخصوص ایسے علاقوں میں بارود یا دوسرے explosives کا استعمال ہرگز نہ کرنا چاہئے۔ یوں تو قدرتی طور پر زمین کھسکنے کے عمل کو روک پانا ہمارے اختیار میں نہیں ہے لیکن اگر ہم ان علاقوں میں زیادہ سے زیادہ درخت لگائیں اور انسانی نقل وحرکت کو تھوڑا قابو میں رکھیں تو ہم اس پر قابو پا سکتے ہیں۔

### iii) مٹی کا کٹاؤ *(Soil Erosion)*

لفظ soil، لاطینی زبان کے لفظ 'solum' سے آیا ہے جس کے معنی ہوتے ہیں مٹی کا وہ حصہ جس میں پودے اگتے ہیں۔ مٹی یعنی soil زمین کا سب سے اوپر کا حصہ ہوتی ہے اور اس کے اندر بہت سارے عضویاتی (organic) اور غیر عضویاتی (inorganic) عناصر ہوتے ہیں اور مختلف طرح کے جراثیم، کائی (algae) اور کیڑے مکوڑے (insects) پائے جاتے ہیں۔ زمین کی یہی سطح ایسی ہوتی ہے جو کہ سب سے زیادہ زرخیز ہوتی ہے۔ اس سطح کا مختلف وجوہات سے بہہ جانا، ختم ہو جانا یا اِس کے مقدار میں کمی آجانا ہی مٹی کا کٹاؤ کہلاتا ہے۔ جہاں پر مٹی کا کٹاؤ ہوتا ہے وہاں پر مندرجہ ذیل آثار دکھنے لگتے ہیں۔

۱) پیڑوں کی جڑیں زمین کے اوپر دکھائی دینے لگتی ہے۔
۲) درہ بننے لگتا ہے (Formation of Gullies)
۳) چھوٹے چھوٹے پتھر اور چٹانیں دکھنے لگتی ہیں۔
۴) سبزہ اور گھاس پھوس ختم ہونے لگتی ہیں۔

مٹی کے کٹاؤ کی دو قسمیں ہوتی ہیں۔ (۱) عرضیاتی کٹاؤ (Geologic erosion) اور (۲) اسراعی کٹاؤ (accelerated erosion)۔ عرضیاتی کٹاؤ مختلف طرح کے قدرتی اور جغرافیائی عمل سے ہوتا ہے۔ مثال کے طور پر بارش کی بوندوں کا تیزی سے زمین پر گرنا اور اپنے ساتھ اوپری حصہ بہا لے جانا، سمندر کے پانی کا تیزی کے ساتھ مٹی میں آنا اور اپنے ساتھ کچھ حصہ لے کر سمندر میں چلے جانا، بہت تیزی سے ہوا کا چلنا اور ان میں سے کچھ ایسے عناصر کا نکل کر مٹی میں ملنا جس کی وجہ سے مٹی میں درار پڑنے لگے، سورج کی گرمی سے مٹی کے اندر موجود قدرتی عناصر یا فائدہ مند جراثیم کا ختم ہونا اور برف کا تیزی سے پگھل کر مٹی میں ملنا اور اس کی اوپری سطح کو بہا دینا وغیرہ۔ اسراعی کٹاؤ عام طور پر انسانی نقل وحرکت کی وجہ سے عمل میں آتا ہے۔ مثال کے طور پر جنگلات کی کٹائی، بڑے پیمانے پر آب پاشی (Extensive Irrigation) وغیرہ۔

## مٹی کے کٹاؤ کے اثرات *(Consequences of Soil Erosion)*

سائنس دانوں کا یہ ماننا ہے کہ ایک انچ مٹی کی تخلیق ہونے میں اوسطاً 200 سال سے 1000 سال لگتے ہیں لیکن دنیا میں ہر سال لاکھوں hectare مٹی کٹ کر اور بہہ کر ضائع ہو جاتی ہے۔ مٹی کے کٹاؤ کی شرح سب سے زیادہ ایشیا میں ہے جو کہ تقریباً 30 ٹن فی ہیکٹیئر سالانہ ہے۔ یہ شرح آسٹریلیا، افریقہ اور یوروپ میں تقریباً 5 سے 10 ٹن فی ہیکٹیئر سالانہ ہے جب کہ امریکہ میں 20 ٹن فی ہیکٹیئر سالانہ ہے۔ ایک اندازے کے مطابق فی سال مٹی کے کٹاؤ کی وجہ سے 70-50 لاکھ ہیکٹیئر پیداواری مٹی برباد ہو جاتی ہے۔ اس کی وجہ سے مٹی کی ساخت میں انحطاط آ جاتا ہے۔ پیداواری اور زرخیزی میں کمی آ جاتی ہے اور مٹی کی پانی کو روک پانے کی استعداد بھی بری طرح سے متاثر ہوتی ہے۔ مندرجہ ذیل تصویر 3.11 میں ہم یہ دکھانے کی کوشش کر رہے ہیں کہ پوری دنیا میں مٹی کا کٹاؤ کس طرح سے ہوتا ہے۔

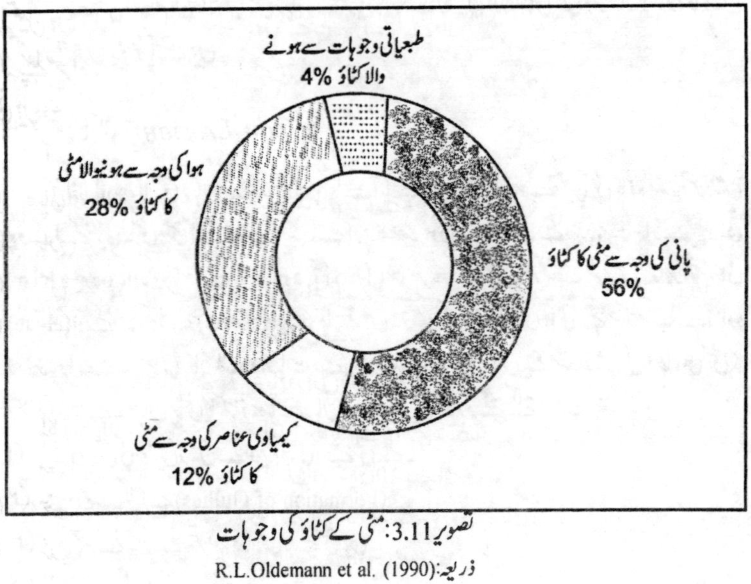


تصویر 3.11: مٹی کے کٹاؤ کی وجوہات

ذریعہ: R.L.Oldemann et al. (1990)

## مٹی کے کٹاؤ کو روکنے کے طریقے

۱) زمین میں ایسی چھوٹی وادیاں (basins) بنادی جائیں جن میں پانی رُک سکے۔
۲) پانی کے بہاؤ کو قابو میں کرنے کے لئے ڈھلان کی طرف کچھ channels بنادیئے جائیں جس سے مٹی کا کٹاؤ رُک جائے۔
۳) زمین میں زیادہ سے زیادہ سبزہ اُگانے کی کوشش کی جائے۔
۴) کسانوں سے زمین میں وقفے وقفے پر مختلف طرح کی فصلیں لگانے کو کہا جائے۔
۵) پودوں کو ایک لائن (row) میں لگانے سے بھی مٹی کے کٹاؤ پر قابو پایا جاسکتا ہے۔
۶) مختلف طرح کے کھر پتوار اور زرعی کچروں کو 3-2 اِنچ کی موٹائی میں زمین میں پڑا رہنے دیا جائے۔
۷) جس سمت میں عام طور پر ہوا چلتی ہو اس کی مخالف سمت میں پیڑوں کی ایک قطار لگادی جائے۔ جس سے کہ مٹی کا کٹاؤ ہوا کی وجہ سے رُک سکے۔

ان تمام طریقوں کے علاوہ ہمارے ملک کے مختلف تحقیقی ادارے اور Central Arid Zone Research Institute, Jodhpur مختلف طرح کی تحقیقات کرتے رہتے ہیں اور مٹی کے کٹاؤ کو روکنے کے طریقے بتاتے ہیں، ہمیں ان پر عمل کرنا چاہیئے۔

## iv) صحرا بننے کا عمل *(Desertification)*

صحرا ایسے ماحولیاتی نظام کو کہتے ہیں جہاں پر خشک سالی (aridity) رہتی ہے، بارش ہونے کا عمل نہایت غیر متعین ہوتا ہے اور پیداوار بہت کم ہوتی ہے۔ صحرا کے ایسے علاقوں کی طرف توسیع ہونے کے عمل کو جو کہ پہلے صحرا نہیں تھا، صحرا بننے کا عمل کہتے ہیں صحرا بننے کے عمل میں مندرجہ ذیل خصوصیات/تبدیلیاں رونما ہوتی ہیں:-

۱) آب و ہوا میں خشکی ہونے لگتی ہے۔
۲) پانی اور ہوا کے ذریعہ مٹی کے کٹاؤ میں اضافہ ہوجاتا ہے۔
۳) بارش میں کمی ہونے لگتی ہے۔
۴) مٹی کے اندر موجود نمک کی مقدار میں اضافہ ہونے لگتا ہے۔
۵) سبزہ اور گھاس پھوس وغیرہ میں کمی آنے لگتی ہے۔

صحرا بننے کے عمل کو ہم مندرجہ ذیل چار درجوں میں تقسیم کرسکتے ہیں۔

۱) ہلکا (slight)۔ اِس طرح کے صحرا میں سبزہ پر بہت کم اثر پڑتا ہے اور مٹی کا انحطاط بہت کم ہوتا ہے۔
۲) معتدل (moderate)۔ اس میں فصلوں اور سبزہ کی 10 سے 50 فیصدی کمی ہوجاتی ہے۔
۳) سخت (severe)۔ اس میں فصلوں اور سبزہ کی 50 فیصد سے زیادہ کمی ہوجاتی ہے۔
۴) شدید (extreme)۔ اس میں فصلوں اور سبزہ کی 10 فی صد سے بھی کم پیداوار رہ جاتی ہے۔

## صحرا بننے کے عمل کی وجوہات اور اسے روکنے کے طریقے

صحرا بننے کی اہم وجوہات مندرجہ ذیل ہیں:
(۱) بارش کا نہ ہونا یا کم ہونا (۲) قحط سالی (drought) ہونا۔ (۳) جنگلات کی بڑے پیمانے پر کٹائی ہونا۔ (۴) کھدانوں کی کھدائی (۵) تیزی سے بڑھتی ہوئی صنعت کاری (۶) فصلوں کو اُگانے کا بدلتا ہوا انداز (۷) صحیح طرح سے آب پاشی نہ کرنا جس کی وجہ سے زمین میں نمک کی مقدار زیادہ ہو جائے۔ (۸) جانوروں کی زیادہ چرائی۔ (۹) مختلف طرح کے ترقیاتی منصوبے (۱۰) جنگلات میں لگنے والی آگ وغیرہ۔

اس سے بچنے کے لیے ہمیں آب پاشی کی بہتر تکنیکوں کا استعمال کرنا پڑے گا اور زمین کے پانی کو بہتر طریقے سے اکٹھا کرنا پڑے گا (rain water harvesting)۔ تب جا کر ہم اس عمل پر قابو پا سکیں گے۔

## (۶) جنگلاتی وسائل
## (Forest Resources)

پنڈت جواہر لال نہرو کا مشہور قول ہے ''ایک بڑھتا ہوا درخت ایک ابھرتی ہوئی قوم کی نشانی ہے'' اصل میں جنگلاتی وسائل کسی بھی ملک کے لیے بہت بڑے اثاثہ ہوتے ہیں اور ان میں زیادہ تعداد درختوں کی ہوتی ہے۔ لفظ forest لاطینی زبان کے لفظ 'foris' سے آیا ہے، جس کے معنی ہوتے ہیں 'باہر' اور اس کا مطلب یہ ہوا کہ گاؤں یا آبادیوں یا بستیوں کے باہر موجود ایسے درخت جو کہ اس آبادی کی چہار دیواری یا حد مقرر کرتے ہیں جنگلات کہلاتے ہیں۔ جنگلات کے اندر وہ تمام زمین آتی ہے جس پر کھیتی باڑی کا کام نہ ہو رہا ہو۔ ہندوستانی لفظ jungle کا مطلب ہوتا ہے درختوں، کانٹے دار پودوں، جھاڑیوں وغیرہ کا ایک گروہ جو کہ ایک ساتھ پایا جاتا ہے۔ ہمارے ملک کے بہت سارے علاقوں میں بہت قیمتی قسم کے جنگلات پائے جاتے ہیں اور جنگلاتی وسائل کے اعتبار سے ہم دنیا کے امیر ممالک میں شمار کیے جاتے ہیں۔ جنگلات نہ کہ صرف ہماری قومی معیشت میں تعاون کرتے ہیں بلکہ بہت سارے لوگوں کو روزگار بھی مہیا کراتے ہیں۔ ہمارے ملک کی بہت پرانی روایتوں میں سے یہ بھی ایک ہے کہ یہاں پر بہت سارے درختوں کی پرستش کی جاتی ہے اور بہت سارے قبائل ایسے ہیں جو کہ جنگلات اور درختوں کو بھگوان کا ایک روپ مانتے ہیں۔

### ہندوستان کے مختلف علاقوں میں جنگلات

ہمارے پورے ملک میں جنگلات 67.83 mha (million hectare) زمین پر ہیں جو کہ پورے جغرافیائی رقبے کا تقریباً 20.64% ہے۔ اگر پوری دنیا کے جنگلاتی وسائل سے موازانہ کریں تو ہم یہ پاتے ہیں کہ یہ پوری دنیا کے جنگلاتی وسائل کا 1% ہے جب کہ یہ دنیا کی تقریباً 19% آبادی کی ضرورت کو پورا کرتا ہے۔ ہمارے ملک کے جنگلات میں 45,000 نباتاتی اور 81,000 حیواناتی نوع پائی جاتی ہیں۔ اس میں سے 5150 نباتاتی (floral) اور 1837 حیواناتی (faunal) نوع مقامی (endemic) ہیں۔ ہمارے ملک میں 397 محفوظ علاقے قائم کیے گئے ہیں جن میں سے کہ 95 قومی پارک اور 500 جنگلی جانوروں کی جائے پناہ (wild life sancturies) قرار دی گئی ہیں۔ کل ملا کر ان محفوظ علاقوں کا رقبہ 1.56mha ہے جو کہ ہندوستان کے پورے جغرافیائی علاقے کا 4.75% ہے۔ ہمارے ملک میں تجارتی لکڑی (timber) کی 2005ء میں ضرورت 58million cubic meter تھی اور یہ امید کی جا رہی ہے کہ 2020ء تک یہ 153 million cubic meter تک پہنچ جائے گی۔ اس طرح لکڑی (wood) کی ضرورت 2010ء میں 29 million cubic meter تھی اور یہ

امید ہے کہ 2020ء تک یہ مانگ 60 million cubic meter ہو جائے گی۔ اس کا مطلب یہ ہوا کہ ہندوستان کو اپنی ضرورتوں کو پورا کرنے کے لیے لکڑی کو باہر سے منگوانا پڑے گا۔ ہندوستان میں پائے جانے والے مختلف طرح کے جنگلات کی وضاحت مندرجہ ذیل ہے:

**ہندوستان میں جنگلات کی قسمیں**

**الپی جھاڑیاں (Alpine Scrubs)**

۱۔ نم الپی جھاڑیاں (Moist Alpine Scrub)
تقریباً پورے ہمالیہ کے علاقوں میں پائے جاتے ہیں۔

۲۔ خشک الپی جھاڑیاں
ہمالیہ کے اوپری علاقوں میں (تقریباً 400m کی اونچائی پر) یہ جنگلات پائے جاتے ہیں

**نصف الپی جنگلات Sub-Alpine (Forests)**

کلو (ہماچل پردیش) اور ہمالیہ کے علاقوں میں پائے جاتے ہیں۔

**کوہستانی معتدل جنگلات (Montane temperate forests)**

۱۔ کوہستانی بارشی معتدل جنگلات (Montane Wet Temperate Forest)
تامل ناڈو اور کیرل کے پہاڑی علاقوں میں، مشرقی ہمالیہ کے علاقوں میں بنگال، آسام، سکم اور ناگالینڈ میں پائے جاتے ہیں۔

۲۔ ہمالئی نم معتدل جنگلات (Himalayan Moist Temperate Forest)
کشمیر، ہماچل پردیش، پنجاب UP، دارجیلنگ اور سکم میں پائے جاتے ہیں۔

۳۔ ہمالئی خشک متعدل جنگلات (Himalayam Dry Temperate Forest)
ہمالیہ کے خشک علاقوں میں جہاں پر مانسون کا بہت کم زور رہتا ہے، وہاں پر یہ جنگلات پائے جاتے ہیں۔

**کوہستانی نصف حارّی جنگلات (Mantane sub-tropical forests)**

۱۔ چوڑی پتی والے نصف حارّی جنگلات (Broad- leaved subtropical forest)
ہمالیہ کے نچلے علاقوں، بنگال، آسام، نیلگری اور کھاسی پہاڑی کے آس پاس پائے جاتے ہیں۔

۲۔ نصف حارّی صنوبر جنگلات (Sub-tropical pine forest)
شمال مغربی ہمالیہ کے علاقوں میں پائے جاتے ہیں۔

۳۔ نصف حارّی خشک سدا بہار جنگلات (Sub-tropical Dry Evergreen Forest)
شوالک اور مغربی ہمالیہ کے علاقوں میں پائے جاتے ہیں۔

**حارّی جنگلات (Tropical Forest)**

۱۔ سدا بہار حارّی جنگلات (Tropical Wet Evergreen Forest)
یہ آسام کیرلا اور نکوبار میں پائے جاتے ہیں۔ ان کے درخت کافی لمبے ہوتے ہیں

۲۔ نصف سدا بہار حارّی جنگلات (Tropical Semi- Evergreen forest)
مغربی ساحل، آسام، انڈمان، اڑیسہ اور کیرلہ میں پائے جاتے ہیں۔ اکثر پت جھڑ والے درخت ہوتے ہیں

۳۔ نم حارّی پت جھڑ والے جنگلات (Tropical Moist Deciduous forest)
یہ MP، UP، گجرات، مہاراشٹرا، کرناٹک، کیرلا اور انڈمان میں پائے جاتے ہیں

۴۔ خشک حارّی پت جھڑ والے جنگلات (Tropical Dry Deciduous Forest)
یہ مغربی ساحل، بنگال سے لے کر کنیا کماری تک پھیلے ہیں صرف راجستھان کو چھوڑ کر۔

۵۔ خشک حارّی سدا بہار جنگلات
یہ آندھرا پردیش میں پائے جاتے ہیں (Tropical Dry Evergreen Forest)

۶۔ کانٹے دار حارّی جنگلات (Topical Thorny Forest)
پنجاب، راجستھان اور مہاراشٹر میں پائے جاتے ہیں۔

۷۔ ساحلی جنگلات (Littoral Swamp Forest)
یہ سندربن (بنگال) میں پائے جاتے ہیں۔

## جنگلات کی افادیت

یوں تو جنگلات کے بہت سارے فائدے ہیں لیکن آسانی کے لیے ہم اُن افادیت کو مندرجہ ذیل چار درجوں میں تقسیم کرتے ہیں:-

### (الف) پیداواری افادیت (Productive Uses):-

۱) ہمیں جنگلات سے ایسی بہت ساری پیداوار حاصل ہوتی ہیں جوکہ ہمارے لیے بڑی افادی ہوتی ہیں۔ ان پیداوار کو ہم دو درجوں میں تقسیم کرسکتے ہیں۔ تجارتی پیداوار (commercial products) مثال کے طور پر پھل، ترکاری، سبزی، پھول، دوائیں وغیرہ اور صنعتی پیداوار (industrial products) مثال کے طور پر ایندھن، موم، ربر، کاغذ، دفتی وغیرہ۔ ان دونوں کے علاوہ لکڑی (Wood) جنگلات کی سب سے اہم پیداوار میں سے ایک مانی جاتی ہے اور خاص طور پر ترقی پذیر ممالک میں اس کا بہت استعمال ہوتا ہے۔ یہ ایندھن کے طور پر بھی استعمال کی جاتی ہے اور اس سے بہت سارے صنعتی اور تجارتی سامان بھی تیار کیے جاتے ہیں۔ اس کے علاوہ ترقی پذیر ممالک میں 80% لکڑی کا استعمال ایندھن کے طور پر اور 20% صنعتی طور پر ہوتا ہے

۲) ایندھن کے طور پر بڑے پیمانے پر گھریلو اور صنعتی شعبوں میں لکڑی کا استعمال ہوتا ہے۔ لکڑی سے ہی پلائی ووڈ بھی بنتا ہے اور بہت ساری ٹوکریاں، موسیقی کے آلات اور کھلونے بھی بنائے جاتے ہیں۔

۳) لکڑی کا استعمال ایندھن کے علاوہ کاغذ، پلاسٹک اور Rayons بنانے میں بھی کیا جاتا ہے۔

۴) جنگلات کی مختلف پیداوار سے مختلف طرح کے دوائیں بنتی ہیں۔ مثال کے طور پر ملیریا بخار میں استعمال ہونے والی قنین (Quinine) بھی جنگلات سے ملتی ہے۔ زخم بھرنے کی اور سکھانے کی دوا belladona بھی جنگلات سے ملتی ہے۔ بخار میں استعمال کئے جانے والے جوشاندے اور اُن کے بہت سارے اجزاء بھی جنگلات سے ملتے ہیں، اِس کے علاوہ ایسی بہت ساری جڑی بوٹیاں ہوتی ہیں جوکہ خون کو صاف کرتی ہیں، بلڈ پریشر کو کم کرتی ہیں، شُگر کی سطح کو قابو میں کرتی ہیں اور آنکھ کی روشنی کو بڑھاتی ہیں۔ اس سلسلے میں اس کتاب کے ایک مصنف (ساجد جمال) کو ایک بہت اہم واقعے سے روبرو ہونا پڑا اور وہ واقعہ یہ ہے کہ لکھنؤ کے ایک حکیم ڈاکٹر عبدالقدوس خان صاحب جڑی بوٹیوں اور مقامی سطح پر حاصل ہونے والے جنگلات کی پیدوار سے ایک ایسا نسخہ تیار کرتے ہیں جوکہ ایسے مریضوں کے کام آتا ہے جن کے گردے صحیح طرح سے کام نہیں کرتے ہیں (Chronic Renal Failure, CRF)۔ مصنف کے والد صاحب بھی ایسی بیماری سے پریشان تھے اور تمام علاج کے بعد آخر کار حکیم صاحب کی خدمت میں حاضری ہوئی۔ اس وقت مریض کا Creatinine Level (ایک ایسا پیمانہ جوکہ گردوں کی کارکردگی بیان کرتا ہے، عام انسان کے لیے یہ سطح 1.5-2.5 کے بیچ ہوتی اور جتنا زیادہ یہ ہوگا اس کا مطلب یہ ہوا کہ گردے کی کارکردگی اُتنی ہی خراب ہے) 11 تھا جوکہ کافی زیادہ تھا اور ایسے مریض کو صحیح کرپانا تقریباً ناممکن ہوتا ہے لیکن حکیم صاحب نے مصنف کو یہ یقین دلایا کہ اللہ پر بھروسہ کرکے علاج کرائیے انشاء اللہ 3 سے 4 مہینے میں فرق دکھنے لگے گا۔ علاج شروع کیا گیا اور اس وقت نہ کہ صرف مصنف کے والد صاحب کا Creatinine Level 2.5 تک آگیا ہے بلکہ وہ اپنے تمام فرائض صحیح طرح سے نبھا سکتے ہیں اور سرکاری نوکری پر بھی بلاناغہ جاتے ہیں۔

۵) جنگلات سے ہمیں ایسے ریشے (fibre) ملتے ہیں جو کہ رسّیاں وغیرہ بنانے کے کام آتے ہیں۔
۶) جنگلات سے ہمیں کچا ریشم (floss) ملتا ہے جو کہ بہت سارے کپڑے اور دوسرے سامان بنانے کے کام آتا ہے۔
۷) درختوں کے کچھ پتے ایسے ہوتے ہیں جن سے چٹائی تیار کی جاتی ہے۔
۸) ہمارے ملک میں کیرلہ، آسام، نکوبار، مغربی بنگال، تامل ناڈو، جھارکھنڈ، اُڑیسہ اور ان کے جنگلوں میں کچھ ایسے علاقے پائے جاتے ہیں جہاں پر بینت (Cane) ملتا ہے۔ یہ ایک نرم لکڑی ہوتی ہے اور اِسے گرم کرکے کسی بھی طرح سے موڑا جاسکتا ہے۔ یہ لکڑی عام طور پر ٹہلنے والی چھڑی کے طور پر، فرنیچر میں اور کھیل کے سامان بنانے میں کام آتی ہے۔
۹) جنگلات میں بہت سارے درخت ایسے ہوتے ہیں جن سے ہمیں بہت سارے قیمتی تیل ملتے ہیں۔ مثال کے طور پر زیتون کے درخت سے زیتون کا تیل جو کہ کھانے اور مالش کرنے دونوں کے کام آتا ہے۔ اس کے علاوہ کچھ درختوں کے تیل کا استعمال صابن، کریم اور خوشبو بنانے کے لئے استعمال ہوتا ہے۔
۱۰) بہت سارے درختوں کی پیداوار ایسی ہوتی ہے جن کا استعمال ہم رنگ (dyes) بنانے کے لئے کرتے ہیں۔ ان پیداوار میں پھل، پھول، پتّے جڑ اور چھال سب شامل ہیں۔
۱۱) جنگلات میں کچھ درخت ایسے ہوتے ہیں جن سے مازو کا تیزاب (Tannins) حاصل کرتے ہیں۔
۱۲) جنگلات سے ہمیں بہت سارے قسم کی گھاس ملتی ہے جو کہ نہ صرف چارے کے طور پر استعمال ہوتی ہیں بلکہ کولر میں استعمال کی جاتی ہیں، جھوپڑی وغیرہ بنانے کے کام میں استعمال ہوتی ہیں، فرش بنانے کے کام میں آتی ہیں یا سجاوٹ کے کام آتی ہیں۔
۱۳) جنگلات میں کچھ درخت ایسے ہوتے ہیں جن سے گوند (gum) (جو کہ چپکانیکے کام آتا ہے) ملتا ہے اور لاکھ (resins) بھی ملتا ہے۔
۱۳) جنگلات کے مختلف درختوں سے ہمیں بہت سارے ایسے پھل ملتے ہیں جو کہ کھانے کے کام آتے ہیں۔ مثال کے طور پر آم، امرود، شریفہ، کیلا، کشمش، بیر، جامن، املی، املا، کچنار، آنولا وغیرہ۔

(ب) حفاظتی افادیت (Protective Uses): جنگلات بارش کے پانی سے ہونے والی مٹی کی کٹائی کو روکتے ہیں۔ اس کے علاوہ ان جنگلات میں انواع واقسام کے نباتات اور جانور پائے جاتے ہیں۔ جنگلات نہ کہ صرف انہیں پناہ دیتے ہیں اور ان کی نشوونما کرتے ہیں بلکہ ان کو چوری سے ہونے والے شکار (poaching) سے بھی بچاتے ہیں۔ یعنی جنگلات دنیا میں حیاتاتی کثرت (Bio diversity) کی حفاظت کرتے ہیں۔

ت) منضبط استعمال/ افادیت (Regulative Uses): درخت ماحول میں موجود آکسیجن اور کاربن ڈائی آکسائیڈ کے دور اور مقدار کو برقرار رکھتے ہیں۔ جن علاقوں میں درختوں کی کمی ہوتی ہے وہاں پر یہ دور بگڑ جاتا ہے اور غیر منظم ہو جاتا ہے۔ اس کے علاوہ ان سے بارش کا نظام بھی بہتر ہو جاتا ہے اور یہ ماحول کی حرارت کو بھی کم کرتے ہیں اور نمی اور سیلن (humidity) پر بھی قابو کرتے ہیں۔ آج glaciers پگھل رہے ہیں، آب وہوا میں تبدیلی ہو رہی ہے، بارش کا نظام بگڑ رہا ہے اور بہت سارے اس طرح کے دوسرے مسائل پیدا ہو رہے ہیں تو اس کے پیچھے کسی نہ کسی طرح سے پیڑوں کی کٹائی اور جنگلات کی صفائی ہی ذمہ دار ہے۔

ث) اضافی استعمال/ افادیت (Accessory Uses): جنگلات کا استعمال ہم سیر وتفریح کے طور پر بھی کرتے ہیں۔ ہم وہاں پر جا کر اپنے فرصت کے اوقات اور چھٹیاں بتاتے ہیں اور بہت ساری فلموں کی shooting بھی کرتے ہیں۔

باب-۴ (Chapter-IV)

# حیاتیاتی کثرت

# (BIO-DIVERSITY)

## حیاتیاتی کثرت کی تعریف

## (Definition of Biodiversity)

زمین پر زندگی کی شروعات لاکھوں سال پہلے ہوئی اور اس وقت لاکھوں قسم کے جاندار، نباتات، حیوانات، اور مختلف ذی حیات وجود پیدا ہوئے۔ ان سب کا دنیا میں رہنا پورے ماحولی نظام کی بہتر کارکردگی کے لیے بہت ضروری ہے۔ ان نباتات، حیوانات، چرندوں، پرندوں، ذی حیات وجود اور خوردذی حیات وجود کا کثرت سے پایا جانا اور مختلف قسموں میں پایا جانا ہی حیاتیاتی کثرت کہلاتا ہے۔ اس کو ہم کسی بھی علاقے کے genes، نوع (species) اور ماحولی نظام کے میزان کے طور پر بھی بیان کر سکتے ہیں۔ انگریزی زبان میں حیاتیاتی کثرت کو Biodiversity کہتے ہیں جو کہ Biological Diversity کا اختصار ہے۔ حیاتیاتی کثرت کو ہم مندرجہ ذیل دو حصوں میں تقسیم کر سکتے ہیں:

۱) تولیدی کثرت (Genetic Diversity): جب کسی ایک خاص نوع میں مختلف طرح کی قسمیں پائی جائیں اور یہ قسمیں ان کے جسمانی بناوٹ، کارکردگی اور شکل وصورت کے لحاظ سے ہو تو اس طرح کی کثرت کو تولیدی کثرت کہتے ہیں۔ عام طور پر genes کی وجہ سے یہ تبدیلیاں رونما ہوتی ہیں اور genes ماں باپ کے ذریعہ ملتی ہیں۔ genes کے اندر DNA ہوتا ہے اور یہ ذی حیات وجود کی وضع قطع، کردار اور جسمانی ساخت کو متاثر کرتا ہے۔ تولیدی کثرت کی مثال ہم مختلف طرح کی مچھلیوں، سانپوں، آم کے درخت، دھان وغیرہ سے دے سکتے ہیں۔

۲) نوعی کثرت (Species Diversity): نوع ذی حیات وجود کے ایک گروہ کو کہتے ہیں اور جب کسی علاقے میں مختلف طرح کی نوع پائی جائیں تو ہم اس کو نوعی کثرت کہتے ہیں۔ اس کی مثال ہم کسی ایسے ماحولی نظام سے دے سکتے ہیں جہاں پر مختلف طرح کی مچھلیاں، سانپ، چڑیاں، بڑے جانور پودھے اور درخت ہوں۔ مندرجہ ذیل جدول 4.1 میں دنیا میں مختلف طرح کی نوع کی پائی جانے والی تعداد کی وضاحت کی گئی ہے۔

جدول 4.1: مختلف انواع کی تعداد

| گروہ(Group) | موجود انواع کی تعداد | پائے جانے والی انواع کا تخمینہ/ انداز |
|---|---|---|
| ریڑھ کی ہڈی والے جانور(Vertebrates) | 4,500,000 | 5,000,000 |
| حیوانات صدفیہ/نرم تنا(Molluscs) (سیپ گھونگھے وغیرہ) | 7,000,000 | 20,000,000 |
| کیڑے مکوڑے(insects) | 95,000,000 | 800,000,000 |
| عنکبوتی حیوانات/عنکبیہ (Arachnids) (مکڑی، بچھو وغیرہ) | 7,500,000 | 75,000,000 |
| قشری/خولدار حیوانات(Crustaceans) (مثال کے طور پر کیکڑے وغیرہ) | 4,000,000 | 15,000,000 |
| بنا ریڑھ کی ہڈی والے حیوانات (Nematodes) (کینچوے، اسکیرس وغیرہ) | 2,500,000 | 40,000,000 |
| یک خلوی حیوانات/حیوانات ابتدائی (Protozoans) مثال کے طور پر ایبیا/ پیرامشیم وغیرہ | 4,000,000 | 5,000,000 |
| کائی(algae) | 4,000,000 | 40,000,000 |
| سماروغ / پھپھوندی(fungi) | 7,000,000 | 150,000,000 |
| جراثیم(bacteria) | 4,00,000 | 100,000,000 |
| وائرس(Viruses) | 4,00,000 | 40,000,000 |
| نباتات(plants) | 27,000,000 | 32,000,000 |
| دوسرے گروہ (other groups) | 11,500,000 | 25,000,000 |

ذریعہ: Heywood (1995)

اس کے علاوہ مندرجہ ذیل جدول 4.2 میں یہ اطلاع فراہم کی جارہی ہے کہ دنیا کے دس وہ کون سے ممالک ہیں جن میں حیاتیاتی کثرت سب سے زیادہ پائی جاتی ہے اوران میں کون سی نوع کتنی تعداد میں پائی جاتی ہے۔

جدول 4.2: حیاتیاتی کثرت کے مطابق مختلف ممالک کی ترتیب

| حیاتیاتی کثرت کے اعتبار سے ترتیب (rank) | دودھ پلانے والے جانور (mammals) کی تعداد | چڑیا (birds) کی تعداد | جانور جو خشکی اور تری دونوں میں رہتے ہیں (amphibians) کی تعداد | رینگنے والے جانوروں (reptiles) کی تعداد | اعلیٰ درجے کے پودھے/نباتات کی تعداد (higher plants) |
|---|---|---|---|---|---|
| 1 | انڈونیشیا (Indonesia) 515 | کولمبیا (Colombia) 1721 | برازیل (Brazil 516 | میکسکو (Mexico) 717 | برازیل (Brazil) 55000 |
| 2 | چین(China) 480 | پیرو (Peru) 1701 | کولمبیا (Colombia) 407 | آسٹریلیا (Australia) 686 | کولمبیا (Colombia) 45000 |
| 3 | میکسکو (Mexico) 449 | برازیل (Brazil) 1622 | اکواڈور (Ecuador) 358 | انڈونیشیا (Indonesia) 600 | چین (China) 27000 |
| 4 | برازیل 428 | انڈونیشیا 1519 | میکسکو 282 | برازیل 467 | میکسکو 25000 |
| 5 | زائر (Zaire) 409 | اکواڈور (Ecuador) 1447 | انڈونیشیا (Indonesia) 270 | ہندوستان (India) 453 | آسٹریلیا (Australia) 23000 |
| 6 | (Peru)پیرو 463 | Venezuala 1275 | چین (China) 285 | کولبیا (Colombia) 383 | جنوبی افریقہ 21000 |
| 7 | کولمبیا (Colombia) 359 | بولیویا (Bolivia) 1250 | پیرو (Peru) 251 | اکواڈور (Ecuador) 345 | انڈونیشیا (Indonesia) 20000 |
| 8 | ہندوستان (India) 350 | چین (China) 1244 | زائر (Zaire) 216 | پیرو (Peru) 297 | وینزوئیلا Venezuala 20000 |
| 9 | یوگانڈا (Uganda) 311 | ہندوستان (India) 1200 | USA 205 | ملیشیا 294 | (Peru)پیرو 20,000 |
| 10 | تنزانیہ (Tanzania) 310 | ملیشیا (Malaysia) 1200 | وینزوئیلا/آسٹریلیا 197 | تھائی لینڈ (Thailand) 282 | روس (Russia) 20,000 |

ذریعہ: WCMC, 1992

# حیاتیاتی کثرت کی اہمیت
# (Importance of Biodiversity)

زمین پر موجود تمام نوع اور ذی حیات وجود کا آپس میں گہرا تعلق ہے۔ اگر کوئی نوع ختم ہونے لگے یا اس میں معدومی ہونے لگے تو اس کا اثر دوسری نوع پر پڑتا ہے۔ انسانوں کا وجود بھی بہت حد تک دوسری نوع پر منحصر ہے اور ان کی غیر موجودگی میں انسانوں کے وجود کے لیے خطرہ پیدا ہونے لگے گا۔ یعنی حیاتیاتی کثرت کی اہمیت بہت زیادہ ہے اور اس اہمیت کو ہم مندرجہ ذیل نکات سے بآسانی سمجھ سکتے ہیں:-

۱) حیاتیاتی کثرت کی صرفی (consumptive) اہمیت ہے۔ یعنی کچھ ایسے نباتات اور حیوانات ہوتے ہیں جو ہماری روزمرّہ کی زندگی میں کام آتے ہیں اور جن کی پیداوار کی ہم تجارت نہیں کرتے ہیں مثال کے طور پر پیڑ پودھوں سے حاصل ہونے والا آکسیجن اور سایہ، مختلف طرح کے جراثیم کا مٹی میں مل کر اُسے اور زرخیز بنانا اور فضا میں کاربن ڈائی آکسائیڈ کے دور، نائٹروجن کے دور وغیرہ میں توازن رکھنا۔

۲) حیاتیاتی کثرت کی پیداواری (productive) اہمیت ہے۔ یعنی ہم مختلف نباتات اور حیوانات سے حاصل ہونے والی چیزوں کو مقامی، قومی یا بین الاقوامی بازار میں فروخت کرتے ہیں اور اس کے بدلے میں ہمیں پیسہ حاصل ہوتا ہے مثال کے طور پر جانوروں سے حاصل ہونے والا دودھ، گوشت، اون وغیرہ، پیڑوں کی لکڑیاں ان کے پتے اور پھل وغیرہ اور مختلف طرح کی مچھلیاں اور دوسرے دریائی جانور۔

۳) حیاتیاتی کثرت کی اخلاقی (ethical) اہمیت ہے کیونکہ اللہ نے اس دنیا میں کوئی بھی چیز فالتو پیدا نہیں کی ہے اور مذہبی اعتبار سے ہم دیکھیں تو ہماری شریعت میں یہ کہا گیا ہے کہ صرف انہیں جانوروں کو مارو جن کا گوشت تمہارے کام آسکے یا جو تم پر حملہ کر کے تمہیں نقصان پہنچا سکیں باقی کسی دوسرے کو نہیں۔ اسی طرح درخت کے تعلق سے یہ حکم ہے ناحق اور غیر ضروری طور پر پیڑ نہ کاٹے جائیں۔ ہمارے ملک ہندوستان میں تو یہ ہزاروں سال پرانی روایت رہی ہے کہ مختلف پودھوں اور جانوروں کو دیوی دیوتاؤں کے نام سے منسوب کر دیا گیا ہے اور عدم تشدد کی تعلیم دی جاتی رہی ہے۔ یعنی ہماری ہندوستانی ثقافت بھی جیو اور جینے دو، کے اصول میں یقین رکھتی ہے اور حیاتیاتی کثرت کو اہم قرار دیتی ہے۔

۴) حیاتیاتی کثرت کی جمالیاتی (aesthetic) اہمیت بھی ہے کیونکہ جب اس دنیا میں طرح طرح کے نباتات اور حیوانات ہوں گے تو یہ دنیا اور خوبصورت لگے گی۔ آج کی دوڑتی بھاگتی زندگی میں ہم کو سکون کی ضرورت پڑتی ہے اور ہم تفریح کے لیے پارکوں اور جنگلوں یا باغیچوں کا رُخ کرتے ہیں۔ ظاہر سی بات ہے کہ اگر یہ سب چیزیں نہیں ہوں گی تو ہم اچھی طرح سے تفریح نہیں کر پائیں گے۔ اس کے علاوہ مختلف طرح کی فلموں کی shooting دریا کے کنارے، جنگلات میں، پہاڑ کے آس پاس یا ہرے بھرے کھیتوں میں ہوتی ہے۔ یہ بھی حیاتیاتی کثرت کی اہمیت کی دلیل ہے۔

۵) حیاتیاتی کثرت کی سماجی اہمیت ہے کیونکہ ہماری زندگی کسی نہ کسی طرح سے مختلف طرح کے حیوانات اور نباتات پر منحصر ہے۔ ہماری زراعت بہت حد تک جانوروں پر منحصر ہے۔ سواری کے طور پر ہم جانوروں کا استعمال کرتے ہیں۔ اپنے گھر کی حفاظت کا کام بھی ہم جانوروں سے لیتے ہیں۔ مختلف طرح کے کاموں کے لیے دوائیں ڈھونڈنے کے عمل میں بھی ہم تحقیق جانوروں پر ہی کرتے ہیں۔ ہم ان کے دودھ کا بھی استعمال کرتے ہیں اور اس کے علاوہ ہم ان کو چڑیا گھروں (Zoos) میں بھی رکھتے ہیں جہاں پر لوگ

انہیں دیکھتے ہیں اس سے لوگوں کو ان کے بارے میں جانکاری ہوتی ہے اور پیسہ بھی ملتا ہے۔اس طرح بہت سارے نباتات ایسے ہیں جو ہمیں کھانے کو پھل دینے کے علاوہ ایسی چیزیں مثال کے طور پر (پھول، پتی، یا چھال) دیتے ہیں جن سے دوائیں بنائی جاتی ہیں جو کہ مختلف طرح کے امراض میں کام آتی ہیں۔ان سب مثالوں سے یہ بات ظاہر ہوتی ہے کہ حیاتیاتی کثرت کی سماجی اہمیت بہت زیادہ ہے۔

## عالمی سطح پر حیاتیاتی کثرت

## (Biodiversity at Global Level)

دنیا میں کسی بھی نوع کی یکساں طور پر تقسیم نہیں کی گئی ہے بلکہ وہ دنیا کے ان حصوں میں پائی جاتی ہیں جو آب وہوا کے اعتبار سے ان کے لیے موزوں ہو۔Wallace نے پوری دنیا کو مختلف طرح کے حیوانات (fauna) کے پائے جانے کے اعتبار سے مندرجہ ذیل چھ علاقوں میں تقسیم کیا گیا ہے۔

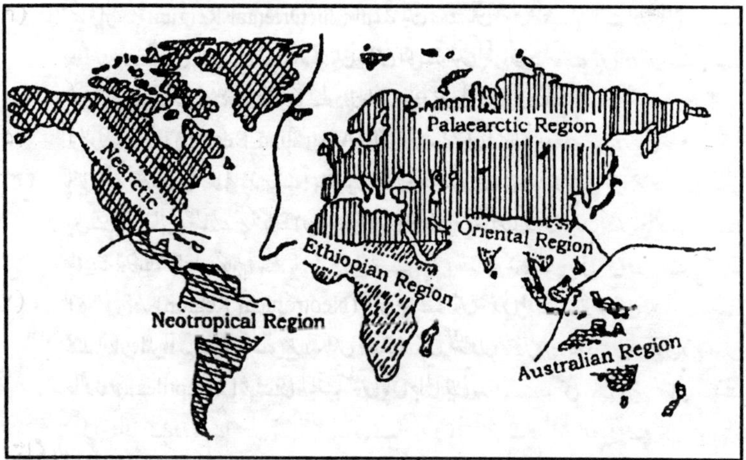


تصویر 4.1: حیوانات کی کثرت کے مطابق دنیا کے حصے

1) قدیم شمالی علاقہ/خطہ (Palaearctic Region): اس علاقے میں پورا یوروپ، چین، جاپان، سہارا ریگستان کا شمالی حصہ، سائبیریا، شمالی افریقہ کا بحیرۂ روم والا حصہ (Mediterranean zone of North Africa)، جنوب مغربی ایشیاء، ہمالیہ کا شمالی حصہ اور عرب کا شمالی حصہ شامل ہے۔اس علاقے میں زمین پر پائے جانے والے ریڑھ کی ہڈی والے جانوروں (terrestrial vertebrates) کی 135 نسل پائی جاتی ہے۔ اس میں 33 نسل دودھ پلانے والے جانوروں (mammal) کی، 68 چڑیا کی، 24 رینگنے والے جانوروں (reptiles) کی اور 10 نسل ایسے جانوروں کی ہے جو خشکی اور تری دونوں میں رہتے ہیں (amphibians)۔اس کے علاوہ تازے پانی میں پائی جانے والی مچھلیوں کی 13 نسل بھی یہاں پائی جاتی ہیں۔ یہاں پر مینڈھک (frog)، اونٹ (Camel)، چیتے (tiger)، چھپکلی، جنگلی بلی اور سیہہ (porcupine) کی بہت ہی شاذونادر نسلیں بھی پائی جاتی ہیں۔

۲) نوشمالی خطہ (Nearctic Region): اس علاقے میں تقریباً پورا شمالی امریکہ، میکسکو کا نجد(plateau)، گرین لینڈ(Green Land)اورNew Found Landشامل ہیں۔اس علاقے میں ریڑھ والے جانوروں (vertebrates) کی 120 نسلیں پائی جاتی ہیں جس میں کہ 26دودھ پلانے والے (mammals)، 4چڑیا، 21رینگنے والے جانور (reptiles)،14 تری اور خشکی دونوں جگہ پر رہنے والے جانور(amphibians)اورتازے پانی میں پائی جانے والی مچھلیوں کی کئی نسلیں پائی جاتی ہیں۔ اس کے علاوہ اس علاقے میں سانپ، بیل، کناڈائی ہنس(Canadian goose)وغیرہ کی بڑی شاذ و نادر نسلیں پائی جاتی ہیں۔

۳) حبشہ کا خطہ (Ehiopian Region):اس علاقے میں افریقہ، سہارا ریگستان کا جنوبی علاقہ، میڈاگاسکر (Madagascar)اورجنوبی عرب آتے ہیں۔اس علاقے میں زمین پر پائی جانے والی ریڑھ کی ہڈی والے جانورں (terrestrial vertebrates) کی 161 نسلیں پائی جاتی ہیں اس کے علاوہ اس علاقے میں شیر، ہاتھی، مچھلیوں اوردریائی گھوڑوں کی بہت ساری شاذ ونادر نسلیں بھی پائی جاتی ہیں۔

۴) مشرقی خطہ(Oriental Reigion): اس علاقے میں ہندوستان، شری لنکا، برما، تھائی لینڈ، ملیشیا، سماترا، جاوا، بورنیو، فلپینس اورجنوبی چین آتے ہیں۔اس علاقے میں گھڑیال، اُڑنے والے سانپ اورچھپکلی، کوبرا سانپ (ناگ)، مور، چنکارا، کالے ہرن اور بھالو وغیرہ کی بہت ہی شاذ ونادر نسلیں پائی جاتی ہیں۔

۵) آسٹریلیائی خطہ (Australian Region): اس علاقے میں آسٹریلیا، نیوزی لینڈ، تسمانیہ اورآس پاس کے چھوٹے چھوٹے جزیرے آتے ہیں۔اس علاقے میں بہت ہی قدیم دور کے جانور پائے جاتے ہیں مثال کے طور پرکنگارو (Kangaroo) پینگوِن، چینٹیوں کو کھانے والے جانوروغیرہ اس علاقے میں پائے جاتے ہیں۔

۶) نوحارّی خطہ (Neotropical Region): اس علاقے میں جنوبی اور وسطی امریکہ، میکسکو کے کچھ حصے اورWest Indies آتے ہیں۔ اس علاقے میں گدھوں، چڑیوں، مچھلیوں اور رینگنے والے جانوروں(reptiles) کی بہت ہی نایاب نسلیں پائی جاتی ہیں۔

## مقامی نوع
## (Endemic Species)

مختلف طرح کی نوع ایسی ہوتی ہیں جوکہ ہرجگہ نہیں پائی جاتی ہیں بلکہ ایسے علاقوں میں پائی جاتی ہیں جوکہ ان کے نشوونما کے لیے ہموار ہوتے ہیں اوروہ ان آب وہوا میں پھلتی پھولتی ہیں۔ عام طور پر وادیاں (valleyes)، پہاڑ، جھیل، تالاب، جھرنے سمندر کے کنارے اورمخصوص جنگلات ایسے ہوتے ہیں جہاں پر یہ نوع پائی جاتی ہیں۔ کچھ نباتات بھی ایسے ہوتے ہیں جوکہ دنیا کے ہر ملک یا ہر ملک کے ہر حصے میں نہیں پائے جاتے ہیں بلکہ کچھ مخصوص علاقوں میں ہی پائے جاتے ہیں۔اس طرح کے حیوانات اورنباتات کو جوکہ ایک مخصوص جگہ اورآب وہوا میں پائے جاتے ہیں، مقامی نوع(endemic species) کہتے ہیں۔ ہمارے ملک میں بھی کچھ مخصوص مقامی نوع (جن میں کہ حیوانات اورنباتات شامل ہیں) پائے جاتے ہیں اوراس معاملے میں ہم کافی امیر ہیں۔ نیچے کے جدول 4.3 میں ہم یہ اطلاع فراہم کرنے کی کوشش کررہے ہیں کہ کس ملک میں کتنی مقامی نوع پائی جاتی ہیں، وہ نوع کس درجے سے تعلق رکھتی ہیں اور عالمی سطح پر اس معاملے میں اس ملک کا کیا مقام ہے۔

جدول 4.3: مختلف ممالک میں پائی جانے والی مقامی انواع کی تعداد

| جانوروں کی تعداد کے اعتبار سے ترتیب (rank) | دودھ پلانے والے جانور (mammals) | چڑیا (birds) | رینگنے والے جانور (reptiles) | خشکی اور تری دونوں میں رہنے والے جانور (amphibians) |
|---|---|---|---|---|
| 1 | آسٹریلیا 210 | انڈونیشیا 356 | آسٹریلیا 605 | برازیل 293 |
| 2 | انڈونیشیا 165 | آسٹریلیا 349 | میکسکو 368 | میکسکو 169 |
| 3 | میکسکو 136 | برازیل 176 | میڈاگاسکر 231 | آسٹریلیا 160 |
| 4 | USA 93 | فلپنس 172 | برازیل 178 | میڈاگاسکر 142 |
| 5 | فلپنس 90 | پیرو 106 | ہندوستان 156 | اکواڈور 136 |
| 6 | برازیل 70 | میڈاگاسکر 97 | انڈونیشیا 150 | کولمبیا 130 |
| 7 | میڈاگاسکر 067 | میکسکو 88 | فلپنس 131 | ہندوستان 110 |
| 8 | چین 62 | نیوزی لینڈ 74 | کولمبیا 106 | انڈونیشیا 100 |
| 9 | روس 55 | سولومن جزیرہ 72 | اکواڈور 100 | پیرو 87 |
| 10 | PNG 49 | ہندوستان 69 | پیرو 95 | وینی زئیلا 76 |
| 11 | ارجینٹینا 47 | کولمبیا 58 | کیوبا 79 | کیم رون 65 |
| 12 | پیرو 46 | وینی زئیلا 45 | جنوبی افریقہ 76 | زائر 53 |

ذریعہ: WCMC, 1992

## ہندوستان کے تناظر میں حیاتیاتی کثرت
## (Bio Diversity in Indian Context)

حیاتیاتی کثرت کے اعتبار سے ہندوستان کا شمار دنیا کے بڑے ممالک میں ہوتا ہے۔ ایک اندازکے مطابق ہندوستان میں صرف نباتات کی 48,000 نوع پائی جاتی ہیں جس میں کہ 2848 نسلیں Bryophytes کی، 1022 نسلیں pteridophytes کی، 64 نسلیں Gymnosperm کی اور 15000 نسلیں Angiosperm کی شامل ہیں۔ جہاں تک حیوانات کا تعلق ہے تو یہ تعداد 81,000 نسلوں کے آس پاس ہے۔ اس میں پانچ ہزار (5000) نسلیں حیوانات صدفیہ سے تعلق رکھتی ہیں، 57,000 نسلیں کیڑوں (insects) کی ہیں، 2546 نسلیں مچھلیوں کی ہیں، 197 نسلیں ایسے حیوانات کی ہیں جو پانی اور خشکی دونوں میں رہتے ہیں، 353 نسلیں رینگنے والے جانوروں کی ہیں، 1200 نسلیں چڑیوں کی ہیں اور 372 نسلیں دودھ پلانے والے جانوروں کی ہیں۔ مندرجہ ذیل جدول 4.4 میں ہم یہ اطلاع فراہم کرنے کی کوشش کر رہے ہیں کہ عالمی سطح پر نوع کے پائے جانے کے معاملے میں ہندوستان کی کیا حیثیت ہے۔

جدول 4.4: ہندوستان میں حیاتیاتی کثرت

| گروہ (Group) | دنیا (World) میں نوع کی تعداد | ہندوستان میں (India) نوع کی تعداد (Number of Species) |
|---|---|---|
| دودھ پلانے والے جانور (mammals) | 4231 | 372 |
| چڑیا (birds) | 8400 | 1200 |
| رینگنے والے جانور (reptiles) | 5375 | 353 |
| ایسے جانور جو تری اور خشکی دونوں میں رہتے ہیں (amphibians) | 2000 | 197 |
| مچھلیاں (Fishes) | 23,400 | 2546 |

ذریعہ: Environmental Science by Arti Rajput.

ہندوستان میں حیاتیاتی کثرت پائے جانے کی اہم وجوہات مندرجہ ذیل ہیں:

۱) ہندوستان جنوبی ایشیاء میں $8^0$N اور $38^0$N کے عرض البلد (latitude) اور $60^0$E اور $97^0$E کے طول البلد (longitudes) کے بیچ واقع ہے۔

۲) یہاں پر اونچے اونچے پہاڑی علاقے پائے جاتے ہیں۔

۳) یہاں کے کافی علاقے سمندر کے قریب ہیں۔

۴) یہاں پر مختلف طرح کی مٹی (Soil) پائی جاتی ہے مثال کے طور پر لال مٹی، کالی مٹی، لیٹیرائٹ مٹی اور دومٹ مٹی (alluvival) یہاں پر کثرت سے پائی جاتی ہیں اور یہ کافی زرخیز ہوتی ہیں۔

۵) پورے ملک میں مختلف طرح کے آب وہوا کے علاقے پائے جاتے ہیں۔ ٹھنڈے بھی، گرم بھی، خشکی سالی والے بھی اور خوب پانی والے بھی۔

۶) یہاں پر خوب گھاٹیاں، نجد (plateaus) اور لمبے ساحلِ سمندر (seashore) پائے جاتے ہیں۔

باب-۵ (Chapter-V)

# ماحولیاتی انحطاط

# (ENVIRONMENTAL DEGRADATION)

## ماحولیاتی انحطاط کی تعریف:

## (Definition of Environmental Degradation)

انسانوں کی مختلف کارکردگی کے سبب جب ماحول کے مختلف اجزاء کی ساخت اور بناوٹ میں گراوٹ آنے لگے اور اس کا اثر تمام مخلوقات اور بالخصوص انسانی زندگی پر پڑنے لگے تب ہم اس کو ماحولیاتی انحطاط کہتے ہیں۔ اس عمل کے تحت مقامی، علاقائی یا عالمی سطح پر ماحول کے معیار (quality) میں گراوٹ آتی ہے اور قدرتی وسائل جیسے ہوا، پانی، مٹی میں ہلکاپن (depletion) آنے لگتا ہے، ماحولیاتی نظام (eco-system) درہم برہم ہونے لگتا ہے اور بڑے پیمانے پر جانوروں کی زندگی (wild life) اور نباتات (flora) کو نقصان پہنچنے لگتا ہے۔ اقوام متحدہ (United Nations Organisation) کے High Level Threat Panel (1998) کے مطابق ماحولیاتی انحطاط آج کے ہمارے سامنے موجود ان بڑے خطرات میں سے ایک ہے جس کی وجہ سے ہماری زندگی اور وجود خطرے میں پڑسکتا ہے۔ ماحولیاتی انحطاط کے ہماری صحت، تندرستی اور زندگی پر بڑے خطرناک اثرات مرتب ہو رہے ہیں۔ لوگوں کے اندر بڑے پیمانے پر بیماریاں پیدا ہورہی ہیں اور لوگ اپنی زندگی کو مکمل کیے بغیر مررہے ہیں۔ اگر ہم ماحولیاتی انحطاط پر قابو پالیں تو لاکھوں لوگ بہتر صحت کے ساتھ لمبی زندگی جی سکتے ہیں۔ ایک اندازے کے مطابق ترقی پذیر ممالک میں ہر پانچ میں سے ایک بچہ اپنا پانچواں یوم پیدائش (birth day) نہیں دیکھ پاتا ہے کیونکہ وہ ایسی بیماریوں سے مرتا ہے جن کا تعلق ماحول سے جڑے ہوئے انحطاط سے ہے۔ ہر سال تقریباً 1.1 کروڑ بچے مختلف ایسی بیماریوں سے مرتے ہیں (اتنی آبادی ناروے اور سوئزرلینڈ کے آبادی کے برابر ہے) جو کہ ماحولیاتی انحطاط کی وجہ سے پیدا ہوتی ہیں مثال کے طور پر ملیریا، ڈائریا، خسرہ، کالی کھانسی، مختلف قسم کے میعادی بخار اور infections وغیرہ۔ یہ ایسی بیماریاں ہیں جن کو ہم تھوڑے احتیاط سے قابو میں کر سکتے ہیں۔

## ماحولیاتی انحطاط کی وجوہات

## (Causes of Environmental Degradation)

۱) نئی نئی تکنیکوں جیسے reservoirs, dams وغیرہ کے فروغ سے۔

۲) آبادی میں بے تحاشہ اضافے کی وجہ سے۔

۳) قدرتی وسائل کی تیزی سے کھپت (Consumption) کی وجہ سے۔

۴) بڑے پیمانے پر صنعت کاری اور کارخانوں کے لگانے سے۔
۵) لوگوں کے تیزی سے شہروں کی طرف آنے سے اور ان کے آلودگی پھیلانے سے۔
۶) جنگلات کی کٹائی اور نئے پیڑ نہ لگانے کی وجہ سے۔

## ماحولیاتی انحطاط کی قسمیں
## (Types of Environmental Degradation)

ماحولیاتی انحطاط کی قسمیں

(Types of Environmental Degradation)

| خدشات (Hazards and Events) | | آلودگی (Pollution) | |
|---|---|---|---|
| انسانوں کی نقل وحرکات سے پیدا ہونے والے خدشات | قدرتی خدشات (Natural Hazards) | سماجی آلودگی (Social Pollution) | طبعی آلودگی (Physical Pollution) |
| ۱۔ نیوکلیائی دھماکہ (Nuclear Explosion) | ۱۔ زلزلہ (Earth Quake) | ۱۔ آبادی میں بے تحاشہ اضافہ (Population Explsion) | ۱۔ ہوا کی آلودگی (Air Pollution) |
| ۲۔ گیس کا رِسنا (Gas Leak) | ۲۔ آتش فشاں کا پھٹنا (Volcano Eruption) | ۲۔ غربت/ افلاس (Poverty) | ۲۔ پانی کی آلودگی (Water Pollution) |
| ۳۔ آگ (Fire) | ۳۔ تیزابی بارش (Acid Rain) | ۳۔ لوگوں کا شہروں کی طرف تیزی سے آنا۔ (Urbanisation) | ۳۔ مٹی کی آلودگی (Soil Pollution) |
| ۴۔ شکار کرنا (Hunting) | ۴۔ سیلاب (Floods) | ۴۔ جنگلات کی کٹائی / صفائی (Deforestation) | ۴۔ آواز کی آلودگی (Noise Pollution) |
| ۵۔ زہریلے مادّے کا زیادہ سے زیادہ استعمال (Toxic Elements) | ۵۔ سوکھا (Drought) | | ۵۔ ریڈیو ایکٹیو آلودگی (Radio Active Pollution) |
| | ۶۔ زمین کا کھسکنا (Land Slide) | | ۶۔ حرارتی آلودگی (Thermal Pollution) |
| | ۷۔ طوفان (Cyclones) | | |
| | ۸۔ بارش کے ساتھ آنے والا طوفان (Hurricane) | | |

اب ہم سماجی اور طبعی آلودگی کے لئے ذمّے دار مختلف عناصر کا تفصیل سے جائزہ لینگے۔

## (ا) آبادی میں بے تحاشہ اضافہ

## (Population Explosion)

آج دنیا میں جو بہت سارے مسائل ہیں ان کی جڑ کہیں نہ کہیں سے بڑھتی ہوئی آبادی سے جڑی ہے۔ زمانہ قدیم میں بچوں کی اموات کی شرح اتنی زیادہ ہوتی تھی کہ وہ آبادی میں اضافے کو متوازن (balanced) رکھتی تھی لیکن آج کی دنیا کی جدید قسم کی طبعی سہولیات اور اچھے معیار کی غذا نے اس توازن کو بگاڑ دیا ہے اور ایشیا، افریقہ اور امریکہ کے ممالک میں آبادی تیزی سے بڑھ رہی ہے۔ آبادی میں زیادہ اضافے (over population) یا بے تحاشہ اضافے (population explosion) کو ہم اس طرح سے بیان کر سکتے ہیں۔ ''ایک ایسی حالت جس میں کہ دنیا میں اتنے زیادہ لوگ رہ رہے ہوں جو کہ دنیا کی استعداد سے زیادہ ہو اور لوگوں کو صحت، آرام، خوشی نہ مل سکے یا ہم آنے والی نسلوں کے لئے یہ ساری سہولیات مہیا نہ کرا سکیں''۔ اگر ہم تاریخ کا مطالعہ کریں تو ہم یہ پاتے ہیں کہ دنیا کی آبادی کو ایک ارب تک پہنچنے میں کافی وقت لگا اور یہ 1810ء کے آس پاس اس تعداد تک پہنچی لیکن اگلے 120 سالوں میں ہی یہ دوگنی یعنی 2/ارب ہوگئی (1930ء میں)۔ اس کے 45 سال کے بعد یعنی 1975ء میں یہ 4/ارب ہوگئی اور 25 سال بعد یعنی 2000ء میں یہ تعداد 6/ارب ہوگئی۔ اس بات کی امید کی جارہی ہے کہ 2025ء تک یہ تعداد 10/ارب ہوجائیگی اور اس صدی کے اختتام تک تقریباً 14/ارب تک پہنچ جائیگی اگر ہم اس کے بڑھنے کی شرح پر قابو پانے کی کوشش نہیں کریں گے (دیکھیں تصویر 5.1)۔ اس کا مطلب یہ ہوا کہ دنیا کی آبادی ہر بارہ سالوں میں تقریباً ایک ارب بڑھ رہی ہے۔ جہاں تک آبادی کے بڑھنے کی شرح (rate) کا تعلق ہے تو ہر ایک موت پر تین لوگ پیدا ہو رہے ہیں۔ اس میں سے ترقی یافتہ ممالک میں ہر موت پر 1.6 پیدا ہو رہے ہیں جب کی ترقی پذیر ممالک میں ہر موت پر پیدا ہونے والوں کی تعداد تقریباً 3.3 ہے۔ اگر ہم آبادی کے data پر غور کریں تو ہم یہ پائیں گے کہ 1970ء میں آبادی بڑھنے کی شرح سب سے زیادہ یعنی 2% تھی لیکن اس کے بعد یہ گھٹ کر 1% ہوئی اور اس کے بعد اس میں بتدریج گراوٹ دیکھی جارہی ہے۔ (دیکھیں تصویر 5.2)

بڑھتی ہوئی آبادی کے بارے میں کچھ دلچسپ حقائق مندرجہ ذیل ہیں:-

- وہ ملک جس میں آبادی بڑھنے کی شرح سب سے تیز ہے (یعنی 4.4%) وہ ہے جارڈن
- ایسٹونیا (Estonia) میں آبادی بڑھنے کی شرح سب سے کم ہے یعنی (0.9%-)
- سنگاپور ایسا ملک ہے جہاں پر فی مربع کیلومیٹر میں سب سے زیادہ انسان رہتے ہیں یعنی 5285 لوگ
- منگولیا میں فی مربع کیلومیٹر سب سے کم لوگ رہتے ہیں یعنی ایک (ا) آدمی
- ڈین مارک ایسا ملک ہے جہاں پر پیدا ہونے والے بچوں کی اموات کی شرح (Infant Mortality Rate, IMR) سب سے کم ہے یعنی 3/1000
- سیرالیون (Sierra Leone) میں IMR سب سے زیادہ ہے یعنی 323/1000
- دنیا میں ہر سال ایک جرمنی کی آبادی کے برابر لوگ بڑھ رہے ہیں اور ہر دس سال میں چین کی آبادی کے برابر

## آبادی میں بے تحاشہ اضافہ: ہندوستان کے تناظر میں
## Population Explosion: The Indian Context

آبادی کے لحاظ سے ہمارا ملک ابھی دنیا میں دوسرے نمبر پر ہے لیکن امید ہے کہ ہم 2025ء تک چین کو پیچھے چھوڑ کر نمبر ایک پر آجائیں گے۔ ہمارے ملک میں ہر ڈیڑھ سیکنڈ بعد ایک بچہ پیدا ہوتا ہے۔ ہر دن ہمارے ملک میں 57,600 لوگ پیدا ہوتے ہیں جو کہ ایک چھوٹے شہر کی آبادی ہے اور ہر مہینے تقریباً 17 لاکھ 28 ہزار لوگ پیدا ہوتے ہیں جو کہ ایک بڑے شہر کے برابر ہے۔ اس وقت ہمارے ملک کی آبادی بڑھنے کی رفتار 1.4% ہے اور ہمارے ملک میں ہر فی مربع کیلومیٹرز مین پر 363.3 لوگ رہتے ہیں۔ ہمارے ملک کی پوری آبادی کے تقریباً 40% لوگوں کی عمر 15 سالوں سے کم ہے۔ ہماری آبادی کا 71.7% حصّہ گاؤں میں رہتا ہے جس کی گزر بسر کا سب سے بڑا ذریعہ زراعت ہے۔ ہمارے ملک میں ہر سال 1 کروڑ 30 لاکھ لوگ پیدا ہوتے ہیں جن کی آبادی تقریباً آسٹریلیا (Austarlia) کی آبادی کے برابر ہے۔ اس آبادی کے لئے ہر سال کم سے کم 25 لاکھ مکانوں، 2 کروڑ میٹر کپڑوں، سوا کروڑ کوئنٹل اناج اور تقریباً 40 لاکھ نوکریوں کی ضرورت ہے۔ اس کے علاوہ ہر سال کم سے کم سوا لاکھ طلبا کی تعداد کے لئے اسکول اور اساتذہ کی ضرورت ہے۔ ظاہر ہے کہ ہمارا ملک جس کی 20% آبادی غریبی کی لائن کے نیچے رہ رہی ہو (2002ء کے مطابق) اس کے لئے ان تمام چیزوں کا انتظام کر پانا مشکل ہے۔ اس بڑھتی ہوئی آبادی سے فی آدمی آمدنی (per capita income) کم ہو رہی ہے، فی مربع کیلومیٹر میں رہنے والے انسانوں کی تعداد بڑھ رہی ہے، زراعت والی زمین میں کمی ہو رہی ہے، شہروں میں جھگی جھونپڑیوں (slums) کی تعداد میں اضافہ ہو رہا ہے اور بڑے پیانے پر آلودگی اور جرائم بڑھ رہے ہیں۔ ہندوستان میں بڑھتی ہوئی آبادی کے متعلق کچھ دلچسپ حقائق مندرجہ ذیل ہیں:-

۱) ہندوستان میں پوری دنیا کی زمین (surface land) کا صرف 2.4% حصّہ ہے لیکن اس میں دنیا کے تقریباً 16.8% لوگ رہتے ہیں۔ جولائی 2005ء میں ایک اندازے کے مطابق ہندوستان کی آبادی تقریباً 1080264388 تھی۔

۲) دنیا کا ہر چھٹا انسان ہندوستانی ہے۔

۳) دنیا میں آبادی کے لحاظ سے چین اور ہندوستان کے بعد امریکہ (تقریباً 30 کروڑ کی آبادی)، انڈونیشیا (23 کروڑ)، برازیل (18 کروڑ)، پاکستان (16 کروڑ)، بنگلہ دیش (15 کروڑ)، روس (15 کروڑ)، جاپان (13 کروڑ) اور نائجیریا (3 کروڑ) ہیں۔ ان میں ہندوستان کی آبادی انڈونیشیا اور نائجیریا کو چھوڑ کر باقی چھ ملکوں کی کل میزان آبادی سے زیادہ ہے۔

۴) ہندوستان کی آبادی پورے یوروپ (جس میں کہ 47 ممالک شامل ہیں) اور شمالی امریکہ کے پانچ ملکوں (جس میں کہ USA بھی شامل ہے) کی ملی جلی آبادی کے برابر ہے۔

۵) ہندوستان کی آبادی میں ہر دس سال میں اتنا اضافہ ہوتا ہے جتنا کہ پورے کناڈا کی آبادی کا چھ گنا یا فرانس کی آبادی کا تین گنا یا برطانیہ کی آبادی کا تین گنا یا جرمنی کی آبادی کا 2.3 گنا۔

۶) ہندوستان میں فی عورت بچہ پیدا کرنے کی شرح 2.78 ہے (جولائی 2005ء تک کے data کے مطابق)

۷) ہندوستان کی فی آدمی آمدنی فی سال تقریباً 530$ ہے، پوری بالغ خواندگی (total adult 57%

(literacy ہے اور پرائمری اسکول میں داخلہ سے لے کر 5 ویں کلاس تک پہنچنے والے بچوں کی تعداد ہے 59%، یعنی 41% بچے اسکول چھوڑ دیتے ہیں۔

۸) ہندوستان میں کچھ صوبوں کی آبادی دوسرے ملکوں کے برابر ہے۔ مثال کے طور پر یو پی-16.6 کروڑ برازیل کے برابر، مہاراشٹر-9.7 کروڑ میکسکو کے برابر، بہار-8.7 کروڑ جرمنی کے برابر، مغربی بنگال-8 کروڑ ویت نام کے برابر، آندھرا پردیش-6.7 کروڑ فلپینس (Phillipines) کے برابر، تامل ناڈو-6.2 کروڑ تھائی لینڈ کے برابر، مدھیہ پردیش 6 کروڑ فرانس کے برابر، راجستھان 5.6- کروڑ اٹلی کے برابر۔

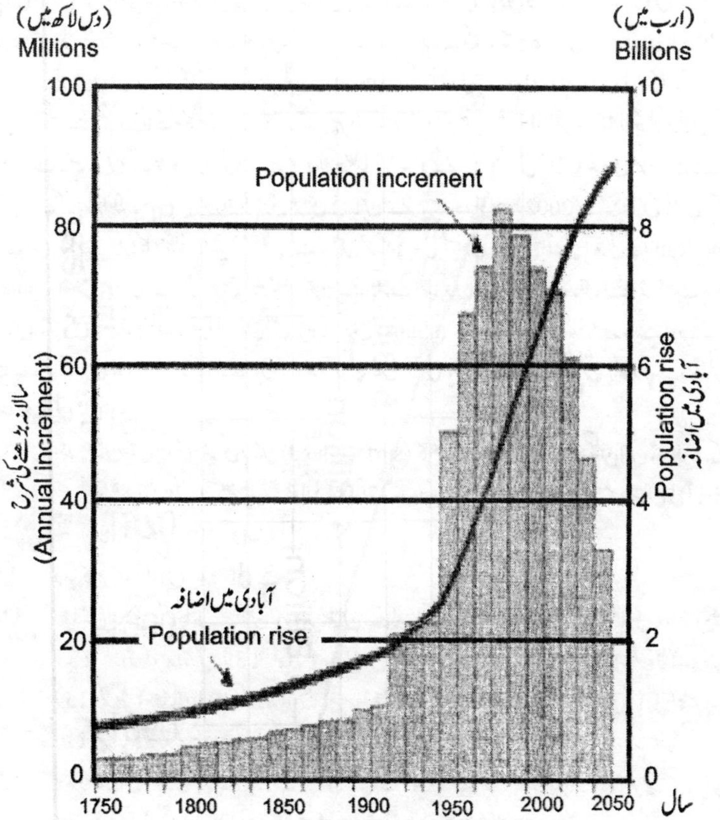


تصویر 5.1: دنیا کی آبادی میں اضافہ

ذریعہ: US Census Bureau, International Data Base, Dec. 2008

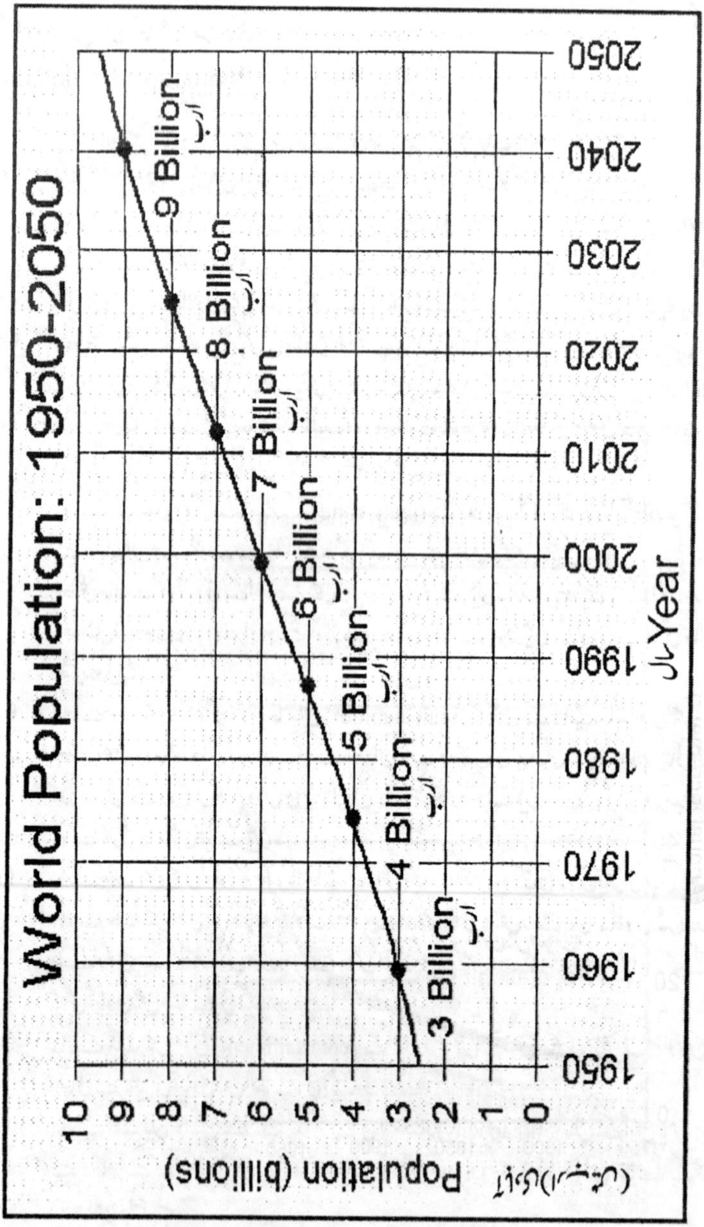


تصویر 5.2: دنیا کی بڑھتی ہوئی آبادی کی شرح

ذریعہ: US Census Bureau, International Data Base, Dec. 2008

# آبادی میں بے تحاشہ اضافے کی وجوہات
# (Causes of Population Explosion)

ہندوستان میں آبادی میں بے تحاشہ اضافے کی مندرجہ ذیل وجوہات ہیں:-

۱) لوگوں کا ناخواندہ ہونا۔اس کی وجہ سے وہ چھوٹے خاندان کی اہمیت کو سمجھ نہیں پاتے ہیں۔

۲) ہندوستان کے زیادہ تر حصوں میں بہت کم عمر میں لڑکیوں کی شادی کردی جاتی ہے۔ حالانکہ 1976ء میں ہندوستان سرکار نے قانون بنا کر لڑکیوں کی شادی کی کم سے کم عمر 18 سال متعین کی ہے لیکن ابھی بھی بہت سارے علاقوں میں مختلف قبائل کے لوگ اس سے پہلے ہی لڑکیوں کی شادی کر دیتے ہیں۔

۳) ہندوستان میں عام طور پر ہر کسی کی شادی ہوتی ہے۔صرف 1000 میں 5 لڑکیاں یا عورتیں ایسی ہوتی ہیں جن کی شادی نہیں ہو پاتی ہے۔ یہ بھی آبادی میں اضافے کی ایک وجہ ہے۔

۴) ہندوستان میں عورت کی گود کا بھرا ہونا ایک اچھی علامت مانا جاتا ہے اور جن عورتوں کو بچہ ہونے میں دیر ہوتی ہے انہیں سماج کے لوگوں کی لعن طعن سُننا پڑتا ہے۔

۵) ہمارے ملک میں لوگوں کے اندر لڑکے (male child) کے پیدا ہونے کا انتظار رہتا ہے اور یہ مانا جاتا ہے کہ خاندان صرف لڑکے سے چلتا ہے یہ بھی ایک وجہ ہے آبادی کے بڑھنے کی۔

۶) معاشی حالات بھی آبادی کے اضافے میں اہم رول ادا کرتے ہیں۔لوگ یہ سوچتے ہیں کہ اگر ہمارے گھر میں زیادہ سے زیادہ افراد ہونگے اور زیادہ سے زیادہ پیسہ کما کر لائیں گے تو ہماری معاشی حالت اچھی ہوگی۔

۷) ہمارے ملک میں ابھی بھی متحدہ خاندان (joint families) کا چلن ہے۔ایسے خاندانوں میں عام طور پر بچوں کی دیکھ بھال آسان ہوتی ہے اور ماں باپ کو بچوں کی پرورش میں زیادہ پریشانی نہیں ہوتی۔اس لئے وہ بچوں کی پرورش کی پریشانیوں سے آشنا نہیں ہوتے ہیں اور بچوں کی بڑھتی تعداد کے بارے میں فکر مند نہیں ہوتے ہیں۔

۸) ہمارے ملک میں بچوں کو خدا کا عطیہ مانا جاتا ہے۔اس وجہ سے انہیں روکنے کی کوشش نہیں کی جاتی ہے۔

۹) ہمارے ملک میں ابھی بھی زیادہ تر لوگ (تقریباً 70%) گاؤں میں رہتے ہیں۔ گاؤں میں رہنے والے لوگوں کے لئے رہائش اور دوسرے مسائل اتنے بڑے نہیں ہوتے جتنا کہ شہر والوں کے لئے۔ یہ بھی آبادی میں اضافے کی ایک وجہ ہے۔

۱۰) ہمارے ملک میں تفریح (entertainment) کے کم ذرائع ہیں یا تفریح کے ذرائع تک کم لوگوں کی رسائی ہے۔ یہ بھی آبادی میں اضافے کی ایک وجہ ہے۔

۱۱) ہمارے ملک میں خواتین کے بچے پیدا کرنے کی استعداد (capacity) 50 سال کے آس پاس ہوتی ہے۔ظاہر ہے کہ اگر جلدی ان کی شادی ہو جائے تو یہ بھی ایک بڑا مسئلہ (آبادی میں اضافے کے تعلق سے) بن جاتا ہے۔

۱۲) ہمارے ملک میں زیادہ تر خواتین گھریلو کاموں میں مصروف رہتی ہیں۔ اگر کام دھندے سے جڑی ہوتیں تو شاید آبادی کچھ کم ہوتی ۔ اس کے علاوہ بیواؤں کی شادیاں اور لوگوں کی دوسری شادیاں کرنا بھی آبادی میں اضافے کی وجہ ہے۔

## بڑھتی ہوئی آبادی کے اثرات
## (Consequences of Population Explosion)

بڑھتی ہوئی آبادی نے ہمارے ملک کے سامنے بہت سے سماجی، معاشی اور ثقافتی مسائل پیدا کیے ہیں۔ اس میں سے اہم مندرجہ ذیل ہیں:-

۱) بڑھتی ہوئی آبادی سے بڑے پیمانے پر بے روزگاری پھیل رہی ہے۔ اسکولوں اور کالجوں میں داخلے کے معاملات مشکل ہو رہے ہیں۔ لوگ پڑھ لکھ کر محنت سے ڈگری لے رہے ہیں لیکن انہیں نوکریاں نہیں مل رہی ہیں جس کی وجہ سے رشوت اور غلط طرح کے طریقے استعمال میں لائے جا رہے ہیں اور دال روٹی حاصل کرنے کے لئے پڑھے لکھے لوگ جرائم کا پیشہ اختیار کر رہے ہیں۔

۲) بڑھتی ہوئی آبادی کی وجہ سے لوگ تیزی سے شہروں کی طرف رجوع کر رہے ہیں۔ چونکہ گاؤں یا دور دراز کے علاقوں میں بہتر تعلیم، صحت اور روزگار کی سہولتیں نہیں مل پا رہی ہیں اس لئے وہ پہلے سے ہی اپنی استعداد (capacity) سے زیادہ لوگوں کو پناہ دینے والے شہروں کی طرف بھاگ رہے ہیں جس کے نتیجے میں شہروں میں قانون اور انتظامات (Law and Order) کے مسائل، رہائش کے مسائل، پانی، بجلی کے مسائل اور دیگر مسائل پیدا ہو رہے ہیں۔

۳) انسان کی تین بنیادی ضرورتیں ہیں۔ روٹی، کپڑا اور مکان ان کی عدم موجودگی میں انسان معیاری زندگی نہیں گزار سکتا۔ ہمارے ملک میں بڑھتی ہوئی آبادی کی وجہ سے یہ سارے مسائل پیدا ہو رہے ہیں۔ اور لوگوں کے سامنے صاف پانی، ضرورت کی بجلی، متوازن غذا اور صاف صفائی (hygeine) سے رہنے کے مسائل درپیش ہیں۔

۴) معیاری طبی سہولتوں کی عدم موجودگی کی وجہ سے بچوں کے مرنے کی شرح (Infant Mortality Rate, IMR) کافی زیادہ ہے۔

۵) زیادہ آبادی کی وجہ سے بڑے پیمانے پر ناخواندگی اور جہالت پھیل رہی ہے۔

## بڑھتی ہوئی آبادی کا ماحول پر اثر
## (Impact of Population Explosion on Environment)

۱) آبادی میں اضافے کی وجہ سے رہائشی مکانات کی ضرورت پڑتی ہے اور اس کی وجہ سے جنگلات اور پیڑ کاٹے جا رہے ہیں اور پہاڑوں کو کھود کر یا انہیں پر مکانات بنائے جاتے ہیں۔ اس کی وجہ سے ماحولیاتی توازن (Ecological Balance) بگڑ رہا ہے۔

۲) بڑے پیمانے پر لوگوں کی ضرورت کو پوری کرنے کے لئے صنعت کاری ہو رہی ہے جس کی وجہ سے ہوا، مٹی، پانی میں آلودگی پھیل رہی ہے اور شور و غل سے مختلف قسم کی بیماریاں بھی پھیل رہی ہے۔ اس کے علاوہ پوری دنیا میں گرمی بڑھ رہی ہے، گلیشیر (glaciers) پگھل رہے ہیں، اوزون کی پرت میں تخفیف ہو رہی ہے اور مختلف قسم کے مسائل پیدا ہو رہے ہیں۔

۳) لوگوں کی ضرورت کو پورا کرنے کے لئے زیادہ اناج کی ضرورت ہوتی ہے۔ اس کے لئے fertilizers کا استعمال ہو رہا ہے اور زمین کے اندر سے پانی تیزی سے نکالا جا رہا ہے اس کی وجہ سے آنے والے دنوں میں پینے کے پانی کی قلت کا اندیشہ ہے۔

۴) توانائی کے مختلف ذرائع کا تیزی سے استعمال ہونے سے زمین کے اندر محفوظ ذخیروں کے ختم ہونے کا

خطرہ پیدا ہو رہا ہے۔

۵) لوگوں کو معیاری زندگی جینے کے لئے ضروری اشیاء نہیں مل پا رہی ہے۔

بڑھتی ہوئی آبادی کے ماحول پر پڑنے والے اثرات کو ہم مندرجہ ذیل خاکہ 5.3 سے آسانی سے سمجھ سکتے ہیں:

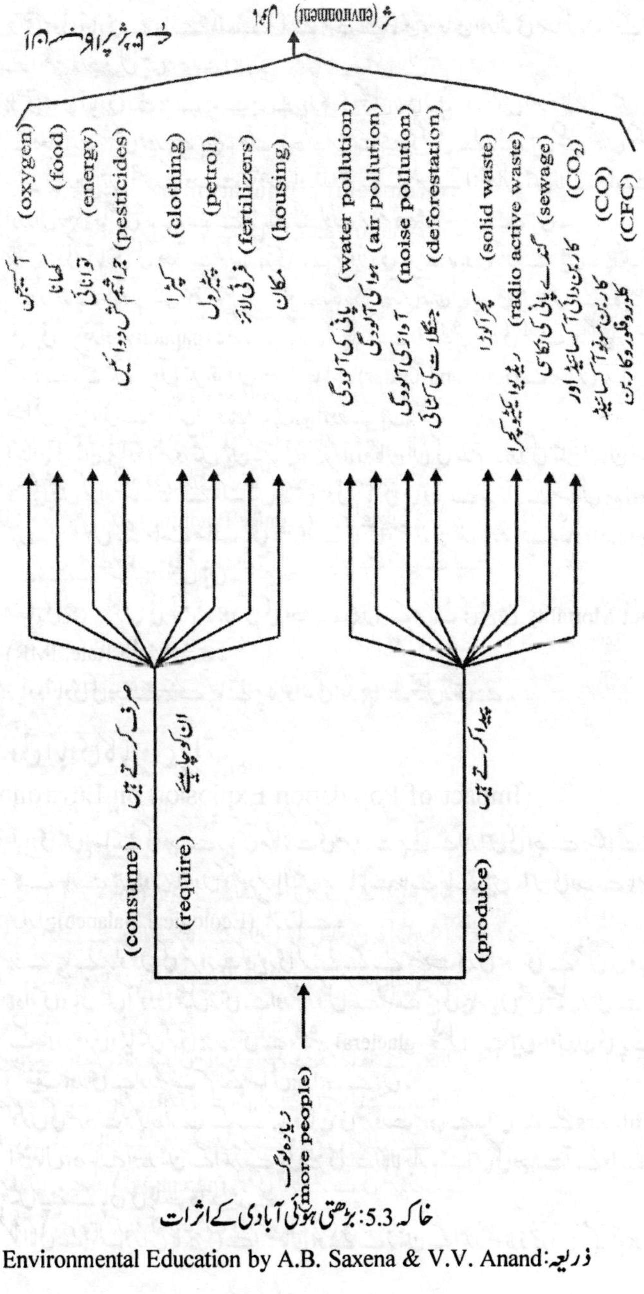


خاکہ 5.3: بڑھتی ہوئی آبادی کے اثرات

ذریعہ: Environmental Education by A.B. Saxena & V.V. Anand

## بڑھتی ہوئی آبادی پر قابو پانے کے طریقے

۱) لوگوں کے اندر بڑھتی ہوئی آبادی کے خطرات سے آگاہی (Awareness) پیدا کرنا چاہئے اور ان کے اندر یہ شعور پیدا کرنا چاہئے کہ وہ چھوٹے خاندان رکھیں۔ چونکہ ہندوستان ایک کثیر مذہبی ملک ہے اور تقریباً ہر مذہب میں بچوں کو خدا کا عطیہ مانا جاتا ہے اس لئے ہم قانون بنا کر اس مسئلے کا حل نہیں نکال سکتے (جیسا کہ چین اور دوسرے ممالک نے کیا ہے) قانونی کارروائی کرنے پر لوگ مشتعل ہو جائیں گے۔ اس لئے بہتر طریقہ آگاہی پیدا کرنے کا ہی ہے۔

۲) جس طرح ماحولیاتی تعلیم (Environmental Education) کو یونیورسٹی سطح پر ہر کورس میں پڑھانے کو لازمی قرار دیا گیا ہے اُسی طرح سے آبادی کی تعلیم (Population Education) کو ہر سطح پر لازمی کرنا چاہئے جس سے کہ طلبا اس کے مختلف مسائل سے آگاہ ہو سکیں۔

۳) طلبا میں بڑھتی ہوئی آبادی کے خطرات سے آگاہی اساتذہ بھی پیدا کر سکتے ہیں۔ درجہ جماعت میں ارادتاً یا غیر ارادتاً وہ اپنے لکچر میں ان خطرات کے بارے میں بتا سکتے ہیں۔

۴) سرکار، غیر سرکاری تنظیموں (NGOs) اور رضا کار اداروں کو آپس میں ربط پیدا کر کے ناخواندہ، قبائل اور پسماندہ لوگوں کے بیچ جا کر اس خطرے کے بارے میں آگاہ کرنا چاہئے۔ اس کام کے لئے میڈیا (پرنٹ اور الکٹرانک دونوں) کی بھی صحیح طرح سے مدد لینی چاہئے۔

۵) خاندانی منصوبہ بندی (Family Planning) کے لئے چلائے جانے والے مختلف پروگراموں میں کام کرنے والے لوگوں کو صحیح تربیت اور صحیح انعام ملنا چاہئے جس سے کہ وہ زیادہ سے زیادہ لوگوں کو اس کام کے لئے متحرک کر سکیں۔

۶) یونیورسٹی اور کالج سطح پر سرکار کو ایسے شعبے کھولنے چاہئے جہاں پر آبادی سے جڑے ہوئے مختلف پہلوؤں پر تحقیق (research) ہو سکے۔ جن جگہوں پر اس طرح کے ادارے ہیں وہاں پر نئے نئے تحقیق کے کام شروع کرنے چاہئے۔

۷) سرکار کو بچوں کے مرنے کی شرح (Infant Mortality Rate, IMR) کو قابو میں کرنا چاہئے اور مختلف قسم کی دوائیں اور سہولیات مہیا کرانا چاہئے جس سے کہ IMR کی وجہ سے آبادی کے اضافے کو روکا جا سکے۔

۸) لڑکیوں کی جنس (sex) کو پتا کر کے انہیں ماؤں کے پیٹ میں ہی مار دینے کے عمل پر سختی سے قابو پانے کی ضرورت ہے۔ حالانکہ سرکار نے 1994ء میں قانون بنا کر 1996ء سے اس پر عمل درآمد کرنا شروع کر دیا ہے لیکن قانون نافذ کرنے والے اداروں کی کمزوری اور مختلف بدعنوانیوں کی وجہ سے اس قانون پر سختی سے عمل نہیں ہو رہا ہے۔

۹) سرکار کو کم عمر میں ہونے والی شادیوں کو سختی سے روکنا چاہئے۔ حالانکہ اس کے لئے قانون پہلے ہی بنایا جا چکا ہے لیکن اس کو اور سختی سے تعمیل کرنے کی ضرورت ہے۔ جن دیہی علاقوں یا قبائلی علاقوں میں ایسا ہو رہا ہے وہاں کے لوگوں کو بیدار کرنے اور انہیں متحرک کرنے کی ضرورت ہے۔

۱۰) پرورش کرنے والوں (parents) کو بھی آگاہ کرنے کی ضرورت ہے کہ بچوں کے لئے ان کے کیا فرائض ہیں اور انہیں وہ کس حد تک پورا کر رہے ہیں۔

## (۲) جنگلات کی کٹائی
## (Deforestation)

قدرتی طور پر پائے جانے والے جنگلات کی انسانی سرگرمیوں یا قدرتی عمل (natural causes) کے ذریعہ صاف/ختم ہونے کے عمل کو ہم جنگلات کی کٹائی (deforestation) کہتے ہیں۔ جنگل انسانی زندگی کے لئے بہت ضروری ہیں، وہ ہمارے بغیر رہ سکتے ہیں لیکن ہم ان کے بغیر نہیں۔ ان کی تیزی سے ہورہی کٹائی سے ہمارے سامنے بہت سارے سماجی، ماحولیاتی اور معاشی مسائل پیدا ہورہے ہیں۔ اس وقت پوری دنیا میں تقریباً 3625 ملین ہیکٹیئر (mha) جنگلات ہیں یعنی پوری دنیا کی وہ زمین جس میں برف نہیں ہے اس کا 27.7% حصہ لیکن یہ جنگلات تیزی سے ختم ہورہے ہیں۔ اقوامِ متحدہ (UNO) کے Food and Agricultural Organisation (FAO) کے مطابق 1980ء سے 1995ء کے بیچ دنیا کے مختلف ممالک میں تقریباً 200 ملین ہیکٹیئر (mha) جنگلات کی کٹائی ہوئی جس میں کہ سب سے زیادہ لاطن امریکہ اور کیریبین ممالک میں ہوئی (تقریباً 85 mha) اوراس کے بعد ایشیاء اور اوقیانوسیا میں (تقریباً 60 mha) اور افریقہ میں (55mha)۔ اس کو ہم مندرجہ ذیل تصویر 5.4 سے سمجھ سکتے ہیں:

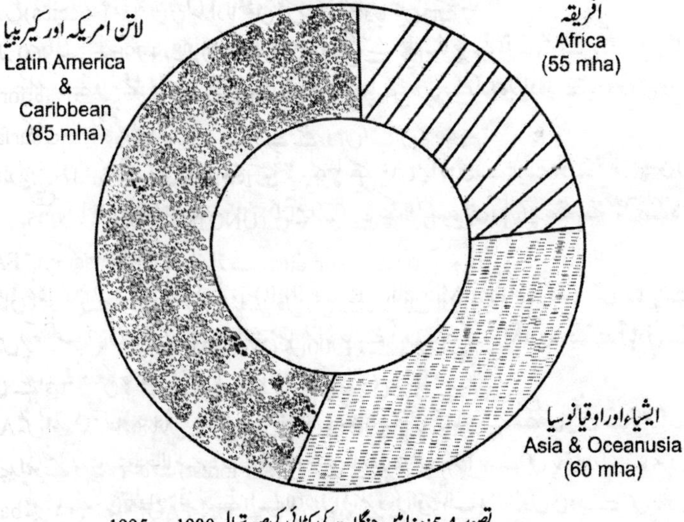


تصویر 5.4: دنیا میں جنگلات کی کٹائی کی صورتحال 1980 سے 1995

ذریعہ: FAO, 1997

یوں تو جنگلات کی کٹائی کی بہت ساری وجوہات ہیں لیکن اقوامِ متحدہ کے ادارے United Nations Framework Convention on Climate Change (UNFCCC) کے مطابق سب سے بڑی وجہ زراعت ہے جو کہ تقریباً 48% جنگلات کی کٹائی کے لئے ذمہ دار ہے۔ اس کے علاوہ کامرشیل زراعت (Commercial agriculture) تقریباً 32%، مختلف اقتصادی اور غیر اقتصادی کاموں کے لئے

لکڑیوں کا کاٹنا%13 اور لکڑیوں کا استعمال ایندھن (fuel) کے طور پر کرنا تقریباً%5 جنگلات کی کٹائی کے لئے ذمہ دار ہے۔اس کے علاوہ ماحولیاتی ماہرین (Environmentalists) کا ماننا ہے کہ جنگلات کی کٹائی کی وجوہات میں پچھلے 30 سالوں میں فرق آیا ہے۔1960 کی دہائی میں جہاں جنگلات کی کٹائی کی اہم وجہ تھی مختلف سرکاروں کے ذریعے ترقی کے لئے چلائے جارہے پروجیکٹ اور رہائشی علاقوں کا بننا وہیں 1990 کی دہائی میں اس کی سب سے بڑی وجہ تھی صنعتی سرگرمیاں (جس میں کہ کان کنی (mining) بھی شامل ہے)۔اس کے علاوہ بڑے پیمانے پر معاشی فائدے کے لئے جانوروں کو پالنا اور ان جنگلات کو ان کی چراگاہ کے طور پر استعمال کرنا اور کثرت کی زراعت کرنا (extensive farming) بھی جنگلات کی کٹائی کے لئے ذمہ دار ہیں۔

ماہرین کا یہ ماننا ہے کہ یوں تو جنگلات کی کٹائی کی تاریخ بہت پُرانی ہے لیکن اس میں تیزی 1852ء کے آس پاس آئی۔اس بات کا بھی تخمینہ کیا گیا ہے کہ پوری دنیا کے تمام جنگلات کا تقریباً آدھا حصّہ یعنی 7.5 سے 8 ملین مربع کیلومیٹر ($mkm^2$) (اصلاً 15 سے 16 $mkm^2$) جوکہ 1947ء تک ہماری زمین کو گھیرے ہوئے تھا، کٹ چکا ہے۔اوران کی یہ بھی رائے ہے کہ اگر بڑے پیمانے پر اور بین الاقوامی سطح پر ایک اسکیم چلا کر نئے پیڑ لگانے کی کوشش نہ کی گئی اور پُرانے پیڑوں کو بچانے کی کوشش نہ کی گئی تو 2030ء تک تمام جنگلات کا صرف%20 حصہّ زمین پر بچے گا اور باقی ختم ہوجائے گا۔اس%20 میں%10 حصہّ ان جنگلات کا ہے جوکہ تب تک معیاری یا کارآمد نہیں رہ جائیں گے۔اس کے علاوہ ان جنگلات میں رہنے والی مختلف شاذونادر قسم کی نوع (species) بھی جن کی تعداد لاکھوں میں ہیں ختم ہوجائیں گی۔اس کے علاوہ کچھ ماہرین کا یہ بھی ماننا ہے کہ 1960ء سے 1990ء کے بیچ گرم ملکوں میں بارش سے پیدا ہونے والے جنگلات (tropical rain forest) کا%20 حصہّ ختم ہوگیا ہے یعنی 50 سال پہلے جہاں اس طرح کے جنگلات پوری دنیا کی سطحی زمین (land surface) کا%14 حصہّ گھیرے ہوئے تھے، وہیں اب ان کا حصہ صرف%6 رہ گیا ہے اور اس بات کا بھی اندیشہ ہے کہ 2090ء تک یہ تمام جنگلات ختم نہ ہوجائیں۔

2005ء میں اقوامِ متحدہ (UNO) کی تنظیم برائے غذا وزراعت (Food and Agricultural Organisation, FAO) کے اندازے (estimates) کے مطابق ہر سال 13mha جنگلات کی صفائی (یا کٹائی) ہورہی ہے۔یہ کٹائی پوری دنیا میں چل رہی ہے۔یہ الگ بات ہے کہ کہیں یہ رفتار بہت زیادہ ہے اور کہیں پر کم۔مغربی افریقہ (West Africa) میں 1900ء سے لے کر اب تک تقریباً%90 جنگلات کی صفائی ہوچکی ہے اور ابھی بھی جنگلات کے کاٹنے کا کام وہاں پر بڑی تیزی سے چل رہا ہے۔جنوبی ایشیاء (South Asia) میں اب تک%88 بارش سے پیدا ہونے والے جنگلات کا خاتمہ ہوگیا ہے اور پوری دنیا میں اب بارش سے پیدا ہونے والے جنگلات (rain forest) کا سب سے بڑا حصہّ دریائے امیزن کے کچھار (Amazon basin) میں بچا ہے۔تنظیم UN-FAO کے مطابق گرم ممالک میں جنگلات کی کٹائی کے معاملے میں 2000ء سے 2005ء کے بیچ سب سے تیز رفتار وسطی امریکہ (Central America) اور Tropical Asia میں رہی جہاں %1.3 کی شرح سے ہر سال جنگلات کی کٹائی ہورہی ہے۔اِس کے علاوہ برازیل اور Medagascar میں بڑی تیزی سے جنگلات کٹ رہے ہیں اور برازیل کی سرکار نے اس کو ایک قومی ایمرجنسی (National emergency) قرار دیا ہے۔2007ء تک ہیتی (Haiti) کے صرف%1 جنگلی علاقے بچے تھے اور باقی کٹ گئے تھے۔اس کے علاوہ Mexico، Congo، China، Sri Lanka، Myanmar، Bangla Desh، Malaysia، Laos، Nigeria، Ghana، Liberia وغیرہ میں بڑے پیمانے پر بارش

سے پیدا ہونے والے جنگلات (rain forest) کی کٹائی ہورہی ہے۔ہم اگلے صفحے میں موجود خاکوں میں پوری دنیا کے مختلف مما لک میں پائے جانے والے جنگلات اور پوری دنیا میں مختلف مما لک میں ہر سال ہورہی جنگلات کی کٹائی اور دنیا میں جنگلات کی کٹائی میں مختلف مما لک کے تعاون (contribution) کا ایک خاکہ پیش کرر ہے ہیں جس سے کہ ہم کو اس خطرے سے اچھی طرح آگاہی ہو جائے۔

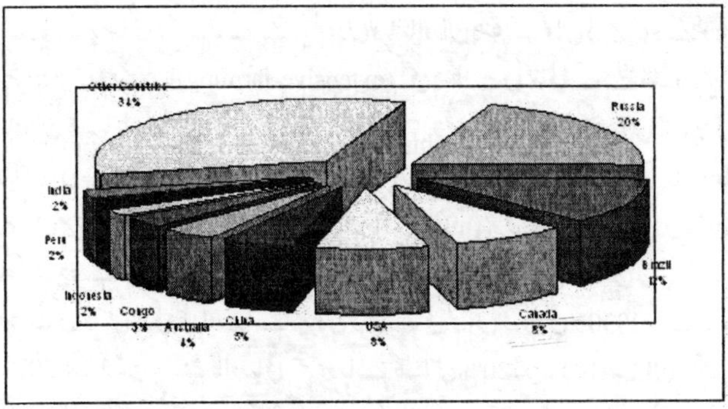


تصویر 5.5: دنیا میں موجود جنگلاتی وسائل

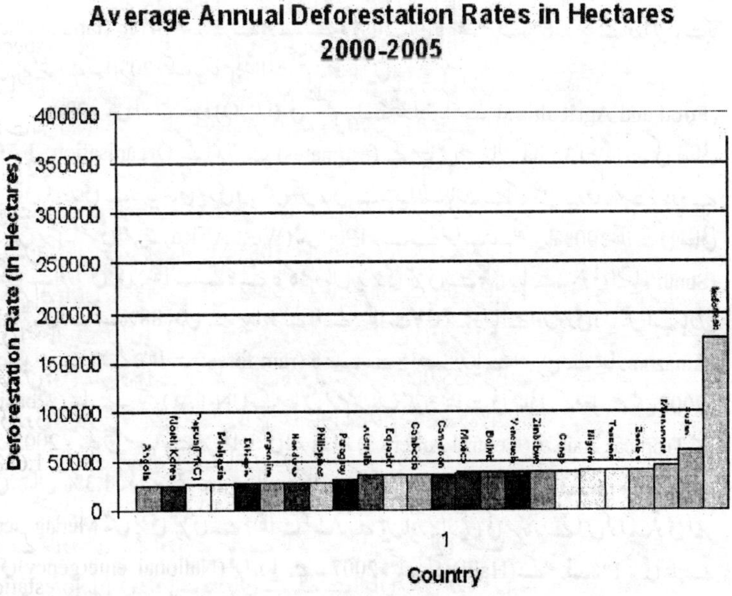


تصویر 5.6: دنیا کے مختلف مما لک میں جنگلات کی کٹائی کی سالانہ شرح

# جنگلات کی کٹائی: ہندوستان کے تناظر میں
# (Deforestation : Indian Scenario)

World Censervation Monitoring Centre, 2005 کے مطابق ہندوستان میں موجود کل زمین 2,97,319,000 ہیکٹیئر (ha) میں تقریباً 67,701, 000 ha جنگلات ہیں۔ جو کہ کل زمین کا 22.77% ہوا۔ اس کے علاوہ ہندوستان میں 4, 110, 000 ha زمین ایسی ہے جس میں کہ مختلف قسم کی لکڑیاں (wooded land) ہیں۔ ان جنگلات میں تقریباً 95% جنگلات ایسے ہیں جو کہ گرم ممالک میں پائے جاتے ہیں (tropical forest)۔ اور باقی 5% subtropical forest ہیں۔ ہندوستان میں سب سے زیادہ جنگلات مدھیہ پردیش اور چھتیس گڑھ میں ہیں جو کہ پورے ملک کے جنگلات کا تقریباً 19.9% ہے۔ اس کے بعد اُڑیسہ میں 8.3%، آندھرا پردیش میں 7.8% مہاراشٹر میں 7.4%، بہار میں (جس میں کہ جھارکھنڈ بھی شامل ہے) 4.5% ، اور آسام میں 4.1% جنگلات ہیں (پورے ملک کا)۔ اس کے علاوہ باقی صوبوں اور مرکزی حکومت کے ذریعہ انصرام کیے جانے والے حصّوں (Union Territories, UT) میں بھی جنگلات پائے جاتے ہیں۔ ان جنگلات کے علاوہ ہندوستان میں 1990ء میں 5894, 000 ha زمین ایسی تھی جہاں پر پیڑ پودے کسی بھی شکل میں پائے جاتے ہیں (wooded) لیکن یہ تعداد 2005ء میں گھٹ کر 4110, 000 ha رہ گئی یعنی کہ ان 15 سالوں میں ان علاقوں کے گھٹنے کی شرح 30.27% رہی یعنی کہ ان 15 سالوں میں جنگلات کافی تیزی سے کٹے۔

ہندوستان کے جنگلات میں بہت ہی نایاب قسم کی نوع پائی جاتی ہیں۔ اس میں 233 نوع (species) ایسی ہیں جو کہ پانی اور خشکی دونوں میں رہ سکتی ہیں (amphibians)۔ اِن نوع میں 133 ایسی ہیں جو کہ بالکل ختم ہونے کو ہیں اور 66 ایسی ہیں جن کے لئے ان جنگلات کی کٹائی سے خطرہ پیدا ہوگیا ہے۔ انہیں جنگلات میں 1180 قسم کی چڑیا پائی جاتی ہیں جن میں کہ 70 بالکل ختم ہونے والی ہیں اور 79 کو کافی خطرہ لاحق ہے۔ 521 سانپ انہی جنگلات میں پائے جاتے ہیں جس میں کہ 186 ختم ہونے والے ہیں اور 25 کو کافی خطرہ ہے۔ اس کے علاوہ ان جنگلات میں 2005ء میں 4,093 میٹرک ٹن (Mt) ایسی کھاد اور ایندھن موجود تھا جو کہ زمین کے اوپر پایا جاتا ہے اور 1085 Mt کھاد اور ایندھن زمین کے اندر تھا، 1,852 Mt کاربن زمین کے اوپر اور 491 Mt کاربن زمین کے اندر موجود تھا۔ 2005ء میں ان جنگلات سے نکلنے والی لکڑیوں کے تجارتی استعمال جیسے دواؤں، تیلوں، پھلوں، پھولوں اور اس طرح کی دوسری چیزوں سے 179, 132,000 $ رقم حاصل ہوئی۔ ان جنگلات پر مشتمل مختلف کاروبار میں تقریباً 4,855,000 لوگ لگے ہوئے تھے اور ان کی روزی روٹی اسی طرح چل رہی تھی۔ کل ملا کر ہندوستان کے تمام جنگلات کا 98.4% حصّہ سرکاری قبضے میں ہے اور 1.6% نجی (private) لوگوں کے ہاتھوں میں۔

مندرجہ بالا data سے یہ بات واضح ہوگئی کہ جنگلات ہماری زندگی کے لئے کس قدر ضروری ہیں۔ لیکن اس کے علاوہ ان کے اور بہت سارے فائدے ہیں ۔ ہم ان مختلف فائدوں کو ، ان کے کٹنے (deforestation) کی وجوہات کو اور ان کے کٹنے سے انسانی زندگی اور ماحول (environment) پر پڑنے والے اثرات کو مندرجہ ذیل عنوانات کے تحت پیش کر رہے ہیں۔

# جنگلات کے استعمال
## (Uses of Forests)

| ضمنی استعمال (Accessory Uses) | ضابطگی کے استعمال (Regulative Uses) | حفاظتی استعمال (Protective Uses) | پیداواری استعمال (Productive Uses) |
|---|---|---|---|
| ۱۔لوگوں کی تفریح گاہ اور سیر کے مقام کے طور پر | ۱۔کرّہ ہوا (Atmosphere) میں $CO_2$ اور $O_2$ کا تناسب برقرار رکھنے کے لئے | ۱۔مٹی کی کٹائی (Soil Erosion) کو روکتا ہے۔ | ۱۔تجارتی پیداوار (Commercial Products) مثال کے طور پر مختلف پھل، ترکاریاں، پھول وغیرہ۔ |
| ۲۔دنیا کی خوبصورتی کو برقرار رکھنے کے طور پر (Aesthetics) | ۲۔حرارت (Temperature) کو برقرار رکھنے میں۔ | ۲۔مختلف جانوروں کے رہنے کی جگہ | ۲۔صنعتی پیداوار (Industrial Products) مثال کے طور پر ربر، موم، ایندھن وغیرہ |
| ۳۔لوگوں کو مختلف طرح کے روزگار دینے کے لئے۔ | ۳۔بارش کے نظم کو صحیح رکھنے میں (Rainfall) | ۳۔Bio-diversity کی حفاظت | ۳۔کچی لکڑی کے طور پر استعمال (Unprocessed Wood) مثال کے طور پر پلائی ووڈ (plywood) ٹمبر وغیرہ۔ |
| ۴۔مختلف قسم کے نباتات اور ان کے استعمال کی تحقیق (resarch) کرنے کے لئے۔ | ۴۔نمی (Humidity) کی سطح کو برقرار رکھنے میں۔ | ۴۔سیلاب، جیسی قدرتی آفت سے حفاظت | ۴۔لکڑی سے بنے ہوئے مختلف سامانوں کا استعمال مثال کے طور پر کاغذ، پلاسٹک، Rayons وغیرہ۔ |
| | | ۵۔ہوا کی آلودگی سے بچاؤ (ایک hectare جنگلات تقریباً 50-60 ٹن دھول (Dust) کو جذب کرسکتا ہے) | ۵۔دواؤں کے طور پر استعمال جیسے قنین، بلاڈونا وغیرہ |
| | | ۶۔آواز کی آلودگی میں کمی (50m کا پیڑ پودھوں والا علاقہ (Treebelt) 20-30 db آواز کو کم کرسکتا ہے۔ | ۶۔تیل کے طور پر استعمال مثال کے طور پر خس، |
| | | ۷۔سوکھے (Drought) سے بچاؤ۔ | ۷۔کھانے والی چیزوں کے طور پر استعمال مثال کے طور پر آم، جامن، املی، کچنار وغیرہ |
| | | | ۸۔گھاس کے طور پر استعمال مثال کے طور پر جانوروں کے لئے، Flooring اور Roofing کے طور پر |

## جنگلات کی کٹائی کی وجوہات
## (Causes of Deforestation)

۱) آبادی میں تقریباً ہر دس سال میں 100 کروڑ کا اضافہ ہو رہا ہے جس کی وجہ سے ہمیں زیادہ کھانا، رہائش، توانائی اور لکڑیوں کی ضرورت پڑتی ہے جس کی وجہ سے ہم جنگلات کو کاٹ رہے ہیں۔

۲) ہر سال ترقی کے نئے نئے پروجیکٹ مثال کے طور پر سڑکیں بنانا، ہوائی اڈہ بنانا، پُل بنانا، ریلوے لائن بچھانا اور سڑک بنانا وغیرہ شروع کیے جاتے ہیں۔ اس کے علاوہ مختلف قسم کے بند (dam) اور hydro electric station کے قیام کے لئے بھی جنگلات کی کٹائی ہو رہی ہے۔

۳) اگر کسی علاقے میں جانوروں کی تعداد بہت زیادہ ہو جاتی ہے تو بھی جنگلات کو نقصان پہنچتا ہے کیونکہ ان کی غذا کا دارومدار بہت حد تک جنگلات پر ہی منحصر رہتا ہے۔

۴) بڑے پیمانے پر لکڑیوں کی تلخیص (timber extraction) ہو رہی ہے جس کی وجہ سے جنگلات کی کٹائی ہو رہی ہے۔ ان لکڑیوں کا استعمال گھروں میں، ریلوے کی پٹریاں بچھانے میں اور مختلف قسم کے تعمیراتی پروگراموں میں ہوتا ہے۔

۵) معدنیات (minerals) اور پٹرول کی تلاش میں بھی جنگلات کی کٹائی ہو رہی ہے۔

۶) غربت بھی جنگلات کی کٹائی میں اہم رول ادا کرتی ہے اور خاص طور پر مختلف قبائل (tribes) جن کی روزی روٹی انہی جنگلات پر منحصر ہے لکڑی کے لئے جنگلات کو کاٹتے ہیں۔

۷) مختلف زرعی زمینوں کی توسیع کے لئے بھی جنگلات کو کاٹا جا رہا ہے۔ ان کو کاٹ کر خالی زمین پر ہم کھیتی کرتے ہیں۔ اس کے علاوہ مختلف قسم کے زرعی کیمیکلس (agro-chemicals) کا استعمال بھی جنگلات کو نقصان پہنچاتا ہے۔

۸) سرکار کی ڈھیلی ڈھالی پالیسیاں بھی جنگلات کی کٹائی میں اہم رول ادا کرتی ہیں۔ ماحول کے تحفظ کے لئے جو قوانین بنائے گئے ہیں ان پر سختی سے عمل درآمد نہیں ہو پا رہا ہے۔ اس کے علاوہ بہت سارے ایسے پروجیکٹ جو کہ Multi National Companies چلا رہی ہیں، ان کو منظوری دے دی جاتی ہے اس بات کی پرواہ کیے بغیر کہ اُن کی نقل و حرکت کا ماحول پر کیا اثر پڑے گا۔

۹) بازار کی مختلف ضرورتیں اور قومی اور بین الاقوامی دباؤ بھی جنگلات کی کٹائی کو بڑھاوا دے رہے ہیں۔ آج دنیا میں کاغذ کا کاروبار بہت بڑا ہے اور بڑے پیمانے پر اس کی مانگ کو پورا کرنے کے لئے جنگلات کو کاٹا جا رہا ہے۔ اس کے علاوہ مختلف قسم کی دوائیں اور جڑی بوٹیاں جن کی بازار میں اچھی قیمت ہے انہیں حاصل کرنے کے لئے جنگلات کی کٹائی ہو رہی ہے۔

۱۰) لوگوں کی ناخواندگی (illiteracy) اور جہالت بھی جنگلات کی کٹائی میں اہم رول ادا کرتی ہیں۔ لوگ ماحولیاتی خطرات سے آگاہ نہ ہو کر اپنے چھوٹے چھوٹے مسائل کے قلیل مدتی حل کے لئے جنگلات کاٹ رہے ہیں۔

۱۱) قانون نافذ کرنے والے ادارے یا تو بہت کمزور ہیں یا ان میں اتنی بدعنوانیاں (Corruption) پھیلی ہوئی ہیں کہ وہ اپنے کام صحیح طرح سے نہیں کر پا رہے ہیں اور نہ ہی ان جنگلات کی کٹائی کے ذمہ دار لوگوں کو سزا دلوا پا رہے ہیں۔

۱۲) تیزابی بارش (acid rain) بھی جنگلات کو کافی حد تک نقصان پہنچا رہی ہے۔

۱۳) جنگلات میں لگنے والی آگ (forest fires) سے بڑے پیمانے پر تباہی ہوتی ہے، کافی پیڑ پودوں کو نقصان پہنچتا ہے۔ کچھ تو ایک دم سے نیست و نابود ہو جاتے ہیں اور کچھ، کچھ دنوں کے بعد برباد ہو جاتے ہیں۔ لیکن جو پیڑ یا پودے برباد ہو جاتے ہیں ہم ان کی جگہ نئے پودے لگانے کی کوشش نہیں کرتے ہیں۔

## جنگلات کی کٹائی کے اثرات

## (Consequences of Deforestation)

انسانوں کی زندگی اور ماحول پر جنگلات کی کٹائی کے مندرجہ ذیل اثرات مرتب ہو رہے ہیں:-

۱) جنگلات کی کٹائی سے ہم اس کے بہت سارے پیداواری استعمال سے محروم ہو رہے ہیں۔ مثال کے طور پر لکڑیاں، ٹمبر، بہت سارے تیل، دوائیں، پھل، پھول، گھاس وغیرہ کم ہوتے جا رہے ہیں۔

۲) جنگلوں کی کٹائی سے بڑے پیمانے پر مٹی کا کٹاؤ (soil erosion) ہو رہا ہے اور اس کی زرخیزی (fertility) متاثر ہو رہی ہے۔

۳) جنگلوں کی کٹائی سے بارش کا دَور (rainfall cycle) متاثر ہو رہا ہے اور دنوں دن بارش کم ہوتی جا رہی ہے۔

۴) چونکہ پیڑ پودھے کاربن ڈائی آکسائیڈ ($CO_2$) کو جذب کر کے آکسیجن ($O_2$) چھوڑتے ہیں اس لئے ان کی کم تعداد سے کرّہ ہوا (atmosphere) میں $CO_2$ زیادہ ہو رہی ہے اور آکسیجن کم۔ اس کے علاوہ پیڑوں کے جلنے (forest fire) کی وجہ سے بھی $CO_2$ اور $O_2$ کا تناسب بگڑ رہا ہے۔

۵) کاربن ڈائی آکسائیڈ کی تعداد میں اضافے کی وجہ سے اور گرین ہاؤس گیسوں (green house gases) کی وجہ سے ہماری پوری زمین کی حرارت بڑھ رہی ہے (global warming)۔

۶) حرارت میں اضافے کی وجہ سے مختلف گلیشیر (glaciers) پگھل رہے ہیں جس کے نتیجے میں سمندر کے پانی کی سطح میں اضافہ ہو رہا ہے اور بہت سارے ممالک کو ڈوبنے کا خطرہ لاحق ہو گیا ہے۔

۷) مختلف جانوروں کی رہائش کے طور پر جنگلات کی کمی کی وجہ سے حیاتیاتی کثرت bio diversity کو خطرہ ہو رہا ہے۔

۸) قدرتی مسائل جیسے سوکھے (drought) وغیرہ بہت حد تک کم جنگلات کی وجہ سے پیدا ہوتے ہیں۔

۹) جو لوگ جنگلات پر کھانے، رہائش یا روزی۔ روٹی کے لئے منحصر ہیں انہیں بڑی پریشانی ہو رہی ہے۔

۱۰) جنگل کے پتوں اور ان کی چھالوں کی شکل میں قدرتی تغذیہ (natural nutrients) اور اس میں رہنے والے جانوروں کی شکل میں قدرتی کھاد (biomass) پائی جاتی ہے۔ جنگلات کی کٹائی کی وجہ سے اس میں کمی ہو رہی ہے۔

۱۱) جن علاقوں میں جنگلات ہوتے ہیں وہاں جب بارش ہوتی ہے تو پانی رک کر زمین کی سطح کے ذریعہ جذب (absorb) ہو جاتا ہے، اس عمل سے زمین کے اندر پانی کی سطح برقرار رہتی ہے اور اس پانی کو زمین سے نکال کر ہم پینے اور فصلوں کے لئے استعمال کرتے ہیں۔ جنگلات کی کٹائی کی وجہ سے زمین کے اندر محفوظ اس پانی کی سطح پر اثر پڑتا ہے۔

۱۲) مٹی کی اوپری سطح پر نمک پایا جاتا ہے (salination)۔ جب بارش ہوتی ہے تو یہ نمک یا تو زمین کے اندر چلا جاتا ہے یا بارش کے پانی کے ساتھ بہہ کر سمندر میں چلا جاتا ہے لیکن جن علاقوں میں جنگلات

کم ہیں وہاں بارش کم ہونے کی وجہ سے زمین میں نمک کی مقدار بڑھتی جاتی ہے اور زمین کی زرخیزی کم سے کم ہوتی جاتی ہے۔

## جنگلات کی کٹائی پر قابو پانے کے طریقے

## (Controlling Deforestation)

۱) جنگلات کی کٹائی سے ہونے والے اخراج اور جنگلات کے انحطاط کو روکنے Reducing Emissions from Deforestation and Forest Degradation (REDD) کے لئے دنیا کی بڑی بڑی تنظیمیں جن میں کہ اقوام متحدہ اور عالمی بینک شامل ہیں، نے کوشش شروع کردی ہیں۔ REDD پروگرام کے تحت یہ تنظیمیں ترقی پذیر ممالک (developing countries) کو معاشی طور پر مدد کرتی ہیں کہ وہ جنگلات کی کٹائی کو روکنے کے لئے ٹھوس قدم اٹھائیں۔ دسمبر 2009ء میں کوپن ہیگن میں ہونے والی UN Framework Convention on Climate Change (UNFCCC) میں اس بات پر ترقی یافتہ ممالک میں ایک سمجھوتہ ہوگیا کہ وہ 2010ء سے 2012 کے بیچ ترقی پذیر ممالک کو جنگلات کی کٹائی سے بچانے کے لئے اور دوسرے کاموں کے لئے 30 billion $ کی امداد دیں گے۔ اس کے علاوہ REDD پروگرام کے تحت جنگلات کی کٹائی روکنے اور آب وہوا (climate) کو متاثر کرنے والے دوسرے عناصر کو قابو کرنے کے طریقے بھی ڈھونڈھے جارہے ہیں۔

۲) جنگلات کی کٹائی سے نپٹنے کے لئے نئے نئے پودے پیڑ اور باغیچے لگائے جانے کی ضرورت ہے۔ کچھ ایسے مخلوط (hybrid) پودے ہوتے ہیں جن کی نشوونما تیزی سے ہوتی ہے اور جو گرین ہاؤس گیسوں (green house gases) کو بھی قابو میں رکھتے ہیں، انہیں جنگی پیمانے پر لگائے جانے کی ضرورت ہے۔

۳) زرعی جنگل بانی (Agricultural forestry) کی اسکیم کے تحت ہمیں کسانوں کی حوصلہ افزائی کرنے کی ضرورت ہے کہ وہ اپنے کھیتوں کی باؤنڈری پر ایسے پیڑ پودھے لگائیں جو کہ جلدی تیار ہوجاتے ہیں۔ ان کے دو فائدے ہیں۔ ایک تو ضرورت کے لئے لکڑی مل جائے گی اور دوسرے وہ زمین کی چاروں طرف سے حفاظت بھی کریں گے۔ اس کے علاوہ ان پیڑوں پر چڑیا بھی اپنا بسیرا کریں گی جس سے کہ کھیتوں میں پیدا ہونے والے مختلف کیڑے مکوڑوں کا صفایا ہوجائے گا۔

۴) دیہی جنگل بانی (rural forestry) کو بڑھاوا دینا چاہیئے - دیہی جنگل بانی کے وہی مقاصد ہوتے ہیں جو کہ زرعی جنگل بانی کے۔ اس میں ہم یہ کوشش کرتے ہیں کہ گاؤں کی پنچایتوں کی جوزمینیں ہیں ان میں پیڑ پودے لگائے جائیں خاص طور پر سڑکوں کے کنارے یا ریلوے لائن کے کنارے کی زمینیں۔ اس طرح کے پیڑ پودوں سے پنچایت اور گاؤں والوں دونوں کو ہی فائدہ ہوسکتا ہے اور اس سے جانوروں کے چارے اور ایندھن کے مسائل حل ہوسکتے ہیں۔

۵) شہری جنگل بانی (urban forestry) کو بڑھاوا دینے کی ضرورت ہے- آج کے ہمارے شہر بڑی تیزی سے بڑھ رہے ہیں جس کی وجہ سے جنگلات تیزی سے کٹ رہے ہیں اور کھیتی کی زمین بڑی تیزی سے ختم ہورہی ہے۔ اس کے علاوہ شہروں کی آبادی بڑھنے سے آلودگی بھی بڑی تیزی سے بڑھ رہی ہے۔ ان تمام مسائل کے حل کے لئے اس بات کی کوشش کی جانی چاہیئے کہ سڑک کے کنارے یا

خالی زمین پر پیڑ پودھے لگائے جائیں۔ نئی کالونیوں کے بسانے سے پہلے اس بات کو یقینی بنالینا چاہئے کہ اس میں اتنی زمین ہو کہ اس پر پیڑ پودے لگائے جاسکیں۔ جن کالونیوں یا علاقوں میں جگہ کی کمی ہے وہاں پر جھاڑیاں یا چھوٹے پودے لگائے جانے چاہئے۔ اس کے علاوہ گھروں یا بنگلوں کے بناتے وقت اس بات کو یقینی بنانا چاہئے کہ اس میں اتنی جگہ ہو جہاں پر پیڑ لگائے جاسکیں۔

۶) مشرقی ایشیاء (Eastern Asia) کے ممالک اور چین کی سرکاریں جنگی پیمانے پر پیڑ پودے لگانے کا کام کررہی ہیں۔ چین کی حکومت کے مطابق 1982ء سے لے کر آج تک ہر سال تقریباً 10 کروڑ پیڑ پودے لگانے کا اس کا ہدف ہے جو کہ حکومت عوام کے تعاون سے پورا کررہی ہے۔ وہاں پر ہر سال 12 مارچ کو ایک چھٹی کی جاتی ہے جس سے کہ لوگ پیڑ پودے لگاسکیں۔ اس کے علاوہ وہاں کی سرکار نے 11 سال کی عمر سے لےکر 60 سال کی عمر تک کے اپنے ہر شہری کو یہ ہدایات جاری کی ہیں کہ وہ ہر سال تین سے لے کر 5 پیڑ لگائیں یا اتنی محنت جنگلات کے متعلق کسی اور کام کے لئے کریں۔ ہم اپنے ملک میں بھی ان تمام کوششوں سے فائدہ حاصل کرسکتے ہیں۔ خاص طور پر طلبا کی جماعت کو اس اہم کام میں لگایا جاسکتا ہے۔ جن اداروں میں داخلی تعین قدر (internal evaluation) کا چلن ہے ہم وہاں پر پیڑ پودوں کے لگانے کے کام پر کچھ نمبرات دے کر طلبا کی حوصلہ افزائی کرسکتے ہیں۔ اس کے علاوہ ہر کورس کے طلبا کے لئے ایک ایسے پروگرام کا انعقاد کرنا چاہئے جس سے کہ وہ پیڑ پودوں کے لگانے اور ان کی حفاظت کے مختلف طریقوں کو جان سکیں اور یہ بھی جان سکیں کہ کس آب و ہوا میں کون سا پیڑ لگانا زیادہ افادی ہے۔

۷) غیر سرکاری تنظیموں (Non-Governmental Organisations- NGOs) اور رضا کار تنظیموں کو میڈیا کی مدد سے (پرنٹ میڈیا اور الکٹرانک میڈیا دونوں) لوگوں کے اندر ایک آگاہی پیدا کرنی چاہئے جس سے وہ یہ جان سکیں کہ جنگلات کی کٹائی کے کیا خطرات ہوسکتے ہیں۔ اس کے علاوہ ان لوگوں کو صحیح طرح سے پیڑ پودے لگانے کی تربیت اور ان کی حفاظت کے طریقے بھی بتانا چاہئے۔

۸) سرکار نے جتنے بھی قوانین اب تک جنگلات کی کٹائی کو روکنے کے لئے بنائے ہیں وہ کافی ہیں لیکن ان پر صحیح طرح سے عمل درآمد نہیں ہوپارہے ہیں۔ اس لئے سرکار کو اپنی قوتِ ارادی (will power) کو اور مضبوط کرکے ان قوانین پر سختی سے عمل درآمد کروانا چاہئے اور اس بات کی کوشش کرنی چاہئے کہ جنگلات کی کٹائی سے حاصل ہونے والے چھوٹے ہدف ان کے بڑے فائدے پر غالب نہ آنے پائیں۔

۹) چونکہ زیادہ تر پیڑوں اور جنگلات کی کٹائی کا تعلق لکڑی (timber) کی ضرورت سے جڑا ہوا ہے اس لئے بڑے پیمانے پر ایسے پیڑوں کو لگانے کی ضرورت ہے جو کہ جلدی تیار ہوجاتے ہیں۔ اقوامِ متحدہ کے ادارے غذا اور زرعی تنظیم (FAO) کے مطابق اگر ہم ایسے پیڑوں کو لگائیں جو کہ فی ہیکٹیئر زمین پر $10\ m^3$ لکڑی دیں تو ہم پوری دنیا کی لکڑی کی ضرورتوں کو صرف 5% جنگل کی زمین (forest land) کے ذریعہ پورا کرسکتے ہیں۔ اس کے مدمقابل قدرتی طور پر پائے جانے والے جنگلات سے ہم فی ہیکٹیئر $1\text{-}2m^3$ لکڑی حاصل کرپاتے ہیں یعنی ایسی صورت میں ہم کو 5 سے 10 گنا زیادہ forest land کی ضرورت پڑے گی۔

۱۰) ایسا کہا جاتا ہے کہ Vietnam کی لڑائی میں 1967ء سے لے کر 1975ء تک بموں اور مختلف طرح کے ہتھیاروں کے استعمال سے وہاں کے 44% جنگلات ختم ہوگئے اس لئے بین الاقوامی سطح پر ایسے معاہدے کرنے کی ضرورت ہے جس سے کہ لڑائی میں جنگلات کی حفاظت ہر فریق کرنے پر مجبور ہو۔

# (۳) غربت
# (Poverty)

عام زبان میں غربت کا مطلب ہوتا ہے کہ ایک انسان اپنی زندگی کی بنیادی ضرورتوں کھانا، کپڑا، مکان تعلیم اور صحت کا صحیح طرح انتظام نہ کر پائے لیکن غربت کا تصور ایک علاقے سے دوسرے علاقے اور ایک ملک سے دوسرے ملک کے ساتھ ساتھ بدلتا رہتا ہے۔ غربت کے بارے میں کچھ ماہرین کی رائے مندرجہ ذیل ہے:

''انسان امیر ہے یا غریب یہ اس بات پر منحصر کرتا ہے کہ وہ اپنی بنیادی چیزوں، آسانیوں، سہولتوں اور زندگی کی مختلف خوشیوں کو کس حد تک حاصل کرتا ہے۔'' (Amartya Sen)

''غربت ان تمام چیزوں کو صحیح مقدار میں انسان کو نہ مل پانے کی حالت کو کہتے ہیں جو کہ نہ صرف اس کے رکھ رکھاؤ کے لئے ضروری ہے بلکہ ان کے لئے بھی جو اس پر منحصر ہیں۔'' (Goddard)

''غربت وہ حالت ہے جس میں کہ انسان یا تو کم کمائی کی وجہ سے یا فالتو اخراجات کی وجہ سے زندگی کے ایسے اعلیٰ معیار کو برقرار نہیں رکھ پاتا ہے جس سے کہ اس کو صحیح جسمانی یا ذہنی استعداد (efficiency) مل سکے اور وہ یا اس کے اوپر منحصر رہنے والوں کو صحیح طرح سے کام کرنے کا موقع نہ مل سکے اس سماج کے معیار کے مطابق جس میں کہ وہ رہتا ہے۔'' (Gillin)

ماہر معاشیات کا ماننا ہے کہ غربت مندرجہ ذیل تین طرح کی ہوتی ہیں:-

۱) مکمل غربت (absolute poverty)۔ اس کا مطلب ہوتا ہے کہ انسان کو بنیادی ضرورت کی چیزیں بھی نہ مل پائیں۔
۲) گزارے کی غربت (subsistence poverty)۔ یہ اس طرح کی غربت ہوتی ہے جس میں کہ صرف بنیادی چیزوں کا ہی انتظام ہو پاتا ہے اس لئے اسے کبھی کبھی مکمل غربت بھی کہتے ہیں۔
۳) نسبتی غربت (relative poverty)۔ یہ ایسی غربت ہوتی ہے جس میں کہ ہم مختلف علاقوں، ملکوں یا سماجی طبقات سے موازنہ کر کے کسی کو غریب کہتے ہیں۔

## غربت کی اہم وجوہات
## (Main Causes of Poverty)

غربت کی وجوہات بہت ساری ہیں لیکن ان میں سے اہم مندرجہ ذیل ہیں:-

۱) کارل مارکس کے مطابق غربت کی وجہ سرمایہ داروں کے ذریعہ مزدوروں کا ہونے والا استحصال ہے۔
۲) Malthus کی رائے یہ ہے کہ غربت اس لئے بڑھتی ہے کیونکہ اناج کی پیداوار (1,2,3,4,5,....) arithmetical proportion میں بڑھتی ہے جبکہ آبادی (1,2,4,8,16,....) geometrical proportion میں۔
۳) آبادی میں بے تحاشہ اضافہ (population explosion) بھی غربت کی ایک وجہ ہے۔

۴) قدرتی وسائل کا صحیح طرح سے استعمال نہ کر پانا بھی غربت کی ایک وجہ ہے۔
۵) خراب منصوبہ بندی (faulty planning) بھی غربت کو بڑھانے میں اہم رول ادا کرتی ہے۔
۶) سب کو یکساں مواقع نہ مل پانا بھی غربت میں اضافہ کرتا ہے۔
۷) انسانی وسائل کا صحیح طرح سے استعمال نہ کر پانا بھی غربت کی ایک اہم وجہ ہے۔
۸) معاشی ترقی صحیح طرح نہیں ہو پا رہی ہے۔ امیر اور امیر ہو رہے ہیں...اور غریب ...اور غریب۔

## غربت: ہندوستان کے تناظر میں
## (Poverty : Indian Scenario)

انسانی ترقی کی رپورٹ، (The Human Development Report 2004) جو کہ اقوامِ متحدہ کے ترقیاتی پروگرام (UNDP-United Nations Development Programme) کے ذریعہ شائع ہوتی ہے، نے غربت کے معاملے میں ہندوستان کو 127 ویں نمبر پر رکھا ہے۔ یعنی 126 ممالک ایسے ہیں جو کہ ہم سے امیر ہیں اور 50 ممالک ایسے ہیں جو کہ ہم سے غریب ہیں۔ اس بات کا بھی تخمینہ کیا گیا ہے کہ 1993ء سے 1994ء کے بیچ ہماری آبادی کا تقریباً 36% حصہ غریب تھا لیکن یہ تعداد 2007ء میں گھٹ کر 19.3% رہ گئی۔ مندرجہ ذیل tables میں ہندوستان کی غربت مختلف سالوں میں اور اس کی حالت دنیا کے دوسرے ممالک کے مقابلے میں دکھائی گئی ہے۔ اس کے علاوہ ورلڈ بینک کے مطابق ہندوستان میں 45.6 کروڑ لوگ (یعنی 42% لوگ) بین الاقوامی خط افلاس کے نیچے رہتے ہیں۔ جبکہ پلاننگ کمیشن آف انڈیا کے مطابق 27.5% لوگ 2004ء میں خطِ غربت کے نیچے رہ رہے تھے۔

Table - 5.1 (ہندوستان میں غربت مختلف سالوں میں)

| سال | غربت کا تناسب (% میں) | | | غریبوں کی تعداد (کروڑ میں) | | |
|---|---|---|---|---|---|---|
| | دیہی | شہری | میزان | دیہی | شہری | میزان |
| 1973-74 | 56.4 | 49 | 54.9 | 26.13 | 6 | 32.13 |
| 1977-78 | 53.1 | 45.2 | 51.3 | 26.43 | 6.46 | 32.89 |
| 1983-84 | 45.7 | 40.8 | 44.5 | 25.20 | 7.09 | 32.29 |
| 1987-88 | 39.1 | 38.2 | 38.9 | 23.19 | 7.52 | 30.71 |
| 1993-94 | 37.3 | 32.4 | 36.0 | 24.4 | 7.63 | 32.03 |
| 1999-2000 | 27.1 | 23.6 | 26.1 | 19.32 | 6.71 | 26.03 |
| 2007-08 | 21.1 | 15.1 | 19.3 | 17.05 | 4.96 | 22.01 |

Table - 5.2 (ہندوستان اور دوسرے مما لک میں انسانی ترقی)

Human Development Index(HDI)

| ملک | HDI نمبر | اوسط عمر | بالغوں کی خواندگی (15 سال سے اوپر) | فی آدمی آمدنی (US.$ میں) |
|---|---|---|---|---|
| ناروے | 1 | 78.9 | 99.0 | 36,600 |
| سویڈن | 2 | 80.0 | 99.0 | 26,050 |
| آسٹریلیا | 3 | 79.1 | 99.0 | 28,260 |
| چین | 94 | 70.9 | 90.9 | 4,580 |
| سری لنکا | 96 | 72.5 | 92.1 | 1,570 |
| ہندوستان | 127 | 63.7 | 61.3 | 2,670 |
| پاکستان | 142 | 60.8 | 41.5 | 1,940 |
| برکینافاسو | 175 | 45.8 | 12.8 | 1,100 |
| نائیجر | 176 | 46.0 | 17.1 | 800 |
| سیرالیون | 177 | 34.3 | 36.0 | 520 |

ذریعہ: Education in Emerging Indian Society by S.Gupta

## غربت کے اثرات

## (Consequences of Poverty)

۱) غربت کی وجہ سے بڑے پیمانے پر سماج میں جرائم بڑھتے ہیں۔لوگوں کو اپنی دووقت کی روزی۔روٹی چلانے کے لئے غیر قانونی راستے اختیار کرنے پڑتے ہیں۔

۲) اس کی وجہ سے لوگوں کی صحت پر بُرا اثر پڑتا ہے کیونکہ لوگ آج کے مہنگے علاج اور دواؤں کو خرید نہیں پاتے ہیں۔

۳) غربت ہندوستان کی ناخواندگی میں ایک بڑا رول ادا کر رہی ہے۔سرکار نے خواندگی میں اضافے کے لئے جتنے بھی پروگرام چلائے وہ لوگوں کے عدم تعاون کی وجہ سے کامیاب نہیں ہو پائے اور لوگوں کے عدم تعاون کی ایک وجہ بھی غربت۔ان کو لگتا ہے کہ اگر بچہ کچھ دیر کام کرے گا تو کچھ کما کر گھر لائے گا لیکن اگر پڑھے گا تو ایک تو وہ اس کمائی سے محروم ہو جائیں گے اور دوسرے اُنہیں پڑھائی پر آنے والے مختلف اضافی اخراجات کو اٹھانا پڑے گا۔

۴) غربت کا ماحول پر بھی بُرا اثر پڑتا ہے کیونکہ جو لوگ غریب ہوتے ہیں وہ تھوڑے سے پیسوں کے لئے پیڑ کاٹ دیتے ہیں، جنگلی جانوروں کا شکار کرکے ان کی کھالوں کو بیچ دیتے ہیں، مختلف طرح کی چڑیوں کا شکار کرتے ہیں اور اس کے علاوہ دوسرے قدرتی وسائل کو اپنی چھوٹی چھوٹی ضروریات کو پورا کرنے کے لئے برباد کرتے ہیں۔

۵) غربت کا اثر لوگوں کے شہروں کی طرف آنے (urbanisation) پر بھی ہو رہا ہے۔لوگ یہ سوچتے ہیں

کہ شہر میں ان کو ایسے مواقع مل سکتے ہیں جن سے ان کی غربت دور ہو جائے گی۔ لیکن شہروں میں آ کر انہیں جھگی جھونپڑی (slums) میں رہنا پڑتا ہے۔ جس سے ان کی صحت پر اور اس علاقے کی صاف صفائی پر بُرا اثر پڑتا ہے۔

## غربت کو کم کرنے کے طریقے

۱) سب سے پہلے بڑھتی ہوئی آبادی پر قابو پانا چاہیئے اور اس کے لئے لوگوں کو بیدار کرنا چاہیئے۔

۲) روزگار پیدا کرنے کے نئے نئے پروجیکٹ اور اسکیموں کو شروع کرنا چاہیئے۔

۳) گھریلو صنعتوں کو اور فروغ دینا چاہئے اور خاص طور پر ایسے پودوں، پھولوں اور پھلوں کو اُگانا چاہئے جن کی بازار میں اچھی قیمت حاصل ہو سکے اور لوگوں میں جن کی مانگ ہو۔

۵) لوگوں کے اندر خواندگی (literacy) کو بڑھانا چاہئے جس سے کہ وہ سرکار اور غیر سرکاری اداروں کے ذریعہ چلائی جارہی مختلف اسکیموں کی جانکاری حاصل کر سکیں۔

۶) جو لوگ خطِّ افلاس کے نیچے (below poverty line) رہ رہے ہوں انہیں سرکار کو سستے داموں پر اناج، دوائیں، کپڑے اور صحت کی سہولیات مہیا کرانا چاہیے۔

۷) گاؤں میں آب پاشی (irrigation) کی سہولیات میں اضافہ کرنا چاہئے جس سے کہ لوگ اپنے کھیتوں کی پیداوار بڑھا سکیں۔

۸) خود۔ روزگار (self-employment) کی کوششوں میں لگے ہوئے لوگوں کو آسان قسطوں پر قرضہ فراہم کرنا چاہیے۔

۹) تعلیم کے شعبے میں اس بات کی کوشش کرنا چاہئے کہ زیادہ سے زیادہ پیشے ورانہ اور حرفتی کورسوں کی تعلیم دی جا سکے۔

۱۰) جس طرح بنگلہ دیش میں (micro-credit scheme) کے ذریعہ خواتین کو زیادہ سے زیادہ روزگار سے جوڑا گیا ہے اسی طرح کی اسکیم ہندوستان میں بھی شروع کرنا چاہئے اور چھوٹی صنعتوں (small scale industries) کو زیادہ سے زیادہ سخاوت اور فیاضی کے ساتھ معاشی مدد کرنا چاہئے۔

## غریبی کو کم کرنے کے لئے چلائی گئی مختلف سرکاری اسکیمیں

ہندوستان کی سرکار نے غریبی کے خاتمے کے لئے بہت ساری اسکیمیں شروع کی ہیں جن میں سے اہم مندرجہ ذیل ہیں:۔

۱) سورن جینتی گرام سوا روزگار یوجنا: یہ اسکیم اپریل 1999ء میں شروع کی گئی تھی اور اس کا مقصد تھا غریب لوگوں کو خود روزگار سے جوڑنا اور ان کی معاشی طور پر مدد کر کے اُن میں اتنی استعداد پیدا کرنا کہ وہ چھوٹے موٹے کام دھندے شروع کر سکیں۔ اس کے لئے سستی شرح پر قرضے بھی مہیا کرائے گئے تھے۔

۲) سمپورن گرامین روزگار یوجنا: اس منصوبے کو ستمبر 2001ء سے شروع کیا گیا تھا۔ اس کا مقصد تھا دیہی علاقوں میں لوگوں کو مزدوری فراہم کرنا اور اس کے ساتھ ساتھ اناج مہیا کرانا۔ اور دیہی علاقوں میں سماجی اور معاشی استعداد اور بنیادی سہولتیں مہیا کرانا۔ ایک سال میں 100 کروڑ مزدور۔ دن (man days) فراہم کرنا بھی اس کا ایک مقصد تھا۔

۳) پردھان منتری گرامودے یوجنا: اس منصوبے کو 01-2000ء سے تمام صوبوں میں شروع کیا گیا اور اس

کا مقصد تھا گاؤں کی سطح پر قابلِ بقاء انسانی ترقی (sustainable human development) فراہم کرنا۔ اس کے اہم پانچ اجزا تھے ۔ بنیادی صحت، بنیادی تعلیم ، بنیادی پناہ گاہ، دیہی پینے کا پانی اور غذا کو فراہم کرنا۔ اس کے علاوہ دیہی بجلی کی اسکیم کو بھی 02-2001 میں اس میں شامل کیا گیا۔ اس منصوبے میں تمام صوبائی سرکاروں کو مرکزی حکومت نے معاشی مدد کی۔

۴) پردھان منتری گرام سڑک یوجنا: اس منصوبے کو سابق وزیر اعظم اٹل بہاری واجپئی کی یوم پیدائش 25 دسمبر 2000ء کو شروع کیا گیا تھا۔ اس کا مقصد تھا 1.6 لاکھ ایسے چھوٹے گاؤں کو ہر موسم میں استعمال کی جا سکنے والی سڑک مہیا کرانا جن کی بڑی سڑکوں تک رسائی نہیں ہے۔ اس کا وقت 10ویں پنچ سالہ منصوبے کے اختتام 2007ء تک رکھا گیا تھا اور اس کے لئے تقریباً 60,000 کروڑ روپئے کا بجٹ رکھا گیا تھا۔

۵) انتیودَے انّن یوجنا: اس منصوبے کو 25 دسمبر 2001ء کو اس وقت کے وزیر اعظم اٹل بہاری واجپئی نے شروع کیا تھا۔ اس کے تحت تقریباً ایک کروڑ خط افلاس کے نیچے (below poverty line) رہنے والے خاندانوں کو ہر مہینے کم سے کم 25 کیلوگرام اناج بہت سستے داموں پر ( گیہوں Rs.2 فی کیلوگرام اور چاول Rs.3 فی کیلوگرام ) مہیا کرانا تھا۔ اناج کی مقدار کو 25 کیلوگرام سے 35kg (یعنی 10kg کا اضافہ ) اپریل 2002ء سے ایک سال یعنی 31 مارچ 2003ء تک کے لئے کرنے کا بھی ارادہ تھا۔

۶) انّن پورنا یوجنا: اس اسکیم کا مقصد تھا ضعیف لوگوں کو 10 کیلوگرام اناج مفت میں تقسیم کرنا۔ یہ منصوبہ 11 اپریل 2000ء سے شروع کیا گیا اور یہ پوری طرح سے مرکزی حکومت کے ذریعہ چلائے جانے والا پروگرام تھا۔

۷) اندرا آواس یوجنا: اِس منصوبے کا مقصد تھا درج فہرست اقوام (SC)، درج فہرست قبائل (ST)، اور مزدوری کرنے والے غریب لوگوں کو دیہی علاقوں میں بالکل مفت مکان مہیا کرانا۔ اس اسکیم پر خرچ ہونے والے پیسوں کا 75% حصّہ مرکزی سرکار دیتی ہے اور باقی 25% حصّہ صوبائی سرکاریں۔

۸) جے پرکاش روزگار گارنٹی یوجنا: اس منصوبے کا مقصد تھا ملک کے سب سے پسماندہ ضلع اور شہروں میں بے روزگار لوگوں کو روزگار مہیا کرانا۔

۹) سورن جینتی شہری روزگار یوجنا: یہ منصوبہ دسمبر 1997ء میں شروع کیا گیا تھا۔ یہ مرکزی حکومت اور صوبائی حکومتوں کے تعاون سے شروع کیا گیا تھا جس میں مرکزی حکومت کا حصہ 75% اور صوبائی حکومت کا حصہ 25% تھا۔ شہر کے لوگوں کے لئے خود روزگار self-employment کے مواقع فراہم کرنا اور شہری بے روزگاروں کو مزدوری فراہم کرانا اس منصوبے کے اہم حصے تھے۔

۱۰) والمیکی امبیڈکر آواس یوجنا: یہ منصوبہ اس وقت کے ہندوستان کے وزیر اعظم اٹل بہاری واجپئی کے ذریعہ 2 دسمبر 2001 کو شروع کیا گیا تھا۔ اس منصوبے کے تحت جھگی جھونپڑی (slums) میں رہنے والے لوگوں کو جن کے پاس رہائش کا معقول انتظام نہیں ہے اور جو خط افلاس (line of poverty) کے نیچے رہ رہے ہیں، ان کے لئے رہائش کا معقول انتظام مہیا کرانا تھا۔ اس منصوبے میں ان کے پرانے مکانوں کی مرمت، اس کی حالت میں بہتری اور انہیں صاف اور صحت مند شہری ماحول مہیا کرانا تھا۔ نرمل بھارت ابھیان جو کہ اس منصوبے کا ایک حصہ تھا، کے تحت شہری لوگوں کو معاشرتی toilets کی سہولیت بھی مہیا کرائی گئی تھی۔

۱۱) زیادہ عمر کے لوگوں کے لئے قومی پالیسی (National policy for Older Persons, 1999): یہ پالیسی 1999ء میں شروع کی گئی تھی اس پالیسی کے تحت زیادہ عمر کے لوگوں کے لئے معاشی تحفظ، صحت کی دیکھ بھال اور متوازن غذا کو مہیا کرانا تھا۔ اس کے تحت وزارت سماجی انصاف اور بااختیاری

(Ministry of Social Justice and Empowerment) میں ایک الگ بیورو (Bureau) بنا کر ایک بہبودی فنڈ (Welfare fund) قائم کرنا تھا جس سے کہ اس طرح کے لوگوں کے لئے ان کی طرز زندگی کے مطابق رہائش بھی مہیا کرائی جا سکے۔

۱۲) قومی دیہی روزگار گارنٹی ایکٹ (National Rural Employment Guarantee Act, NREGA): مرکزی سرکار کے ذریعہ چلایا گیا ایک بڑا منصوبہ تھا۔ اس کا مقصد تھا کہ گاؤں سے شہروں کی طرف آ کر روزگار حاصل کرنے آنے والے لوگوں کی تعداد پر قابو پانا اور انہیں گاؤں اور اس کے اطراف میں ہی کم سے کم ایک سال میں 100 دنوں کا کام دلانا۔ سرکار نے مزدوروں کو باقاعدہ طور پر job card دیا ہے جس میں کہ کتنے دن اس نے کام کیا ہے اس کا رکارڈ ہوتا ہے۔ اس پروگرام کے تحت سڑکیں بنوانا، نہریں- تالاب کھدوانا یا اس طرح کے کام کروائے جاتے ہیں اور اس کا پورا خرچہ مرکزی سرکار کی وزارت برائے دیہی ترقی اُٹھاتی ہے۔

## (۴) لوگوں کا شہروں کی طرف آنا/شہریانہ (Urbanisation)

لوگوں کے شہروں کی طرف آنے کے عمل کو ہم اس طرح بیان کر سکتے ہیں کہ روایتی دیہی معاشی نظام کی تبدیلی جدید صنعتی نظام میں ہو رہی ہے۔ اس عمل میں کسی بھی ملک کے شہری علاقوں میں آبادی کا تناسب بڑھتا ہے اور یہ ایک طویل مدتی عمل (process) ہے۔ Kingsley Davis کے مطابق اس عمل کے تین مراحل ہوتے ہیں۔ پہلے مرحلے میں روایتی دیہی اور زرعی معاشی نظام والے سماج سے کچھ لوگ بہت دھیمی رفتار سے تھوڑی سی تعداد میں شہروں کی طرف رُخ کرتے ہیں اور وہاں پر پناہ گاہ قائم کرتے ہیں۔ دوسرے مرحلے میں شہر کی طرف کوچ کرنے والے لوگوں کی تعداد اور رفتار میں اضافہ ہو جاتا ہے اور ہم اسے اسرائی (acceleration stage) مرحلہ کہتے ہیں۔ اس مرحلے کے تحت معاشی نظام کی تشکیل نو (reconstruction) ہوتی ہے اور بڑے پیمانے پر شہروں میں آنے جانے کے ذرائع (transportation)، ذرائع ابلاغ (means of communication)، سڑکیں، رہائشی مکان، اسکول اور اسپتال کی تعمیر ہوتی ہے۔ اس مرحلے میں شہروں کی آبادی میں 25% سے 40%، 40% سے 50% اور 50% سے 60% کا اضافہ ہوتا ہے۔ تیسرے مرحلے کو ہم اختتامی مرحلہ (terminal stage) کہتے ہیں۔ اس مرحلے میں شہروں کی آبادی 70% یا اس سے زیادہ ہو جاتی ہے اور شہروں کی آبادی بڑھنے کی شرح (rate) تقریباً ایک جیسی ہوتی ہے اور لوگوں کی تعداد میں اضافہ بھی ایک جیسا ہی ہوتا ہے۔

اگر ہم تاریخی پس منظر سے بات کریں تو ہم یہ پائیں گے کہ لوگوں کے شہروں کی طرف آنے (urbanisation) کا عمل نسبتاً نیا ہے اور اس کا تعلق سترہویں صدی کے صنعتی انقلاب (Industrial revolution) اور اس سے جڑے ہوئے معاشی نشوونما سے ہے۔ جب مغربی یوروپ میں صنعتی انقلاب 15ویں، 16ویں اور 17ویں صدی میں شروع ہوا تو اس انقلاب کو شروع کرنے والا ملک برطانیہ تھا۔ اس ملک میں سب سے پہلے شہروں کی طرف آنے اور بڑے شہروں کو بسانے کا چلن شروع ہوا اور پھر دھیرے دھیرے دوسرے ممالک میں بھی پھیلا۔ آج کے جو ترقی یافتہ (developed) ملک ہیں ان کی تمام خصوصیات میں سے ایک اہم خصوصیت urbanisation ہے- ان ممالک میں سے کچھ تو urbanisation کے عمل کے آخری مرحلے میں ہیں اور اب ان کے یہاں یا تو urbanisation کی رفتار کم ہو گئی ہے یا ایک جیسی ہو گئی ہے۔ لیکن زیادہ تر ترقی پذیر ممالک (developing countries) میں 20ویں صدی سے لوگوں کے شہروں کی طرف آنے کے عمل کی شروعات ہوئی

اور وہاں پر یہ عمل ابھی دوسرے مرحلے تک ہی پہنچا ہے۔ تیسرے مرحلے تک ان مما لک کو پہنچنے میں ابھی وقت لگے گا۔
اقوام متحدہ (UNO) کے مطابق 2000ء میں پوری دنیا میں شہروں میں رہنے والے لوگوں کی آبادی 2 ارب 96 کروڑ تھی اور اس بات کی قیاس آرائی کی جارہی ہے کہ یہ آبادی 2010ء تک تقریباً 3 ارب 77 کروڑ ہو جائے گی۔ اس بات کا بھی تخمینہ کیا گیا ہے کہ دنیا میں تقریباً 5 کروڑ لوگوں کی آبادی ہر سال شہروں میں بڑھ رہی ہے اور 3.5 کروڑ گاؤں میں۔ شہروں میں رہنے والے لوگوں کا تناسب 1980ء میں 39% تھا لیکن 2000ء میں یہ بڑھ کر 48% ہو گیا۔ ترقی یافتہ مما لک میں 2000ء تک 76% لوگ شہروں میں رہ رہے تھے جب کہ ترقی پذیر مما لک میں 2000ء تک 40% لوگ۔ لوگوں کے شہروں کی طرف آنے کا عمل (urbanisation process) ترقی یافتہ مما لک میں تقریباً رُک گیا ہے۔ لیکن ایشیاء اور افریقہ کے مما لک میں یہ عمل چل رہا ہے۔ ہم نیچے table-5.3 میں دنیا کے مختلف علاقوں میں شہروں میں رہنے والے لوگوں کی تعداد اور تناسب کی تفصیل 1980ء سے لے کر 2010ء تک دے رہے ہیں۔

**Table 5.3 Percentage of world Population Residing in Urban Areas by Region**

| World/Region | 1980 | | 1985 | | 1990 | | 2000 | | 2010 | |
|---|---|---|---|---|---|---|---|---|---|---|
| | % | in billion | % | in billion | % | in billion | % | in billion | % | in billion |
| World | 39.4 | 1.752 | 41.2 | 1.997 | 43.1 | 2.282 | 47.6 | 2.962 | 52.8 | 3.779 |
| More developed region | 70.2 | .797 | 71.5 | .838 | 72.7 | .880 | 75.8 | 968 | 79.1 | 1.060 |
| Less Developed region | 28.8 | .954 | 31.5 | 1.159 | 34.3 | 1.401 | 40.3 | 1.993 | 46.8 | 2.717 |
| Africa | 27.3 | .130 | 29.6 | .164 | 32.0 | .205 | 37.6 | .322 | 44.2 | .493 |
| Asia | 26.2 | .678 | 28.6 | .813 | 31.2 | .974 | 37.1 | 1.369 | 43.8 | 1.845 |
| Latin America | 65.0 | .233 | 68.4 | 273 | 71.5 | .315 | 76.6 | .400 | 80.4 | .482 |

Source : World Urbanisation Prospects- The 1992 Revision, United Nations, New Work, 1993

## لوگوں کا شہروں کی طرف آنا: ہندوستان کے تناظر میں
## (Urbanisation: Indian Scenario)

ہندوستان میں 1901ء میں چھوٹے شہروں اور بڑے شہروں کی کل تعداد 1827 تھی لیکن 2001ء میں یہ بڑھ کر 5161 ہوگئی۔ 1901ء میں جہاں شہروں میں رہنے والے لوگوں کی آبادی 2.58 کروڑ تھی وہیں 2001ء میں بڑھ کر یہ 28.53 کروڑ ہوگئی۔ اس سے یہ لگتا ہے کہ ہندوستان میں شہری آبادی میں اضافہ ہورہا ہے۔ اور یہ اضافہ بتدریج قائم ہے۔ اس کی تفصیل مندرجہ ذیل table-5.4 میں دی گئی ہے۔
ہندوستان میں 1901ء سے لے کر 2001ء تک کے urbanisation کے عمل کو تصویر 5.7 میں دکھایا گیا ہے۔

2001ء کی مردم شماری (census) کے مطابق ہندوستان کی کل آبادی 1027015247 تھی جس میں کہ 285354954 لوگ شہروں اور باقی دیہاتوں میں رہ رہے تھے۔ اس کے علاوہ شہروں میں مردوں اور عورتوں کی الگ تعداد کی تفصیل مندرجہ ذیل Table-5.5 میں دی گئی ہے:

**Table 5.4: Population of India by Residence**

1901-2001

| Census years | Number of Urban agglomerat ion/town | Total population | Urban population | Rural |
|---|---|---|---|---|
| 1901 | 1827 | 238396327 | 25851873 | 212544454 |
| 1911 | 1825 | 252093390 | 25941633 | 266151757 |
| 1921 | 1949 | 251321213 | 28066167 | 223235046 |
| 1931 | 2072 | 278977238 | 34455989 | 245521249 |
| 1941 | 2250 | 318660580 | 44153297 | 274507283 |
| 1951 | 2843 | 361088090 | 62443709 | 298644381 |
| 1961 | 2363 | 439234771 | 78936603 | 360298168 |
| 1971 | 2590 | 598159652 | 109113977 | 489045675 |
| 1981 | 3378 | 683329097 | 159462547 | 52386550 |
| 1991 | 3768 | 844324222 | 217177625 | 627146597 |
| 2001 | 5161 | 1027015247 | 285354954 | 741660293 |

**Sources: Various Census reports**

**Table:5.5 Population of India by sex and residence:2001**

| India | Male | Female | Total person | Sex ratio |
|---|---|---|---|---|
| Urban | 150135894 | 135219060 | 285354954 | 900 |
| Rural | 381141184 | 360519109 | 741660293 | 945 |
| Total | 531277078 | 495738169 | 1027015247 | 933 |

Source: IND_CEN01, Census 2001, Office of the Registrar General

ہندوستان میں شہروں کی طرف آنے کی رفتار دوسرے ترقی پذیر ممالک کے مقابلے نسبتاً دھیمی ہے لیکن اس کے کچھ شہروں میں آبادی بہت زیادہ ہے۔ اس کے علاوہ ہندوستان کے شہر قومی آمدنی (national income) میں کافی اہم تعاون کرتے ہیں۔ مندرجہ ذیل Table-5.6 میں ہم اس تفصیل کو 1951ء سے لے کر 2001ء تک پیش کر رہے ہیں۔

**Table:5.6 Urban contribution to national income**

| Year | Percentage of Urban to total population | Estimated contribution to national income |
|---|---|---|
| 1951 | 17.3 | 29% |
| 1981 | 23.3 | 47% |
| 1991 | 25.7 | 55% |
| 2001 | 30.5 | 60% |

***Source:*** Ministry of Urban Affairs, Govt. of India

**Fig 1: Process of Urbanisation in India**

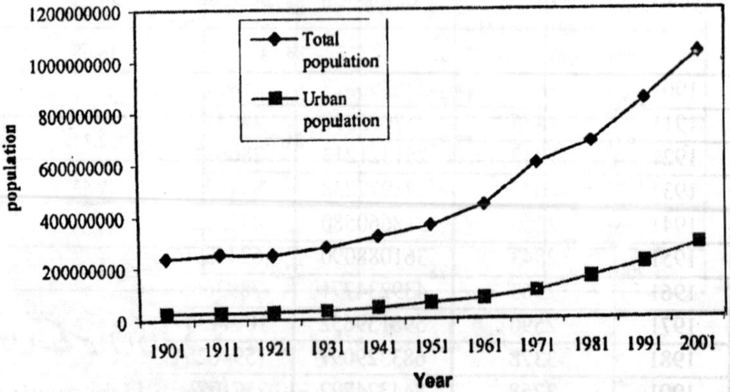


## ہندوستان میں لوگوں کے شہروں کی طرف آنے کی رفتار اور اس کی وجوہات

ہندوستان میں لوگوں کے شہروں کی طرف آنے کی رفتار Table-5.7 اور fig-5.8 میں دی گئی ہے۔

لوگوں کے شہروں کی طرف آنے کی اہم وجوہات مندرجہ ذیل ہے:-

۱) اچھی بنیادی سہولیتوں (basic infrastructure) کا شہروں میں ہونا۔

۲) اچھے روزگار کے مواقع ہونا۔

۳) اچھے تعلیمی مراکز کا ہونا۔

۴) اچھی صحت کی سہولیات (مثال کے طور پر اچھے اسپتال، اچھی مشینیں، اچھے ڈاکٹر اور اچھی دواؤں) کا شہروں میں پایا جانا۔

۵) شہروں میں بڑے مارکیٹ، مال(malls)اور اچھی چیزوں کی خریداری کا موقع مل پانا۔

۶) شہروں میں اچھے کلب (club)، ریستوراں (restaurant)اور اچھے ہوٹل اور تفریح گاہوں(picnic spots) کا ہونا۔

۷) ذرائع ابلاغ کا کثرت سے انتظام (مثال کے طور پر telefax،satellite communication ، انٹرنیٹ وغیرہ)

۸) شہروں میں گاؤں کے نسبت بہتر قانون اور انتظام(law & order) کا ہونا۔

**Table-5.7 : Degree/ Index of Urbanisation 1901-2001**

| Census years | Percent urban | Percent Rural | Urban-Rural Ratio (percent) |
|---|---|---|---|
| 1901 | 10.84 | 89.15 | 12.16 |
| 1911 | 10.29 | 89.71 | 11.47 |
| 1921 | 11.18 | 88.82 | 12.58 |
| 1931 | 11.99 | 88.01 | 13.63 |
| 1941 | 13.86 | 86.14 | 16.08 |
| 1961 | 17.97 | 82.03 | 20.91 |
| 1971 | 18.24 | 81.76 | 22.31 |
| 1981 | 23.33 | 76.66 | 30.44 |
| 1991 | 25.72 | 74.28 | 34.63 |
| 2001 | 27.78 | 72.22 | 38.47 |

## لوگوں کے شہروں کی طرف آنے سے پیدا ہونے والے مسائل
## (Problems due to Urbanisation)

۱) لوگوں کے شہروں کی طرف آنے سے رہائش کے مسائل پیدا ہو رہے ہیں، جھگی جھونپڑیوں (slums) میں اضافہ ہو رہا ہے۔ آمدورفت (transportation) کی دقتیں پیش آ رہی ہیں، صاف صفائی (sanitation) اور پینے کے پانی کے معیار میں گراوٹ آ رہی ہے، بڑے پیمانے پر ہوا اور پانی میں آلودگی بڑھ رہی ہے اور سماجی بنیادی ڈھانچے جیسے اسکول، اسپتال وغیرہ کی کمی محسوس ہو رہی ہے۔

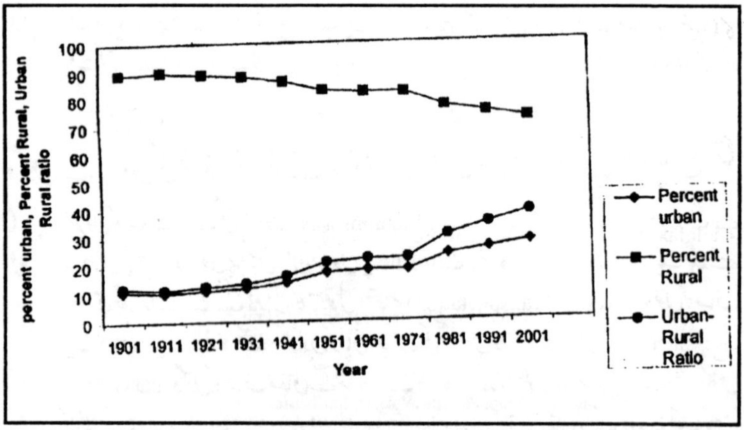


Fig. 5.8:Source: Ministry of Urban Affairs, Govt. of India

۲) ہندوستان کے پہلے درجے کے شہر (metros) ممبئی، مدراس، کلکتہ اور دہلی اب زیادہ روزگار پیدا کرنے کی حالت میں نہیں ہیں وہ پہلے سے ہی اپنی استعداد سے زیادہ لوگوں کو اپنے اندر بسائے ہوئے ہیں۔

۳) لوگوں کے شہروں کی طرف آنے سے گاؤں کی غربت، شہروں کی غربت میں منتقل ہوگئی ہے۔

۴) شہروں میں سماجی اور معاشی عدم مساوات (inequality) میں اضافہ ہورہا ہے۔ امیروں اور غریبوں کے بیچ کی خلیج اور وسیع ہورہی ہے۔ مختلف قسم کے سماجی تنازعات (social conflicts) جرائم اور سماج مخالف سرگرمیوں میں اضافہ ہورہا ہے۔

۵) لوگوں کو توانائی کی کافی ضرورت ہے اور ان کی یہ ضرورت پیٹرول، بجلی وغیرہ سے پوری ہوتی ہے۔ لوگوں کے تیزی سے شہروں کی طرف آنے سے توانائی کا بحران (energy crisis) پیدا ہوگیا ہے۔ شہر کے لوگ washing machine, T.V, geysers A.C., fridge, وغیرہ کو چلانے کے لئے کافی بجلی کی مانگ کرتے ہیں۔ لیکن ہمارے محدود وسائل ان مانگوں کو پورا نہیں کرپاتے ہیں۔ اس کے علاوہ شہر کے مختلف حصوں میں بجلی پہنچانے میں تقریباً 40% بجلی یوں ہی برباد ہوجاتی ہے۔ اور اس کے علاوہ لوگ بجلی کی چوری بھی کرتے ہیں جس کے نتیجے میں سرکار کو کروڑوں روپیوں کا نقصان ہوتا ہے اور سرکار کو مجبور ہوکر بجلی کی کٹوتی (power cut) کرنی پڑتی ہے۔

۶) زیادہ لوگوں کے شہر میں رہنے سے بڑے پیمانے پر کوڑا اور کچرا (solid waste) پیدا ہوتا ہے جس کا صحیح طرح سے انتظام کرنا سرکار کے لئے ایک مسئلہ ہے۔

۷) شہروں میں بڑے پیمانے پر آواز کی آلودگی (noise pollution) پیدا ہوتی ہے جس کی وجہ سے لوگوں کے اندر سردرد، چڑچڑاہٹ جیسی پریشانیاں پیدا ہورہی ہیں۔

۸) بڑے پیمانے پر لوگوں کے شہروں کی طرف آنے سے معاشی (financial)، اداراتی (institutional) اور ٹکنالوجیکل (technological) نظام درہم برہم ہورہا ہے۔

۹) لوگوں کو سانس لینے کے لئے صاف ہوا نہیں مل پارہی ہے۔

۱۰) بڑے پیمانے پر traffic jam لگ رہے ہیں جس کے نتیجے میں لوگوں کو اپنی منزل تک پہنچنے میں زیادہ وقت لگتا ہے۔ اور اِس بات کا اندیشہ جتایا جا رہا ہے کہ عمر کا اچھا خاصہ حصّہ کہیں traffic jam میں ہی نہ نکل جائے۔

## لوگوں کے شہروں کی طرف آنے سے پیدا ہونے والے مسائل کو حل کیسے کیا جائے؟

۱) شہروں کو بساتے وقت صحیح منصوبہ بندی (Proper Urban Planning) کرنے کی ضرورت ہے بالخصوص چوڑی اور اچھی سڑکیں، ان سڑکوں پر traffic کے نکلنے کا صحیح انتظام، لوگوں کو ایک جگہ سے دوسری جگہ جانے کے لئے ذرائع کا معقول انتظام (Proper Transportation)، لوگوں کو صاف پینے کا پانی مہیا کرانے کا انتظام، لوگوں کو پانی بچانے کی تکنیکوں کا علم دینا خاص طور پر rain water harvesting، لوگوں کو صاف صفائی کے ساتھ رہنے کا انتظام کرنا، اسکول، اسپتال، پارک وغیرہ کا صحیح انتظام کرنا وغیرہ۔ ان تمام چیزوں کو 20 سال کی شہر کی ضرورت کو ذہن میں رکھتے ہوئے ایک ماسٹر پلان (Master plan) تیار کرنا چاہئے اور اس کو تیار کرتے وقت builders, architects، ماحولیات کے ماہرین، ماہرِ سماجیات، سماجی کارکن اور عام شہریوں سے مشورہ کرنا چاہئے۔ اس بات کی بھی کوشش کرنی چاہئے کہ ماسٹر پلان میں ہریالی اور پیڑ پودھے لگانے کے لئے کافی جگہ ہو جس سے کہ لوگوں کو آلودگی سے نجات مل سکے اور صاف ہوا سانس لینے کے لئے مل سکے۔

۲) سرکار کو اب اپنی توجہ چھوٹے شہروں کی طرف مرکوز کرنا چاہئے۔ اس بات کی کوشش کرنی چاہئے کہ وہ تمام سہولیات جو بڑے شہروں (metropolitan and cosmopolitan) میں موجود ہیں وہ ان چھوٹے شہروں میں بھی آسانی سے دستیاب ہوں۔ اس کے لئے مرکزی اور صوبائی حکومتوں کو مل کر بجٹ تیار کرنا چاہئے اور ان شہروں میں بنیادی ڈھانچے (basic infrastructure) کو کھڑا کرنا چاہئے۔

۳) بڑے شہروں میں جو لوگ جھگّی جھونپڑیوں (slums) میں رہ رہے ہیں سرکار کو صحیح منصوبہ بندی کر کے ان کی رہائش کا انتظام کرنا چاہئے۔ اس سلسلے میں شہر کے باہر کی زمین کا استعمال کیا جا سکتا ہے۔ اس سلسلے میں حال میں ہی TATA کا شروع کیا گیا Nano Banglow Project قابلِ تعریف ہے۔ اس پروجیکٹ کے تحت ایک کمرے والے بنگلوں کو ان جھگّیوں میں رہنے والے لوگوں کے لئے تیار کیا جائے گا اور انہیں دوسری سہولیات بھی مہیا کرائی جائیں گی۔

۴) صنعت کاری (industrialisation) کرتے وقت عام طور پر بڑی کمپنیوں کو شہروں میں لگایا جاتا ہے۔ اس سے بڑے پیمانے پر آلودگی پھیلتی ہے۔ اس بات کی کوشش کرنی چاہئے کہ کارخانے اس طرح سے لگائے جائیں کہ کچے مال کو دیہی علاقوں یا شہروں سے لگے ہوئے علاقوں میں بھیج کر انہیں تیار کیا جائے اور جب وہ تیار ہو جائیں تو خرید و فروخت کے لئے انہیں شہروں میں لایا جائے۔

۵) منصوبہ بندی کرتے وقت علاقائی، صوبائی، دیہی اور شہری علاقوں میں ایک توازن رکھا جائے۔ عام طور پر ایسا ہوتا ہے کہ ایک خاص علاقے میں زیادہ ترقی ہو جانے کی وجہ سے لوگ اس طرف کوچ کرنا شروع کر دیتے ہیں۔ سرکار کو اس بات کی کوشش کرنی چاہئے کہ دیہی علاقوں میں خوب سہولیات لوگوں کو ملیں۔ اس کے علاوہ شہروں کو بساتے وقت زرخیز زمین (fertile land) کا استعمال نہ کر کے بنجر زمین کا استعمال کرنا چاہئے۔

باب-۶ (Chapter-VI)

# آلودگی

# (POLLUTION)

## آلودگی کی تعریف (Definition of Pollution)

اس دنیا میں زندگی کی شروعات لاکھوں سال پہلے ہوئی۔ اُس وقت ہوا، پانی اور مٹی بالکل صاف تھی، زمین زرخیز تھی اور دنیا کی حرارت بہت زیادہ نہیں تھی۔ انسان اور اس کے ماحول کے بیچ کا تعلق متوازن تھا۔ لیکن رفتہ رفتہ اِس دنیا میں انسانوں کی تعداد بڑھتی گئی اور وہ اپنی ضرورت کے مطابق جنگلات کاٹتے گئے اور ماحول کے ساتھ ان کے تعلقات کشیدہ ہوتے گئے۔ وہ پیڑ کاٹ کر مکانات بناتے گئے، نئی نئی صنعتیں لگاتے گئے، کھدانیں کھودتے گئے، نئے نئے پُل اور ریلوے لائنیں بچھاتے گئے، جہازوں اور jet planes کا استعمال کرتے گئے اور اس کے ساتھ ساتھ اپنے ماحول کو آلودہ کرتے گئے۔ آج ماحول کا ایک بھی جز (component) ایسا نہیں ہے جو کہ پاک صاف ہو اور اس میں کوئی آلودگی نہ ہو۔ آلودگی آج انسانی زندگی کے لئے بہت بڑا مسئلہ بنتی جا رہی ہے۔ اِسے روکنے کی ہر حالت میں کوشش کی جانی چاہئے لیکن اِس سے قبل ہمیں آلودگی کے بارے میں اچھی طرح واقفیت ہونی چاہئے۔ آلودگی کی اہم تعاریف مندرجہ ذیل ہیں:

''ہوا، پانی اور زمین کی طبعی، کیمیائی یا حیاتاتی (physical, chemical or biological) خصوصیات میں نا چاہے جانے والی ایسی تبدیلی کو جو کہ انسان کی زندگی کو، صنعتی ترقی کو، رہنے کے حالات کو اور ثقافتی اثاثے (cultural assets) کو بُری طرح متاثر کرے، آلودگی کہتے ہیں۔'' (Odum, 1971)

''ماحول میں ایسے عناصر (substances) یا توانائی (energy) کو انسانوں کے ذریعے اتنی مقدار میں خارج کرنے کا عمل جو کہ اُن کی صحت یا ان کے وسائل کو نقصان پہنچائے، آلودگی کہلاتا ہے۔'' (Edward Mills, 2009)

''ماحول میں انسانوں کے ذریعہ فالتو مادّے (waste matter) یا زیادہ توانائی کو چھوڑنے کے عمل کو آلودگی کہتے ہیں، ایسے مادّے جو کہ دانستہ یا نادانستہ طور پر انسان اور اس کے ماحول کو نقصان پہنچاتے ہیں۔'' (T.C.Mc Laughlin)

''آلودگی ماحول میں ہونے والی ایسی غیر پسندیدہ تبدیلیاں ہیں جو کہ زیادہ تر انسانی نقل و حرکت کے نتیجے میں پیدا ہوتی ہیں۔'' (Southwick,1976)

آلودگی کی تعریف سمجھ لینے کے بعد ہمیں اس بات کو سمجھنا ہوگا کہ یہ کتنے طرح کی ہوتی ہیں۔

عام طور پر آلودگی مندرجہ ذیل قسموں کی ہوتی ہیں

## آلودگی کی قسمیں (Types of Pollution)

A) ابتداء(origin) کی بنیاد پر ہم آلودگی کو دو حصوں میں بانٹ سکتے ہیں۔

۱) قدرتی آلودگی (Natural Pollution)

۲) انسانی نقل وحرکت کے ذریعے پیدا کی گئی آلودگی۔ (Anthropogenic Pollution)

B) متعفن(pollutants) کے مطابق آلودگی کو مندرجہ ذیل حصوں میں بانٹ سکتے ہیں۔

۱) جراثیم کش آلودگی (Pesticide Pollution)

۲) تاب کار آلودگی (Radioactive Pollution)

۳) حرارتی آلودگی (Thermal Pollution)

۴) دھوئیں والی آلودگی (Smoke Pollution)

۵) اسموگ والی آلودگی (Smog Pollution)

C) ماحول کے اجزاءء کے مطابق آلودگی کو مندرجہ ذیل حصوں میں بانٹ سکتے ہیں۔

۱) ہوائی آلودگی (Air Pollution)

۲) پانی کی آلودگی (Water Pollution)

۳) مٹی کی آلودگی (Soil Pollution)

۴) آواز کی آلودگی (Noise Pollution)

۵) میرین کی آلودگی (Marine Pollution)

## آلودکار/متعفّن (Pollutants)

ہمارے ماحول میں (جس میں کہ ہوا، پانی اورآواز شامل ہیں) مختلف قسم کے ایسے اجزاء مل کر اسے آلودہ کررہے ہیں جسے ہم اپنی ننگی آنکھوں سے نہیں دیکھ پاتے ہیں۔ان اجزاء یا عناصر (substances) کو ہم متعفّن کہتے ہیں۔ متعفّن کرّہِ ہوا، کرّہِ آب اور کرّہِ جامد تینوں کو نقصان پہنچارہے ہیں۔ متعفّن کی کچھ اہم تعاریف مندرجہ ذیل ہیں:-

''ہم جن عناصر کا استعمال کر کے انہیں پھینک دیتے ہیں، اس کے بچے کھچے حصے (residue) متعفّن کہلاتے ہیں''۔ (Odum)

''متعفّن ایک نقصان دہ ٹھوس، رقیق یا گیسی مادّہ ہوتا ہے جو کہ ماحول میں اتنی مقدار میں موجود رہتا ہے جو تمام جانداروں کے لئے نقصان دہ ہوتا ہے''۔ Environment Protection Agency

## متعفّن کی درجہ بندی (Classification of Pollutants)

متعفِن کی تعریف جان لینے کے بعد یہ ضروری ہو جاتا ہے کہ ہم اُن کی اقسام کے بارے میں جانیں۔ مندرجہ ذیل جدول 6.1 میں متعفِن کی اقسام اُن کی درجہ بندی کی بنیاد کے مطابق پیش کی گئی ہے۔

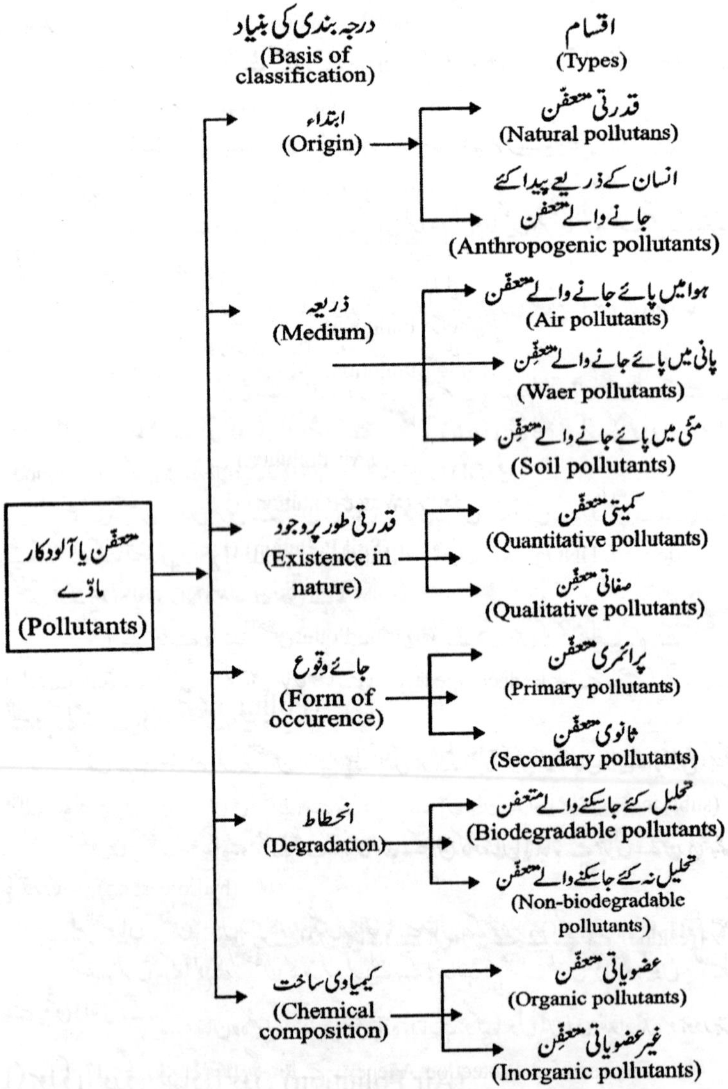


جدول 6.1: متعفِن کی درجہ بندی

قدرتی متعفّن :- جنگلات کی آگ، آتش فشاں کا پھٹنا، زلزلے کا آنا، تیزابی بارش، زمین کا کھسکنا (land sliding) وغیرہ کے ذریعے جو متعفّن ماحول میں شامل ہوجاتے ہیں، انھیں ہم قدرتی متعفّن کہتے ہیں۔

انسان کے ذریعے پیدا کیے جانے والے متعفّن :- فیکٹری اور کارخانوں کے دھوئیں، مختلف کیمکلس کا پانی میں تحلیل ہونا، تیز آواز، بم کا پھٹنا، لاؤڈ اسپیکر وغیرہ کے ذریعے جو متعفّن ماحول میں ملتے ہیں وہ اِس درجہ میں آتے ہیں۔

ہوا میں پائے جانے والے متعفّن :- سلفر ڈائی آکسائیڈ، کاربن مونو آکسائیڈ، نائٹروجن کے آکسائیڈ وغیرہ اِس میں شامل ہیں۔

پانی میں پائے جانے والے متعفّن :- ڈٹرجینٹ، صابن، مختلف طرح کے کیمیکل اور دوائیں وغیرہ اِس میں شامل ہیں۔

مٹی میں پائے جانے والے متعفّن :- مختلف قسم کی جراثیم کش دوائیں، فرٹیلائزر، مختلف قسم کے کچرے وغیرہ اِس درجے میں آتے ہیں۔

کمیتی متعفّن :- $SO_2, CO_2$, CO وغیرہ جو کہ ماحول میں قدرتی طور پر موجود ہیں اور انسانی نقل و حرکت سے ان کی مقدار میں اوراضافہ ہوجاتا ہے وہ کمیتی متعفّن کہلاتے ہیں۔

صفاتی متعفّن :- اس طرح کے متعفّن ماحول میں اُسی طرح پائے جاتے ہیں جس طرح سے ان کو ماحول میں چھوڑا جاتا ہے یعنی وہ کسی اور اشیاء سے ردّ عمل (reaction) کرکے کوئی دوسرا مربوط (compound) نہیں بناتے ہیں جیسے کہ کاربن مونو آکسائیڈ اور DDT وغیرہ

ثانوی متعفّن :- اس طرح کے متعفّن کی تخلیق پرائمری متعفّن کے آپس کے ردّ عمل سے ہوتی ہے۔ جیسے کہ سلفیورک ایسڈ (Sulphuric acid, $H_2SO_4$) اور نائٹرک ایسڈ (Nitric acid, $HNO_3$) کی تخلیق جو کہ $SO_2$ اور $NO_2$ وغیرہ سے ہوتی ہے۔

تحلیل کیے جاسکنے والے متعفّن :- یہ ایسے متعفن ہوتے ہیں جن کو کہ مختلف قسم کے کیمیکلس (chemicals) سے ردّ عمل کرواکر تحلیل کیا جاسکتا ہے یا گلایا (decompose) جاسکتا ہے۔ جیسے کہ گھروں سے نکلنے والے گندے پانی اور کچرے وغیرہ۔

تحلیل نہ کیے جاسکنے والے متعفّن :- یہ ایسے متعفن ہوتے ہیں جنہیں کہ آسانی سے گلایا نہیں جاسکتا مثال کے طور پر پالی تھین۔

عضویاتی متعفّن :- یہ ایسے متعفّن ہوتے ہیں جن کے اندر کاربن پایا جاتا ہے مثال کے طور پر مختلف ہائڈرو کاربن (hydro carbon)

غیر عضویاتی متعفّن :- ان میں کاربن نہیں پایا جاتا ہے مثال کے طور پر $H_2S, NO_3, NO_2$ وغیرہ

مختلف طرح کے آلودکار/متعفّن کا تذکرہ کرلینے کے بعد اب ہم مختلف طرح کی آلودگیوں پر تفصیل سے روشنی ڈالیں گے۔

## ا) ہوا کی آلودگی/ فضائی آلودگی (Air Pollution)

زمین پر انسان کے وجود کو بچائے رکھنے کے لئے ہوا کی پاکیزگی (purity) بہت ضروری ہے لیکن آج کے صنعتی کارخانوں نے اور انسانوں کی بھاگتی ودوڑتی زندگی نے ہوا کو کافی آلودہ کردیا ہے۔ ہوا کی آلودگی کا

مطلب یہ ہوتا ہے کہ اس میں ایسے عناصر مل جائیں جس سے کہ اس کی ساخت بدل جائے اور اس کا معیار ہلکا ہوجائے اور اس کے نتیجے میں یہ انسانوں اور دوسری مخلوقات پر برا اثر ڈالنے لگے۔ World Health Organisation (WHO) کے مطابق ''ہوا کی آلودگی ایسے حالات میں ہوتی ہے جب کہ کرّۂ ہوا (atmosphere) کی باہری سطح میں ایسے عناصر اتنی زیادہ مقدار میں مل جائیں جو کہ انسان اور اس کے ماحول کے لئے نقصان دہ ہو''۔ اس سلسلے میں United States Public Health Service کا ماننا ہے کہ کرّۂ ہوا کی باہری سطح پر ایک یا ایک سے زیادہ عناصر کا اتنی تعداد میں اور اتنی دیر تک پایا جانا جو کہ انسانوں، نباتات، حیوانات کو نقصان پہنچائے یا آرام، خوشحال زندگی یا ملکیت یا لوگوں کے کاروبار کو بُری طرح متاثر کرے، ہوا کی آلودگی کہلاتا ہے۔'' ہوا کی آلودگی سے ہماری صحت اور زندگی کے سامنے بڑے مسائل پیدا ہوتے ہیں۔ اس لئے اس کی وجوہات اور اُس سے بچنے کے طریقوں کے بارے میں سمجھنا بہت ضروری ہے۔

## ہوا کی آلودگی کی وجوہات (Causes of Air Pollution)

ہوا کی آلودگی کی دو اہم وجوہات مندرجہ ذیل ہیں:-

i) قدرتی وجوہات:- ہوا کی آلودگی کی اہم قدرتی وجوہات میں آتش فشاں کا پھٹنا، جنگلات کی آگ، بجلی کی کڑک کے ساتھ آنے والے طوفان، آندھی وغیرہ اہم ہیں۔

ii) انسانی وجوہات:- ہوا کی آلودگی کی اہم انسانی وجوہات مندرجہ ذیل ہیں۔

a) جنگلات کی کٹائی (deforestation) - اس کی وجہ سے کرّۂ ہوا میں آکسیجن اور کاربن ڈائی آکسائیڈ کا تناسب بگڑ رہا ہے اور صاف ہوا لوگوں کو مل نہیں پا رہی ہے۔

b) تیزی سے بڑھتی ہوئی صنعت کاری (industrialisation) - اس کی وجہ سے بڑے پیمانے پر نقصان دہ متعفّن (pollutants) ہوا میں مل کر اسے آلودہ کر رہے ہیں۔ صنعتوں کی چمنیوں سے خطرناک گیس نکل کر ہوا میں مل رہی ہیں۔ مندرجہ ذیل جدول 6.2 میں ہم خاص خاص صنعتوں سے نکلنے والے متعفّن کی تفصیل دے رہے ہیں:-

جدول 6.2 - مختلف صنعتوں سے نکلنے والے متعفّن

| ذریعہ (Source) | متعفّن (Pollutants) |
|---|---|
| ۱۔ پیٹرولیم رفائنری (refinery) | $NH_3, CO, NO_x, SO_x$ aldehydes اور دھواں اور ہوا میں بکھرے ہوئے ذرات |
| ۲۔ چمڑے کا کارخانہ | مختلف سلفائیڈ (Sulphides) |
| ۳۔ لوہے اور فولاد کا کارخانہ | $CO$, $SO_2$ اور $NO_2$ |
| ۴۔ سیمنٹ کا کارخانہ | سیمنٹ، $SO_x$، $NO_x$ اور دھول |
| ۵۔ فرٹی لائزر کا کارخانہ | $NH_3, SO_x, NO_x$، دھول اور فلورائیڈ |
| ۶۔ پینٹ اور رنگ بنانے کا کارخانہ | نائٹروبینزین، اینی لین وغیرہ |

c) کوئلے سے بجلی بنانے والے کارخانے۔ یہ کارخانے (Thermal Power Plants) کوئلے کے ذرّات سے کاربن مونو آکسائیڈ کو بڑے پیمانے پر خارج کرتے ہیں اور ہوا کی آلودگی پیدا کرتے ہیں۔

d) مختلف طرح کی گاڑیاں (automobiles) جن میں کاریں، موٹر سائیکل، اسکوٹر، ٹیکسیاں، بسیں اور ٹرک وغیرہ شامل ہیں تقریباً %80 ہوا کی آلودگی کے لئے ذمہ دار ہوتے ہیں۔ ان گاڑیوں سے lead, $NO_2$, hydrocarbons, CO اور ہوا میں اُڑنے والے بہت سارے ذرّات نکلتے ہیں جو ہوا کو کافی نقصان پہنچاتے ہیں۔

e) توانائی اور ایندھن کے روایتی ذرائع کے استعمال سے بھی ہوائی آلودگی پھیلتی ہے مثال کے طور پر لکڑی اور کوئلے کا جلنا۔

f) زمین کی کھدائی کر کے اندر سے بہت سارے معدنیات کے نکالنے کے عمل میں بھی بہت سارے ذرات اور دھول وغیرہ ہوا میں پھیل کر اُسے آلودہ بناتے ہیں۔

g) بہت ساری زرعی سرگرمیوں جیسے جراثیم کش دواؤں (pesticides) کا چھڑکاؤ اور فصلوں کی thrashing کی وجہ سے بھی ہوا آلودہ ہوتی ہے۔

h) بہت ساری معاشرتی سرگرمیوں (community services) جیسے کوڑے کو اکٹھا کرنے، انہیں یکجا کر کے جلانے وغیرہ سے بھی ہوا کی آلودگی پھیلتی ہے۔

i) بہت سارے حادثات (accidents) کے نتیجے میں گیس کے خارج ہونے سے بھی ہوا آلودہ ہوتی ہے اور بہت ساری بیماریاں پیدا ہوتی ہیں۔

j) لوگوں کے سگریٹ، بیڑی پینے کے عمل میں دھواں چھوڑے جانے کی وجہ سے بھی ہوا آلودہ ہوتی ہے۔

k) ہوائی جہازوں اور پانی کے جہازوں سے بھی ہوا کی آلودگی پھیلتی ہے۔

l) گھروں میں پائے جانے والی دھول بھی ہوا کو آلودہ کرتی ہے۔ ایسا کہا جاتا ہے کہ تقریباً 150 مربع میٹر کی جگہ میں 25 کلوگرام دھول پائی جاتی ہے۔

m) گھروں میں لگائے جانے والے پردے، فرنیچر اور mattress بھی ہوا کی آلودگی پھیلاتے ہیں۔

n) پالتو جانوروں کے جسم سے گرنے والے بال اور ان کے جسم پر پائی جانے والی دھول بھی ہوا کی آلودگی کے لئے ذمہ دار ہوتی ہے۔

o) گھروں میں استعمال کیے جانے والے air fresheners بھی ہوا کو آلودہ کرتے ہیں۔

p) پینٹنگ اور چھڑکاؤ کرتے وقت بھی ہوا آلودہ ہوتی ہے۔

## ہوا کی آلودگی سے انسانی زندگی پر پڑنے والے اثرات

ا) ہوا کی آلودگی کے لئے ذمے دار متعفّن (pollutants) انسانی صحت اور زندگی کو بُری طرح سے متاثر کرتے ہیں۔ اس کا جائزہ ہم مندرجہ ذیل جدول 6.3 سے لے رہے ہیں۔

جدول 6.3: ہوا کو آلودہ کرنے والے متعفّن، ان کے ذرائع اور صحت پر ان کے اثرات

| متعفّن (Pollutants) | ذرائع (Sources) | صحت پر اثرات |
|---|---|---|
| سلفر ڈائی آکسائڈ (Sulphar Di Oxide) | مختلف صنعتیں، بجلی بنانے والے کارخانے اور ڈیزل سے چلنے والی گاڑیاں اور مختلف انجن | سانس کی مختلف بیماریاں جس میں کہ asthama، کف، bronchitis وغیرہ اہم ہیں۔ |
| نائٹروجن کے آکسائیڈ (Oxides of Nitrogen, $NO_X$) | بجلی بنانے کے لئے کوئلے کا استعمال کرنے والے کارخانے، مختلف صنعتیں اور گاڑیاں۔ | ناک اور گلے میں پریشانی اور خاص طور پر ایسے لوگوں کو جو asthama سے پریشان ہوں۔ |
| ہوا میں بکھرے ہوئے ذرات (Suspended Particulate Matter (SPM) | ڈیزل سے چلنے والی گاڑیاں، بجلی کے کارخانے اور مختلف صنعتیں۔ | پھیپھڑوں کو نقصان، دل کی کارکردگی بُری طرح سے متاثر ہوتی ہے۔ اور سانس کی بہت ساری بیماریاں پیدا ہوتی ہیں۔ |
| ہوا میں بکھرے ہوئے ایسے ذرات جن کو سانس کے ذریعے جسم کے اندر لے سکتے ہیں۔ Respirable Particulate Matter (RPM) | پینٹ (paint) بنانا یا اس کا استعمال رنگائی وغیرہ کے کرنے کے لئے کرنا، ڈیزل سے چلنے والی گاڑیاں اور پُرانے پینٹ کو ختم کرنے کی کوشش کرنا۔ | جسم کے nervous system اور دماغ کو نقصان پہنچاتا ہے۔ جگر اور گردے کو بھی نقصان پہنچاتا ہے۔ |

۲) ہوا میں موجود کاربن مونو آکسائیڈ (CO) ہیموگلوبین کے ساتھ ردّعمل کرکے Carboxy haemoglobin بناتا ہے جس سے خون کی آکسیجن کو جسم کے ایک حصے سے دوسرے حصے تک لے جانے کی استعداد کم ہو جاتی ہے۔ کاربن مونو آکسائیڈ اگر 10 لاکھ ذرّات میں 10 (10ppm) ہو تو یہ آنکھ کی روشنی پر بُرا اثر ڈالتا ہے، اگر 100ppm ہو تو سر درد، سستی اور تھکان بڑھاتا ہے، اگر 250ppm ہو تو ذہنی سرگرمی کو کم کر دیتا ہے، اگر 300ppm ہو تو بہت تیز سر درد ہوتا ہے، اگر 500ppm ہو تو اُلٹیاں شروع ہو جاتی ہیں، اگر 750ppm ہو تو کچھ گھنٹوں کے بعد موت ہو سکتی ہے اور اگر 1000ppm ہو جائے تو فوراً موت واقع ہو سکتی ہے۔

۳) فاسجین گیس کی وجہ سے گلے کی خرابی اور coughing شروع ہو جاتی ہے۔

۴) Benzpyrene گیس کی وجہ سے جسم کے مختلف حصوں میں کینسر کا مرض ہو سکتا ہے۔

۵) کلورین سانس لینے والے تمام اعضا کو متاثر کرتا ہے اور خاص طور پر آنکھ کی جھلیوں کو بھی جس سے کہ قوت بینائی پر اثر پڑتا ہے۔

۶) Mangnese کی وجہ سے Parkinson's desease کے ہونے کا اندیشہ رہتا ہے۔ یہ ایسی بیماری ہے جس میں انسان کی یادداشت تقریباً ختم ہو جاتی ہے۔

۷) Aldehydes کی وجہ سے سانس لینے میں تکلیف ہوتی ہے۔

۸) Hydrogen Flouride کی وجہ سے جسم کے مختلف حصوں میں کھجلی اور دوسری پریشانیاں پیدا ہوتی ہیں۔

۹) امونیا ($NH_3$) کی وجہ سے سانس لینے کے عمل میں دقت آتی ہے۔

## ہوا کی آلودگی کے دوسرے نقصانات

۱) ہوا کی آلودگی سے پیڑ پودوں کو بھی کافی نقصانات پہنچتے ہیں۔ کچھ کی بالیدگی (growth) متاثر ہوتی ہے کچھ کے پھل اور پھول متاثر ہوتے ہیں اور کچھ سوکھ بھی جاتے ہیں۔

۲) عمارتوں، دھاتوں (metals) اور سنگ مرمر کو بھی نقصان پہنچتا ہے اور خاص طور پر سلفر اور نائٹروجن کے آکسائیڈس انہیں بدرنگ اور کمزور کرتے ہیں۔

۳) $SO_2$ کی وجہ سے چمڑے کو بھی نقصان پہنچتا ہے۔

۴) اگر کرۂ ہوا (atmosphere) میں $SO_2$ کا تناسب زیادہ ہوجائے تو لوہے اور فولاد (steel) میں زنگ لگ جاتی ہے اور وہ کمزور ہوجاتے ہیں۔

۵) ہوا میں موجود متعفِّن کی وجہ سے اور گرین ہاؤس گیسوں کے بڑے پیمانے پر اخراج سے دنیا کی حرارت بڑھ رہی ہے (global warming)، گلیشیر پگھل رہے ہیں اور تیزابی بارش ہورہی ہے۔

۶) بہت ساری خوبصورت عمارتیں کو ہوا میں موجود متعفِّن کی وجہ سے نقصان ہو رہا ہے مثال کے طور پر تاج محل اور امریکہ کی Statue of Liberty ان متعفِّن کی وجہ سے بدرنگ ہو رہے ہیں۔

## ہوا کی آلودگی کو روکنے کے طریقے

۱) کارخانوں میں، بھٹوں میں (جہاں اینٹ بنتی ہے) اور دوسرے صنعتی جگہوں پر چمنیوں کو بہت اونچا کرنا چاہئے جس سے کہ دھوئیں اور دوسرے ذرّات نیچے نہ رہ جائیں۔

۲) ہم کو توانائی کے روایتی ذرائع (مثال کے طور پر لکڑی، کوئلہ وغیرہ) کی جگہ پر غیر روایتی طریقوں (جیسے اٹامک توانائی، شمسی توانائی، ہوا کی توانائی وغیرہ) کا استعمال کرنا چاہئے۔

۳) گاڑیوں میں ہمیشہ unleaded petrol کا استعمال کرنا چاہئے۔ اس سے آلودگی کم پیدا ہوتی ہے۔

۴) بڑے شہروں یا چھوٹے شہروں میں جہاں تک ہوسکے عوامی ٹرانسپورٹ (جیسے بس، میٹرو ریل یا لوکل ریل وغیرہ) کا استعمال کرنا چاہئے اور یا تو سائیکل کا۔ گاڑیوں کا استعمال جہاں تک ہوسکے کم کرنا چاہئے۔

۵) ہم کو air conditioner وغیرہ کا کم استعمال کرنا چاہئے۔ اس بات کی کوشش کرنی چاہئے کہ پنکھا یا کولر (cooler) زیادہ سے زیادہ لوگ ایک ساتھ بیٹھ کر استعمال کریں۔

۶) زیادہ سے زیادہ پیڑ پودے لگا کر بڑے پیمانے پر ہریالی لانے کو شش کرنی چاہئے۔

## ہوا کی آلودگی کو روکنے کی تکنیکیں

ہوا کی آلودگی کو روکنے کی تکنیکیں اُن میں پائے جانے والے متعفِّن پر منحصر کرتی ہیں۔ ہوا کی آلودگی روکنے کی اہم تکنیکیں مندرجہ ذیل ہیں:۔

۱۔ اسرائی تکنیکیں (Gravity Techniques)

۲۔ چھنائی کی تکنیکیں (Filtration Techniques)

۳۔ جذب کرنے والی تکنیکیں (Absorption Techniques)

۴۔ حارّی رسوب سازی (Thermal Precipitation)

۵۔ برقی رسوب سازی (Electrostatic Precipitation)

برقی رسوب سازی میں بجلی کی مدد سے متعفِن کو الگ کرکے ہوا کو صاف کیا جاتا ہے اِس کے لئے مندرجہ ذیل تصویر 6.1 میں بیان کی گئی دو تکنیکیں اپنائی جاتی ہیں۔

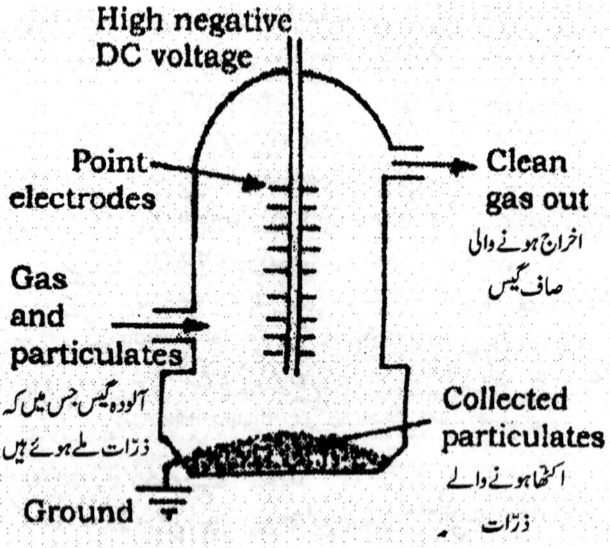


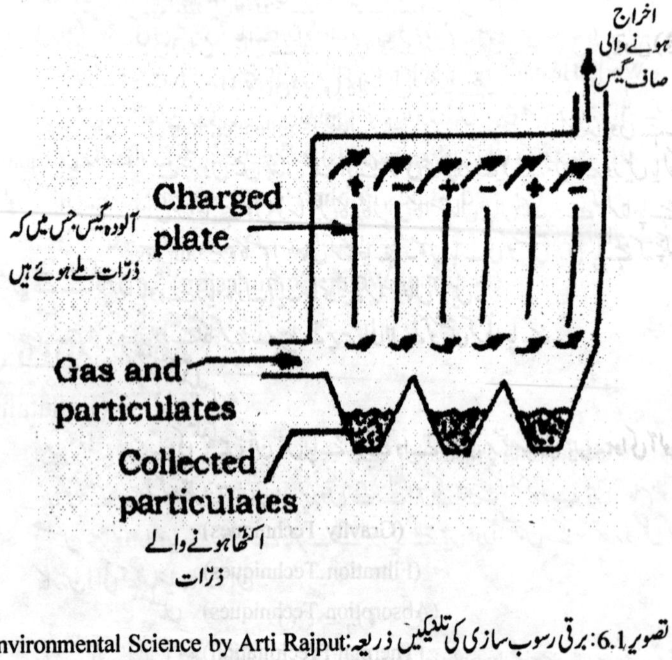


تصویر 6.1: برقی رسوب سازی کی تکنیکیں ذریعہ: Environmental Science by Arti Rajput

## ۲) پانی کی آلودگی
## (Water Pollution)

پانی ہماری زندگی کے لئے ہوا کے بعد دوسری اہم ضرورت۔ کسی بھی جاندار کے جسم کا تقریباً -60% 80% حصہ پانی ہی ہوتا ہے۔ سبزیوں میں عام طور پر 90 سے 99% حصّہ پانی ہوتا ہے۔ ہماری زمین کا تقریباً 71% حصّہ پانی ہی ہے اس کے باوجود زمین پر تازے پانی کی کمی ہے (تازہ پانی وہ ہے جس میں نمک کی مقدار 0.1% ہو) کیونکہ تمام موجود پانی کا تقریباً 97% حصّہ سمندروں میں ہے جو کہ نمکین ہوتا ہے۔ صرف 0.77% پانی ہی تازہ ہے جو کہ ندیوں، جھیلوں اور تالابوں کی شکل میں ہمارے سامنے موجود ہے۔ باقی یعنی 2.23% پانی برف اور گلیشیر کی شکل میں جما ہوا ہے۔ زمین پر موجود پانی اور زمین کے اندر کے پانی میں ہماری کئی سرگرمیوں کی وجہ سے بہت ساری آلودگیاں پیدا ہو رہی ہیں جن کے نتیجے میں انسانی صحت کو نقصان پہنچ رہا ہے، صاف پینے کے پانی کی کمی ہو رہی ہے۔ پانی کے معیار میں گراوٹ آ رہی ہے اور ایک اندازے کے مطابق ہندوستانی آبادی کا 50-60% حصّہ پانی میں پیدا ہونے والی یا پانی کے ذریعہ سے پھیلنے والی بیماریوں کی وجہ سے پریشان ہے اور تمام اموات کا تقریباً 30-40% حصہ آلودہ پانی کی وجہ سے ہو رہا ہے۔ اس لئے ہمیں پانی کی آلودگی وجہ سمجھ کر اُسے روکنے کی کوشش کرنی ہوگی۔ لیکن اِس سے پہلے ہمیں پانی کی آلودگی کی تعریف جاننی ہوگی۔ پانی کی آلودگی کی اہم تعاریف مندرجہ ذیل ہیں:-

''قدرتی طور پر یا انسانوں کے ذریعے باہری مادّوں (foreign substances) کا انسانوں کی ضرورت کے لئے مہیا کرائے جارہے پانی میں اس حد تک ملنا جو انسانی زندگی کے لئے نقصان دہ ہو اور جس سے پانی کی عام آکسیجن کی سطح میں کمی آجائے اور وہ مختلف طرح کی بیماریوں کو پیدا کرنے لگے تو ہم ایسے پانی کو آلودہ پانی اور اِس عمل کو پانی کی آلودگی کہتے ہیں۔'' - World Health Organisation (WHO)

''پانی میں کسی نقصان دہ مادّے (toxic substance) کی اس طرح موجودگی جو پانی کے معیار (quality) میں گراوٹ لائے جس سے کہ خدشات (hazards) پیدا ہوں یا پانی کی افادیت کم ہو جائے، پانی کی آلودگی کہلاتی ہے''۔ (United States Public Health Service)

''پانی کو آلودہ تب کہا جاتا ہے جب کہ یہ اتنے اونچے معیار کا نہ ہو جس سے کہ یہ انسان کے حال یا مستقبل کے لئے افادی ہو۔'' (National Water Commission)

### پانی کو آلودہ کرنے والے متعفّن
### (Pollutants)

۱) ایسے متعفّن جو کہ پانی کی آکسیجن کو جذب کر لیتے ہیں (Oxygen- demanding wastes) اور اس کے معیار کو ہلکا کر کے انسان اور پودوں کے لئے اس کی اہمیت کو کم کر دیتے ہیں۔ عام طور پر یہ متعفّن پیڑ پودھوں یا جانوروں سے کچرے کے طور پر نکلتے ہیں اور آکسیجن کے ساتھ ردّ عمل کر کے کاربن ڈائی آکسائیڈ بناتے ہیں۔

$$C + O_2 \Rightarrow CO_2$$

۲) بیماری پیدا کرنے والے متعفّن جو کہ معیادی بخار (typhoid), hapatitis, وغیرہ بیماریاں پیدا کرتے ہیں۔

۳) ایسے متعفِن جو کہ جراثیم کش دواؤں، زرعی کیمیکل اور detergents وغیرہ سے نکل کر پانی کے ذرائع میں مل کر اُسے آلودہ بناتے ہیں۔
۴) ایسے متعفِن جو کہ کھدانوں سے نکل کر پانی کو آلودہ کرتے ہیں۔
۵) کچھ تاب کار متعفِن جو کہ U-235 وغیرہ سے پانی میں ملتے ہیں۔

## پانی کی آلودگی کی درجہ بندی

## (Classification of Water Pollution)

۱) طبعی آلودگی (physical pollution): اس آلودگی کے تحت پانی کی طبعی خصوصیات جیسے رنگ، ذائقہ، خوشبو وغیرہ میں تبدیلی آجاتی ہے۔
۲) کیمیاوی تبدیلی (chemical pollution): اس آلودگی کے تحت پانی کی کیمیاوی خصوصیات جیسے pH, alkalinity, acidity وغیرہ میں تبدیلی آجاتی ہے۔
۳) حیاتاتی آلودگی (biological pollution): اس طرح کی آلودگی میں پانی میں بیکٹیریا، جراثیم، وائرس، algae وغیرہ مل کر اُسے آلودہ کردیتے ہیں۔

## پانی کی آلودگی کے ذرائع

## (Sources of Water Pollution)

پانی کی آلودگی کے ذرائع کو مندرجہ ذیل جدول 6.4 میں پیش کیا گیا ہے:

جدول 6.4: پانی کی آلودگی کے ذرائع

| انسانی ذرائع (Human Sources) | قدرتی ذرائع (Natural Sources) |
|---|---|
| ۱- گھر سے نکلنے والا کچرا (Domestic Waste) | ۱- آتش فشاں کا پھٹنا (Volcano Eruption) |
| ۲- صنعتوں کا کچرا (Industrial Effluents) | ۲- زلزلے کا آنا (Earth quake) |
| ۳- زراعت سے نکلنے والا کچرا (Agricultural Effluents) | ۳- مٹی کا کٹاؤ (Soil erosion) |
| ۴- ریڈیو ایکٹیو کچرا (Radio Active Waste) | ۴- سیلاب (Flood) |
| ۵- حرارت (گرمی) (Heat) | ۵- تیز آندھی اور طوفان (Cyclone) |
| ۶- تیل یا تیل جیسا کچرا (Oil and Greese) | |
| ۷- کھدانوں سے نکلنے والے ذرّات (Products of Mining) | |

اِن میں انسانوں کے ذریعے ہونے والی آلودگی زیادہ مسائل پیدا کرتی ہے اور اِس کی وجوہات مندرجہ ذیل ہیں:

۱- بہت ساری صنعتیں اور کارخانے اپنے کچرے کو سیدھے ندیوں میں گراتے ہیں اور پانی کو آلودہ کرتے

ہیں۔ مثال کے طور پر کاغذ بنانے والے کارخانوں سے lignin, cellulose, fibre اور دوسرے chemicals نکلتے ہیں جو کہ پانی کو نقصان پہنچاتے ہیں۔ میٹل بنانے والی صنعتیں زنک، شیشہ، Copper Cadmium وغیرہ پانی میں ملاتی ہیں اور پیٹرولیم refineries بہت سارے hydrocarbons وغیرہ پانی میں ملاتی ہیں۔

۲- کھیتوں میں استعمال کیے جانے والے فرٹی لائزرس، جراثیم کش دوائیں وغیرہ پانی میں مل کر اُس کے رنگ خوشبو اور quality کو بری طرح متاثر کرتے ہیں۔

۳- گھروں سے نکلنے والے گندے پانی کی نکاسی تالابوں، یا دوسرے ذرائع میں کی جاتی ہے۔ اس پانی میں بہت سارے جراثیم، detergent پلاسٹک اور دوسرے نقصان دہ مادّے ہوتے ہیں جو کہ پانی کے معیار کو متاثر کرتے ہیں۔

۴- بڑے پیانے پر نیوکلیر reactors سے نکلنے والے کچرے جس میں کہ U-235 بھی شامل ہے پانی میں مل کر اسے نقصان پہونچاتے ہیں۔

۵- Nuclear Power Plants اور دوسری طرح کے کارخانوں سے بڑے پیانے پر حرارت نکلتی ہے اور یہ پانی میں مل کر اسے نقصان پہونچاتی ہے۔

۶- پانی میں چلنے والی جہازوں اور سواری کے دوسرے ذرائع کی وجہ سے پیٹرول اور دوسرے قسم کے تیل پانی میں مل کر اسے آلودہ کرتے ہیں اور اس میں رہنے والے جانوروں کو بھی نقصان پہنچاتے ہیں۔ ہیں۔ مثال کے طور پر کشمیر کی خوبصورت ڈل جھیل ناؤں اور شکارے سے نکلنے والے تیل کی وجہ سے آلودہ ہورہی ہے۔

۷- عام طور پر کھدانوں سے نکلنے والے کچرے کو بھی پانی میں ملایا جاتا ہے یا پانی کے ذرائع کے قریب کھدائی کی جاتی ہے اس سے بھی پانی کافی حد تک آلودہ ہوجاتا ہے۔

## پانی کی آلودگی کے اثرات

۱) آلودہ پانی انسانی استعمال کے لائق نہیں رہ جاتا ہے اور نہ ہی جانوروں اور پیڑ پودھوں کے لئے افادی رہ جاتا ہے۔

۲) گندے پانی کے، پانی کے ذرائع میں ملنے سے اُس میں پیدا ہونے والے مختلف جانوروں اور پیڑ پودھوں کی پیداوار پر بُرا اثر پڑتا ہے اِسے Eutrophication کا عمل کہتے ہیں۔

۳) آلودہ پانی انسانوں میں بہت سارِی بیماریوں کو پیدا کرتا ہے۔ ایسی اہم بیماریاں جو پانی کی وجہ سے پیدا ہوتی ہیں اُن میں پیلیا (Jaundice)، hepatitis، ہیضہ (cholera)، معیادی بخار (typhoid)، دست (diarrhoea) اور پیٹ کی بہت ساری بیماریاں (gastroenteritis) شامل ہیں۔

## پانی کی آلودگی پر قابو پانے کے طریقے

۱) گھروں سے نکلنے والے پانی کو پہلے کیمیاوی ردِ عمل (chemically treat) کرکے پھر ندیوں، تالابوں یا پانی کے دوسرے ذرائع تک پہنچانا چاہئے۔

۲) پانی کے ذرائع میں سیدھے کپڑا دھونے یا نہانے کو بند کرنا چاہئے۔

۳) جانوروں کے پانی کے ذرائع میں سیدھے نہانے یا داخل ہونے پر بھی قابو کرنا چاہئے۔
۴) کھیتوں میں بہت زیادہ تعداد میں chemicals کا استعمال بند کرنا چاہئے۔
۵) پانی کی آلودگی کو کم کرنے کے لئے سرکار کو لوگوں کے اندر آگاہی پیدا کرنا چاہئے اور مختلف قسم کے قوانین جو پہلے سے بنائے جا چکے ہیں اُن پر سختی سے عمل درآمد کرنا چاہئے۔

## آلودہ پانی کو صاف کرنے کے طریقے

آلودہ پانی کو صاف کرنے کے اہم طریقے مندرجہ ذیل ہیں:-

۱) اُبالنا(Boiling): پانی کو 5 سے 10 منٹ تک اُبال لینے سے اس کے اندر کے کافی جراثیم مر جاتے ہیں۔ اس کے علاوہ کچھ جگہوں پر پانی میں Calcium زیادہ مقدار میں ہوتا ہے۔ اگر ہم اُسے دیر تک اُبال کر ٹھنڈا کر کے استعمال کریں تو اُس میں calcium کی تعداد کم ہو جاتی ہے۔

۲) کیمیائی طریقے(chemical methods): پانی میں بہت سارے جراثیم ایسے ہوتے ہیں کہ اگر ہم کیمیائی طریقہ استعمال کریں تو ان کا اثر زائل ہو جاتا ہے اور وہ پانی انسانوں کے لئے نقصان دہ بھی نہیں ہوتا ہے۔ مثال کے طور پر bleaching پاؤڈر کا استعمال۔ اس کے علاوہ بازار میں کلورین کے tablets بھی آسانی سے دستیاب ہیں ہم ان کا بھی استعمال کر سکتے ہیں۔ ایسا کہا جاتا ہے کہ ایک کلورین کی tablet 15-20 لیٹر پانی کو صاف کرنے کے لئے کافی ہے۔ اس کے علاوہ 2% ethenol solution اور potassium permanganate کو بھی پانی کی صفائی اور جراثیم کے مارنے کے لئے استعمال کیا جا سکتا ہے۔

۳) چھنائی (filtration): پانی کو چھان کر بھی ہم بہت ساری خرابیوں سے بچ سکتے ہیں۔ چھاننے کے لئے ہم باریک کپڑے کا استعمال کر سکتے ہیں اور خاص طور پر اُبلے ہوئے پانی کو چھاننے سے یہ کافی حد تک صاف ہو جاتا ہے۔ لیکن اچھی چھنائی کے لئے بازار میں موجود filter کا استعمال کرنا چاہئے جس میں کہ porcelain کی candles ہوتی ہیں جو کہ غیر ضروری مادوں کو اپنے اندر جذب کرتی رہتی ہیں۔ اور کچھ دنوں کے بعد ہم ان candles کو بدل کر دوسری candles لگا دیتے ہیں۔

۴) اکٹھا کرنا(storage): پانی کو کسی برتن میں اگر ہم 5 سے 10 دنوں تک رکھ دیں تو 90% جراثیم کی تعداد ختم ہو جاتی ہے اور دوسری خراب چیزیں نیچے بیٹھ جاتی ہیں۔ لیکن اس بات کا بھی دھیان رکھنا چاہئے کہ اگر ہم زیادہ دنوں کے لئے پانی کو اکٹھا کریں گے تو اس میں algae وغیرہ پیدا ہو سکتے ہیں اور یہ بدبودار ہو سکتا ہے اور اس کا رنگ بھی بدل سکتا ہے۔

۵) Reverse Osmosis (RO): یہ پانی کو صاف کرنے کا سب سے بہترین مگر سب سے مہنگا طریقہ ہے۔ اس میں اس طرح کے آلات کا استعمال کیا جاتا ہے جو بجلی یا بیٹری سے چل کر پانی کو پہلے ایک خاص temperatute پر گرم کرتے ہیں۔ اور پھر ٹھنڈا کرتے ہیں۔ اس سے اُس میں موجود بہت سارے جراثیم اور نقصان پہنچا دینے والے مادّے ختم ہو جاتے ہیں۔ لیکن اس طرح کے عمل میں کافی پانی کی ضرورت ہوتی ہے اور یہ 70% پانی نکال کر باہر کر دیتا ہے۔

## ۳) مٹّی کی آلودگی

## (Soil Pollution)

دنیا میں پائے جانے والے تمام جاندار دانستہ یا نادانستہ طور پر مٹی پر منحصر ہوتے ہیں۔ ہم مٹی سے اپنی مختلف زرعی ضرورتوں کو پورا کرتے ہیں۔ اور جنگلات اوران میں پائی جانے والی بہت ساری چیزیں جو کہ ہماری زندگی کے لئے بڑی اہم ہیں وہ تمام چیزیں مٹی سے ہمیں تبھی مل سکتی ہیں جب کہ ہم مٹّی کو زرخیز (fertile) رکھیں۔ لیکن آج کے دور میں بڑے پیمانے پر صنعتی کچروں اور دوسری وجوہات سے مٹی بہت آلودہ ہو رہی ہے۔ مٹی کی آلودگی کو ہم اس طرح بیان کرسکتے ہیں۔ ''مٹی میں ایسے عناصر کی شمولیت کا عمل جس میں اس کی طبعی، کیمیاوی اور حیاتیاتی ساخت بُری طرح متاثر ہوتی ہے اور اس کی زرخیزی میں کمی آتی ہے، مٹی کی آلودگی کہلاتی ہے۔'' مٹی کی آلودگی دو طرح کی ہوتی ہے۔

۱) مثبت آلودگی (Positive Soil Pollution): اس طرح کی آلودگی میں مٹی میں ایسے ناچاہے جانے والے عناصر شامل ہوتے ہیں، جس سے مٹی انسانی استعمال کے لئے کم موزوں یا معقول رہ جاتی ہے۔ مثال کے طور پر مٹی میں جراثیم کش دواؤں (pesticides) کا ملنا مٹّی کو مثبت طور پر آلودہ کرتا ہے۔

۲) منفی آلودگی (Negative Soil Pollution): اس طرح کی آلودگی میں مٹی میں موجود فائدے مند عناصر کا نقصان ہوتا ہے اور اس سے وہ مٹی انسانوں کے لئے زیادہ کارآمد نہیں رہ جاتی ہے۔ مثال کے طور پر مٹی کے اوپر کی گھاس کا ضرورت سے زیادہ استعمال، مٹی کا کٹاؤ (soil erosion) اور مختلف طرح کے ترقیاتی کام مٹّی کو منفی طور پر آلودہ کرتے ہیں۔

## مٹی کی آلودگی کی وجوہات

## (Causes of Soil Pollution)

مٹی کی آلودگی کی اہم وجوہات مندرجہ ذیل ہیں:

مٹی کی آلودگی کی وجوہات

| انسانی وجوہات | قدرتی وجوہات |
|---|---|
| (Man-made causes) | (Natural Causes) |
| ۱- کھدان کا کام (Mining) | ۱- سیلاب (Floods) |
| ۲- بخارات ذا مادّے (Fumigants) | ۲- زلزلہ (Earth quake) |
| ۳- صنعت کاری (Industrialisation) | ۳- آندھی طوفان کے ساتھ تیز بارش (Hurricane) |
| ۴- شہروں سے نکلنے والے کچروں کو مٹی میں ملانا (Urban wastes) | ۴- تیزابی بارش (Acid Rain) |
| ۵- جراثیم کش دوائیں (Pesticides) | |
| ۶- کھاد کا زیادہ استعمال (Fertilizers) | |
| ۷- تاب کار کچرے (Radio Active Wastes) | |

اِن تمام وجوہات کو اگلے صفحہ پر موجود تصویر 6.2 کی مدد سے سمجھا جاسکتا ہے:

۱- کھدانوں کی کھدائی کے عمل میں بڑے پیمانے پر minerals زمین کے اندر سے نکالے جاتے ہیں اور

ان کے بہت سارے ذرّات زمین میں مل جاتے ہیں اور مٹی کی زرخیزی کو بُری طرح متاثر کرتے ہیں۔

۲- بخارات ذا ماڈے بھی مٹی کی آلودگی کے لئے ذمّہ دار ہوتے ہیں۔ یہ ایسے مادّے ہوتے ہیں جو کہ مٹی کی حفاظت اور اس کی زرخیزی بڑھاتے ہیں۔ اور لوگ ان کا استعمال کرتے ہیں۔ لیکن ان میں ایسے عناصر بھی پائے جاتے ہیں جیسے lead اور cadmium جو کہ نقصان دہ ہوتے ہیں۔

۳- صنعت کاری کے عمل میں بہت سارے ایسے مادّے نکلتے ہیں جو کہ مٹی کو نقصان پہنچاتے ہیں۔ مثال کے طور پر بھٹّیوں سے اُڑنے والی راکھ نکلتی ہے، کاغذ بنانے والی صنعتوں سے بہت سارے ذرّات نکلتے ہیں جو کہ آسانی سے جذب نہیں ہوتے ہیں۔ اسٹیل کی صنعت سے cynides اور phenols نکلتے ہیں۔ کپڑے والی ملوں سے کلورائڈ آین نکلتے ہیں۔ اور چمڑے والی صنعتوں سے مختلف طرح کے رنگ نکلتے ہیں۔ یہ سب مل کر مٹی کو آلودہ کرتے ہیں۔

۴- شہروں میں نکلنے والے کوڑے کچرے عام طور پر کھیتوں یا کھلے میدان میں پھینک دیئے جاتے ہیں۔ اس میں بہت سارے ایسے مادّے ہوتے ہیں جو مٹی کو نقصان پہنچاتے ہیں۔ کچھ چیزیں ایسی بھی ہوتی ہیں جو نہ کہ سڑتی ہیں اور نہ ہی ختم ہوتی ہیں جیسے polythene اور آخر میں یہ زمین کی زرخیزی کو کم کر دیتی ہیں اور مٹی میں اُگنے والے پودوں کی بالیدگی کو بھی متاثر کرتی ہیں۔

۵- کھیتوں میں اُگی ہوئی فصل کو کیڑوں اور جراثیم سے بچانے کے لئے آج کل کے کسان بڑے پیمانے پر pesticides کا استعمال کرتے ہیں۔ لیکن اس میں کچھ نقصان دہ مادے ہوتے ہیں جو کہ مٹی کی زرخیزی کو متاثر کرتے ہیں۔ اور فصلوں سے اگنے والی سبزیاں اور پھلوں میں مل کر انسان کے جسم کے اندر پہنچ جاتے ہیں اور بہت ساری بیماریاں پیدا کرتے ہیں۔

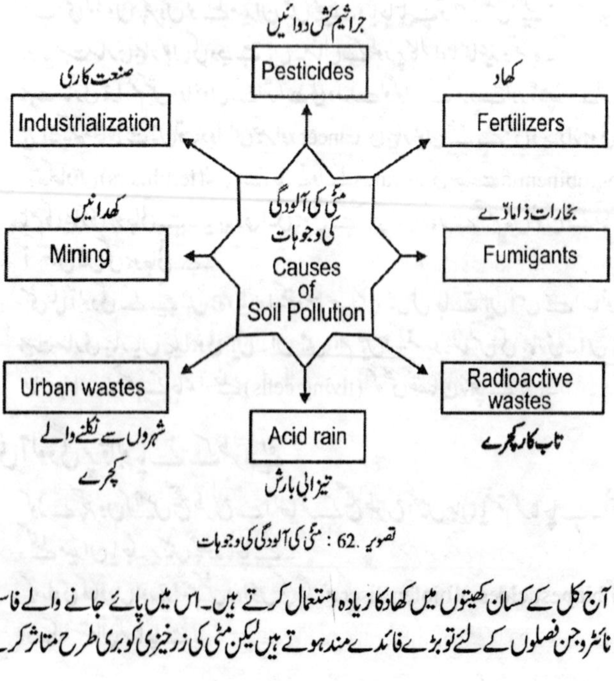


تصویر 62. : مٹی کی آلودگی کی وجوہات

۶- آج کل کے کسان کھیتوں میں کھاد کا زیادہ استعمال کرتے ہیں۔ اس میں پائے جانے والے فاسفیٹ اور نائٹروجن فصلوں کے لئے تو بڑے فائدے مند ہوتے ہیں لیکن مٹی کی زرخیزی کو بری طرح متاثر کرتے ہیں۔

۷- بہت سارے ریڈیو ایکٹیو مادّے جیسے Iodine-129 اور Strontium 90 وغیرہ زمین میں مل کر اس کی زرخیزی کو متاثر کرتے ہیں۔ اور بعد میں یہ عناصر کھانے والی چیزوں (پھلوں اور سبزیوں) میں مل کر انسانوں میں پہنچتے ہیں اور کئی ساری بیماریاں پیدا کرتے ہیں۔

۸- تیزابی بارش بھی مٹّی کی آلودگی کے لئے ذمّہ داری ہوتی ہے۔ تیزابی بارش کا مطلب ہوتا ہے بارش کے پانی میں ضرورت سے زیادہ مقدار میں تیزاب (acid) کا پایا جانا۔ اس کی وجہ سے چٹانوں اور پہاڑوں کو نقصان پہنچتا ہے۔ اور زمین میں پائے جانے والے ایسے جراثیم جو کہ مٹّی کی زرخیزی کو بڑھاتے ہیں۔ ان کو بھی نقصان پہنچتا ہے۔ اس کے علاوہ گھروں کی painting اور ان کے پتھروں کو بھی نقصان پہنچتا ہے۔

۹- اِن سب وجوہات کے علاوہ سیلاب، زلزلہ، آندھی اور طوفان سے بھی مٹّی کافی آلودہ ہوجاتی ہے۔

## مٹّی کی آلودگی کے اثرات

۱) گھریلو کچروں اور کوڑوں (solid wastes) کو کھلے میدان میں یا زمین پر پھینک دینے سے پورے ماحول میں بہت خراب قسم کی بدبو پھیل جاتی ہے۔

۲) مٹّی میں بھاری معدنیات کے ذرّات (مثال کے طور پر لوہے، اسٹیل، کاپر، زِنک یا کیڈمیم) کو ملا دینے سے اس کے اندر موجود فائدے مند جراثیم جو کہ مٹّی کی زرخیزی بڑھاتے ہیں، مرجاتے ہیں۔

۳) مٹّی کی آلودگی، مٹّی کے اوپر کے پانی (surface water) اور زمین کے اندر کے پانی (ground water) دونوں کو ہی آلودہ کرتی ہے۔ مثال کے طور پر مٹّی میں کھاد اور جراثیم کش دواؤں کے ملانے سے پانی آلودہ ہوتا ہے۔

۴) جب بھی کوڑوں کچروں کو کھلے میدان میں پھینک دیا جاتا ہے تو اس میں ایسے جراثیم پیدا ہوتے ہیں جو کہ بہت ساری بیماریوں کی وجہ بنتے ہیں۔ مثال کے طور پر کالرا، ٹائفائیڈ وغیرہ۔

۵) بہت ساری جراثیم کش دواؤں کے اثرات کی وجہ سے لوگوں کے گردے اور پھیپھڑے خراب ہو رہے ہیں۔ کچھ معاملات میں تو یہ دوائیں جگر اور cancer کی بیماریوں کے لئے بھی ذمہ دار ہوتی ہیں۔

۶) کچھ کھادوں (fertilizers) میں پائے جانے والے nitrates کی وجہ سے methemoglobinemia نام کی بیماری ہوجاتی ہے۔ یہ بیماری ایسی ہوتی ہے جس میں ہمارے جسم میں خون کے ساتھ پہنچنے والی آکسیجن میں کمی ہوجاتی ہے۔

۷) مٹّی کی آلودگی کے نتیجے میں جو ریڈیو ایکٹیو عناصر اِس میں مل جاتے ہیں اُس سے انسانوں کے اندر بہت ساری بیماریاں پیدا ہوتی ہیں۔ ان میں اہم ہیں: کینسر اور سانس کی بیماری۔ اس کے علاوہ یہ عناصر ہمارے جسم کے جاندار خلیے (living cells) کو بھی نقصان پہنچاتے ہیں۔

## مٹّی کی آلودگی پر قابو پانے کے طریقے

۱) کوڑے کچروں کو ہمیں صحیح طرح سے اکٹھا کر کے صحیح طرح انہیں جلانا یا ختم کرنا چاہئے۔ انہیں کبھی بھی کھلے میدان یا جگہ پر نہیں چھوڑنا چاہئے۔

۲) کیمیاوی کھادوں اور جراثیم کش دواؤں کی جگہ پر biofertiliser اور biopesticides کا جہاں تک ہوسکے استعمال کرنا چاہئے۔

۳) کوڑے کچروں کا استعمال ہم biogas کے طور پر کر کے اس سے بجلی بنا سکتے ہیں۔
۴) عوام کو اس طرح کے مسائل سے بچنے کے لئے بیداری پیدا کرنا چاہئے اور سختی سے قانون کو نافذ کرنا چاہئے۔
۵) کوڑے کچرے کو recycle کر کے ان کا پھر سے استعمال کرنے کی حوصلہ افزائی کرنے کی ضرورت ہے۔ اس سلسلے میں ابھی حال میں جاپان کے سائنس دانوں نے ایسی مشین بنائی ہے جس میں ردّی کاغذ ڈال کر کچھ دیر کے بعد نیا کاغذ مل جاتا ہے۔ ایسی کوششوں کی اور حوصلہ افزائی کرنے کی ضرورت ہے۔

## ۴) آواز کی آلودگی/صوتی آلودگی

## (Noise Pollution)

لفظ noise کی ابتدا Latin زبان کے لفظ nausea سے ہوئی ہے جس کا مطلب ہوتا ہے کہ انسان کے پیٹ میں اتنی بے چینی ہو کہ وہ فوراً اُلٹی (vomitting) کرنا چاہے۔ اس کا مطلب یہ ہوا کہ noise بے چینی سے جڑا ہوا ہے۔ آج کی ہماری زندگی آواز کے ساتھ اور شور و غل کے ساتھ بہت مضبوطی سے جڑی ہوئی ہے۔ کسی زمانے میں انسان کی صبح چڑیوں کی چہچہاہٹ یا صبح کی چلنے والی ٹھنڈی اور مدمست ہواؤں سے ہوتی تھی۔ لیکن آج انسان کی آنکھ گھڑیوں یا موبائلوں سے بجنے والے alarm سے کھلتی ہے۔ آواز اچھی بھی ہوسکتی ہے، برداشت کرنے کے لائق بھی ہوسکتی ہے اور چڑچڑاہٹ پیدا کرنے والی بھی۔ یہ اس بات پر منحصر کرتا ہے کہ اس آواز کی شدت (intensity) کتنی ہے۔ بڑی تیز آواز انسانوں کے نہ صرف کان بلکہ دماغ اور پورے nervous system کے لئے بڑی نقصان دہ ثابت ہوسکتی ہے۔

ہم ہندوستانی لوگ عام طور پر بڑے شور و غل اور آواز پیدا کرنے والے لوگ ہوتے ہیں۔ ہماری شادیاں، گھروں میں ہونے والی مختلف تقریبات اور مختلف تیوہار بہت شور و غل پیدا کرتے ہیں۔ اس کے علاوہ ہمارے ملک کی آبادی بہت زیادہ ہے۔ اور ابھی ہمارے ملک میں گاڑیوں (automobiles) میں بڑی تیزی سے اضافہ ہو رہا ہے جس سے کہ بڑے پیمانے پر شور و غل پیدا ہو رہا ہے۔ یہ شور و غل یوں تو تمام لوگوں کے لئے نقصادہ دہ ہوتا ہے لیکن بالخصوص طلبا، بیمار لوگوں اور عمر دراز لوگوں کے لئے زیادہ نقصان دہ ہوتا ہے۔ آج کل بڑے پیمانے پر صنعت کاری (industrialisation) ہو رہی ہے اور بڑی بڑی مشینوں کے استعمال کا چلن ہو رہا ہے۔ وہ بھی بہت تیز آواز پیدا کرتی ہیں اور انسان کے چین وسکون کو چھینتی ہیں۔ اس کے علاوہ ہمارے ملک میں جنگلات بھی خوب کٹ رہے ہیں جس سے کہ ہمارے اوپر آواز کے بڑے اثرات سامنے آرہے ہیں۔ ایسا کہا جاتا ہے کہ پیڑ پودھے بہت سارے فائدے پہنچانے کے علاوہ آواز کی شدت کو بھی کم کردیتے ہیں۔ کل ملا کر ہم یہ کہہ سکتے ہیں آواز کی آلودگی انسانی زندگی کے لئے بہت سارے مسائل پیدا کررہی ہے۔ اوران مسائل سے نپٹنے کے لئے ہم کو آواز کی آلودگی پیدا کرنے والے ذرائع اور ان کی کارکردگی کے بارے میں سمجھنا پڑے گا۔ لیکن اس سے پہلے ہم کو اچھی طرح سے یہ سمجھ لینا چاہئے کہ آواز کی آلودگی (noise pollution) کیا ہے؟ آواز کی آلودگی کی دو تعاریف مندرجہ ذیل ہیں:

''شور و غل نہ چاہی جانے والی آواز ہے جو کہ انسان کی تھکان کو اور بڑھاتی ہے۔ اور کچھ مخصوص حالات میں یہ اس کے بہرے پن (deafness) کے لئے ذمہ دار ہوتی ہے۔'' (Harrell)

''آواز کی آلودگی کو ہم ایک ایسی نہ چاہے جانے والی آواز (sound) کے طور پر بیان کرسکتے ہیں جو کہ ماحول میں اس طرح سے پیدا کی جاتی ہے کہ بُرے اثرات کے بارے میں سوچا نہیں جاتا۔'' (Odum,1971)

## آواز کی آلودگی کے ذرائع

## (Sources of Noise Pollution)

آواز کی آلودگی کے ذرائع کو ہم مندرجہ ذیل دو حصوں میں بانٹ سکتے ہیں:

### صنعتی ذرائع (industrial sources)

۱۔ تخلیقی صنعتیں (fabricating industries) مثال کے طور پر بڑے بڑے پتھروں کو توڑ کر چھوٹے ٹکڑوں میں کرنے والی مشین، سڑک کو برابر کرنے والی مشین (roller)، سیمنٹ، کنکریٹ، ریت وغیرہ کو آپس میں ملانے والی مشین، زمین کو کھودنے والی مشین اور مٹی اُٹھانے والی مشینوں کی آواز وغیرہ۔

۲۔ بجلی پیدا کرنے والی صنعتیں (power generating industries) ان میں موجود turbine generators, air compressors، بڑے بڑے generators وغیرہ کی آوازیں۔

۳۔ ایسی صنعتیں جہاں پر ایک چیز کو پگھلا کر دوسری چیز بنائی جاتی ہے۔ (processing industries) ان میں موجود بڑی بڑی بھٹیوں (furnaces) اور heat exchangers وغیرہ سے کافی تیز آواز پیدا ہوتی ہے۔

۴۔ ایسی صنعتیں جہاں پر چھوٹے ٹکڑوں کو ملا کر بڑی مشین بنائی جاتی ہے (product assembly industries) وہاں پر بھی بڑے پیمانے پر آواز پیدا ہوتی ہے۔

### غیر صنعتی ذرائع (non-industrial sources)

۱۔ ہوائی جہازوں سے پیدا ہونے والی آواز (aircraft noise)۔ اس میں جیٹ پلینوں، ہیلی کاپٹروں اور fighter planes کی آواز شامل ہیں۔

۲۔ ریل گاڑیوں کی آواز خاص طور پر جب وہ بہت تیز رفتار سے چلتی ہیں اور جب سیٹی (horn) بجاتی ہیں۔

۳۔ تخلیقی کام (construction work) کرتے وقت مشینوں اور generators وغیرہ کی آواز۔

۴۔ روڈ پر چلنے والی ٹریفک کی آواز، گاڑیوں کے انجن کے شور، ہارن اور مختلف گاڑیوں میں بڑی تیز آواز کے ساتھ بجنے والے گانے وغیرہ۔ ان سب کی وجہ سے بڑے پیمانے پر vibration پیدا ہوتا ہے اور آواز گونجتی ہے۔

۵۔ زراعت کے عمل میں استعمال ہونے والے بہت سارے آلات جیسے thrashers. tractors وغیرہ کی آواز۔

۶۔ فوجی نقل وحرکت کی وجہ سے پیدا ہونے والی آواز۔ مثال کے طور پر مشق کے لئے نشانے بازی، دھماکوں کی جانچ کرنا، نئے راکٹ اور جہاز کو جانچنا اور بھاری بھرکم ہتھیاروں اور گولا بارود کو ایک جگہ سے دوسری جگہ لے جانا۔

۷۔ Ambulance، پولس اور VIP گاڑیوں سے بجنے والے سائرن (siren) کی آواز۔

۸۔ ہمارے ملک میں منعقد ہونے والے شادی بیاہ، birthday پارٹیوں وغیرہ کی تقریبات سے پیدا ہونے والی آواز۔

۹۔ electromagnetic wave جو کہ T.V., mobile وغیرہ سے پیدا ہوتی ہیں۔

## آواز کی آلودگی کے انسانی زندگی پر اثرات

ا) آواز کی آلودگی کا سب سے گہرا اثر انسان کی سننے کی صلاحیت (auditory capacity) پر پڑتا ہے۔ بہت تیز آواز انسان کی سن سکنے والی استعداد کو تھوڑا اوپر کر دیتی ہے جس سے پھر اسے دھیمی آواز سنائی نہیں پڑتی ہے اس کے علاوہ تیز آواز کانوں کے خلیے (cells) کو بھی متاثر کرتی ہے ۔ نیچے کی تصویر 6.3 میں ہم ایک عام انسان کے کان کی استعداد کی تفصیل دے رہے ہیں جس کے اوپر کی آواز اس کے لئے تکلیف دہ ہوتی ہے۔ یہاں پر ایک وضاحت کرنا ضروری ہے کہ آواز کی شدّت کی پیائش decibell (db) میں کی جاتی ہے۔

اس کے علاوہ ایک انسان کو زیادہ شور وغل کے بیچ کتنی دیر تک رہنا چاہئے جس سے کہ اس کی قوتِ سماعت پر بُرا اثر نہ پڑے اس کی بھی تفصیل نیچے دی گئی ہے۔ اس جدول 6.5 سے ہمیں یہ بات پتہ چلتی ہے کہ ہم کو 115db سے زیادہ آواز کے بیچ میں نہیں رہنا چاہئے ( آواز کی شدّت کی پیائش db میں کی جاتی ہے )۔

**Table 6.5: Permissible Exposure at Different Noise Levels**

| Noise level (db) آواز | Total time of exposure (hours) کتنی دیر رہا جا سکتا ہے | Noise level آواز | Total time of exposure (hour) کتنی دیر رہا جا سکتا ہے |
|---|---|---|---|
| 90 | 8 | 102 | 3/2 |
| 92 | 6 | 105 | 1 |
| 95 | 4 | 107 | 3/4 |
| 97 | 3 | 110 | 1/2 |
| 100 | 2 | 115 | 1/4 |

۲) تیز آواز سے انسان کے جسم اور اس کے اعضاء کو بہت سارے طریقوں سے نقصان پہنچتا ہے۔ بہت تیز آواز سے blood sugar کی سطح بڑھ جاتی ہے، انسان کی قوت مدافعت (immune system) کمزور ہو جاتی ہے اور جگر کے خون سکے صاف کرنے کے عمل میں کمزوری آجاتی ہے۔ اس کے علاوہ انسان کے اندر چڑچڑاہٹ (irritation)، تھکان (fatigue)، غصہ (annoyance) وغیرہ بھی پیدا ہوتا ہے۔ کتنی آواز سے انسان کے جسم کو کیا کیا نقصان پہونچ سکتا ہے، اس کی تفصیل جدول 6.6 میں دی گئی ہے:

جدول 6.6: آواز کی شدّت کے اثرات

| آواز (db میں) | ہونے والے نقصانات (harms) |
|---|---|
| db 25- 45 | ذہن کے سکون کو منتشر کرتا ہے، اس کے آرام میں خلل ڈالتا ہے اور صحت کو نقصان پہنچاتا ہے۔ |
| db 45- 60 | غصہ پیدا کرتا ہے اور ہاضمے کے نظام (digestive system) کو متاثر کرتا ہے۔ |
| db 60- 80 | nervous system میں کشیدگی (strain) پیدا کرتا ہے، جذباتی طور پر منتشر کرتا ہے، تشدد کے احساسات پیدا کرتا ہے ۔ اور بہت ساری دماغی بیماریوں کے لئے ذمے دار ہوتا ہے۔ |
| db 80- 120 | انسان کی قوت سماعت کے مکمل طور پر ختم ہونے کا اندیشہ رہتا ہے۔ |

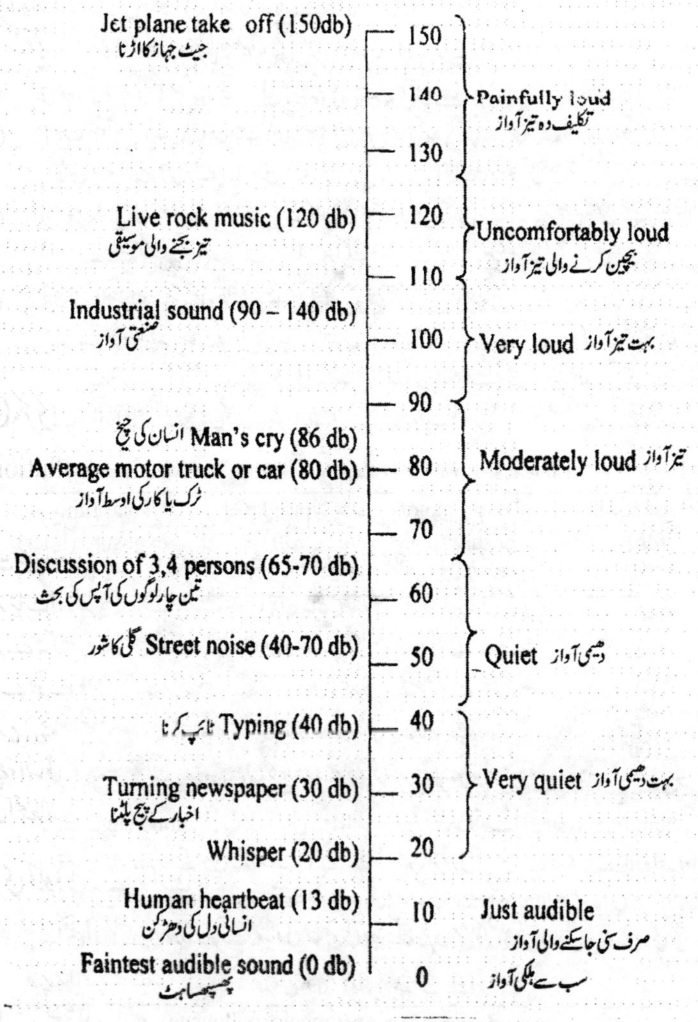


تصویر 6.3: مختلف طرح کی آواز کی شدت

۳) لوگوں کو اپنی باتوں کو کہنے کے لئے تیز آواز میں بات کرنی پڑتی ہے۔ خاص طور پر بچوں کو بڑا مسئلہ درپیش آتا ہے۔

۴) تیز آواز لوگوں کے سونے (sleep) میں خلل ڈالتی ہے جس سے کہ چڑچڑاہٹ پیدا ہوتی ہے۔

۵) تیز آواز چڑیوں کی سرگرمیوں اور انہیں اپنے بچوں کو کچھ سکھانے کے عمل میں رُکاوٹ پیدا کرتی ہے۔

## تیز آواز (آواز کی آلودگی) پر قابو پانے کے طریقے

۱) پُرانی گاڑیوں یا مشینوں کو یا تو ہٹا دینا چاہئے یا تو ان کی ایسی مرمت کرنی چاہئے کہ کم سے کم آواز پیدا ہو۔

۲) تمام طرح کے انجن میں وقفے وقفے پر checking ہونی چاہئے اور greese ڈالتے رہنا چاہئے۔

۳) آج کل ایسے silencers یا mufflers آتے ہیں جو آواز کی شدت کو کم کردیتے ہیں۔ ہمیں زیادہ سے زیادہ ان کا استعمال کرنا چاہئے۔

۴) بڑے پیمانے پر پیڑ پودھوں کو لگانے کا کام شروع کرنا چاہئے۔ اس سے آواز کی شدت اور اس کے نقصانات میں کمی آجاتی ہے۔

۵) فیکٹری یا صنعتوں میں کام کرنے والے لوگوں کو تیز آواز سے بچنے کے لئے روئی (cotton)، ear plugs وغیرہ کا استعمال کرنا چاہئے۔

## ۵) بحری/سمندری آلودگی

## (Marine Pollution)

زمین کے پورے علاقے کا تقریباً 71% حصّہ سمندر (oceans) سے گھِرا ہوا ہے اور یہ ماحول کے بہت ہی اہم اجزاءء میں سے ایک ہے۔ انسانوں کی زندگی بہت حد تک سمندر میں پائے جانے والی معدنیات اور غذا پر منحصر ہے۔ پچھلے کچھ سالوں سے سمندری آلودگی خطرناک شرح سے بڑھ رہی ہے جس کی وجہ سے نہ کہ صرف بحری زندگی بلکہ انسانوں کی زندگی بھی متاثر ہوئی ہے۔ اقوام متّحدہ کے بحری آلودگی سے جڑے ہوئے ماہرین کے گروہ کی رائے میں بحری آلودگی سے مراد ہے ''بحری ماحول میں دانستہ یا نادانستہ طور پر ایسے عناصر یا توانائی کا ملایا جانا جس سے کہ اس میں پائے جانے والے حیوانات یا نباتات کو نقصان پہنچے، انسانی صحت کو نقصان پہنچے، مچھلیوں کا شکار وغیرہ بُری طرح سے متاثر ہو اور سمندر کے پانی کے معیار میں انحطاط ہو''۔

## بحری آلودگی کے اثرات

۱) جراثیم کش دوائیں اور دوسرے کیمیاوی عناصر کی وجہ سے بحری چڑیوں (marine birds) کے انڈوں پر بُرا اثر پڑتا ہے۔

۲) عضویاتی متعفّن (organic pollutants) کی وجہ سے مختلف طرح کے آبی ذی حیات وجود (aquatic organism) کی بالیدگی پر بُرا اثر پڑتا ہے۔

۳) جراثیم کش دوائیں سمندری غذاؤں (sea foods) میں مل جاتی ہیں اور اُن کے ذریعے ہمیں نقصان پہنچاتی ہیں۔

۴) صنعتی کچروں میں شامل dioxins اور polychlorinated biphenyls کی وجہ سے بحری ذی حیات وجود کی تولید (reproductive system) میں کئی طرح کے مسائل آتے ہیں اور ان کی وجہ سے ان میں کینسر (cancer) ہونے کا بھی خطرہ رہتا ہے۔

۵) صنعتی کچروں کی وجہ سے بحری نباتات میں chlorophyll کی مقدار بہت کم ہوجاتی ہے جس سے کہ

نوری ترکیب (photosynthesis) کا عمل متاثر ہوتا ہے۔ اس وجہ سے بناتات کی بالیدگی اور نشوونما منفی طریقے سے متاثر ہوتی ہے۔

۶) سمندر میں ملنے والے تیل (oilspills) کی وجہ سے پانی میں موجود آکسیجن کی مقدار میں کمی آجاتی ہے اور روشنی صحیح طرح سے پانی کے اندر تک نہیں جاپاتی ہے۔

۷) تیل میں پائے جانے والے مختلف hydrocarbons کی وجہ سے مختلف طرح کے بحری ذی حیات وجود کے genes اور chromosomes میں بہت ساری کمیاں پیدا ہوجاتی ہیں۔

۸) تیل کی وجہ سے مختلف طرح کے سیپ / صدفی حیوانات (molluscs) اور مچھلیوں کے انڈوں اور لاروا پر برا اثر پڑتا ہے۔

## بحری آلودگی پر قابو پانے کے طریقے

۱) کچھ ایسے کیمیاوی عناصر ہوتے ہیں جن کا اگر ہم سمندر میں چھڑکاؤ کردیں تو وہ تیل کے molecules کو توڑ دیتے ہیں اور اس کے نقصاندہ اثرات کو ختم کردیتے ہیں۔ ایسے عناصر کو dispersants کہتے ہیں۔

۲) کچھ کیمیاوی عناصر ایسے ہوتے ہیں جو کہ پانی میں موجود تیل کو سطح پر ہی جذب کرلیتے ہیں۔ ایسے عناصر کو absorbents کہتے ہیں اور ہمیں ان کا استعمال کرنا چاہئے۔

۳) ہم کو زیادہ سے زیادہ اس بات کی کوشش کرنا چاہئے کہ جراثیم کش دوائیں اور دوسرے کیمیاوی عناصر پانی میں کم سے کم مقدار میں ملیں۔

۴) جہازوں کے ذریعے تیل لے جانے کے عمل میں احتیاط برتنا چاہئے اور یہ کوشش کی جانی چاہئے ان کی وجہ سے حادثات نہ ہوں اور تیل نہ پھیلے۔

۵) تیل کی کھدائی کے عمل میں احتیاط برتنا چاہئے اور اس بات کی کوشش ہونی چاہئے کہ ایسے کچروں کو پانی میں نہ ملنے دیں۔

## ۶) حرارتی آلودگی

## (Thermal Pollution)

انسانوں کی اور سماج کی مختلف صنعتی نقل وحرکت اور سرگرمیوں کی وجہ سے بڑے پیمانے پر حرارت پیدا ہوتی ہے جس کی وجہ سے آس پاس کے ماحول کی حرارت بڑھ جاتی ہے اور کچھ ایسے عناصر پیدا ہوتے ہیں جو کہ گرم ہوتے ہیں۔ جب یہ عناصر پانی کے ذرائع میں ملتے ہیں (مثال کے طور پر ندیوں، تالابوں اور جھیلوں میں) تو وہ بھی گرم ہوجاتے ہیں اور اس وجہ سے حرارتی آلودگی پیدا ہوتی ہے۔ اس کو World Health Organisation مندرجہ ذیل الفاظ میں بیان کرتا ہے "جب حارّی عناصر (heated effluents) پانی میں مل کر اُسے آلودہ کرتے ہیں (چاہے وہ قدرتی ذرائع سے نکلیں یا انسانوں کی نقل وحرکت کی وجہ سے) اور اپنے اندر موجود نقصان دہ مادّوں (toxic elements) کی وجہ سے انسانی زندگی یا حیواناتی زندگی یا نباتاتی زندگی کے لئے خطرناک ثابت ہونے لگیں، پانی کے اندر موجود آکسیجن کی سطح میں کمی کرنے لگیں، پانی کو جمالیاتی طور پر غیر موزوں بنانے لگیں اور بہت ساری بیماریوں کو پھیلانے لگیں تو ہم اِسے حرارتی آلودگی کہتے ہیں"۔

مندرجہ ذیل سطروں میں ہم یہ جاننے کی کوشش کریں گے کہ حرارتی آلودگی کی وجوہات کیا ہیں، اس کے اثرات کیا ہیں اور اِسے قابو میں کیسے لایا جاسکتا ہے۔

## حرارتی آلودگی کی وجوہات

۱) بہت ساری صنعتیں ایسی ہوتی ہیں جن کی وجہ سے بہت حرارت پیدا ہوتی ہے جو کہ ماحول کو بھی گرم کرتی ہے اور جب پانی کے ذرائع میں ملتی ہے تو اسے بھی آلودہ کر کے حرارتی آلودگی پیدا کرتی ہے۔

۲) بہت سارے گھریلو استعمال کے سامان مثال کے طور پر گیزر، airconditioner، micro wave oven وغیرہ سے بھی کافی حرارت نکلتی ہے جو کہ حرارتی آلودگی پیدا کرتی ہے۔

۳) نیوکلیائی طریقے سے بجلی پیدا کرنے کے عمل میں کافی تعداد میں حرارت reactor میں پیدا ہوتی ہے اور coolants کے ذریعے جذب کی جاتی ہے بعد میں ان coolants کو آس پاس کے پانی کے ذرائع میں چھوڑا جاتا ہے جس سے کہ حرارتی آلودگی پیدا ہوتی ہے۔

۴) کوئلے سے بجلی پیدا کرنے کے عمل میں کافی حرارت پیدا ہوتی ہے جس کی وجہ سے ماحول میں بھی حرارت بڑھ جاتی ہے اور کاربن ڈائی آکسائیڈ، دھول اور ذرّات ماحول میں بکھر جاتے ہیں۔

## حرارتی آلودگی کے اثرات

۱) حرارتی آلودگی کی وجہ سے پانی کی بہت ساری خصوصیات میں تبدیلی ہو جاتی ہے۔ جیسے جیسے حرارت بڑھتی ہے، پانی کی کثافت (density) اور لزوجیت (viscosity) کم ہوتی ہے، بھاپ کا دباؤ (vapour pressure) کم ہوتا ہے اور اپنے اندر گیسوں کو تحلیل کرنے کی خصوصیت منفی طور پر متاثر ہوتی ہے۔ ساتھ ہی حرارت زیادہ بڑھنے کے ساتھ پانی میں موجود گھلی ہوئی آکسیجن (dissolved oxygen) کی مقدار بھی کم ہوتی ہے جسے مندرجہ ذیل تصویر 6.4 میں دکھایا گیا ہے:

۲) حرارت بڑھنے کی وجہ سے پانی کے اندر موجود خطرناک عناصر (toxic elements) اور خطرناک ہو جاتے ہیں۔ مثال کے طور پر حرارت میں $10^{O}C$ کے اضافے کے ساتھ Potassium Cynide کے خطرناک اثرات میں دوگنا اضافہ ہو جاتا ہے۔

۳) حرارت بڑھنے کے ساتھ نباتات میں نوری ترکیب (photo synthesis) کا عمل منفی طور پر متاثر ہوتا ہے۔

۴) حرارت بڑھنے سے جسم کے بہت سارے عضویاتی اعمال (physiological processes) متاثر ہوتے ہیں۔

۵) زیادہ حرارت نیلی ہری کائی (blue green algae) کی بالیدگی کو مثبت طور پر متاثر کرتی ہے، وہ تیزی سے بڑھنے لگتی ہے جس کی وجہ سے پانی میں موجود دوسرے نباتات کی بالیدگی منفی طور پر متاثر ہوتی ہے۔

۶) زیادہ حرارت جسم کے اندر موجود پروٹین کو جما دیتی ہے (coagulation of protiens)۔

۷) بڑھتی ہوئی حرارت پانی کے اندر موجود مختلف طرح کے فائدے مند بیکٹیریا کے اندر چربی کے خلیہ (cell fats) کو پگھلا دیتے ہیں جس سے ان کی بالیدگی پر منفی اثر پڑتا ہے۔

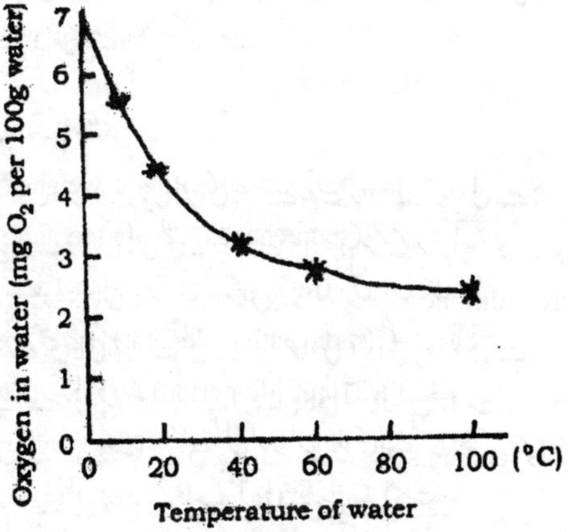


تصویر 6.4: مختلف درجہ حرارت پر پانی میں موجود آکسیجن کی مقدار

## حرارتی آلودگی کو قابو میں کرنے کے طریقے

۱) صنعتوں سے نکلنے والے گرم مادّوں کو مصنوعی تالابوں یا جھیلوں میں چھوڑنا چاہئے نہ کہ قدرتی تالابوں اور جھیلوں میں۔

۲) صنعتوں سے نکلنے والی گرمی کو اگر ہم بجلی میں تبدیل کرسکیں تو اس سے آلودگی بھی کم ہوگی اور بجلی بھی تیار ہوجائے گی۔

۳) condenser سے نکلنے والے گرم پانی کو اگر ہم spray lowers میں چھوڑیں تو اس سے حرارت کرّہ ہوا میں بکھر جاتی ہے۔

۴) اگر ہم cooling towers کا استعمال کریں تو اس سے حرارت بھاپ کی شکل میں نکل جاتی ہے۔

۵) حرارتی آلودگی کو کم کرنے کے لئے ہم زائد حرارت (extra heat) کو مندرجہ ذیل کاموں میں استعمال کرسکتے ہیں۔

الف) پانی میں موجود نمک کی مقدار کو کم کرنے کے لئے (ازالۂ نمک)

ب) swimming pools کی حرارت بڑھانے میں

ج) Aquaculture کے لئے۔

د) گرم آب پاشی کے لئے (Warm Water Irrigation)

ر) عمارتوں کو گرم کرنے لیے۔

## ۷) تابکار آلودگی

## (Radio Active Pollution)

1896ء میں سب سے پہلے سائنس داں Henri Bacquerel نے یہ پایا کہ جب یورینیم کو ایک کاغذ میں لپیٹ کر رکھا جاتا ہے تو اس سے نکلنے والی شعاعیں فوٹوگرافی پلیٹ (photographic plate) پر اثر ڈالتی ہیں۔ انہوں نے یہ بھی دریافت کیا کہ یہ شعاعیں بغیر کسی خارجی عناصر کے اثر انداز ہوئے نکل رہی ہیں یعنی یہ

ایک فطری عمل ہے۔ بعد میں سائنس داں میڈم کیوری، پیرے کیوری، رَدَرفورڈ وغیرہ نے، پولونیم اور ریڈیم وغیرہ کا مطالعہ کر کے اس عمل کی تصدیق کی۔ اس عمل کو تابکاری کا عمل (radioactivity) کہتے ہیں اور اس کی تعریف اس طرح سے بیان کی جا سکتی ہے:

''جوہری وزن (atomic weight)206 سے زیادہ والے عناصر (elements) کا فطری طور پر اپنے اندر سے شعاعوں (rediations) کا اچانک (sponteneous) اخراج کا عمل تابکاری کا عمل کہلاتا ہے۔''

اس عمل کے نتیجے میں تین طرح کی کرنیں (rays) نکلتی ہیں جن کو ہم الفا، بیٹا اور گاما شعاعیں کہتے ہیں۔ جتنی مدت میں کوئی تابکار عنصر (radio active element) گھٹ کر (disintegrate) اپنے کا آدھا رہ جاتا ہے، اس مدت کو آدھی زندگی کا وقفہ (half life period) T1/2 کہتے ہیں۔ فطری تابکاری کے علاوہ آج کل کچھ عناصر میں مصنوعی طور پر کچھ عناصر کا رڈعمل کروا کر تابکاری کے عمل کو حاصل کیا جا رہا ہے۔ تابکاری کے اس عمل میں اور اچانک فطری طور پر ہونے والے عمل کی صورت میں بہت سارے عناصر نکل کر ماحول میں ملتے ہیں اور ماحول میں آلودگی پھیلتی ہے۔ اس آلودگی کو تابکار آلودگی کہتے ہیں۔

## تابکار آلودگی کی وجوہات

۱) تاب کار آلودگی کی پہلی وجہ قدرتی وجہ ہے۔ اس کے تحت زمین کے علاوہ دوسرے سیاروں سے ایسی شعاعیں نکلتی ہیں جس میں نیوٹران، الکٹران، میسان اور گاما کرنیں نکلتی ہیں اور آلودگی پھیلتی ہے۔ ایسی شعاعوں کو کاسمک شعاعیں (Cosmic radiation) کہتے ہیں۔ اس کے علاوہ زمین کے اندر (lithosphere میں) کچھ عناصر مثال کے طور پر ریڈیم۔226، یورینیم۔238 وغیرہ ایسے ہوتے ہیں جو کہ شعاعوں کا اخراج کرتے رہتے ہیں۔ اس سے بھی آلودگی پھیلتی ہے۔

۲) نیوکلیائی ہتھیاروں میں U-235 (یورینیم-235) کا استعمال ہوتا ہے اور ہائیڈروجن کا بھی۔ یہ بھی آلودگی پیدا کرتے ہیں۔

۳) نیوکلیائی طریقے سے بجلی پیدا کرنے کے عمل میں U-235 سے نکلنے والی شعاعیں ماحول کو آلودہ کرتی ہیں۔

۴) نیوکلیائی کچروں (nuclear wastes) کا ہم اچھی طرح سے انتظام نہیں کر پاتے ہیں عام طور پر انہیں زمین کے اندر دفن کر دیا جاتا ہے۔ اس سے شعاعیں نکلتی ہیں اور ماحول آلودہ ہوتا ہے۔

۵) مختلف طرح کی سائنسی تحقیق میں C-14 (کاربن) کا استعمال کیا جاتا ہے۔ یہ ایک تابکار مادّہ ہے اور اس سے نکلنے والی شعاعیں ماحول کو آلودہ کرتی ہیں۔

۶) موبائل، .T.V، Microwave oven وغیرہ سے نکلنے والی شعاعیں بھی ماحول کو آلودہ کرتی ہیں۔

۷) مختلف طرح کے طبی امراض میں X-rays کا استعمال کیا جاتا ہے۔ اس سے بھی ماحول آلودہ ہوتا ہے۔

## تاب کار آلودگی کے اثرات

۱) تابکار شعاعوں کا انسانی زندگی پر اثر پڑتا ہے۔ اگر یہ زیادہ مقدار میں انسان کے جسم کے اندر داخل ہو جائیں تو اس سے بہت ساری بیماریاں پیدا ہو جاتی ہیں جن کی تفصیلات مندرجہ ذیل جدول 6.7 میں دی گئی ہیں:

| شعاعوں کی مقدار (Radiation Absorbed Dose- Rads) | انسانوں پر ہونے والی طبابتی اثرات (clinical effects) |
|---|---|
| 0-25 | ایسے اثرات نہیں نمودار ہوتے ہیں جن کا مشاہدہ کیا جا سکے |
| 25-100 | انسان کے خون کے اندر معمولی تبدیلیاں آتی ہیں لیکن دوسرے اثرات کا مشاہدہ نہیں ہو پاتا ہے۔ |
| 100-200 | 5 سے 50 فی صدی لوگوں میں تین گھنٹے کے اندر۔ اندر اُلٹی شروع ہو جاتی ہے۔ تھکان محسوس ہوتی ہے اور بھوک کم لگتی ہے۔ انسانی خون میں بھی کچھ تبدیلیاں آتی ہیں۔ پوری طرح سے ٹھیک ہونے میں کئی ہفتے لگ جاتے ہیں۔ |
| 200-600 | 50 سے 100 فی صدی لوگوں میں تین گھنٹے کے اندر۔اندر الٹی شروع ہو جاتی ہے، لیکن اگر مقدار 300 rads سے زیادہ ہے تو یہ اثرات دو گھنٹے میں ہی دکھنے لگتے ہیں۔ دو ہفتے کے بعد بال گرنا شروع ہو جاتے ہیں، انسان کے خون میں کافی تبدیلیاں آنے لگتی ہیں اور hemorrhage اور infection شروع ہو جاتے ہیں۔ 80% تک کی موت 2 مہینوں کے اندر ہو جاتی ہے اور جو لوگ بچ جاتے ہیں انہیں پوری طرح سے ٹھیک ہونے میں ایک مہینے سے لے کر ایک سال تک کا عرصہ لگ جاتا ہے۔ |
| 600-1000 | ایک گھنٹے کے اندر الٹی شروع ہو جاتی ہے، خون میں کافی تبدیلیاں آجاتی ہیں، بال گرنے لگتے ہیں۔ 80 سے 100 فیصدی لوگ دو مہینے میں مرجاتے ہیں اور جو لوگ بچ جاتے ہیں ان کو ٹھیک ہونے میں کافی وقت درکار ہوتا ہے۔ |

۲) اس آلودگی کی وجہ سے نباتات کے chromosomes میں تبدیلی ہو جاتی ہے جس سے ان کی genes میں تبدیلی آجاتی ہے۔

۳) اس کی وجہ سے حیاتیاتی کثرت متاثر ہوتی ہے اور پورے ماحولی نظام (ecosystem) پر خراب اثر پڑتا ہے۔

## تابکار آلودگی پر قابو پانے کے طریقے

۱) نیوکلیائی plants کو رہائشی علاقوں اور ایسے علاقوں سے دور قائم کرنا چاہئے جو کہ ماحولی نظام کے لئے بڑے اہم ہوں۔

۲) ان میں کام کرنے والے لوگوں کو ایسے لباس اور آلات مہیّا کرانا چاہئے جو کہ شعاعوں سے ان کا دفاع کر سکیں۔

۳) نیوکلیائی کچروں کو بہتر طریقے سے نبٹانا چاہئے۔

۴) نیوکلیائی صنعتوں، reactors اور تجربا گاہوں یا تحقیقی اداروں سے نکلنے والی شعاعوں پر قابو پایا جانا چاہئے۔

۵) کسی بھی حادثے سے پہلے ہی لوگوں کو حفاظتی انتظامات کے بارے میں بتانا چاہئے اور اگر حادثہ ہو جائے تو اثر دار طریقے سے شعاعوں کے اثر کو کم کرنے کی کوشش کرنی چاہئے۔

۶) نیوکلیائی توانائی کے ساتھ ساتھ شمسی و ہوائی توانائی وغیرہ کے بھی استعمال پر زور دینا چاہئے۔

باب-۷ (Chapter-VII)

# آلودگی کی انفرادی اکائیوں کا تفصیلی جائزہ

# (POLLUTION-CASE STUDIES)

اس باب میں ہم یہ مطالعہ کرنے کی کوشش کریں گے کہ دنیا میں اب تک بڑے بڑے ماحولیاتی حادثے کون کونسے ہوئے ہیں جس سے کہ ہمیں ماحولی تحفظ اور ایسے حادثات کو مستقبل میں روکنے کی ترغیب مل سکے۔ ان میں اہم مندرجہ ذیل ہیں:

۱) قاتل دھندھ (Killer Smog):1930 میں دھندھ نے جس میں کہ سلفر ڈائی آکسائیڈ اور دوسرے ذرّات شامل تھے تقریباً30 لوگوں کی جان Belgium میں لی۔ اسی طرح 1948 میں Donora Pennsylvania میں 17 اور 1952ء میں لندن میں تقریباً4000 لوگ مارے گئے۔

۲) اٹائی۔اٹائی بیماری (Itai-Itai Disease) : 1947ء میں جاپان میں ایک zinc کھدان سے نکلنے والے پانی کی وجہ سے جس میں Cadmium ملا تھا، گاؤں والوں نے اپنے دھان کے کھیتوں میں آب پاشی کرلی اور اس وجہ سے انہیں ایسی بیماری لگی کہ جسے ہم Itai-Itai کہتے ہیں۔ اس میں انسان کے ڈھانچے میں خرابی پیدا ہو جاتی ہے (skeletol deformities)

۳) منا ماتہ سانحہ (Minamata Disaster): 1953ء میں جاپان کی ایک کیمیاوی کمپنی نے پانی میں پارے mercury کو ملا دیا۔ جن لوگوں نے اس پانی کو پیا ان میں سے 400 لوگ تو مر گئے اور جن لوگوں نے اس پانی میں پائے جانے والی مچھلیوں کو کھایا ان میں سے تقریباً2000 لوگوں کے دماغ کو بری طرح نقصان پہنچا بعد میں کمپنی نے سب کو ہرجانہ ادا کیا۔

۴) سیوسیو سانحہ (Seveso Disaster): 10 جولائی 1976ء کو اٹلی کے شہر Seveso میں ایک کیمیاوی فیکٹری سے Dioxin نام کی ایک گیس نکل گئی جس سے کہ تقریباً37,000 لوگ متاثر ہوئے۔

۵) مین فریڈونا سانحہ (Manfredona Disaster): 1976ء میں اٹلی کے مین فریڈونا نام کے شہر میں موجود ایک فیکٹری سے امونیا گیس نکل گئی جس سے کہ فوراً 10.000 لوگوں کو شہر سے نکلنا پڑا۔

۶) اموکو کیڈز تیل کا بہنا (Amoco Cadiz Oil spill): 18 مارچ 1978ء کو فرانس میں Brittany ساحلی سمندر کے پاس ایک اموکو کیڈز نام کا تیل لانے والا بڑا جہاز زمین سے ٹکرا گیا جس سے کہ اس میں لدا ہوا تقریباً228,000 ٹن تیل بہہ گیا۔ جس سے کہ تقریباً20,000 سمندری چڑیاں مر گئیں اور بہت سے دوسرے حیوانات کو نقصان پہنچا۔

۷) لو کینال حادثہ (Love Canal Incidence): امریکہ میں 1940ء سے 1950ء کے بیچ کا صنعتی

کچرا جسے کہ کنستروں میں بند کر دیا گیا تھا، اور زمین کے اندر دفن کر دیا گیا تھا، 1978ء میں اچانک نکل گیا اور زمین کے اندر کے پانی میں مل گیا۔ اس لئے Niagara Falls کے نزدیک Love Canal کو خطرناک علاقہ قرار دیا گیا اور آس پاس رہنے والے لوگوں کو محفوظ علاقوں میں پہنچایا گیا۔

۸) تھری مائل آئی لینڈ نیوکلیائی حادثہ (Three Mile Island Nuclear Power Accident): 28 مارچ 1979ء کو امریکہ میں واقع Three Mile Island(TMI) میں ایک نیوکلیائی کارخانے سے تابکار مادّے مثال کے طور پر Xenon-133 اور Iodine-131 اچانک نکل گئے اور ماحول میں مل گئے۔ اس حادثے کی وجہ سے ہزاروں لوگوں کی زندگی متاثر ہوئی۔

۹) بھوپال گیس المیہ (Bhopal Gas tragedy: 2-3 دسمبر 1984ء کو بھوپال شہر میں واقع Union Carbide Company جو کہ ایک جراثیم کش دوا بنانے والی کمپنی ہے، سے اچانک 30 ٹن Methyl Iso Cyanate (MIC) گیس نکل گئی۔ یہ ایک نیلے رنگ کی ہوا سے بھاری زہریلی گیس ہوتی ہے جس میں کہ phosgene گیس بھی ملی رہتی ہے۔ جس وقت یہ گیس نکلی اس وقت رات کے بارہ بج رہے تھے اور زیادہ تر لوگ گھروں میں سو رہے تھے۔ جب گیس ان تک پہنچی تو لوگوں کی آنکھوں میں جلن، کھانسی اور سانس کی تکلیف شروع ہوگئی۔ لوگ جان بچانے کے لئے باہر بھاگے اور بھاگتے دوڑتے اور زیادہ گیس ان کے اندر سانس کے ذریعے پہنچ گئی۔ سرکاری ریکارڈ کے مطابق اس میں مرنے والوں کی تعداد 2,800 اور متاثرین کی تعداد تقریباً 20,000 ہے لیکن غیر سرکاری ذرائع یہ تعداد اور زیادہ بتاتے ہیں۔ اس سے متاثرین آج 26 سال کے بعد بھی بھوپال شہر میں پائے جاتے ہیں جنھیں کہ جسمانی طور پر گیس نے بہت نقصان پہنچایا ہے۔ اس کے علاوہ یونین کاربائیڈ کارخانے کا کچرا جو کہ ابھی موجود ہے اور زہریلا ہے، پانی اور دوسرے ذرائع میں مل رہا ہے اور آنے والے وقت کے لئے خطرہ پیدا کر رہا ہے۔

۱۰) بیسل سانحہ (Basel Disaster): سویٹزرلینڈ میں واقع رائن ندی کے کنارے سے شہر بیسل کے ماحول میں اور رائن ندی کے پانی میں ۱ رنومبر 1986ء کو 90 مختلف طرح کے کیمیاوی عناصر مل گئے جس سے کہ آبی زندگی بری طرح متاثر ہوئی۔

۱۱) ایکسان والڈیز تیل کا بہنا (Exxon Valdez Oil Spill): 24 مارچ 1989ء کو Exxon Valdez نام کے ایک بڑے جہاز سے امریکہ میں واقع الاسکہ کے نزدیک تقریباً 36,000 ٹن تیل نکل گیا اور پانی میں مل گیا جس سے تقریباً 36,000 چڑیاں اور 153 کائی (algae) ختم ہوگئیں۔

۱۲) چرنوبل نیوکلیائی سانحہ (Chernobyl Nuclear Disaster): 26 اپریل 1986ء کو یوکرین (Ukraine) میں کیو کے نزدیک چرنوبل نیوکلیائی کارخانے سے تقریباً 30 تابکار مادّے جس میں کہ Caesium-133, Iodine-131 اور Strontium-90 شامل تھے اچانک نکل کر کرہ ہوا میں مل گئے۔ اس کی وجہ سے پولینڈ، ناروے، سویڈن اور جنوبی فن لینڈ کے لوگ متاثر ہوئے۔ شروع میں مرنے والوں کی تعداد تو صرف 31 تک محدود رہی لیکن بعد میں یہ تعداد بڑھ کر آنے والے چار سالوں میں 300 تک پہنچ گئی۔

۱۳) پناٹوبو پہاڑوں کا اچانک پھٹ جانا(Mount Pinatubo Eruption): 2 / اپریل 1991ء کو فلی پینس میں واقع پناٹوبو پہاڑی اچانک پھٹ گئی جس سے تقریباً 500 ٹن سلفر ڈائی آکسائیڈ گیس فضا میں پھیل گئی اور اتنی گیس کئی دنوں تک نکلتی رہی۔ اس سے ہزاروں لوگ متاثر ہوئے اور جہازوں (aeroplanes) کا آنا جانا بھی متاثر ہوا۔

۱۴) دہلی یونیورسٹی کا کوبالٹ 60 سانحہ: اکتوبر 2009ء میں دہلی میں ایک کباڑ خانے میں موجود کوبالٹ-60 اچانک سرگرم ہوگیا جس سے ایک آدمی کی موت ہوگئی اور کئی لوگوں کے چہرے اور جسم کالے پڑ گئے۔ یہ کوبالٹ دہلی یونیورسٹی کے شعبہ کیمیا سے بیچا گیا تھا اور وہاں پر اسے تحقیقی مقصد سے لایا گیا تھا۔ اس سانحے کے بعد علی گڑھ مسلم یونیورسٹی اور دوسرے تحقیقی اداروں میں موجود تابکار مادّوں کی حفاظت کو لے کر ایک سوالیہ نشان لگ گیا ہے۔

۱۵) برٹش پیٹرولیم کا میکسکو کی خلیج سے تیل نکلنا:- برٹش پیٹرولیم (BP) دنیا کی تیل نکالنے والی کچھ بڑی کمپنیوں میں سے ایک ہے۔ اس نے میکسکو کی کھاڑی میں تیل نکالنے کا ایک بڑا پلانٹ لگا رکھا ہے۔ جولائی 2010ء میں اچانک اس سے تیل نکلنے لگا اور امریکی ساحل تک پہنچنے لگا۔ کہتے ہیں کہ تیل کے کسی کنوئیں (Oil well) میں آگ لگنے سے یہ سانحہ ہوا۔ بہر حال اس کے نتیجے میں کوئی جانی نقصان تو نہیں ہوا لیکن چڑیوں اور بحری حیوانات اور ماحولی نظام کو کافی نقصان پہنچا۔ بعد میں BP نے امریکی سرکار کو ہرجانے کے طور پر بڑی رقم دی۔

۱۶) ممبئی کا چترا حادثہ:- جولائی 2010 میں تیل اور مال ڈھونے والا جہاز Chitra ساحل کے پاس کھڑے جہاز 'خلیجیہ' سے ٹکرا گیا۔ کہتے ہیں کہ سگنل دینے میں کچھ چوک ہونے سے ایسا ہوا۔ بہر حال Chitra میں لدا ہوا تیل سمندر میں پھیل گیا جس کا اثر کئی ہفتوں تک رہا اور مچھلی پکڑنے والوں کو مچھلی پکڑنے سے روکنا پڑا کیونکہ یہ اندیشہ تھا کہ وہ مچھلیاں اگر انسان کھائیں گے تو انہیں نقصان پہنچے گا۔ اس حادثے میں کوئی جانی نقصان تو نہیں ہوا لیکن بحری زندگی اس سے بُری طرح متاثر ہوئی۔

باب-۸ (Chapter-VIII)

# ٹھوس کچرے کا انتظام
# (SOLID WASTE MANAGEMENT)

## ٹھوس کچرا
## (Solid Waste)

رہائشی علاقوں، صنعتی علاقوں، کھدانوں یا زرعی سرگرمیوں سے حاصل ہونے والے کچرے کو ٹھوس کچرا (Solid Waste) کہا جاتا ہے۔ یہ کچرا ماحول کے لئے کافی بڑا مسئلہ پیدا کرتا ہے۔ اس کچرے کو ہم مندرجہ ذیل درجوں میں تقسیم کرسکتے ہیں:

۱) گھریلو کچرا (Domestic Wastes):- اس میں کوڑا، کرکٹ، پالیتھین، کاغذ، شیشہ، کپڑے، دھاتیں، لکڑی کی چیزیں وغیرہ آتی ہیں۔ ان میں پالیتھین کافی خطرناک ہوتی ہے کیونکہ یہ آسانی سے ختم نہیں ہوتی ہے۔ اور اگر جانور غلطی سے اِسے کھالیں تو یہ ان کی غذا کی نالی میں پھنس جاتی ہے، اسے جام کردیتی ہے، جس سے کہ جانور مرجاتے ہیں۔

۲) صنعتی کچرا (Industrial Wastes):- مختلف طرح کی صنعتوں سے بہت سارے کچرے نکلتے ہیں۔ ان میں سے کچھ کو دوسری شکل دی جاسکتی ہے۔ جبکہ کچھ تو ایسے ہوتے ہیں جن کو تبدیل نہیں کیا جاسکتا۔

۳) زرعی کچرا (Agricultural Wastes):- کھیتوں سے نکلنے والی فصلوں سے بہت سارے کچرے نکلتے ہیں۔ اس کے علاوہ دھان، گیہوں، جو، چنا، باجرا، مکّا وغیرہ کو نکالنے کے عمل میں بھی کافی کچرا پیدا ہوتا ہے۔ گنّے کے رس نکالنے کے بعد بچی ہوئی کھوئی، مکّے کی ڈنٹھل، مونگ پھلی کے چھلکے وغیرہ سے بھی کافی تعداد میں کچرا پیدا ہوتا ہے۔

۴) عمارتوں کو بنانے اور توڑنے کے عمل میں پیدا ہونے والا کچرا:- اس عمل میں ریت، سیمینٹ، گٹّی، لوہے اور کانچ کے ٹکڑے اور اینٹیں وغیرہ نکلتی ہیں اور کچرے میں شامل ہوتی ہیں۔

۵) کھدانوں سے نکلنے والا کچرا (Mining Wastes): کھدانوں کو کھودنے کے عمل میں بہت سارا کچرا نکلتا ہے۔ اس میں مٹّی، ریت، پتھر، چٹانوں کے ٹکڑے وغیرہ شامل ہیں۔

۶) میونسپل کچرے (Municipal Wastes):- ہوٹلوں، اسکولوں، بازاروں، گلیوں، پارکوں اور مختلف دفتروں سے بہت سارا کچرا municipal corporations اکٹھا کرتے ہیں۔

## ٹھوس کچرے کا انتظام
## (Solid Waste Management)

اس طرح ہم دیکھتے ہیں کہ ٹھوس کچرے ماحولیاتی آلودگی کو کافی حد تک بڑھاتے ہیں۔ اس لئے ان کا

بہتر انتظام کیا جانا چاہئے۔ ان کے انتظام کو ہم مندرجہ ذیل دو درجوں میں تقسیم کر سکتے ہیں:

۱) روایتی طریقے: اس میں مندرجہ ذیل طریقے شامل ہیں:

الف) کھلی جگہ میں کچروں کو اکٹھا کر دینا (open dumping)۔ یہ طریقہ ہمارے ملک کے ساتھ ساتھ بہت سارے ترقی پذیر ملک میں رائج ہے۔

ب) سمندر میں کچروں کو پھینکنا (ocean dumping)۔ دنیا کے مختلف علاقوں میں صنعتوں سے نکلنے والے کچروں کو سمندر میں عام طور پر ملایا جاتا ہے۔

ج) کچروں کو دوسرے مما لک میں بھیجنا۔ (exporting wastes)۔ یہ کام عام طور پر ترقی یافتہ مما لک کرتے ہیں۔ وہ اپنے ملک میں نکلنے والے کچرے کو ترقی پذیر مما لک میں بھیج دیتے ہیں۔ ترقی پذیر مما لک اس کچرے میں سے اپنے لئے کچھ افادی چیزوں کو تلاشتے ہیں۔

د) زمین کے اندر دفن کرنا (Landfills)۔ اس طریقے میں کچرے کو زمین کے اندر دفن کر دیتے ہیں۔ ان کچروں میں کچھ ایسے بیکٹیریا یا خورد ذی حیات وجود پائے جاتے ہیں جو کہ ان کو سڑا گلا دیتے ہیں۔ اس طریقے سے کچرے کو نبٹانے کی خوبی یہ ہے کہ یہ بہت سستا ہے، اس میں کوئی ہوائی آلودگی پیدا نہیں ہوتی ہے۔ لیکن خامی یہ ہے کہ اس سے زمین کے اندر کے پانی کے آلودہ ہونے کا خطرہ رہتا ہے اور دوسرے وہ مٹی جس کے اندر اس کو دفن کیا جاتا ہے، وہ کسی پیداوار کے لائق نہیں رہتی ہے۔

۲) جدید طریقے۔ جدید طریقوں میں مندرجہ ذیل طریقے شامل ہیں:

۱) برباد شئے کو دوبارہ کام کے لائق بنانا (recycling)۔ یہ طریقہ آج کل دنیا کے تمام مما لک میں اپنایا جاتا ہے۔ اس کی وجہ سے کچرے میں شامل خطرناک عناصر نکل جاتے ہیں۔ زمین میں دفن کرنے لائق چیزیں بہت کم بچتی ہیں۔ لاگت کم آتی ہے اور اس کے لئے کم توانائی کی بھی ضرورت پڑتی ہے۔

۲) مرکّب کھاد بنانا (composting)۔ اس طریقے میں کچرے کو چھوٹے چھوٹے ٹکڑوں میں توڑ کر اس میں فالتو چیزوں کو نکال کر ایک خاص حرارت پر رکھ کر ($40^oC$-$50^oC$) چار سے چھ ہفتوں کے لئے چھوڑ دیا جاتا ہے۔ یہ بعد میں ایک طرح کی کھاد بن جاتی ہے جو کہ پودوں کے لئے کافی افادی ہوتی ہے۔

۳) مصنوعی کیڑوں کو پالنا (Vermiculture): یہ ایک ایسا عمل ہوتا ہے جس میں ہم مصنوعی کیڑوں کو پالتے ہیں۔ وہ کیڑے بعد میں کچھ ایسی کھاد بنانا شروع کر دیتے ہیں جو کہ فصلوں کے لئے بڑی افادی ہوتی ہے۔ municipal corporation کے کچروں یا صنعتی اداروں سے نکلنے والے رقیق میں ہم ان کیڑوں کو آسانی سے پیدا کر سکتے ہیں۔ یہ عمل بہت آسان ہوتا ہے اور عام کسان بھی اس کا استعمال کر سکتے ہیں۔

۴) جلا کر راکھ کر دینا۔ (Incineration) اس طرح کے عمل میں کچرے کو کافی حرارت پر جلا کر راکھ کر دیا جاتا ہے اور یہ راکھ بعد میں کسی کام میں (خاص طور پر فصلوں کے لئے) استعمال ہو جاتی ہے۔

۵) آتش پاشیدگی (Pyrolysis)۔ اس طرح کے عمل میں ٹھوس کچرے کو آکسیجن کی موجودگی یا غیر موجودگی میں بہت زیادہ حرارت ($600$-$1000^oC$) پر جلایا جاتا ہے۔ اتنی حرارت دینے سے اس میں موجود نقصان دہ مادّے بہت کم ہو جاتے ہیں۔

باب-۹ (Chapter-IX)

# نباتات اور حیوانات کا فنا ہونا / ناپید ہونا / معدوم ہونا
# (EXTINCTION OF FLORA AND FAUNA)

## نباتات اور حیوانات کے فنا ہونے کا مطلب
## (Meaning of Extinction of Flora and Fauna)

ہزاروں سال پہلے جب اس دنیا کی تخلیق ہوئی تھی اس وقت انسان اور ماحول کے بیچ ہم آہنگی تھی لیکن انسانوں کی بڑھتی ہوئی آبادی کے ساتھ ساتھ یہ ہم آہنگی ختم ہوتی گئی اور بے شمار نباتات اور جانور جو کہ انسانی زندگی کے لئے بہت اہم تھے، رفتہ رفتہ ان کی تعداد میں کمی آنے لگی۔ اس وقت بہت سارے نباتات اور جانور ختم ہو چکے ہیں اور بہت ساروں کو اگر بچانے کی کوشش نہ کی گئی تو وہ بھی کچھ دن میں ختم ہو جائیں گے۔ دنیا میں مختلف نسلوں کے جانوروں اور نباتات کے تحفظ اور دیکھ بھال کے لئے 1963ء میں ایک بین الاقوامی تنظیم بنائی گئی جس کا نام تھا International Union for Conservation of Nature & Natural Resources۔ یہ تنظیم ایک کتاب مرتب کرتی ہے اور وقفے وقفے پر اس میں نئے data شامل کرتی ہے جس سے ہمیں یہ پتہ لگ سکے کہ کن جانوروں اور نباتات کو خطرہ ہے۔ کتاب کا نام ہے 'Red Data Book' اور اس کے مطابق نباتات اور جانوروں کو (جن کو خطرہ ہے) مندرجہ ذیل درجوں میں شامل کیا جا سکتا ہے۔

۱) ختم شدہ (Extinct)۔ کسی بھی نسل کے پودے یا جانور کو ختم شدہ اس وقت کہتے ہیں جب کہ اس نسل کا آخری نمائندہ بھی مرجائے/ختم ہو جائے۔

۲) خطرے سے گھرے ہوئے (endangered)۔ ایسی نسل کے پودوں یا جانوروں کو خطرے سے گھرا ہوا مانتے ہیں جب کہ ان کی تعداد میں تیزی سے کمی آرہی ہو اور ایک خاص سطح تک پہنچ گئی ہو اور یہ امید ہو کہ کچھ ہی دنوں میں وہ ختم شدہ ہو جائیں گے۔

۳) شدید خطرے سے گھرے ہوئے (critically endangered)۔ کسی بھی نسل کو شدید خطرے سے گھرا ہوا تب مانتے ہیں جب کہ مستقبل میں ان کے ختم ہونے کا خطرہ بہت زیادہ ہو۔

۴) جراحت پذیر (vulnerable)۔ ایسی نسل کے پودوں اور جانوروں کو جراحت پذیر مانتے ہیں جن کے مستقبل میں خطرے سے گھرے ہوئے (endangered) درجے میں آنے کا اندیشہ ہو۔

۵) شاذ و نادر (Rare)۔ کسی بھی نسل کے پودے یا جانور کو شاذ و نادر تب مانتے ہیں جب کہ دنیا میں ان کی تعداد بہت کم ہو۔

۶) غیر محفوظ (threatened)۔ ایسے جانور اور پودوں کو غیر محفوظ مانتے ہیں جو endangered، vulnerable اور rare کے درجے میں آتے ہیں۔

## نباتات اور حیوانات کے فنا ہونے کی وجوہات
## (Causes of Extinction of Flora and Fauna)

آج بہت سارے نباتات اور حیوانات کے فنا ہونے کی پانچ اہم وجوہات مندرجہ ذیل ہیں :-

**H** Habitat loss (رہنے کی جگہ کی کمی)

Habitat کا مطلب ہوتا ہے رہنے کی جگہ۔ مختلف جانوروں اور نباتات کی کچھ مخصوص جگہ ہوتی ہیں جہاں پر ان کے پھلنے پھولنے اور ان کی تعداد میں اضافے کے لئے موزوں ماحول ہوتا ہے۔ لیکن آج ان کے رہنے کی جگہ کم ہو رہی ہے اسی لئے ان کے ختم ہونے کا خطرہ ہے۔

**I** Introduced species (نئے نئے قسم کی نسلوں کا آنا)

اس کا مطلب یہ ہے کہ جو جگہیں کچھ مخصوص قسم کے جانوروں اور نباتات کے لئے ہیں اگر وہاں پر دوسری نسل کے جانور آ جائیں تو پہلے والوں کے ختم ہونے کا خطرہ رہتا ہے۔

**P** Population (بڑھتی ہوئی آبادی)

انسانوں کی تیزی سے بڑھتی ہوئی آبادی کی وجہ سے جنگلات میں گھر بن رہے ہیں اور لوگ روزی روٹی کی تلاش میں بڑے پیمانے پر نباتات اور جانوروں کو نقصان پہنچا رہے ہیں۔

**P** Pollution (آلودگی)

آج کے دور میں ہوا، پانی، مٹی سب کچھ آلودہ ہو رہے ہیں۔ ماحول میں پھیلی ہوئی یہ آلودگی بھی نباتات اور جانوروں کے ختم ہونے کی ایک اہم وجہ ہے۔

**O** Over Consumption (ضرورت سے زیادہ کھپت/صرف)

آج کے دور میں لوگوں کی مانگ اور جدید مشینوں کی وجہ سے ہم تیزی سے قدرتی وسائل کو صرف کر رہے ہیں اس سے جنگلات میں پائے جانے والے مختلف نباتات اور جانوروں کو خطرہ لاحق ہو رہا ہے۔

## رہنے کی جگہ میں کمی کی وجوہات
## (Causes of Habitat Loss)

رہنے کی جگہ میں کمی کی وجہ سے جنگلی زندگی (wild life) کو بہت خطرہ لاحق ہو جاتا ہے۔ رہنے کی جگہ میں کمی کی اہم وجوہات مندرجہ ذیل ہیں:-

۱) قدرتی آفتوں (natural disasters) مثال کے طور پر سیلاب، سوکھا، آندھی طوفان، تیز آندھی کے ساتھ بارش (cyclone) وغیرہ آنے پر بڑے پیمانے پر رہنے کی جگہوں کو نقصان پہنچتا ہے۔ اور جانور ایک جگہ سے دوسری جگہ جانے کو مجبور ہوتے ہیں۔

۲) جنگلات کی کٹائی (deforestation) سے ان کا چمن اُجڑ جاتا ہے۔

۳) جنگلات کی آگ (forest fires) سے بھی بڑے پیمانے پر رہنے کی جگہ برباد ہو جاتی ہے اور جانوروں کو اپنی جان بچا کر ایک جگہ سے دوسری جگہ جانا پڑتا ہے۔

۴) جب لوگ شہروں کی طرف آتے ہیں اور شہروں کی آبادی بڑھاتے ہیں تو رہنے کے لئے جنگلات کو کاٹنا پڑتا ہے اور لوگ جنگلات کی طرف رجوع کرتے ہیں۔ اس سے وہاں کے رہنے والے جانوروں کو سکون نہیں میسر ہوتا ہے۔ اور انہیں سکون کی تلاش میں ایک جگہ سے دوسری جگہ جانا پڑتا ہے۔ اس کے علاوہ لوگ بڑے پیمانے پر آلودگی بھی پھیلاتے ہیں۔ جس سے جانوروں اور نباتات دونوں کو ہی نقصان پہنچتا ہے۔

۵) مختلف ترقیاتی پروگرام جیسے dam کا بننا، ریلوے لائن بچھانا، پُل بنانا، سڑک بنانا، ہوائی اڈّہ بنانا وغیرہ سے بھی رہنے کی جگہوں کو نقصان پہنچتا ہے۔

۶) جب کھدانوں کی کھدائی (mines) کی جاتی ہے اس وقت بھی بڑے پیمانے پر رہنے کی جگہوں کو نقصان پہنچتا ہے۔

۷) آج کل کھیتوں میں fertilizers اور جراثیم کش دواؤں کا استعمال کیا جاتا ہے، جو کھیت جنگلات کے کنارے ہوتے ہیں وہاں پر ان دواؤں کے اثرات پہنچ جاتے ہیں اور بڑی تعداد میں جانور یا تو مر جاتے ہیں یا اپنی جان بچانے کے لئے ایک جگہ سے دوسری جگہ بھاگتے ہیں۔

۸) کبھی کبھی بڑے پیمانے پر وبا پھوٹتی ہے (epidemics)۔ اس سے بھی رہنے کی جگہوں کو نقصان پہنچتا ہے۔

۹) بڑے پیمانے پر گھاس کی چراہی (over grazing) سے بھی رہنے کی جگہوں کو نقصان پہنچتا ہے۔ کیونکہ کچھ چھوٹے جانور صرف گھاس میں یا تنکوں کے سہارے رہتے ہیں۔

۱۰) کبھی کبھی رہنے کی جگہیں چھوٹے چھوٹے ٹکڑوں میں بنٹ جاتی ہیں (fragmentation of habitat) اس سے جانور اپنی ضروریات پوری نہیں کر پاتے ہیں اور ان کو خطرہ لاحق ہو جاتا ہے۔

## جانوروں کا چوری سے شکار
## (Poaching)

جانوروں کا چوری سے کیا جارہا شکار اور ان کی خرید و فروخت بھی ان کے لئے ایک بہت بڑا خطرہ بنتا جارہا ہے۔ کچھ جانور ایسے ہوتے ہیں جن کی کھالیں بہت قیمتی ہوتی ہیں اور ان کے بہت سارے استعمالات ہوتے ہیں مثال کے طور پر ہرن اور چیتا۔ لوگ ان کا غیر قانونی طریقے سے شکار کرتے ہیں اور پھر ان کی کھالیں بیچتے ہیں۔ اسی طرح کچھ چڑیاں ایسی ہوتی ہیں جن کا گوشت بہت مہنگا بکتا ہے اور لوگ ان کا بھی شکار کرتے ہیں۔ اس کے علاوہ کچھ ایسے جانور ہوتے ہیں جن کے دانت، پنجے، ناخن وغیرہ بھی لوگوں کی بہت ساری ضرورتیں پوری کرتے ہیں۔ اس لئے لوگ انہیں شکار کر کے مارتے ہیں۔ عام طور پر ہندوستان میں جانوروں کا غیر قانونی طریقے سے شکار لوگ مندرجہ ذیل وجوہات سے کرتے ہیں:-

i) شکار کی عادت:- ہمارے ملک میں شکار کرنا لوگوں کے لئے عزت اور شہرت کا باعث رہا ہے اور پُرانے راجاؤں اور مہاراجاؤں کی عادت میں شامل رہا ہے۔ گوالیار کے مہاراجا نے اپنی پوری عمر میں تقریباً 1400 چیتوں کا شکار کیا، اور 'چیتوں کا شکار' نام کی ایک کتاب بھی لکھی۔ اس کے علاوہ فلموں کے ہیرو، زمین دار اور فوج کے حکمراں بھی اپنے شوق کو پورا کرنے کے لئے شکار کرتے ہیں۔ اس کے علاوہ جنگلات میں رہنے والے کچھ مخصوص قبائل بھی شکار کی عادت رکھتے ہیں اور جانوروں کو مار کر اپنی مختلف ضروریات کو پورا کرتے ہیں۔

ii) سجاوٹ کے لئے (Decorative Purposes): بہت سارے جانور جیسے شیر، چیتا، تیندوا وغیرہ کی

کھالیں یا جسم کے دوسرے اجزائلوگ اپنے drawing room میں سجاوٹ کے لئے رکھتے ہیں۔اس کے علاوہ ہرن کی سینگ، وہیل کے دانت، ہاتھی کے دانت، مور کے پنکھ، بھالوؤں اور بندروں کے ہاتھ اور پیر بھی لوگ سجاوٹ کے طور پر استعمال کرتے ہیں۔اس کے علاوہ ہاتھی کے دانتوں سے لوگ مورتیاں (statues)، کرسیاں، میزاور شطرنج کے بورڈ (chess board) بھی بناتے ہیں۔

iii) کھانے اور دواؤں کے طور پر استعمال: ہمارے ملک میں بہت سارے جانور جیسے مور، ہرن، بھالووغیرہ کولوگ مارکران کا گوشت کھاتے ہیں۔اس کے علاوہ کچھ جانوروں کے اعضاء دواؤں کے طور پر استعمال کیے جاتے ہیں۔ جیسے بارہ سنگھا کی سینگ، شیر کے ناخون وغیرہ۔اس کے علاوہ medical اور psychology کے شعبے میں جانوروں پر بہت ساری تحقیق (دواؤں کی تحقیق، آپریشن کی تحقیق، اکتساب اور ذہانت کی تحقیق وغیرہ) کی جاتی ہے اوراس کے لئے بندروں، chimpanzee وغیرہ کا خوب استعمال کیا جاتا ہے۔اس کے علاوہ اسکول کالجوں میں آپریشن کے گُر بتانے کے لئے بڑے پیمانے پر مینڈک (frogs) کا استعمال کیا جاتا ہے۔

iv) پہننے کے کپڑوں اور زیورات کے طور پر استعمال: بہت سارے جانوروں کو مارکران کی کھالوں سے Jacket، کوٹ، hat وغیرہ بنائی جاتی ہے اور بہت سارے جانوروں کے اعضاء کو زیور کے طور پر استعمال کیا جاتا ہے۔مثال کے طور پر سمندر میں پائے جانے والے کچھوؤں کے shell اور ہاتھی کے دانت کے زیورات۔

v) خوشبو کی صنعتوں میں استعمال: بہت سارے جانوروں سے نکلنے والے musk اور civet کا استعمال خوشبو، صابن اور body lotion بنانے میں استعمال کیا جاتا ہے۔

vi) لوگ بڑی تعداد میں بیرونی پیسہ حاصل کرنے کے لئے جانوروں کو مارکرانہیں بیچتے ہیں۔

vii) کچھ چڑیوں کے پنکھ کا استعمال fancy bags، تکیہ کے cover اور jacket وغیرہ کے بنانے میں کیا جاتا ہے اور کچھ جانوروں کے fur کا استعمال jacket بنانے میں کیا جاتا ہے۔اس لئے بھی لوگ ان کا شکار کرتے ہیں۔

## نباتات اور جانوروں کوفنا ہونے سے بچانے کے طریقے
## Methods of Saving Flora and Fauna

نباتات اور جانوروں کو فنا ہونے سے بچانے کے دواہم طریقوں کی تفصیل مندرجہ ذیل ہے:-

i) اِن سیٹو تحفظ (In Situ Conservation): اس طرح کے تحفظ میں ہم کوشش کرتے ہیں کہ پودوں یا جانوروں کو ان کے قدرتی ماحول میں تحفظ فراہم کریں اور انہیں وہاں سے نہ نکالیں۔اس کے لئے ہم بہت ساری جھیلوں، جنگلوں وغیرہ کو ان جانوروں کے لئے محفوظ کردیتے ہیں اورانہیں ہرطرح کی سہولیات فراہم کرتے ہیں۔ اس کے علاوہ بہت سارے National Park بنائے جاتے ہیں جہاں پر جنگلی جانوروں کی فلاح وبہبود کا کام کرتے ہیں۔ہم بہت ساری sancturies اور biosphere بناتے ہیں جہاں پر کسی بھی طرح کی انسانی سرگرمی مثال کے طور پر شکار کرنا، لکڑی کاٹنا، جنگلات کی مختلف جڑی بوٹیوں اور پھل پھول اکٹھا کرنا وغیرہ ممنوع ہوتا ہے۔In situ conservation میں کافی بڑا علاقہ محفوظ کیا جاتا ہے اوراس طرح کے تحفظ سے نہ کہ صرف جانوروں اور پودھوں کی حفاظت ہوتی ہے بلکہ ان کی نسل بھی آگے بڑھتی ہے۔

ii) ایکس سیٹو تحفظ (Ex-situ Conservation): اس طرح کے تحفظ میں جانوروں یا پودوں کو ان کے

فطری رہنے کی جگہ سے (natural habitat) باہر نکال کر ان کو تحفظ فراہم کرتے ہیں۔ مثال کے طور پر مختلف طرح کے Zoological Gardens میں جانوروں کا تحفظ بھی ہوتا ہے، ان کو عوام کو دکھانے کا کام بھی ہوتا ہے اور ان کی نسل کو آگے بڑھانے (breeding) کا کام بھی ہوتا ہے۔ Botanical Gardens میں مختلف طرح کی سبزیوں، پھلوں، پھولوں وغیرہ پر تحقیق کی جاتی ہے اور ان کو محفوظ رکھنے کے طریقے بھی کھوجے جاتے ہیں۔ اس کے علاوہ tissue culture جس میں کہ پودوں کے خلیے (cell) کو نکال کر الگ سے اُگایا جاتا ہے اور اس نسل کے پودے کو باقی رکھنے کی کوشش کی جاتی ہے، Cryopreservation جس میں کہ رقیق نائٹروجن (جس کی حرارت $-196^{o}C$ ہوتی ہے) میں پودوں کی خلّیہ کو رکھ کر لمبی مدت تک محفوظ رکھا جاتا ہے اور seedbank جس میں پودوں کے بیجوں کو کافی مدت تک رکھا جاتا ہے، بھی ex- situ conservation میں آتے ہیں۔

باب-۱۰(Chapter-X)

# آلودگی کے خطرناک اثرات
# (DANGEROUS EFFECTS OF POLLUTION)

## 1) اوزون کی پرت میں تخفیف
## (Ozone Layer Depletion)

اوزون آکسیجن کی ایک سہ جوہری (triatomic) شکل ہے۔ یہ ایک نیلے رنگ کی اور تیز بو والی گیس ہے۔ یہ کرّہ ہوا میں 10km کی اونچائی سے لے کر 50km کی اونچائی تک پائی جاتی ہے لیکن اس کی کثیر تعداد 12km سے 35km کے دائرے میں محدود ہوتی ہے۔ کرّہ ہوا کے اس دائرے کو (12km-35km) کو کرّہ اوزون (Ozonosphere) یا اوزون کی پرت کہتے ہیں۔ یہ گیس مستحکم نہیں ہوتی ہے اور قدرتی طور پر اس کی لگاتار تخلیق بھی ہوتی رہتی ہے اور یہ دھیرے دھیرے ٹوٹتی بھی رہتی ہے۔ اوزون کی تخلیق کا سب سے پہلا مرحلہ یہ ہوتا ہے کہ کرّہ ہوا میں 80km-100km اوپر آکسیجن کے سالمیہ (molecules) سورج کی ultra voilet شعاعوں سے خود بخود ٹوٹ کر دو الگ الگ آکسیجن کے جوہر میں مندرجہ ذیل طریقے سے تبدیل ہوجاتے ہیں۔

$$O_2 \Rightarrow O + O$$

(آکسیجن Ultra voilet شعاعوں کی موجودگی میں دو الگ الگ جوہروں میں ٹوٹ جاتا ہے)

یہ الگ ہونے والے آکسیجن کے جوہر پھر آکسیجن کے سالمیہ سے ردِّعمل کر کے اوزون کی تخلیق مندرجہ ذیل طریقے سے کرتے ہیں:

$$O_2 + O \Rightarrow O_3$$

اوزون کی پرت ایک حفاظتی ڈھال یا زمین کے چھاتے کی طرح ہے جو کہ سورج سے نکلنے والی خطرناک ultra voilet شعاعوں کو زمین کی سطح تک پہنچنے سے روکتی ہے۔ اس طرح یہ بات واضح ہوجاتی ہے کہ اوزون کی پرت کی موجودگی کرّہ حیات (biosphere) میں موجود تمام لوگوں، پودوں، پیڑوں، جانوروں اور انسانوں سب کے لئے بڑی اہمیت کی حامل ہے کیونکہ اس کی غیر موجودگی کی صورت میں سورج کی وہ تمام شعاعیں زمین کی سطح پر پہنچ کر اس کی حرارت میں اور کرّہ ہوا کی نچلی سطح کی حرارت میں بہت تیز اضافہ کرینگی اور کچھ ہی وقت میں صورتِ حال خطرناک حد سے آگے نکل کر دھماکے کی حالت میں آجائے گی۔ اس لئے اِس وقت یہ بہت ضروری ہے کہ ہم اِس کے مختلف پہلوؤں، اس کی پرت میں ہونے والی تخفیف کی وجوہات، اس کے نتیجے میں ہونے والے نقصانات اور اوزون کی پرت کی دیکھ بھال کے بارے میں بہتر طریقے سے جانکاری حاصل کریں۔

# اوزون کی پرت میں تخفیف کا عمل
## (Process of Ozone Layer Depletion)

اوزون کی پرت میں تخفیف کو لے کر پچھلے کچھ سالوں سے بہت بحث ومباحثہ اور عالمی سطح پر مختلف طرح کی تحقیقیں چل رہی ہیں کیونکہ یہ پرت سورج کی خطرناک ultra voilet شعاعوں میں سے غیر مطلوبہ کو اپنے اندر جذب کر لیتی ہیں اور زمین تک صرف ان شعاعوں کو پہنچنے دیتی ہیں جو کہ زمین پر مختلف جاندار ذی حیات وجود کے لئے ضروری ہیں۔ لیکن کچھ ایسے متعفّن ہوتے ہیں جنہیں ہم Ozone Depleting Substances (ODS) کہتے ہیں جو کہ اوزون کی پرت سے اوپر نکل کر کرّہ متغیرہ (stratosphere) (زمین سے تقریباً 50 km اوپر) میں پہنچ جاتے ہیں اور وہاں سالوں تک رہتے ہیں جب تک کہ وہ اوزون کے ساتھ ردِ عمل کر کے کسی اور چیز میں تبدیل نہیں ہو جاتے ہیں۔ یہی متعفن اوزون کی پرت میں تخفیف کا کام کرتے ہیں۔ جو بڑے متعفّن اس تخفیف کے لئے ذمّے دار ہیں اُن میں Chloro Floro Carbon - CFC، نائٹروجن آکسائیڈ اور ہائڈرو کاربن اہم ہیں۔ کلورو فلورو کاربن کا عام طور پر فرج، ایئر کنڈیشنز وغیرہ میں استعمال کیا جاتا ہے۔ اس کے علاوہ Jet engines، موٹر گاڑیوں، نائٹروجن اور آگ بجھانے والے آلات میں کھادوں کے استعمال سے اور مختلف طرح کی صنعتی نقل وحرکت سے بھی کلورو فلورو کاربن اور نائٹروجن آکسائیڈ جیسے متعفّن نکلتے ہیں۔ اس کے علاوہ کافی اونچائی پر اڑنے والے super sonic aircrafts بھی اوزون کی سطح میں کافی خلل اندازی کرتے ہیں۔ لیکن سب سے بڑا خطرہ CFC ہے۔ ایک مطالعے کے مطابق اس سے تقریباً 14% اوزون میں تخفیف ہوتی ہے جب کہ نائٹروجن کے آکسائیڈ سے تقریباً 3.5% تخفیف ہوتی ہے۔ اوزون کی پرت میں تخفیف کو ہم مندرجہ ذیل تصویر 10.1 سے سمجھ سکتے ہیں:

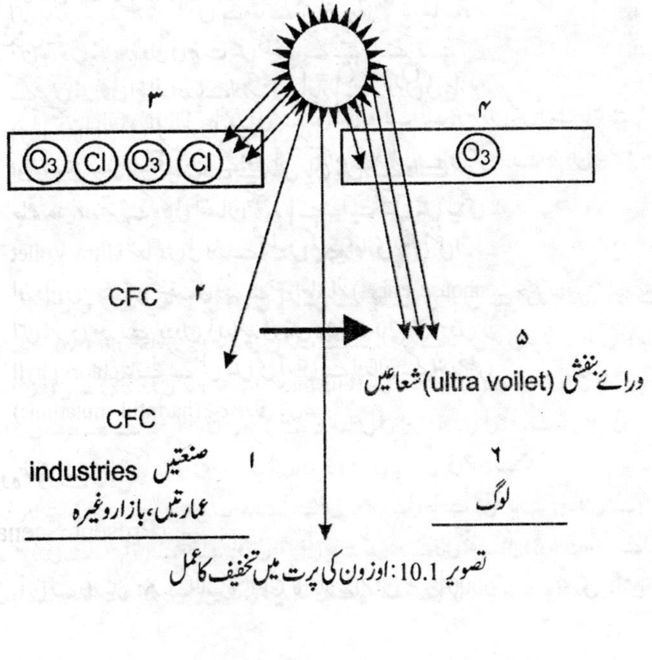


تصویر 10.1: اوزون کی پرت میں تخفیف کا عمل

۱)CFC (۲)CFC کا اخراج (۳) اوزون کی پرت میں اضافہ،(۳) ultra voilet شعاعیں CFC سے کلورین خارج کرتی ہیں (۴) کلورین اوزون کو نقصان پہنچاتا ہے۔(۵) اوزون کی پرت میں تخفیف کی وجہ سے زیادہ UV شعاعوں کا زمین پر آنا۔(۶) لوگوں کو UV شعاعوں کی وجہ سے cancer۔

## اوزون کی پرت میں تخفیف کے نقصان دہ اثرات

اوزون کی پرت میں تخفیف کا سب سے بڑا نقصان یہ ہے کہ اس کی وجہ سے سورج کی خطرناک Ultra Voilet شعاعیں زمین پر آئیں گی اور اس کی وجہ سے زمین کی حرارت خطرناک حد تک بڑھ جائیگی۔

اس کے علاوہ اس کے اہم خطرات مندرجہ ذیل ہیں:

۱) بارش میں کمی (مقدار کے اعتبار سے بھی اور بارش کے دنوں کے اعتبار سے بھی)

۲) زمین پر خطرناک Ultra Voilet شعاعوں کی تعداد میں اضافہ۔ تحقیقات کے مطابق اگر کرّہ ہوا میں موجود اوزون کی تعداد میں 1% کی کمی ہوتی ہے تو اس کے نتیجے میں زمین پر 2% شعاعیں آتی ہیں۔

۳) اوزون کی پرت میں تخفیف کی وجہ سے زمین تک پہنچنے والی خطرناک Ultra Voilet شعاعوں کے نتیجے میں انسانوں میں جلد کا کینسر (skin cancer) بڑھ رہا ہے۔ ایک تحقیق کے مطابق Ultra Voilet (ورائے بنفشی) شعاعوں میں 10% اضافے کے نتیجے میں مردوں میں 19% اور خواتین میں 16% Melanoma (جلد میں خلیوں میں زیادتی کی وجہ سے نکلنے والا خطرناک پھوڑا) کے بڑھنے کا اندیشہ پیدا ہوتا ہے۔ چلی میں کی گئی ایک تحقیق کے نتیجے میں یہ بات نکل کر آئی ہے کہ اوزون کی پرت میں تخفیف کے نتیجے میں melanoma میں 56% کا اضافہ پچھلے سات سالوں میں ہوا جب کہ دوسری جلد کے کینسر پیدا کرنے والی بیماریوں میں 46% کا۔ ایک دوسری تحقیق میں پایا گیا کہ USA میں ہر سال 6000 لوگ جلد کے کینسر سے مرجاتے ہیں جب کہ آسٹریلیا اور نیوزی لینڈ میں اس بیماری میں پچھلے کچھ سالوں کے مقابلے میں تقریباً 7% کا اضافہ ہوا ہے۔

۴) جن علاقوں میں اوزون کی پرت میں تخفیف کے نتیجے سامنے آرہے ہیں وہاں پر موتیابند (cotaract) کے مرض میں کافی اضافہ ہو رہا ہے اور یہ بھی کہا جارہا ہے کہ لوگوں کی بیماریوں سے لڑنے کی قوّتِ مزاحمت (immunity) بھی کمزور ہو رہی ہے۔

۵) اوزون کی پرت میں تخفیف کے نتیجے میں پانی میں رہنے والے مختلف جراثیم، algae اور دوسرے جانوروں اور سبزے کو کافی نقصان پہنچ رہا ہے۔ ایک تحقیق میں یہ بھی ثابت کیا گیا ہے کہ خطرناک Ultra Voilet شعاعوں کی وجہ سے مچھلیوں کی پیداوار پر بھی منفی اثرات پڑ رہے ہیں۔

۶) اوزون کی پرت میں تخفیف کی وجہ سے خضراخانہ اثر (greenhouse effect) میں اضافہ ہو رہا ہے۔ اس اثر کی وجہ سے پودوں کی بالیدگی میں 20-50 % کمی محسوس کی جارہی ہے، ان کے لئے chlorophyll بنانے کے عمل میں کمی آرہی ہے اور ان کے اندر خطرناک قسم کی جینیاتی تبدیلیاں (harmful mutations) پیدا ہو رہی ہیں۔

## موجودہ صورت حال

## (Present Scenario)

آج کے دور میں ہمارے ملک کا CFC کا سالانہ اخراج تقریباً 6000 ٹن ہے جو کہ پوری دنیا کے

CFC کے اخراج کے مقابلے صرف ڈیڑھ دن کا حصہ ہے۔ ہمارے ملک میں فی آدمی CFC کا صرف (consumption) 0.02 kg ہے جب کہ ترقی یافتہ ممالک میں یہ مقدار 1kg ہے۔ ہمارے ملک میں تین بڑے شہر کلکتہ، ممبئی اور دہلی سب سے زیادہ CFC پیدا کرتے ہیں۔ دنیا کے تین بڑے شہر جو بہت زیادہ CFC پیدا کرتے ہیں وہ ہیں Mexico، Los Angels اور Bangkak۔ اس CFC کے اخراج کے نتیجے میں اوزون کی پرت میں ہونے والی تخفیف کی وجہ سے صرف Mumbai میں 5000 لوگوں کو پھیپھڑے کے کینسر کی شکایت ہوئی ہے۔ لیکن پھر بھی ہمارا ملک CFC کے اخراج کے معاملے میں باقی دنیا کی ممالک سے کافی پیچھے ہے۔ یوروپ کے ممالک، USA، Russia اور جاپان مل کر دنیا کی تقریباً 95% CFC کا اخراج کرتے ہیں۔ اس میں صرف USA کا حصّہ 37% ہے۔

## اوزون کی پرت میں تخفیف سے بچنے کے طریقے

اوزون کی پرت میں تخفیف سے بچنے کے لئے ہم مندرجہ ذیل چار طریقوں کا استعمال کرسکتے ہیں:

۱) زمین پر یا فصلوں پر Methyl Bromide کے چھڑکاؤ میں کمی لانا چاہئے کیونکہ اس گیس سے نکلنے والے خطرناک عناصر کرّہ ہوا میں چلے جاتے ہیں۔ یہ عناصر بہت مستحکم ہوتے ہیں، پانی میں نہیں گھلتے ہیں اور اوزون کی پرت کو نقصان پہنچاتے ہیں۔

۲) کلورو فلورو کاربن کے اخراج کی مقدار میں بہت زیادہ کمی لانا چاہیئے۔ CFC کا استعمال آج ہم بہت ساری صنعتوں میں کررہے ہیں جس کی تفصیل مندرجہ ذیل جدول میں دی گئی ہے:

جدول 10.1: مختلف طرح کے CFC کا استعمال

| کوڈ (Code) | سالماتی فارمولا | زندگی | اہم استعمال |
|---|---|---|---|
| CFC-11 | $CF\,Cl_3$ | 71 سال | فوم بنانے والی کمپنیوں میں، فرج بنانے میں، صفائی کرتے وقت اور گیس پھہار (aerosols) میں |
| CFC-12 | $CF_2\,Cl_2$ | 150 سال | فوم بنانے والی کمپنیوں میں، فرج بنانے میں، صفائی کرتے وقت اور گیس پھہار (aerosols) میں |
| CFC-13 | $C_2\,F_3\,Cl_2$ | 117 سال | فوم بنانا، صفائی کرنا اور محلل (Solvent) کے طور پر |
| CFC-14 | $C_2\,F_4\,Cl_2$ | 320 سال | aerosol، فرج اور فوم بنانے میں |
| CFC-15 | $C_2\,F_5\,Cl$ | 550 سال | آمیزہ تیار کرنے میں، فوم، فرج وغیرہ میں |

چونکہ یہ CFC اوزون کی پرت کے لئے بہت خطرناک ہوتے ہیں اس لئے یہ کوشش کی جانی چاہئے کہ ان کی جگہ پر ہم دوسری چیزوں کا استعمال کریں۔ اس سمت میں عالمی سطح پر تحقیقات چل رہی ہیں اور ان کی روشنی میں ہم مندرجہ ذیل صورتوں میں CFC کی جگہ پر کوئی اور متبادل کا استعمال کرسکتے ہیں۔

جدول CFC:10.2 کا متبادل

| استعمال/شعبہ (area) | استعمال ہونے والا موجودہ CFC | متبادل (alternatives) |
|---|---|---|
| فرج بنانے میں | CFC-11 | ہیلیم (He)، امونیا ($NH_3$)اور ہائیڈرو کلورو فلورو کاربن (HCFC) |
| Air Conditioner (AC) بنانے میں | CFC-12 | HCFC اور ہائیڈرو فلورو کاربن (HFC) |
| فوم بنانے میں | CFC-11 & CFC-12 | HCFC اور پانی کی مدد سے پیدا کی جانے والی جھاگ |
| جراثیم کشی میں Sterilization | CFC-12 | کاربن ڈائی آکسائیڈ اور HCFC |
| آگ بجھانے میں | Halons | کاربن ڈائی آکسائیڈ، دوسرے متبادل پر ابھی تحقیق چل رہی ہے |
| محلل کے طور پر | CFC-13 | پانی سے صفائی یا تارپین کا تیل (tarpenes) |
| گیس کی پھہار میں (aerosols) | CFC-11 & CFC-12 | کاربن ڈائی آکسائیڈ، نائٹروجن آکسائیڈ ($N_2O$) اور Pump Spray |

ذریعہ: Environmental Education by Saxena and Anand

یہاں پر ایک بات کی وضاحت کرنا ضروری ہے کہ HFC اوزون کو بالکل نقصان نہیں پہنچاتے ہیں جب کہ HCFC پہنچاتے تو ہیں لیکن CFC سے کم۔ بہت ساری ایسی کمپنیاں ہیں جو کہ انہیں دو ماڈوں کی مدد سے فرج اور refrigerator تیار کر رہی ہیں۔ اِن کمپنیوں میں Du-Pont اور ICI اہم ہیں۔ اس سمت میں ایسا بھی ہوسکتا ہے کہ ہم فرج اور refrigerator بناتے وقت بیوٹین (Butane) اور پروپین (Propane) گیسوں کا استعمال کریں جن کا استعمال 1930ء تک ہوتا تھا جس وقت CFC کے بارے میں لوگ نہیں جانتے تھے۔ انہیں گیسوں کی مدد سے بننے والی فرج اور regrigerators کا جرمنی میں خوب استعمال ہورہا ہے اور انہیں خوب بنایا بھی جارہا ہے کیونکہ یہ ماحول کی حفاظت کے لئے بہت مناسب ہیں۔

۳) آتش فرو گیس (halons) (جو کہ کاربن، برومین اور ہیلوجن کی آمیزش سے بنے ہوئے گیسی مرکبات ہیں) کے استعمال پر مکمل پابندی لگانا اور ان کی جگہ پر ایسی دوسری گیسوں کا استعمال کرنا جو کہ آگ بجھانے کے کام آسکتی ہے۔

۴) اوزون کی پرت میں تخفیف کو روکنے کی ایک ممکنہ صورتِ حال یہ ہوسکتی ہے کہ جن علاقوں میں یہ تخفیف ہورہی ہے، وہاں پر ethane اور propane گیسوں کو زمین کے اوپر کرہ جامد (stratosphere) میں چھوڑا جائے۔ یہ گیس کلورین کے جوہر کو جذب کرلیں گی اور اس طرح سے وہ ردِ عمل رُک جائے گا جس کے نتیجے میں اوزون کی پرت میں تخفیف ہوتی ہے۔

۵) دورِ جدید کی موجودہ technology کا استعمال کرا یسے ایسے عناصر کی تحقیق کی جائے جو کہ CFC کی جگہ پر استعمال کئے جاسکتے ہیں۔ ایسے عناصر کی پہچان کر کے انہیں CFC کے متبادل کے طور پر استعمال کرنا چاہیے۔

## اوزون کی پرت میں تخفیف کو روکنے کے لئے کی گئی عالمی کوششیں

۱) Vienna conference:1985ء میں Vienna (Austria) میں ایک کانفرنس ہوئی جس میں مختلف ممالک کے سائنس داں اکٹھے ہوئے اور اس میں پہلی بار اوزون کی پرت میں تخفیف کے بارے میں تبادلۂ خیال ہوا۔ اس کانفرنس میں برطانیہ کے سائنس دانوں نے یہ پایا کہ South Pole میں اوزون کی پرت میں تخفیف ہو رہی ہے۔ اس کانفرنس میں اس تخفیف سے بچنے کے طریقوں پر بھی غور وخوض کیا گیا۔

۲) Montreal Protocol:1987ء میں کناڈا کے شہر مانٹریل میں ایک کانفرنس ہوئی جس میں کئی ممالک کے نمائندوں نے شرکت کی اور اس میں اس بات پر رضامندی ظاہر کی گئی کہ 1986ء تک CFC کے اخراج کی جو حالت ہے اس میں 1998ء تک آدھی کٹوتی کی جائے گی۔ اس کو ہم Montreal Protocal کہتے ہیں اور اس کی تعمیل 1 Jan, 1989 سے عمل میں آئی۔ تب سے لے کر اس میں پانچ بار ترمیم ہو چکی ہے اور آج تک اس میں تقریباً 191 ممالک نے دستخط کئے ہیں۔ اس معاہدے میں یہ طے کیا گیا کہ CFC کی جگہ دھیرے دھیرے HCFC اور HFC کا استعمال کیا جائے گا اور سارے ترقی یافتہ ممالک 2030ء تک اور سارے ترقی پذیر ممالک 2040ء تک CFC کے استعمال اور ان کی پیداوار پوری طرح ختم کر دیں گے۔ اس معاہدے میں یہ بات بھی کہی گئی کہ ترقی پذیر ممالک کے لئے رفتہ رفتہ پیسہ مہیا کرایا جائے گا تا کہ وہ نئی تکنیکوں کا استعمال کر کے CFC کے استعمال سے بچ سکیں اور ان ممالک کو ترقی یافتہ ممالک میں ہونے والی تحقیقات سے بھی آشنا کرایا جائے گا۔ اس معاہدے میں Sweden اور مغربی جرمنی نے اس بات کا تہیہ کیا کہ 1994ء تک CFC کے استعمال کو پوری طرح سے ختم کر دیں گے جب کہ یوروپ کے دوسرے ممالک نے یہ طے کیا کہ CFC کی پیداواری میں 85% تک کمی لائی جائے گی۔

۳) اوزون کی پرت بچاؤ کانفرنس (Saving the Ozone Layer Confrence):- مارچ 1989ء میں لندن میں ایک سہ روزہ کانفرنس برطانوی سرکار اور اقوام متحدہ کے اِدارے UNEP کی متحدہ کوششوں سے عمل میں آئی۔ اس کانفرنس میں ترقی یافتہ ممالک کے ذریعے پیدا کی گئی CFC کی آلودگی پر روشنی ڈالی گئی۔ اس کانفرنس میں CFC اور ایسے تمام مادّوں کے استعمال پر پوری طرح سے پابندی عائد کرنے کی بات کہی گئی جو کہ اوزون کی پرت میں تخفیف کے لئے ذمہ دار ہیں۔ اس وقت برطانیہ کے وزیر اعظم Margret Thatcher کے اس تصوّر کو 37 ممالک کی رضامندی حاصل ہوئی جب کہ Montreal Protocol پر شروع میں دستخط کرنے والے ممالک کی تعداد 31 تھی۔

۴) Helsinki Conference:- فن لینڈ کے شہر ہیل سنکی میں ۲/مئی 1989ء کو اوزون کی پرت میں تخفیف کے مدّے پر ایک بین الاقوامی کانفرنس ہوئی۔ اس میں Montreal Protocol کی کچھ باتوں میں ترمیم کی گئی۔ اس کانفرنس میں تقریباً 80 ممالک نے اس بات پر رضامندی جتائی کہ 2000ء تک ایسے تمام عناصر اور مادّوں پر پوری طرح سے پابندی عائد کی جائے جن کی وجہ سے اوزون کی پرت میں تخفیف ہو رہی ہے۔ لیکن اس کانفرنس میں ایک بین الاقوامی Climate Fund کی تشکیل پر رضامندی نہیں ہو پائی جس کو UNEP کے Executive Director مصطفیٰ تولبہ نے پیش کیا تھا۔ لیکن اس کانفرنس میں اس بات پر ضرور رضامندی حاصل ہوئی کہ اوزون کی پرت کو بچانے کا کام ترقی یافتہ اور ترقی پذیر دونوں ہی ممالک کا ہے اس لئے ان میں آپس میں تعاون ہونا چاہئے اور ترقی یافتہ ممالک کو ترقی پذیر ممالک کو نئی تحقیقات کے نتائج، اطلاعات، تصوّرات اور ٹکنالوجی کے بارے میں بتاتے رہنا چاہئے اور ان آلات کی تبدیلی میں بھی مدد کرنا چاہئے جن کی وجہ سے CFC کا اخراج

ہوتا ہے۔ایسے آلات کی جگہ سستے آلات ترقی پذیر ممالک کو مہیا کرانا چاہئے۔

۵) جاپان کی دو بڑی کمپنیوں Mitsubishi Electric اور Taiyo Sanyo (جو کہ ایک گیس کمپنی ہے) نے متحدہ طور پر یہ دعویٰ کیا کہ انہوں نے CFC کے متبادل کا فروغ کیا ہے۔ یہ ایک ایسا آلہ ہے جو کہ برف کے چھوٹے چھوٹے ٹکڑوں اور الکوہل کے مرکب کو $-50^{o}C$ (صفر سے 50 ڈگری نیچے) حرارت پر اکٹھا کر کے استعمال کیا جاتا ہے۔ لیکن اس کی استعداد بالکل CFC جیسی ہی ہے اور اس کے استعمال سے کسی طرح کا کوئی نقصان اوزون کی پرت کو نہیں ہے۔

۶) ہندوستان میں CSIR-Council of Scientific and Industrial Research اور Indian ICCT-Institute of Chemical Technology مل کر ایسی کوششیں کر رہی ہیں کہ CFC کا متبادل تیار کیا جائے۔ ان اداروں میں سائنس داں نئی نئی تحقیقیں کر رہے ہیں اور ان کو ہندوستان سرکار کی وزارتِ ماحول کی پوری حمایت اور مدد حاصل ہے۔

## 2) دنیا میں بڑھتی ہوئی گرمی
## (Global Warming)

زمین کی سطح پر گرمی پچھلے کچھ سالوں سے مسلسل بڑھ رہی ہے اور اس کی سب سے بڑی وجہ ہے انسانی نقل و حرکت کی وجہ سے گرین ہاؤس گیسوں کا نکلنا۔ ان گرین ہاؤس گیسوں میں میتھین، کاربن ڈائی آکسائیڈ، نائٹرس آکسائیڈ اور کلورو فلورو کاربن (CFC) شامل ہیں۔ سب سے پہلے سائنس داں J.Fourier نے 1827ء میں گرین ہاؤس اثر (Green House Effect) کا نام دیا تھا۔ اسی اثر کی وجہ سے دنیا میں بڑھنے والی گرمی کو global warming کہتے ہیں۔ اقوام متحدہ کے ادارے بین الاقوامی پینل برائے تبدیلیٔ آب وہوا (Intergovernmental Panel on Climate Change-IPCC) کے مطابق پچھلے سو سالوں میں (1906-2005) دنیا کی گرمی میں $0.74^{o}c$ کا اضافہ ہوا ہے۔ اسی ادارے کا یہ بھی ماننا ہے کہ پچھلے کچھ سالوں سے سمندر کے پانی کی سطح میں جو اونچائی دیکھنے کو ملی ہے اس کی وجہ برف کے گلیشیر کا پگھلنا ہے اور یہ گلیشیر دنیا کی بڑھتی ہوئی گرمی کی وجہ سے پگھل رہے ہیں۔ دنیا کے بہت سارے علاقوں میں شدید گرم ہواؤں کا چلنا اور آب وہوا میں ہونے والی تبدیلی کی بھی وجہ دنیا کی بڑھتی ہوئی گرمی کو ہی مانا جاتا ہے۔

اگر ہم دنیا کی بڑھتی ہوئی گرمی کا تاریخی طور پر مطالعہ کریں تو ہم یہ پائیں گے کہ جیسے جیسے انسانی آبادی میں اضافہ ہوتا گیا، وہ زیادہ سے زیادہ صنعتیں لگاتا گیا، زیادہ سے زیادہ پیٹرول اور دوسری قدرتی توانائی کے ذرائع کا استعمال کرنے لگا اور بڑے پیمانے پر گاڑیوں، موٹروں اور مشینوں کا استعمال کرنے لگا، نظام زراعت میں تبدیلی کی، جراثیم کش دواؤں کا استعمال کر کے پیداوار بڑھانے لگا، زمین کی استعداد سے زیادہ فصلیں اُس میں اُگانے لگا، اور کچروں کو نبٹانے کی نئی نئی تکنیکیں کھوجنے لگا، ویسے ویسے ان گرین ہاؤس گیسوں کے اخراج کی مقدار میں اضافہ ہوتا گیا۔ آج دنیا میں جتنی بھی گرین ہاؤس گیسوں کا اخراج ہو رہا ہے اس کے تقریباً 75% اخراج کے لئے انسانی نقل و حرکت ہی ذمّے دار ہیں۔ ابھی تک جو data ہمارے سامنے موجود ہے اس کے مطابق USA دنیا میں سب سے زیادہ گرین ہاؤس گیسوں کا اخراج کرتا ہے یعنی تقریباً 7.07 billion tons سالانہ۔ نیدرلینڈ میں واقع Netherlands Environmental Assessment Agency کے مطابق اب ترقی پذیر ممالک بھی ان گیسوں کا اخراج کافی مقدار میں کر رہے ہیں۔ ان ممالک میں سب سے پہلے چین کا نام آتا ہے۔ حالانکہ ہمارے ملک کا بھی شمار دنیا کے دس بڑے گرین ہاؤس گیسوں کے اخراج کرنے والے ملک کے طور پر ہوتا ہے لیکن ابھی بھی پوری دنیا کے گرین ہاؤس گیسوں کے اخراج میں ہمارا تعاون صرف 3% ہے۔ دنیا کی بڑھتی ہوئی گرمی انسانی وجود کے لئے ایک بہت بڑا خطرہ

بنتی جارہی ہے اس لئے اس کی وجوہات، اثرات اور اس کو کم کرنے کے بارے میں ہمیں سنجیدگی سے غور کرنا پڑے گا۔

## دنیا میں بڑھتی ہوئی گرمی کی وجوہات

(Causes of Global Warming)

ا) گرین ہاؤس گیسوں کا زیادہ سے زیادہ اخراج دنیا کی گرمی کو بڑھانے کی سب سے پہلی وجہ ہے۔ ان گیسوں میں شامل ہیں۔ کاربن ڈائی آکسائیڈ، نائٹرس آکسائیڈ ($N_2O$)، میتھین ($CH_4$)، اوزون ($O_3$) اور کلورو فلورو کاربن (CFC)۔ کاربن ڈائی آکسائیڈ ایک بے رنگ اور بے خوشبو کی گیس ہے اور 1850ء سے 1880ء تک اس کا اخراج آہستہ رفتار سے ہوتا رہا، 1880ء سے 1960ء تک اس رفتار میں تھوڑی تیزی آئی اور 1960ء کے بعد یہ رفتار بہت تیز بڑھ گئی۔ 1850ء میں کاربن ڈائی آکسائیڈ کی تعداد 10 لاکھ ذرّات میں 260 تھی (ppm) وہیں 2000ء میں یہ بڑھ کر 360 ppm ہوگئی۔ جس کو کہ مندرجہ ذیل تصویر 10.2 میں دکھایا گیا ہے:

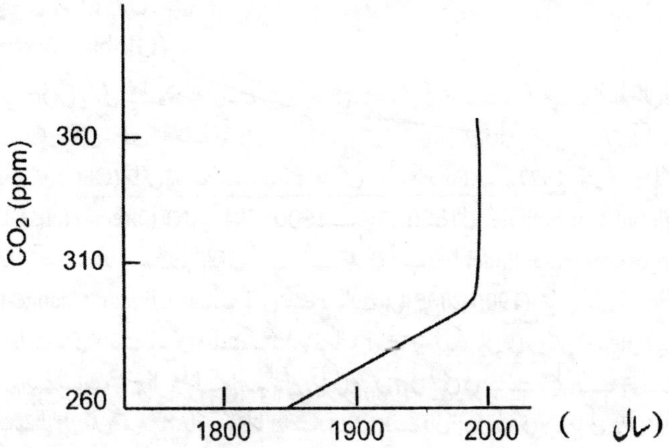


تصویر 10.2: $CO_2$ کے اخراج میں اضافہ

دنیا کے دس بڑے ممالک (کاربن ڈائی آکسائیڈ کے اخراج کے معاملے میں) مندرجہ ذیل ہیں:

| ملک | کاربن ڈائی آکسائیڈ کا اخراج (کروڑ ٹن سالانہ) |
|---|---|
| امریکہ (USA) | 59.6 |
| چین | 53.2 |
| روس | 17 |
| جاپان | 12.3 |
| ہندوستان | 11.7 |
| جرمنی | 8.4 |
| کناڈا | 6.3 |
| برٹین | 5.8 |

| | |
|---|---|
| جنوبی کوریا | 5 |
| اِٹلی | 4.7 |

ذریعہ: Netherlands Environmental Assessment Agency

دوسری گرین ہاؤس گیس میتھین ($CH_4$) ہے اور اس کا بھی اخراج 1960ء کے بعد بہت تیزی سے بڑھا ہے جیسا کہ مندرجہ ذیل تصویر 10.3 میں دکھایا گیا ہے:

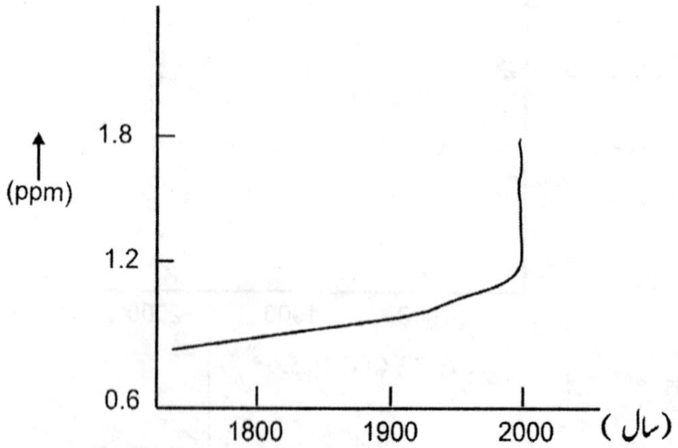


تصویر 10.3: میتھین کے اخراج میں اضافہ

اسی طرح نائٹرس آکسائیڈ ($NO_2$) کا بھی اخراج 1980ء کے بعد بہت تیزی سے بڑھا ہے جیسا کہ مندرجہ ذیل تصویر 10.4 میں دکھایا گیا ہے:

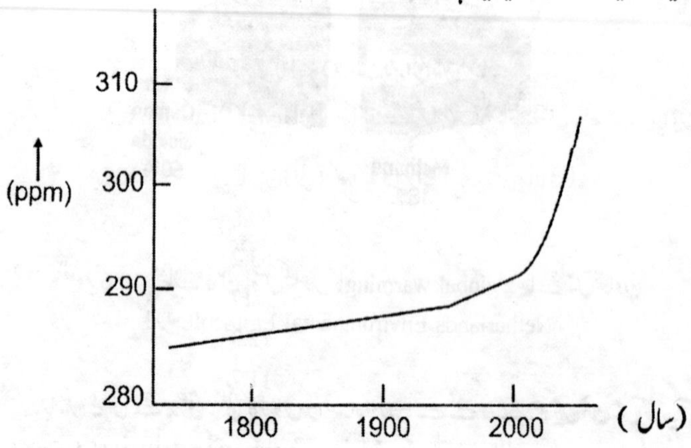


تصویر 10.4: $NO_2$ کے اخراج میں اضافہ

کلوروفلوروکاربن کا استعمال refrigerator, air conditioner اور پلاسٹک کے فوم وغیرہ بنانے میں ہوتا ہے اور یہ بھی دنیا کی گرمی بڑھانے میں ایک اہم رول ادا کر رہی ہے خاص طور پر 1950ء کے بعد اس کے اخراج میں بڑی تیزی آئی ہے جیسا کہ مندرجہ ذیل تصویر 10.5 میں دکھایا گیا ہے:

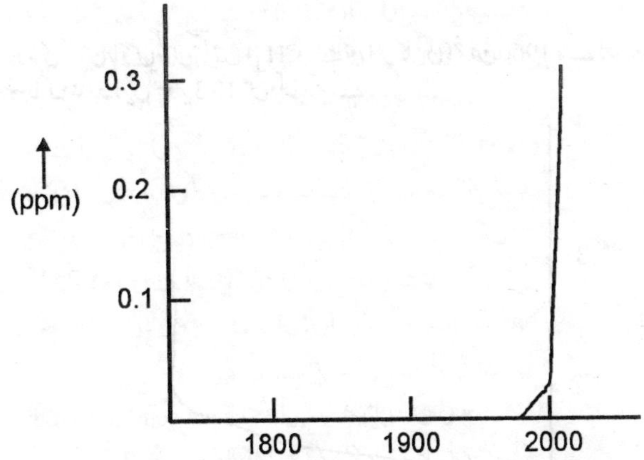


تصویر 10.5: CFC کا اخراج

گرین ہاؤس گیس دنیا کی گرمی بڑھانے کے لئے کتنی ذمے دار ہیں اس کو مندرجہ ذیل تصویر 10.6 کی مدد سے آسانی سے سمجھا جاسکتا ہے:

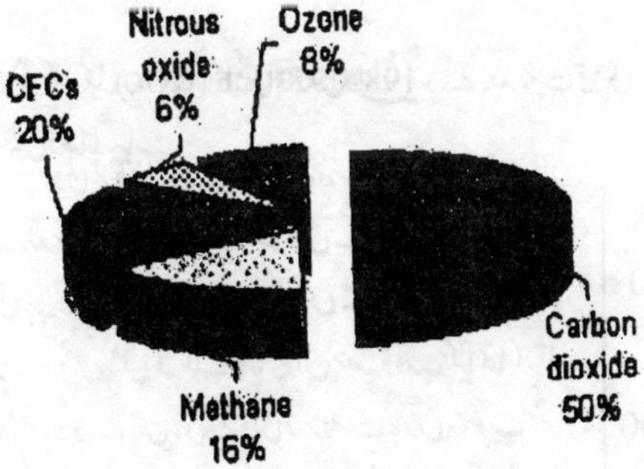


تصویر 10.6: مختلف گرین ہاؤس گیسوں کا global warming بڑھانے میں تعاون
ذریعہ: Netherlands Environmental Protocol

۲) دنیا میں تیزی سے بڑھتی ہوئی گاڑیوں کی تعداد اور ان سے نکلنے والے دھوئیں جن میں کہ یہ گیسیس (GHGs) پائی جاتی ہیں، بھی دنیا کی بڑھتی ہوئی گرمی کے لئے ذمہ دار ہے۔

۳) مختلف صنعتوں سے پیدا ہونے والی ہوائی آلودگی بھی global warming کی ایک وجہ ہے۔
۴) جنگلات کی کٹائی، ہریالی کا خاتمہ، کھلی ہوئی زمین کی دن بہ دن ہونے والی کمی بھی دنیا کی گرمی کے لئے ذمہ دار ہے۔
۴) جنگلات میں قدرتی طور پر لگنے والی آگ بھی اِس کی ایک اہم وجہ ہے۔
۵) آج کے دور کے انسان کی رہن سہن کی ادا بھی دنیا میں گرمی بڑھانے کے لئے زیادہ ذمّے دار ہے۔ آج لوگ عوامی ذرائع برائے آمدورفت (public transport system) کو استعمال کرنے کے بجائے اپنی گاڑیوں پر سفر کرنا زیادہ اچھا سمجھتے ہیں۔ air conditioner کا استعمال خوب بڑھ گیا ہے اور لوگوں کی ضرورتوں کو پورا کرنے کے لئے دنیا کے ایک کنارے سے دوسرے کنارے تک سامان جہازوں کے ذریعہ import کئے جاتے ہیں جس کے نتیجے میں بڑے پیمانے پر نہ کہ صرف ہوائی آلودگی بڑھ رہی ہے بلکہ دنیا میں گرمی بھی بڑھ رہی ہے۔
۶) شہروں میں آج کل جو تعمیرات ہو رہی ہیں اس میں کنکریٹ (concrete) کا استعمال ہو رہا ہے۔ چھتیں و دیواریں دونوں کنکریٹ کے بن رہے ہیں۔ اس سے دو طرح کے نقصان ہیں۔ ایک تو گرمی کی وجہ سے لوگ air conditoner کا استعمال کر رہے ہیں جس کی وجہ سے CFC کا اخراج ہو رہا ہے۔ اور دوسرے یہ کہ اس ضرورت کو پورا کرنے کے لئے بڑے پیمانے پر سیمنٹ اور گلاس کی پیداوار بڑھ رہی ہے۔ یہ صنعتیں بڑے پیمانے پر گرین ہاؤس گیسوں کا اخراج کر رہی ہیں جس سے دنیا میں گرمی بڑھ رہی ہے۔
۷) دنیا کی تیزی سے بڑھتی ہوئی آبادی بھی دنیا کی حرارت کو بڑھانے کے لئے ذمہ دار ہے۔ زیادہ لوگ ظاہر ہے کہ رہنے کے لئے جنگلات کی کٹائی کرتے ہیں اور بڑے پیمانے پر مختلف طرح کی آلودگی پھیلاتے ہیں۔

## بڑھتی ہوئی گرمی کے اثرات

## (Consequences of Global Warming)

۱) دنیا کی بڑھتی ہوئی گرمی کی وجہ سے پچھلے کچھ سالوں سے پوری دنیا کی آب و ہوا میں تبدیلی آرہی ہے جس کی وجہ سے دنیا کے قدرتی ماحولی نظام اور انسانوں کے لئے ایک خطرہ لاحق ہو گیا ہے۔ جنوبی ایشیاء کے کچھ علاقوں میں مانسون کی وجہ سے خطرناک سیلاب (جس میں کہ جولائی 2010 میں پاکستان کے بیشتر علاقوں میں آئی سیلاب شامل ہے اور جس میں کہ ملک کا پانچواں حصہ ڈوب گیا تھا)، شمالی یوروپ کے کچھ حصّوں، چین، سوڈان، موزامبک اور اوروگوے میں ہونے والی زبردست بارش، جنوب مشرقی یوروپ اور روس میں چلنے والی بیحد گرم ہوائیں، جنوبی امریکہ اور جنوبی افریقہ میں غیر متوقع طور پر ہونے والی برف باری کچھ ایسی مثالیں ہیں جن سے ہم کو بدلتی ہوئی آب و ہوا کا بہتر انداز ہو سکتا ہے۔ جون 2009ء میں جوہانسبرگ میں اور جنوری 2010ء میں بغداد میں ہونے والی برف باری بھی اس کی مثال ہے۔
۲) دنیا کی بڑھتی ہوئی گرمی کا اگر ہم پچھلے 160 سالوں کا ریکارڈ دیکھیں (1850ء سے) تو ہم یہ پائیں گے 1995ء سے 2006ء کے بیچ 12 سال ایسے رہے ہیں جو کہ پچھلے 160 سالوں میں سب سے زیادہ گرم رہے ہیں۔ اس سے یہ پتہ چلتا ہے کہ دنیا میں اب موسم انتہا کو پہنچ رہا ہے جو کہ ایک خطرے کی گھنٹی ہے۔
۳) دنیا کے بہت سارے علاقوں میں موجود گلیشیر (glaciers) پگھل رہے ہیں۔ اس میں انٹارکٹکا

(Antarctica) اور ہمالیہ کے گلیشیر شامل ہیں۔ دنیا کی زیادہ تر ندیوں کے لئے پانی کا ذریعہ یہی گلیشیر ہوتے ہیں۔ اگر یہ پگھل گئے تو نہ صرف پانی کی قلت ہوگی اور ندیاں سوکھ جائیں گی بلکہ زیادہ تر ترقی پذیر ممالک میں پانی سے بجلی بنانے والے کارخانے (hydro electric power stations) بند ہو جائیں گے اور بجلی کی بھی قلت پیدا ہوگی۔ GSI (Geological Survey of India) کی ایک نئی تحقیق کے مطابق ہمالیہ کے بڑے گلیشیر میں سے ایک گنگوتری گلیشیر 19 میٹر فی سالانہ کی رفتار سے کم ہو رہا ہے یعنی پگھل رہا ہے۔

۴) گلیشیر کے پگھلنے سے سمندر میں موجود پانی کی سطح اونچی ہو جائیں گی اس سے نشیب میں واقع بہت سارے ممالک جیسے مالدیپ وغیرہ ڈوب جائیں گے اور دنیا کے بہت سارے حصّوں میں تباہ کار سیلاب آئیں گی۔

۵) دنیا کی بڑھتی ہوئی حرارت کی وجہ سے بارش کا نظام متاثر ہو سکتا ہے جس کے نتیجے میں سوکھا، طوفان، سیلاب، گرم ہوائیں چلنے جیسی قدرتی آفات آسکتی ہیں۔ اس بڑھتی ہوئی حرارت کی ہی وجہ سے دنیا کے ہر برّ اعظم میں آب و ہوا میں شدید تبدیلی دیکھنے کو مل رہی ہے۔

۶) دنیا کی بڑھتی ہوئی حرارت کی وجہ سے بہت سارے جانور اور نباتات کے لئے خطرات پیدا ہو گئے ہیں اور وہ معدومی تک پہنچ گئے ہیں۔ اس سلسلے میں کی گئی ایک بین الاقوامی تحقیق یہ اندیشہ ظاہر کرتی ہے کہ 2050ء تک دنیا کی سطح تک پائے جانے والے تمام جانور اور نباتات میں سے ایک چوتھائی (25%) معدوم ہو جائیں گے (extinction)۔

۷) سورج کی گرمی کی وجہ سے پانی بھاپ بن کر اڑتا رہتا ہے۔ جب دنیا کی حرارت میں اضافہ ہوگا تو بھاپ کی یہ شرح بھی متاثر ہوگی۔ پانی تیزی سے بھاپ بنے گا اور بہت سارے ندی، نالوں، جھیلوں، کنوؤں اور دوسرے ذرائع کے سوکھنے کا خطرہ لاحق ہو جائے گا۔

۸) جب پودوں کو زیادہ کاربن ڈائی آکسائیڈ ملتی ہے تو وہ بڑی تیزی سے بڑھتے ہیں۔ دنیا کی بڑھتی ہوئی حرارت کی ایک وجہ یہی کاربن ڈائی آکسائیڈ گیس کے مقدار میں اضافہ ہے۔ اس سے پیڑوں کی پتّیاں تیزی سے گرتی ہیں اور ان کے اوپر بُرے اثرات مرتّب ہوتے ہیں۔

۹) سائنس دانوں اور ڈاکٹروں کے ساتھ ساتھ تحقیق کرنے والے ماہرین کی بھی یہ رائے ہے کہ دنیا کی بڑھتی ہوئی حرارت کی وجہ سے ڈینگو، ملیریا، فلیریا اور دوسرے قسم کے بخار تیزی سے بڑھیں گے۔

## دنیا کی بڑھتی ہوئی گرمی کو روکنے کے طریقے

۱) بڑے پیمانے پر جنگلات لگایا جائے۔ جنگلات کی کٹائی پر پابندی لگائی جائے، شہر گاؤں ہر طرف ہریالی کو بڑھانے کی کوشش کی جائے اور لوگوں کے اندر آگاہی پیدا کی جائے۔

۲) جہاں تک ہو سکے کلورو فلورو کاربن (CFC) گیسوں کے استعمال میں کمی لائی جائے اور refrigerators اور air conditioners میں استعمال ہونے والے CFC کے متبادل کو تلاش کی جائے۔ اس سلسلے میں جرمنی اور کناڈا میں کی جارہی کوششوں سے ہم عبرت حاصل کر سکتے ہیں۔

۳) بڑھتی ہوئی آبادی کو بھی قابو میں کرنا ہوگا۔

۴) بڑے پیمانے پر پھیلی ہوئی ہوائی آلودگی پر قابو پا کر ہم دنیا کی بڑھتی ہوئی حرارت کو کم کر سکتے ہیں۔ اس سلسلے میں یہ بھی ایک کارگر طریقہ ہو سکتا ہے کہ ہم زیادہ سے زیادہ لوگوں کو عوامی transport کے ذرائع

کے استعمال کرنے کی تلقین کریں۔Compressed Natural Gas (CNG) کا استعمال بھی ایک کارگر قدم ثابت ہوسکتا ہے۔

۵) دنیا کی مختلف حکومتوں کو قابلِ بقا ترقی/مستحکم فروغ (sustainable development) کے اصولوں پر عمل کرنا چاہیئے۔

۶) قدرتی وسائل کا استعمال کم سے کم کرنا چاہیئے۔اس سلسلے میں ہم گاندھی جی کے مشہور قول سے سبق لے سکتے ہیں جس میں انہوں نے کہا تھا ''قدرت کے پاس سب کی ضرورت کے لئے بہت کچھ ہے لیکن سب کی لالچ کے لئے نہیں''

(There in enough for everbody's need but not for every body's greed)

۷) توانائی کے قابلِ تجدید وسائل (renewable resources) کا استعمال کر کے ہم کو غیر تجدیدی (non-renewable) وسائل پر کم منحصر رہنا چاہیئے۔اس کے لئے شمسی توانائی، ہوائی توانائی کا استعمال کرنا چاہیئے۔

۸) گرین ہاؤس گیسوں میں زیادہ۔سے زیادہ کمی کرنا چاہیئے۔

۹) تمام صنعتوں پر آلودگی کم کرنے والے آلات لگانے کے لئے دباؤ ڈالنا چاہیئے اور قانون پر سختی سے عمل کرنا چاہیئے۔

۱۰) دنیا کے تمام ممالک اور لوگوں کو اپنا وجود بچانے کے لئے سنجیدگی سے اس مسئلے پر غور کر کے لائحہ عمل تیار کرنا چاہیئے۔

## 3) تیزابی بارش/تُرشئی بارش
## (Acid Rain)

لفظ تیزابی بارش کا سب سے پہلے استعمال Robert Angus Smith نے 1872ء میں شائع ہونے والی اپنی کتاب "Air & Rain : The Beginnings of Chemical Climatology" میں کیا تھا۔ 1972ء میں اسٹاک ہوم (Stockholm) میں منعقد ہونے والی ایک کانفرنس میں عوام کو اس طرف متوجہ کیا گیا۔اُس کے بعد کئے گئے بہت سارے مطالعوں اور تحقیقوں نے اس بات کے پختہ ثبوت فراہم کیے کہ تیزابی بارش سے نباتات، جانوروں اور انسانوں سب کو نقصان پہنچتا ہے۔جب بارش میں کسی طرح کا کوئی متعفن نہیں ہوتا ہے تو اس کی 5.6pH value ہوتی ہے اس لئے 5.5 یا اس سے کم pH value کی کسی بھی بارش کو ہم تیزابی بارش کہتے ہیں۔مغربی یوروپ کے کچھ ممالک مثال کے طور پر برطانیہ، جرمنی اور ناروے میں 4-4.5 pH کی بارش کے بارے میں بتایا گیا ہے۔عام طور پر تیزابی بارش مقامی ہوتی ہے اور اس کا دائرہ محدود ہوتا ہے۔

انسانوں کی مختلف نقل وحرکت مثال کے طور پر پیٹرول اور دوسرے ایندھن کے زیادہ استعمال کرنے سے، مختلف صنعتوں سے نکلنے والے دھوؤں سے، گاڑیوں سے، گھروں میں جلنے والی آگ وغیرہ سے سلفر اور نائٹروجن کے آکسائیڈ نکل کر ہوا کے ذریعے کرّہ ہوا میں پہنچ جاتے ہیں۔جتنا زیادہ دیر وہ کرّہ ہوا میں رہیں گے اتنا ہی اس بات کا اندیشہ ہے کہ وہ تیزاب (acid) میں تبدیل ہو جائیں گے۔ان تیزابوں میں Sulphuric acid اور nitric acid کرّہ ہوا میں موجود بھاپ میں گھل مل جاتے ہیں اور زمین پر تیزابی بارش کی صورت میں

گرتے ہیں یا تو کہرے (fogs) اور بادل میں مل کر کرّہ ہوا میں رہتے ہیں۔ تیزابی بارش دو طرح کی ہوتی ہے:

۱) سوکھی تیزابی بارش (Dry acid rain):- جب سلفیٹ اور نائٹریٹ کے ذرّات زمین کی سطح پر سوکھی گیس کی طرح جمع ہو جاتے ہیں تو ہم اس کو سوکھی تیزابی بارش کہتے ہیں۔

۲) گیلی تیزابی بارش (wet acid rain): جب سلفیورک، نائٹرک اور ہائڈروکلورک ایسڈ کرّہ ہوا کی پانی کی بوندوں اور بھاپ میں مل جاتے ہیں اور اس کے نتیجے میں بارش کے پانی کو تیزابی بناتے ہیں تو ہم اسے گیلی تیزابی بارش کہتے ہیں۔

## تیزابی بارش کی وجوہات
## (Causes of Acid Rain)

بڑھتی ہوئی صنعت کاری (industrialisation) تیزابی بارش کی سب سے بڑی وجہ ہے۔ ہر طرح کی صنعت سے سلفر اور نائٹروجن کے آکسائیڈ کا اخراج بڑے پیمانے پر ہوتا ہے اور یہ متعفّن کرّہ ہوا میں موجود بھاپ میں تیزابی بارش کی وجہ سے بنتے ہیں۔ اس کے علاوہ گاڑیوں، بسوں، ٹرینوں اور دوسری طرح کی مشینوں میں ہم جس پیٹرول یا دوسرے ایندھن کا استعمال کرتے ہیں اس کے جلنے کے نتیجے میں بھی بڑے پیمانے پر متعفّن نکل کر کرّہ ہوا میں گھومتے ہیں اور وہاں پر تیزاب میں تبدیل ہو جاتے ہیں۔ ایسا کہا جاتا ہے کہ عالمی سطح پر جتنا بھی سلفر ڈائی آکسائیڈ کا اخراج ہو رہا ہے اس کا 60-70% انہیں ایندھن کے جلنے کی وجہ سے ہو رہا ہے۔ اس کے علاوہ مختلف طرح کے نائٹروجن آکسائیڈ کا اخراج ہر سال تقریباً دو کروڑ ٹن سے لے کر 9 کروڑ ٹن ہو رہا ہے۔ یہ آکسائیڈ کرّہ ہوا میں ایک لمبی مسافت طے کرتے ہیں اور بہت سارے طبعی اور کیمیاوی تبدیلیوں کے بعد بہت سارے نقصان دہ مادّے بناتے ہیں جو کہ تیزابی بارش کی صورت میں زمین پر گرتے ہیں اور نباتات اور جانوروں کو بڑے پیمانے پر نقصان پہنچاتے ہیں۔

## تیزابی بارش کے اثرات
## (Consequences of Acid Rain)

تیزابی بارش ماحول کے حیاتیاتی (biotic) اور غیر حیاتیاتی (abiotic) دونوں ہی اجزاء پر اثر ڈالتی ہے۔ اس کے اہم نقصانات مندرجہ ذیل ہیں:

۱) اس کا سب سے بڑا اثر نباتات اور سبزے پر پڑتا ہے اور جنگلات کی صفائی ہونے لگتی ہے۔ جرمنی میں کی گئی ایک تحقیق سے یہ بات واضح ہو جاتی ہے کہ وہاں پر تقریباً 16% جنگلات تیزابی بارش کی وجہ سے فنا ہو گئے اور تقریباً 80 لاکھ ایکڑ زمین بری طرح سے متاثر ہوئی۔ اس کے علاوہ اس بارش کی وجہ سے زمین میں موجود مختلف تغذیائی عناصر (nutrients) برباد ہو جاتے ہیں یا مٹی سے الگ ہو جاتے ہیں اور پودوں کی مختلف ضرورتیں پوری نہیں ہو پاتی ہیں۔ سوئٹزرلینڈ، نیدرلینڈ، چیک اور سلوواکیا میں بھی جنگلوں کو اس سے نقصان پہنچ رہا ہے۔

۲) تیزابی بارش کی وجہ سے نوری ترکیب کا عمل (جس کے ذریعے پودھے اپنی غذا تیار کرتے ہیں) بہت دھیما ہو جاتا ہے اس سے پودھوں کو ضروری chlorophyll نہیں مل پاتا ہے اور ان کی پتّیاں پیلی ہو جاتی ہیں۔

۳) تیزابی بارش کی وجہ سے مٹّی میں موجود مختلف ایسے جراثیم جن کی نقل و حرکت سے مٹّی کی زرخیزی بڑھتی

ہے، مرجاتے ہیں اس سے زمین کی زرخیزی پر بُرا اثر پڑتا ہے اور اس میں پائی جانے والی فصلوں یا پودھوں کی بالیدگی کی رفتار بُری طرح سے متاثر ہوتی ہے۔

۴) تیزابی بارش کی وجہ سے بہت سارے زہریلے عناصر مٹی میں مل کر پانی کے ذرائع تک پہنچ جاتے ہیں جس سے پینے کا پانی آلودہ ہوجاتا ہے اور بہت ساری بیماریاں پیدا ہوتی ہیں مثال کے طور پر سانس کی اور ہاضمہ کی بیماریاں۔

۵) تیزابی بارش کی وجہ سے ندیوں، جھیلوں، تالابوں اور سمندر کا پانی تیزابی ہوجاتا ہے۔ تیزابی پانی میں مچھلیاں زندہ نہیں رہ پاتی ہیں۔ ایسا کہا جاتا ہے کہ سوِیڈن میں تقریباً 10 ہزار جھیلوں میں مچھلیاں نہیں ہیں کیونکہ ان جھیلوں کا پانی تیزابی ہے۔ اس پانی کی وجہ سے کبھی کبھی سیلاب کی کیفیت پیدا ہوجاتی ہے اور بہت سارے سبزوں اور ماحولی نظام کو بھی نقصان پہنچتا ہے۔

٦) تیزابی بارش ان مادّوں کو جن سے عمارتیں بنتی ہیں بری طرح نقصان پہنچاتی ہے مثال کے طور پر ریت، پتھر اور سنگ مرمر وغیرہ۔ اس کی وجہ سے بہت ساری تاریخی عمارتوں اور پرانی عمارتوں کو نقصان پہنچ رہا ہے۔ ایسا کہا جارہا ہے کہ تاج محل کے سنگ مرمر کی چمک پھیکی اس لئے پڑرہی ہے اور اس میں پیلاپن اس لئے آرہا ہے کہ پاس ہی میں موجود متھورا آئل رفائنری سے نکلنے والے سلفر اور نائٹروجن کے آکسائیڈ کرّۂ ہوا میں موجود پانی کے بھاپ سے مل کر تیزابی بارش کی صورت میں نیچے آکر اس عمارت کو نقصان پہنچارہے ہیں۔ اس کے علاوہ نیویارک کے مشہور Statue of Liberty کو بھی تیزابی بارش کی وجہ سے نقصان پہنچ رہا ہے۔ اس کے علاوہ پلوں، چہاردیواریوں اور railings کو بھی اس سے نقصان پہنچ رہا ہے۔

۷) تیزابی بارش کی وجہ سے مٹی کی تیزابیت (soil acidity) بڑھ جاتی ہے اس کی وجہ سے مٹی کی زرخیزی پر بُرا اثر پڑتا ہے اور اس سے مختلف طرح کے جانوروں اور نباتات کو نقصان پہنچتا ہے۔

۸) تیزابی بارش کی وجہ سے پانی میں موجود المونیم، زنک، کیڈمیم، لیڈ، کاپر اور مینگنیز وغیرہ کی تعداد ایک محفوظ سطح سے زیادہ ہوجاتی ہے اور اس سے پانی میں پائی جانے والی مختلف طرح کی نوع (species) کی بالیدگی پر بُرا اثر پڑتا ہے اور جراثیم اور algae مرجاتے ہیں۔

۹) تیزابی بارش آج کے دور میں مختلف ممالک کے بیچ نااتفاقی کی بھی وجہ بن رہی ہے۔ کسی بھی ملک میں موجود مختلف صنعتوں کی وجہ سے پیدا ہونے والے متعفن ہوا کی وجہ سے کسی اور ملک میں پہنچ جاتے ہیں اور وہاں پر تیزابی بارش کی وجہ بنتے ہیں مثال کے طور پر کناڈا میں تیزابی بارش شمالی USA سے نکلنے والے متعفّن کی وجہ سے اور سوِیڈن میں برطانیہ اور فرانس سے نکلنے والے متعفِن کی وجہ سے ہورہی ہے۔ اس کے علاوہ ناروے میں ہونے والی تیزابی بارش کی وجہ جرمنی سے نکلنے والے متعفّن ہیں۔

۱۰) تیزابی بارش کی وجہ سے آلودہ ہونے والے پانی اور مٹی میں موجود زہریلے عناصر فصلوں، اناج اور پھلوں کے ذریعے انسانی جسم میں پہنچ کر مختلف طرح کی بیماریاں پیدا کررہے ہیں۔

## تیزابی بارش کو کم کرنے کے طریقے

۱) مختلف طرح کے 'Thermal Power Stations' اور دوسری صنعتوں میں ایسے کوئلوں (coals) کا استعمال کیا جائے جن سے کم سے کم $SO_2$ کا اخراج ہو۔ حالانکہ یہ ایک بہت مشکل کام ہے کیونکہ ایسے کوئلے کو زیادہ مقدار میں حاصل نہیں کیا جاسکتا اور یہ بہت مہنگا پڑتا ہے۔ دوسرا طریقہ یہ

ہوسکتا ہے کہ عام کوئلے میں موجود سلفر کے مرکّب کو اس کے استعمال سے پہلے ختم کردیا جائے۔ ایسا ہم اس طرح سے کر سکتے ہیں کہ کوئلے کو استعمال سے پہلے دھولیا جائے چونکہ سلفر کے مرکب بھاری ہوتے ہیں اس لئے پانی سے وہ آسانی سے الگ ہوجائیں گے۔ لیکن اس طریقے کو بھی استعمال کرنے سے ایک مسئلہ یہ پیدا ہوگا کہ بڑے پیمانے پر کچرا نکلے گا اور اس کو رکھنے کا مسئلہ پیدا ہوگا۔

۲) مختلف طرح کی ایسی جدید تکنیکیں آج موجود ہیں جن کی وجہ سے جلنے کے عمل کے دوران نائٹروجن کے مختلف آکسائیڈ اور $SO_2$ جیسے متعفن کی تعداد بہت کم ہوجاتی ہے۔ ہمیں ایسی تکنیکوں کا استعمال کرنا چاہئے۔

۳) نائٹروجن کے مختلف آکسائیڈ عام طور پر بہت زیادہ حرارت (temperature) پر پیدا ہوتے ہیں۔ اگر ہم جلنے کے عمل (combustion) کے دوران حرارت کو کم کردیں تو یہ متعفن اپنے آپ کم ہوجائیں گے۔ اس کے لئے ہم کو نئی design کے burners کا استعمال کرنا پڑے گا۔

۴) کچھ ایسی تکنیکیں ہیں جن کی وجہ سے ہم جلنے کے عمل کے بعد نکلنے والے سلفر ڈائی آکسائیڈ اور نائٹروجن کے مختلف آکسائیڈ کی تعداد کو کم کرسکتے ہیں۔ ان تکنیکوں میں sodium sulphate' sodium hydroxide یا sodium bisulphate کے solution کا استعمال کیا جاتا ہے۔ اس کے علاوہ چونے کے پانی کے استعمال سے بھی ان متعفن کی مقدار کافی کم ہوجاتی ہے۔ لیکن اس کے بعد پھر وہی مسئلہ پیدا ہوجائے گا کہ اس کچرے کو ہم کیسے ٹھکانے لگائیں۔

۵) کرّۂ ہوا میں موجود بہت سارے متعفن کا اخراج مختلف طرح کی گاڑیوں، بسوں اور ٹرینوں سے نکلنے والے دھوئیں سے ہوتا ہے۔ اگر ہم بجلی کے استعمال سے، بیٹری کے استعمال سے یا CNG کے استعمال سے گاڑیوں کو چلائیں تو متعفن کم سے کم تعداد میں نکلیں گے اور تیزابی بارش پر کچھ حد تک قابو پایا جاسکے گا۔ اس بات کی بھی کوشش کرنی چاہئے کہ زیادہ سے زیادہ عوامی آمدورفت کے ذرائع (public transport) کا استعمال کیا جائے اور اپنی نجی گاڑیوں کے استعمال کو کم کیا جائے۔

۶) لوگوں میں تیزابی بارش کے خطرات کے لئے آگاہی پیدا کیا جائے، قوانین بنائے جائیں اور ان پر سختی سے عمل درآمد کیا جائے۔

## 4) آب وہوا میں تبدیلی
## (Climate Change)

آج کے دَور میں آب وہوا میں ہونے والی تبدیلی ایک بہت ہی بڑا اور سنجیدہ مسئلہ ہے اور اس پر عالمی سطح پر بڑے مذاکرے ہورہے ہیں یہاں تک کہ اقوام متحدہ نے اس مسئلے سے نپٹنے اور اس کو روکنے کے لئے سنجیدگی کے ساتھ کوشش کرنے کے لئے بین الاقوامی سطح پر تمام حکومتوں کے درمیان ایک پینل بنادیا ہے جسے ہم (Intergovernmental Panel on Climate Change-IPCC) کہتے ہیں۔ اس پینل میں ہم آب وہوا میں ہونے والی تبدیلیوں کی وجوہات اور انسانی زندگی پر پڑنے والے اثرات کا جائزہ لیتے ہیں اور پوری دنیا میں ہونے والی تحقیق کی بنیاد پر اسے روکنے کے لئے حکمت عملیاں بناتے ہیں۔ یوں تو انسانی وجود کی تاریخ سے ہی دنیا میں آب وہوا میں تبدیلی ہوتی رہی ہے لیکن تبدیلی کی یہ رفتار سست تھی اور اتنی متشدد نہیں تھی جتنی کہ پچھلے کچھ سالوں سے۔ ریگستانی علاقوں میں ہونے والی برف باری، لوٗ کے وقت ہونے والی بارش، بارش ہونے

والے علاقوں میں سوکھا، بار۔ بار آنے والے طوفان اور سیلاب، بے موسم ہونے والی بارش، عام طور پر بارش میں ہونے والی کمی، آم کے پیڑوں پر وقت سے پہلے لگنے والے بور (flowering) اور دنیا کی حرارت میں تیزی سے ہونے والا اضافہ یہ کچھ ایسی مثالیں ہیں جو کہ آب وہوا میں ہونے والی تبدیلی کو ظاہر کرتی ہیں۔ 25-24 دسمبر 2004ء کو سونامی کی وجہ سے انڈونیشیا، شری لنکا اور ہندوستان کے ساحلی علاقوں میں ہونے والی زبردست تباہی اور انسانی جان ومال کا نقصان، امریکہ میں کیٹرینا طوفان سے مچنے والی تباہی جو کہ 2005ء میں رونما ہوئی تھی، آسٹریلیا میں 2010ء اور 2011ء کے بیچ آئی زبردست سیلاب، پاکستان اور ہندوستان کے کچھ حصوں میں ستمبر۔ اکتوبر 2010ء میں سیلاب کے ذریعے مچائی گئی تباہی، روس جیسے ٹھنڈے ملک میں گرمی کی وجہ سے جنگلات میں لگنے والی آگ کا دوسرے ممالک پر اثر اور 11 مارچ 2011ء کو جاپان میں سونامی اور زلزلے کے ذریعے مچی زبردست تباہی اور بے پناہ انسانی جانوں کا نقصان یہ کچھ ایسی مثالیں ہیں جو ہمیں آب وہوا میں ہونے والی تبدیلی کے بارے میں سنجیدگی سے سوچنے پر مجبور کرتی ہیں۔ اس سلسلے میں ہندوستان کی 15 ویں لوک سبھا کی اسپیکر محترمہ میرا کمار نے آب وہوا کی تبدیلی اور دنیا کی بڑھتی ہوئی حرارت کے لئے بنائے گئے پارلیامنٹری فورم کے انعقادی جلسے میں خطاب کرتے ہوئے ۱۱ر مارچ 2010ء کو فرمایا تھا ''انسانوں کے سامنے آج درپیش تمام مسائل میں دنیا کی بڑھتی ہوئی حرارت اور آب وہوا کی تبدیلی سب سے اہم ہیں۔ ان کے اثرات دنیا کے تمام حصوں میں دیکھے جا رہے ہیں۔ آب وہوا میں ہونے والی تبدیلی نہ کہ صرف انسانوں کو بلکہ حیاتیاتی کثرت کو بھی متاثر کر رہی ہے۔ اس لئے ہمیں اس مسئلے سے نبٹنے کی سنجیدہ کوشش کرنی چاہئے اور اس سلسلے میں مجھے امید ہے کہ یہ فورم ایک اہم رول ادا کرے گا''۔

## آب وہوا میں ہونے والی تبدیلی کی وجوہات
## (Causes of Climate Change)

آب وہوا میں ہونے والی تبدیلی کو ہم مندرجہ ذیل دو درجوں میں تقسیم کر سکتے ہیں:

آب وہوا میں ہونے والی تبدیلی کی وجوہات

| قدرتی وجوہات (Climate Change due to Natural Causes) | انسانی نقل وحرکت کی وجہ سے آب وہوا میں تبدیلی (Climate Change due to Antropogenic Reasons) |
|---|---|
| ۱- آتش فشاں کا پھٹنا (Volcano Eruption)<br>اس کے نتیجے میں سلفر ڈائی آکسائیڈ، راکھ اور دھول کافی تعداد میں اُڑ کر کرّہ ہوا میں ملتی ہے جس کے نتیجے میں نہ کہ صرف آلودگی پھیلتی ہے بلکہ حرارت بھی بڑھتی ہے اور آب وہوا میں تبدیلی ہوتی ہے۔ | ۱- دنیا کی بڑھتی ہوئی حرارت (Global Warming)<br>۲- جنگلات کی کٹائی (deforestation)<br>۳- گرین ہاؤس گیسوں کا زیادہ اخراج (Emission of Greenhouse Gases) |

۲-سمندر کا دھارا (ocean currant)
سمندر کے دھارے کی وجہ سے کافی مقدار میں حرارت کا اخراج ہوتا ہے۔ جس سے Al Nino اثر پیدا ہوتا ہے، سرد پانی اور گرم پانی آپس میں ملتے ہیں اور اس کی وجہ سے آب و ہوا میں تبدیلی ہوتی ہے۔

۳-شمسی تبدیلیاں (solar variations)
سورج توانائی اور حرارت کا بہت بڑا ذریعہ ہے۔ اس سے کافی مقدار میں توانائی کا اخراج ہوتا ہے اگر اس کی حالت میں تھوڑی بھی تبدیلی ہو جاتی ہے تو گلیشیر وغیرہ پگھلنے لگتے ہیں اور آب و ہوا بدل جاتی ہے۔

۴-مدار ارضی میں تبدیلی (orbital change of earth)
زمین اپنے مدار پر گھومتی ہے اور جب اس کے مدار میں تبدیلی ہوتی ہے تو سرد علاقوں میں اور سردی پڑنے لگتی ہے اور گرم علاقے اور گرم ہو جاتے ہیں۔ اس طرح سے زمین کے مدار میں ہونے والے تبدیلی بھی آب و ہوا میں تبدیل کی وجہ بنتی ہے۔

۴-توانائی کا زیادہ استعمال (Excess use of energy)
۵-زیادہ ٹھوس کچرے کا نکلنا (solid waste)
۶-پیٹرول کا توانائی کے طور پر زیادہ استعمال (use of fossil fuels)
۷-زیادہ کلوروفلوروکاربن گیسوں کا اخراج (emission of CFC)
۸-گرمی کی وجہ سے گلیشیر کا پگھلنا۔ (melting of glaciers)
۹-زمین کے اندر کے پانی کا زیادہ استعمال (Excessive use of ground water)
۱۰-زراعت کے شعبے میں زیادہ کیمیکل اور جراثیم کش دواؤں کا استعمال (Excessive use of chemicals and pesticides in agriculture)

## آب و ہوا میں ہونے والی تبدیلی کے اثرات
## (Consequences of Climate Change)

۱) آب و ہوا میں ہونے والی تبدیلی کی وجہ سے بارش کا نظام متاثر ہو رہا ہے، حرارت (temperature) اور نمی (humadity) کی مقدار متاثر ہو رہی ہے جس کے نتیجے میں زمین کے اوپر اور اندر کے پانی (surface and ground water) کی مقدار اور معیار دونوں پر بُرا اثر پڑ رہا ہے۔ اس بات کا خطرہ ہے کہ کہیں 2020ء تک پینے کے پانی کی قلت دنیا میں نہ پیدا ہو جائے۔

۲) آب و ہوا میں ہونے والی تبدیلی کی وجہ سے برفانی ندیوں (یعنی جن کے پانی کا ذریعہ برف ہے) اور دوسری ندیوں میں پانی کی مقدار بڑھ سکتی ہے یا گھٹ سکتی ہے۔ اس کی وجہ سے سیلاب آنے اور بڑے پیمانے پر تباہی کا خطرہ رہتا ہے۔

۳) دنیا کے بیشتر علاقوں میں کھیتی پانی کے ذریعے ہی ہوتی ہے۔ پانی کی کمی اور حرارت میں ہونے والا اضافہ زرعی پیداوار کو منفی طور پر متاثر کرے گا، پیداوار گھٹے گی جس کے نتیجے میں بڑے پیمانے پر بھک مری (starvation) اور بے روزگاری پھیلنے کا اندیشہ ہے۔

۴) آب و ہوا میں ہونے والی تبدیلی مختلف طرح کے پھل، پھول، سبزی، چائے، کافی، دھان، اور دوسری

طبّی جڑی بوٹیوں کی کھیتی کو نقصان پہنچائے گی اس کے نتیجے میں بہت سارے ممالک کی معیشت تباہ ہو گی اور دنیا میں معاشی بحران (economic crisis) کے پیدا ہونے کا ڈر رہے گا۔

۵) آب وہوا میں ہونے والی تبدیلی کی وجہ سے لوگوں کی صحت بھی متاثر ہو گی بالخصوص ملیریا، ڈینگو، ہیضہ، اور اس طرح کی دوسری پھیلنے والی بیماریاں (communicable diseases) بڑھیں گی۔

۶) آب وہوا میں ہونے والی تبدیلی جنگلات کو بھی متاثر کر رہی ہے۔ سیلاب اور طوفان کی وجہ سے بڑے پیمانے پر جنگلوں کو نقصان پہنچ رہا ہے۔ اس سے بہت سارے لوگوں کی روزی روٹی متاثر ہو رہی ہے۔

۷) آب وہوا میں ہونے والی تبدیلی حیاتیاتی کثرت (biodiversity) کو متاثر کر رہی ہے۔ بہت سارے کمیاب جانور اور نباتات یا تو فنا ہو چکے ہیں یا فنا ہونے کے قریب ہیں۔

۸) آب وہوا میں ہونے والی تبدیلی کی وجہ سے سمندر میں اکثر و بیشتر طوفان آتے رہتے ہیں جس کی وجہ سے سمندر میں کام کرنے والے لوگوں کی روزی روٹی متاثر ہو رہی ہے۔

۹) سمندر میں آنے والے طوفان کی وجہ سے اور سیلاب کی وجہ سے ان علاقوں میں جہاں پر زراعت ہوتی تھی اب وہاں پر فصل نہیں اُگائی جا رہی ہے۔

۱۰) آب وہوا میں ہونے والی تبدیلی کی وجہ سے سمندر کے پانی کی سطح میں اضافہ ہو رہا ہے۔ اس بات کی امید کی جا رہی ہے کہ 2050ء تک اس سطح میں 15-38 cm کا اضافہ ہو سکتا ہے جب کہ 2100ء تک 45-69cm تک۔ اس کی وجہ سے سمندر کے کنارے کے ملک کے وجود پر خطرہ منڈرا رہا ہے۔

## آب وہوا میں تبدیلی: ہندوستان کے تناظر میں

## (Climate Change: The Indian Scenario)

۱) آب وہوا میں ہونے والی تبدیلی کی وجہ سے پچھلی صدی کے مقابلے اس صدی کی حرارت میں $0.4^{O}C$ کا اضافہ ہوا ہے۔

۲) آب وہوا میں ہونے والی تبدیلی کی وجہ سے ہندوستان کے مغربی علاقوں، ساحلی علاقوں، وسطی علاقوں اور شمال مشرقی علاقوں میں گرمی کا اثر بڑھ رہا ہے۔

۳) آب وہوا میں ہونے والی تبدیلی کی وجہ سے ہندوستان کے جنوبی علاقوں اور شمالی مغربی علاقوں میں سردی میں اضافہ ہوا ہے۔

۴) آب وہوا میں ہونے والی تبدیلی کی وجہ سے مانسون کا دور متاثر ہوا ہے۔ مغربی ساحلی علاقوں، شمالی آندھرا پردیش اور شمالی مغربی ہندوستان میں مقامی سطح پر پچھلے 100 سالوں کے مقابلے بارش میں 10-12% اضافہ ہوا ہے جب کہ مدھیہ پردیش، شمالی مشرقی ہندوستان، کیرلا اور گجرات کے کچھ حصوں میں 6-8% بارش میں کمی ہوئی ہے۔ ساتھ ہی کچھ علاقوں میں سیلاب کی شدت اور ان کی تعداد میں اضافہ ہوا ہے۔

۵) آب وہوا میں ہونے والی تبدیلی کی وجہ سے پچھلے 10 سالوں میں ملک میں سوکھا زیادہ پڑ رہا ہے جس کی وجہ سے اناج کی پیداوار متاثر ہو رہی ہے اور دالوں، تیل، پھل اور ترکاریوں کی قیمتوں میں بے تحاشہ اضافہ ہو رہا ہے۔ اس بات کا اندیشہ ہے کہ اگر حرارت $1^{O}C$ بڑھ گئی تو گیہوں کی پیداوار 40 سے 50 لاکھ ٹن کم ہو جائے گی۔

۶) پچھلے 40 سالوں کے data سے یہ پتا چلتا ہے کہ ہندوستان میں سمندر کے پانی کی سطح میں 1.06-1.75 ملی میٹر اضافہ ہو رہا ہے۔ جب کہ عالمی سطح پر 1-2mm فی سال کی شرح سے اضافہ ہو رہا ہے۔

۷) اس بات کا امکان ہے کہ اس صدی کے آخر تک گرین ہاؤس گیسوں کے اخراج کی وجہ سے حرارت میں 2.5-5$^{o}$c کا اضافہ ہو سکتا ہے۔

۸) آب و ہوا میں ہونے والی تبدیلی (جس میں کہ بارش کا کم ہونا بھی شامل ہے) ہندوستان میں زمین کے اندر موجود پانی کے ذخیرے کو کم کرنے کے لئے ذمہ دار ہے۔ اس کے علاوہ یہ یہاں کے جنگلات کے لئے بھی بہت بڑا خطرہ ہے۔

۹) آب و ہوا میں ہونے والی تبدیلی کی وجہ سے ہمالیہ اور آس پاس کے علاقوں کی برف کم ہوئی ہے جس سے کہ گنگا اور برہم پُتر جیسی ندیوں کے پانی میں کمی ہوئی ہے۔

۱۰) ہندوستان کا ساحلی علاقہ (coastal area) دنیا کے سب سے زیادہ گھنے بسے ہوئے علاقوں میں سے ایک ہے۔ سمندر کے پانی کی سطح میں ہونے والا اضافہ نہ کہ صرف ساحلی آبادیوں کو نقصان پہنچائے گا بلکہ یہ حیاتیاتی کثرت کو بھی کافی نقصان پہنچائے گا۔

## آب و ہوا میں ہونے والی تبدیلی کے اثرات سے نپٹنے کے طریقے

۱) شمسی توانائی کا زیادہ سے زیادہ استعمال:- ہمارے ملک میں توانائی کے روایتی ذرائع (کوئلہ، پیٹرول، وغیرہ) کا بہت زیادہ استعمال ہوتا ہے۔ اس کی وجہ سے گرین ہاؤس گیسوں کا زیادہ اخراج ہوتا ہے۔ اس اثر کو کم کرنے کے لئے ہمیں شمسی توانائی کو زیادہ استعمال کرنے کی ضرورت ہے۔ عام طور پر ہمارے ملک میں سال بھر میں 250-300 دن آسمان صاف رہتا ہے اور شمسی توانائی کافی اچھی مقدار میں حاصل کی جاسکتی ہے اس لئے اس کے استعمال کی حوصلہ افزائی کرنے کی ضرورت ہے اور لوگوں کے اندر اس کے استعمال کے لئے بیداری پیدا کرنے کی ضرورت ہے۔ اس کے علاوہ مختلف یونیورسیٹیوں اور تحقیقی اداروں کو اس شعبے میں نئی نئی تحقیقات کرنے کی ضرورت ہے جس سے شمسی توانائی کا بہتر اور کارآمد استعمال ہو سکے۔ حکومت کو ایسے سائنس دانوں اور لوگوں کو وظیفے اور دوسری معاشی مدد دے کر آگے لانے کی ضرورت ہے۔ اس کے علاوہ حکومت کو مختلف وزارتوں میں آپس میں ربط پیدا کر کے گاؤں، بلاک، تحصیل اور ضلع سطح پر مختلف پروگرام منعقد کروا کر لوگوں کو اس کے استعمال کے لئے آگاہ کرنا چاہئے۔

۲) صنعت کے شعبے میں توانائی کا کم صرف ہونا:- ہمارے ملک میں توانائی کا سب سے زیادہ استعمال صنعت کے شعبے میں ہوتا ہے جو کہ کل توانائی کا تقریباً 42% ہے۔ اس توانائی کو استعمال کرنے سے پہلے پیدا کرتے وقت اور اس کا استعمال کر کے مختلف پیداوار بناتے وقت دونوں ہی صورتوں میں گرین ہاؤس گیسوں کا کافی مقدار میں اخراج ہوتا ہے۔ ان گیسوں میں کمی لانے کے لئے اس بات کی کوشش کرنی چاہئے کہ ایسی مشینوں کا استعمال کیا جائے جو کم سے کم توانائی لے کر زیادہ سے زیادہ کام کریں۔ اس کے علاوہ مختلف صنعتوں کو اس بات کی بھی کوشش کرنی چاہئے کہ وہ غیر روایتی توانائی کے ذرائع کا زیادہ استعمال کریں اور روایتی ذرائع پر کم سے کم منحصر رہیں۔ اس سلسلے میں حکومت کی کوشش یہ ہونی چاہئے کہ وہ وزارت توانائی اور وزارتِ صنعت میں ربط پیدا کرے اور اس طرح کی تحقیقات کی حوصلہ افزائی کرے۔ اس کے علاوہ بیرونِ ملک میں جو تحقیقات ہو رہی ہیں اور وہاں کی صنعتیں جو لائحۂ عمل تیار کر رہی ہیں ان سے بھی سبق لیا جاسکتا ہے۔

۳) رہائشی علاقوں میں کم توانائی کا استعمال:- رہائشی علاقوں میں اور عام لوگوں کو بھی توانائی کا کم استعمال کرنا چاہئے۔ اس کے لئے مندرجہ ذیل حکمت عملی اپنائی جاسکتی ہے۔

☆ مختلف کاموں کے لئے روایتی ذرائع کی جگہ شمسی توانائی کا استعمال کرنا، کھانا پکانے اور روشنی کرنے کے لئے بھی شمسی توانائی کا استعمال کرنا۔

☆ لوگوں کو بلب اور ٹیوب لائٹ کی جگہ پر سی.ایف.ایل (Compact Florosence Light-CFL) کے استعمال کی ترغیب دینا۔

☆ گھروں کو بناتے وقت اس طرح ان کا نقشہ تیار کرنا کہ ان میں سے زیادہ سے زیادہ ہوا اور روشنی آسکے جس سے لوگ توانائی کا کم استعمال کریں۔

☆ رہائشی اور شہری علاقوں میں کچرے سے نبٹنے کے خاص انتظامات کرنا اور لوگوں کے اندر یہ آگاہی پیدا کرنا کہ وہ پالیتھین یا اس طرح کے دوسرے پلاسٹک کا استعمال نہ کریں جو سڑتے نہیں ہیں۔ اگر ضروری ہو تو قانون بنا کر ان چیزوں کے استعمال پر پابندی لگانا۔

☆ پیٹرول کی ضرورت کو کم کرنے کے لئے بایو ڈیزل کے استعمال پر زور دینا۔ اس کے لئے جٹروفا (Jetroffa) کی زراعت کو بڑھاوا دینا اور کسانوں کو جٹروفا کے بیج مناسب داموں پر مہیا کرانا اور ان کی اس طرح سے تربیت دینا کہ وہ زیادہ سے زیادہ جٹروفا اُگا سکیں۔

۴) عوامی آمد و رفت کے ذرائع کا استعمال:- 1991ء کے بعد اس ملک میں کاروں کی مانگ بہت بڑھی ہے۔ آج دنیا کی ہر برانڈ کی کار ہمارے ملک میں ملتی ہے اور لوگ انہیں مہنگے داموں میں خرید رہے ہیں۔ اس کے علاوہ مختلف طرح کی بائک اور موٹر سائیکل بھی ہمارے ملک میں خوب چل رہی ہیں۔ اتنی زیادہ گاڑیوں کے چلنے کی وجہ سے بڑے پیمانے پر گرین ہاؤس گیسوں کا اخراج ہوتا ہے اور لوگوں کی توانائی کی ضرورت کو پورا کرنے کے لئے حکومت کو بڑے پیمانے پر پیٹرول کو دوسرے ممالک سے مہنگے داموں میں خریدنا پڑتا ہے۔ اس صورت سے نبٹنے کا سب سے بہترین طریقہ یہ ہے کہ ہم عوامی آمد و رفت کے ذرائع کا زیادہ سے زیادہ استعمال کریں۔ لوگوں میں بیداری پیدا کرنے کے ساتھ ہی حکومت کو یہ بھی کوشش کرنی چاہئے کہ لوگوں کو زیادہ سے زیادہ تعداد میں آرام دہ اور اچھی بسوں کو دستیاب کروائے جو کم وقت میں انہیں اپنی مطلوبہ جگہ پہنچادیں جس سے اپنی کار یا موٹر سائیکل کے استعمال کی انہیں ضرورت ہی نہ محسوس ہو۔ جو لوگ اپنی کاروں یا موٹر سائیکلوں میں ہی سفر کرنا چاہیں انہیں اس بات کی تلقین کرنا چاہئے کہ وہ بایو ڈیزل کا زیادہ سے زیادہ استعمال کریں۔ اس سلسلے میں دہلی حکومت کی میٹرو ریل چلانے کی کوشش اور دوسری گاڑیوں کو سی۔این۔جی (Compressed Natural Gas, CNG) سے چلانے کی کوشش قابلِ تعریف ہے۔ ان کوششوں سے پچھلے کچھ سالوں سے دہلی میں آلودگی (ہوائی) میں کمی آئی ہے۔ ملک کے دوسرے حصوں میں بھی یہی تدبیر اپنانے کی ضرورت ہے۔

۵) پانی کی ضرورت کو پورا کرنا:- ہمارے ملک میں ندیوں، تالابوں، جھرنوں، کنوؤں، کی کافی تعداد ہے جن سے اتنی مقدار میں پانی نکلتا ہے کہ وہ کافی لوگوں کی ضرورت کو پورا کر سکے۔ لیکن پچھلے کچھ سالوں سے بارش میں ہونے والی کمی، آبادی میں اضافہ، صنعتوں کو زیادہ پانی کی درکار اور آب پاشی کے نئے نئے طریقوں کی وجہ سے پانی کی مانگ بہت زیادہ بڑھ گئی ہے جسے ہمارے روایتی پانی کے ذرائع پورا نہیں کر پا رہے ہیں اور لوگ زمین کے اندر کے پانی پر زیادہ سے زیادہ منحصر ہیں۔ اس کی وجہ سے ملک کے کچھ حصوں میں سوکھے کی کیفیت ہو جاتی ہے اور کہیں کہیں پر پانی کا بحران پیدا ہو رہا ہے۔ اس سلسلے میں مندرجہ ذیل اقدامات اٹھانے کی ضرورت ہے:

☆ شہری اور دیہی علاقوں میں پینے کے پانی کے جو ذرائع ہیں انہیں پھر سے سرگرم کرنا ہوگا۔ جو سوکھ گئے ہیں ان میں پھر سے پانی بھرنے کا انتظام کرنا ہوگا۔

☆ پانی کے ذرائع کے آس پاس جن لوگوں نے قبضہ کر رکھا ہے، مکان بنا رکھے ہیں یا دوسری سرگرمیاں کر رہے ہیں، ان جگہوں کو ان سے آزاد کروا کر ان جگہوں پر زیادہ سے زیادہ پیڑ لگانے کی ضرورت ہے اور تالابوں، جھیلوں اور کنوؤں کو اور گہرا کرنے کی ضرورت ہے۔

☆ شہر اور گاؤں ہر جگہ مکان بناتے وقت rain water harvesting کے سسٹم کو لگانے کو ضروری قرار دیا جائے۔ بغیر اس کے کسی بھی مکان کے نقشے اور تعمیر کو منظوری نہ دی جائے۔

☆ چھوٹے چھوٹے water shed میں بند بنا کر مقامی سطح پر پانی کو اکٹھا کیا جائے اور اس بات کی کوشش کی جائے کہ زمین کے اندر پانی (ground water) اکٹھا ہونے لگے۔

☆ آبی وسائل کے بہتر انتظام کے لئے پانی کے مختلف ذرائع (ندیوں، جھیلوں، تالابوں وغیرہ) کا آج کے جدید ٹکنالوجی نظام کی مدد سے (جس میں کہ remote sensing بھی شامل ہے) ایک data اکٹھا کیا جائے اور اس کا انسانی ضرورت کے مطابق (آنے والے کچھ سالوں کے لئے) بہتر منصوبہ بنایا جائے اور نقشہ بھی بنایا جائے۔

☆ اس ملک میں بہت ساری ندیاں ایسی ہیں جو کہ پانی سے لبالب بھری ہیں جب کہ بہت ساری سوکھی ہیں۔ اس بات کی کوشش کی جائے کہ مختلف ندیوں کو آپس میں جوڑ دیا جائے اس سے دو فائدے ہوں گے۔ ایک تو سوکھی ندیوں کو پانی مل جائے گا اور دوسری یہ کہ سیلاب کے مسئلے پر آسانی سے قابو پایا جاسکے گا۔

☆ آبی وسائل کے بہتر استعمال کے تعلق سے اور پانی کی بربادی کو روکنے کے تعلق سے ہر بلاک، تحصیل اور ضلع کی سطح پر لوگوں کے اندر آگاہی پیدا کرنے کے لئے ایک مہم چلانے کی ضرورت ہے اور اس میں عوام کی شمولیت کو بڑھانے کی ضرورت ہے۔

۶) ہریالی بڑھانے کا مشن:- ہمارے ملک کی معیشت میں جنگلات کافی اہم تعاون کرتے ہیں اس کے علاوہ آج کے دور میں یہ مختلف طرح کے گرین ہاؤس گیسوں کو جذب کرنے کا بھی کام کرتے ہیں۔ حالانکہ ہمارے ملک میں جنگلات کافی ہیں لیکن پھر بھی ہمیں مندرجہ ذیل اقدامات اٹھانے کی ضرورت ہے:

☆ جن علاقوں میں جنگلات کٹ رہے ہیں وہاں پر پھر سے کافی تعداد میں پیڑ لگائے جانے کی ضرورت ہے اور اس بات کی بھی کوشش کرنی چاہئے کہ مقامی درخت لگائے جائیں جس سے ماحولیاتی توازن قائم رہے۔

☆ بنجر زمین پر بھی اور سرکاری زمین پر بھی کڑی محنت کر کے درخت لگانے کی ضرورت ہے۔

☆ جنگلات کو قدرتی طور پر یا انسانی نقل و حرکت کی وجہ سے آگ سے بچانے کی بہت ضرورت ہے۔

☆ حیاتیاتی کثرت کو بچانے کے لئے in-situ اور ex-situ دونوں طرح کے انتظام کرنے کی ضرورت ہے۔

☆ شہروں میں کالونیوں کے نقشے کو پاس کرنے سے پہلے یہ شرط پوری ہونی چاہئے کہ جب تک 10% یا 20% حصّوں میں پیڑ نہ لگائے جائیں تب تک نہ تو نقشہ منظور ہو اور نہ ہی لوگوں کو وہاں پر رہنے کی اجازت دی جائے۔

☆ ایسے پیڑ لگانے کی ضرورت ہے جو جلدی تیار ہو جائیں جس سے لکڑی کی بھی ضرورت پوری ہو جائے اور ماحولیاتی فائدے بھی حاصل ہو سکیں۔

☆ جنگلات کی کٹائی کو روکنے کے لئے جو قوانین پہلے سے بنائے گئے ہیں ان پر سختی سے عمل درآمد کرنے کی ضرورت ہے۔

۷) قابلِ بقا/مستحکم زراعت (sustainable agriculture) کو فروغ دینا:-زراعت ہمارے ملک کی معیشت اور روزگار حاصل کرنے کے لئے ریڑھ کی ہڈی کی طرح ہے۔ ہمارے ملک کے تقریباً 43% حصّے میں زراعت کا کام ہوتا ہے اور فی آدمی اناج کی پیداوار 199kg. ہے۔ ہمارے ملک میں دھان، گیہوں، جوار، مکا، کپاس، تلہن اور دلہن کی خوب زراعت ہوتی ہے۔ آج ہم اناج کے معاملے میں خود کفیل ہو گئے ہیں اور ہمیں باہر کے ممالک پر منحصر نہیں رہنا پڑتا ہے لیکن ساتھ ہی ہمیں یہ بھی سوچنا ہوگا کہ اناج کی یہ پیداوار ماحول کی قیمت پر نہ ہو۔ اس کے لئے ہمیں مندرجہ ذیل اقدامات اٹھانے پڑیں گے:

☆ جہاں تک ہو سکے ہمیں مقامی اور روایتی جراثیم کش دواؤں اور بیج کا استعمال کرنا چاہئے۔ کھیتوں میں بوائی کرتے وقت آبی وسائل کا بہترین طریقے سے استعمال کرتے ہوئے اعلیٰ معیار کے اناج کو اُگانے کی کوشش ہونی چاہئے۔

☆ کیمیکل فرٹی لائزر اور hybrid بیج یا Bt بیج کی جگہ پر ہندوستانی ماحول میں تیار کیے گئے بیجوں کو بونے کی ضرورت ہے اور بایو فرٹی لائزر اور بایو جراثیم کش دواؤں کے استعمال کی ضرورت ہے۔

☆ ہماری زراعت میں حیاتیاتی کثرت کی کافی اہمیت رہی ہے۔ اس بات کی کوشش ہونی چاہئے کہ یہ کثرت قائم رہے اور نایاب قسم کے مقامی اناج یا پودے فنا نہ ہونے پائیں۔

☆ آج جب کہ آب و ہوا میں تبدیلی ہو رہی ہے تو کسانوں کو ایسے حالات سے صحیح طرح سے نبٹنے اور ان کو مقامی مدد کی ضرورت ہے۔ اس سلسلے میں ہم جاپان سے ترغیب حاصل کر سکتے ہیں جہاں پر حکومت ہر مہینے دو مہینے میں لوگوں کو زلزلے اور مختلف طرح کی آفات سے بچنے کی تربیت دیتی ہے۔

☆ آج ہمارے ملک میں ذرائع ابلاغ بہت کثرت سے موجود ہیں۔ ہمیں ان کا استعمال کر کے کسانوں کو آب و ہوا میں تبدیلی کے بارے میں بتانا چاہئے اور یہ بھی بتانا چاہئے کہ بدلے حالات میں کونسی فصل کب بونی چاہئے اور اس کے لئے کس طرح کے بیج کا استعمال کرنا چاہئے۔

☆ زراعت کے ساتھ ساتھ مختلف طرح کے جانوروں کو سائنسی طریقے سے پالنے کی تربیت دینی چاہئے۔ اس سے لوگوں کو روزگار بھی ملے گا اور گوشت، اون، دودھ، اور گوبر کی ضرورتیں بھی پوری ہوں گی۔

☆ اس بات کی کوشش کی جائے کہ ایسے آلات کی کھوج ہو جن کی مدد سے آب و ہوا میں ہونے والی تبدیلی کے بارے میں لوگوں کو پہلے سے آگاہ کیا جا سکے۔

☆ ہمارے ملک میں کافی مقدار میں اناج سڑ جاتا ہے اور اِسے رکھنے کے ہمارے طریقے روایتی ہیں۔ اس لئے جدید طریقوں کا استعمال کر کے اس بات کی پوری کوشش ہونی چاہئے کہ کسانوں کی کافی محنت کے بعد حاصل ہونے والا اناج سڑنے نہ پائے۔

باب-۱۱ (Chapter-XI)

# مستحکم فروغ / قابلِ بقا ترقی

# (SUSTAINABLE DVELOPMENT)

## مستحکم فروغ کا مفہوم

## (Meaning of Sustainable Development)

یوں تو لفظ مستحکم فروغ کا سب سے پہلے استعمال 1980ء میں شائع ہونے والی ایک رپورٹ (جسے World Conservation Strategy Report کہتے ہیں) میں ہوا تھا لیکن اس کی تعریف Brundtland Commission نے 1987ء میں دیا۔ اس کمیشن کو The World Commission on Environment and Development کے نام سے جانا جاتا ہے اور اس نے اپنی رپورٹ جس کا نام تھا 'Our Common Future' میں لکھا ''مستحکم فروغ ایک ایسا فروغ ہے جو آج کے لوگوں کی ضرورت کو آنے والی نسلوں کی ضرورت سے سمجھوتا کیے بغیر پوری کرتا ہے''۔ یہ اس بات پر بھی زور دیتا ہے کہ زمین (earth) کے اوپر یا اندر موجود وسائل کا اچھی طرح سے استعمال کیا جائے اور اگر ہو سکے تو وسائل کو نئے سرے سے پیدا کرنے کی کوشش بھی کی جائے یعنی وسائل کی کھپت (consumption) اور ان کے پیدا کرنے کے عمل (generation) میں ایک طرح کا توازن برقرار رکھا جائے۔ آج کے لوگ جن آرام اور آسائش کی چیزوں کا استعمال کر رہے ہیں اس سے ماحول کو بہت بڑا خطرہ لاحق ہو گیا ہے۔ یہ بات صحیح ہے کہ آج کی دنیا کل کی دنیا سے بہتر ہے اور کل کی دنیا آج کی دنیا سے بہتر ہوگی لیکن یہ بہتری ماحول کی قیمت پر حاصل ہو رہی ہے اور یہ بہت بڑے خطرے کی بات ہے۔ جو کل گذر گیا اس پر تو ہمارا کوئی قابو نہیں ہے لیکن جو کل آنے والا ہے ہم اس کی بہتری کے بارے میں سوچ سکتے ہیں اور اپنی آنے والی نسلوں کے بارے میں بھی۔ جب تک ماحولیاتی انحطاط کا معاملہ ہمارے دلوں میں گھر نہیں کر جاتا تب تک ہم اس کے تحفظ کے لیے سنجیدگی سے کوشش نہیں کریں گے۔

Tata Energy Research Institute (TERI) کے مطابق مٹی کی خرابی (soil degradation) کی وجہ سے ہر سال 100,000 کروڑ روپے سے 450,000 کروڑ روپے کا نقصان ہو رہا ہے، ظاہر ہے کہ ہم اس طرح کے غیر مستحکم فروغ کے بارے میں سوچ بھی نہیں سکتے۔ ہمیں سنجیدگی سے قدرتی وسائل کو بچانے کے بارے میں سوچنا ہوگا اور اس سمت میں اپنی ذمہ داریوں کو بخوبی نبھانا ہوگا۔ اس کے علاوہ ہمیں تیزی سے بڑھتی ہوئی آبادی پر قابو پانا ہوگا، biodiversity کے کم ہونے پر غور کرنا ہوگا، جانوروں کی رہائش (habitat) کی کمی کی وجوہات جاننی ہوں گے، تیزی سے تبدیل ہونے والے موسم کی وجہ جاننا ہوگا، بڑھتی ہوئی global warming اور ozone layer depletion کا بہتر انتظام کرنا ہوگا، کھانے کی چیزوں

اورتوانائی حاصل کرنے والے ذرائع کی قلت نہ پیدا ہو، اس کے لیے انتظام کرنا ہوگا اور ہر طرح کی ماحولیاتی آلودگی سے بچنا ہوگا۔ جب مستحکم فروغ کی بات کی جاتی ہے تو یہی سارے مسائل ہمارے سامنے آتے ہیں اور انہیں کے حل پر زور دیا جاتا ہے۔

## غیر مستحکم فروغ کی وجوہات

## (Causes of Unsustainable Development)

عام طور پر غیر مستحکم فروغ کی تین وجوہات ہیں جنہیں ہم 'P game' کہتے ہیں۔ یہ ہیں population explosion (آبادی میں تیز اضافہ)، pollution (آلودگی) اور high power consumption (یعنی تیزی سے قدرتی وسائل کی کھپت)۔ آج کے دور میں ہم ان تینوں چیزوں کا اثر ماحول کے تحفظ اور ماحولیاتی انحطاط پر دیکھ سکتے ہیں۔ اس لیے مستحکم فروغ sustainable development کے لیے جو بھی پالیسی بنائی جائے گی اس میں ان تینوں سے نپٹنے کی حکمتِ عملی ضرور ہونا چاہئے کیونکہ اگر ان پر توجہ نہ دی گئی تو آنے والی نسل بہت سارے وسائل سے محروم رہ جائیگی۔

## مستحکم فروغ کے اصول

## (Principles of Sustainable Development)

Brundtland Commission میں مستحکم فروغ کے جن بنیادی اصولوں کا ذکر کیا گیا ہے وہ مندرجہ ذیل ہیں:-

a) نسلوں کے درمیان مساوات (Principle of Inter- Generational Equity):- یہ اصول اس بات پر زور دیتا ہے کہ ہر نسل کو یہ اختیار ہے کہ وہ قدرتی وسائل کا استعمال کرے۔ اس سلسلے میں Rio Declaration 1992 کا تیسرا اصول کہتا ہے۔ "ترقی کے اختیار کو اس طرح پورا کرنا چاہئے کہ حال اور مستقبل دونوں ہی نسلوں کی ترقی اور ماحول دونوں ہی ضرورتیں پوری ہوں۔" اس اصول کا خاص زور اس بات پر ہے کہ روایتی وسائل (کوئلہ، لوہا، پانی، مٹی، جنگل، وغیرہ) کا اتنا زیادہ استعمال نہ ہو کہ آنے والی نسلوں کے لیے کچھ بچے ہی نہ۔

b) احتیاط کا اصول (Precautionary Principle):- اس کو ہم مستحکم فروغ کا سب سے اہم اصول مانتے ہیں۔ اس کے متعلق ہر ملک کی حکومت کی یہ ذمہ داری ہے کہ وہ ماحول کا تحفظ کرے، اسے انحطاط سے بچائے اور اس کے لیے جو بھی احتیاطی قدم اٹھائے جا سکتے ہوں، انہیں فوراً اٹھائے۔

c) آلودگی پھیلانے والے کو سزا ملنے کا اصول (Polluter Pays Principle):- اس سلسلے میں Rio Declaration کا اصول 16 یہ کہتا ہے کہ سرکاروں کو اس بات کی کوشش کرنی چاہئے کہ کہ ایسی ٹکنالوجی کا استعمال کریں اور ایسی معاشی پالیسیوں پر عمل کریں جس سے ماحولیاتی انحطاط اور آلودگی کم سے کم ہو اور جو انسان بھی آلودگی یا انحطاط کے لیے ذمہ دار ہو اسے اس کے لیے سزا ملے۔ اس سلسلے میں ملکوں کے مفادات، بین الاقوامی تجارت، لوگوں کے مفادات اور ماحول کے تحفظ کے بیچ ایک ربط پیدا کرنے کی ضرورت ہے۔

d) عدلیہ کا کردار(Role of Judiciary):-ماحول کے تحفظ کے لیے قوانین بنائے جانے چاہیے اور جو قوانین بن چکے ہیں انہیں سختی سے نافذ کرنے کے لیے عدلیہ کو سرگرم کردار نبھانا چاہیے اور مستحکم فروغ کے لیے کوشش کرنا چاہیے۔

## مستحکم فروغ کے مقاصد

## (Aims of Sustainable Development)

۱) مستحکم فروغ کا مقصد ہے کہ آج کے لوگوں اور آنے والی نسل کے لوگوں کے معیارِ زندگی کو اوپر اٹھانا، ہر ملک میں تمام لوگوں کو صاف ہوا، صاف پانی اور توانائی کی ضرورت کو پورا کرنا۔

۲) زرعی اور صنعتی شعبوں میں استعمال ہو رہے مختلف ذرائع جیسے زمین، جنگلات، ندیاں، سمندر، زمین کے اندر پائی جانے والی مختلف معدنیات وغیرہ کا ذمہ داری اور استعداد کے ساتھ استعمال کرنا، فالتو خرچ نہ کرنا۔

۳) سرکاروں کو یہ احساس دلانا کہ ماحول کے تحفظ کی ذمہ داری اُن کی ہے اس لیے ایسی پالیسی بنائی جائے اور ان پر عمل کیا جائے جس سے کہ معاشی ترقی کے ساتھ ساتھ لوگوں کو مختلف سماجی سہولیات بھی ملیں اور ماحول کو بھی کسی طرح کا نقصان نہ پہنچے۔

۴) ماحول کا تحفظ ایک بین الاقوامی اور عالمی مسئلہ ہے لیکن اس پر عمل درآمد مقامی سطح پر ہی ہوتا ہے اس لیے مستحکم فروغ لوگوں کو عالمی سوچ اور مقامی کام کی تلقین کرتا ہے۔

۵) یہ غریبوں اور خواتین کی ضرورت کا پتا لگا کر ان کی ترقی کے لیے سنجیدہ کوشش کرنے کی تلقین کرتا ہے۔

## مستحکم فروغ کے لیے اپنائی جانے والی حکمت عملیاں

## (Strategies for Sustainable Development)

۱) فیصلہ سازی میں معاشی اور ماحولیاتی پہلوؤں پر توجہ دینا (Economic and Environmental Consideration in Decision Making): اگر ہم غور سے دیکھیں تو معاشی مدعوں اور ماحولیاتی مدعوں میں آپس میں ٹکراؤ نہیں ہے بلکہ ایک کی بہتری دوسرے سے جڑی ہے۔ مثال کے طور پر اگر ہمارے حکمراں ایسی پالیسی بناتے ہیں جس سے کہ ہم زمین، جنگلات اور زراعت کے ذرائع کا دیر تک استعمال کر سکیں تو اس سے ہمارا ماحول بھی بہتر ہوگا اور ہماری معاشی حالت بھی بہتر ہوگی۔ اگر ہم پالیسی بناتے وقت تمام پہلوؤں پر دھیان دیں اور صرف ایک یا دو پہلو پر نہیں تو اس سے ہماری ترقی بھی ہوگی اور آنے والی نسل کو کسی قسم کی کوئی پریشانی نہ ہوگی۔

۲) وسائل کی صحیح ترتیب لگانا(Proper Resource Pricing):- وسائل کی قیمت طے کرتے وقت ان کی کثرت سے موجودگی (availability) اور ان کی کمی کو دیکھنا چاہیے۔ ایسا کرنے سے ان کو استعمال کرنے والے لوگ صحیح طرح سے اُن کا استعمال کریں گے اور ان کو برباد نہیں کریں گے۔

۳) محفوظ علاقوں کی ترقی(Development of Protected Areas):- جنگلی جانوروں اور پودوں

کی زندگی کی حفاظت کرنا بہت ضروری ہے کیونکہ ان کی وجہ سے ہماری ضرورت کافی حد تک پوری ہوتی ہے اور ہمیں بہت ساری زرعی پیداوار، پھل، پھول اور دوائیں ملتی ہیں۔ اس کے علاوہ ہماری زندگی کے لیے جنگلات کی دوسری ضرورتیں بھی ہیں۔ اس لیے لوگوں میں ایک طرح کی آگاہی پیدا کرنے کی ضرورت ہے۔

۴) ضمنی انتظامات (Residual Management):- مختلف قسم کی صنعتی پیداوار، لوگوں کا ایک جگہ سے دوسری جگہ جانا اور مال اور سامان کی ایک جگہ سے دوسری جگہ منتقلی آج کی ضرورت بن گئی ہے۔ ان سے اتنی توانائی کا اخراج ہوتا ہے کہ ماحول میں بڑے پیمانے پر آلودگی پھیلتی ہے۔ ضمنی انتظامات میں ہم اس بات کی کوشش کرتے ہیں کہ ایک بار کی استعمال کی ہوئی چیز کو recycle کرکے یا کم سے کم استعمال کرکے آلودگی کی سطح کو کم کیا جائے۔ اس میں ہم فالتو پانی کے استعمال، زرعی آراضی کے صحیح استعمال اور مختلف پودوں کے صحیح استعمال پر بھی زور دیتے ہیں۔ اس کے علاوہ کم خرچ میں کاغذ، plastics, metals, glass, وغیرہ بھی تیار کرتے ہیں۔

۵) لوگوں کو ماحولیاتی تعلیم فراہم کرنا:- ہمیں عوام الناس کو ماحولی انحطاط کے بڑھتے ہوئے خطرات اور آلودگی کے مسائل کے بارے میں آگاہ کرنا پڑے گا کیونکہ جب تک عوام الناس کو ماحول کے مخلوط ساخت کا علم اور ان کی نقل وحرکت سے اس پر پڑنے والے اثرات کی صحیح جانکاری نہیں ہوگی تب تک وہ ماحول کے تحفظ کے بارے میں نہیں سوچیں گے۔ آج کے دور میں ذرائع ابلاغ بہت تیز ہیں اور ان کی رسائی بھی کافی لوگوں تک ہے ہم اس کام میں اُن کا استعمال کرسکتے ہیں۔ اس کے علاوہ اسکولوں، کالجوں اور ہر طرح کے تعلیمی اداروں میں کسی نہ کسی طریقے سے ماحولیاتی تعلیم کو فراہم کرنا چاہئے۔ ہمیں اس بات کی بھی کوشش کرنی چاہئے کہ غیر روایتی طریقے سے تعلیم دینے والے ادارے بھی ایسے ہوں جو لوگوں کو ماحولیاتی انحطاط اور اِسے بچانے میں ان کے فرائض اور ذمہ داریوں کے بارے میں بتاسکیں۔ اس سلسلے میں سرکار، غیر سرکاری تنظیموں اور لوگوں کے نمائندوں کو آگے آنا چاہئے۔

۶) لوگوں کی شمولیت:- مستحکم فروغ کے پروگرام میں لوگوں کی شمولیت کو یقینی بنانے کے لیے سرکار، غیر سرکاری اداروں اور لوگوں کو مقامی سطح پر بیٹھ کر منصوبہ بندی کرنا چاہئے اور ماحول کے تحفظ کے بارے میں بھی غور وفکر کرنا چاہئے۔ اس کے علاوہ لوگوں کو اس بات کے لیے بھی تیار کرنا چاہئے کہ وہ مستحکم فروغ کی پالیسی پر نظر رکھیں اور ماحولیاتی انحطاط کو روکنے کی کوشش کریں۔

۷) حکومت کو پالیسی پر سختی سے عمل کرنا چاہئے:- عام طور پر یہ دیکھا گیا ہے کہ سرکاریں لوگوں کو خوش کرنے کے لیے ماحول کے تحفظ کے لیے بنائے گئے مختلف قوانین پر عمل درآمد سختی سے نہیں کرتی ہیں۔ لیکن ہمیں اس بات کو سوچنا چاہئے کہ اس سے صرف قلیل مدتی مسائل حل ہوں گے اور قلیل مدّتی مفادات پورے ہوں گے۔ لیکن طویل مدتی مسائل ہمارے سامنے آئیں گے اس لئے ہر حالت میں قوانین پر سختی سے عمل درآمد ہونا چاہئے۔

۸) بڑھتی ہوئی آبادی اپنے ساتھ بڑے مسائل پیدا کرتی ہے اور کافی تعداد میں وسائل کی کھپت (consumption) کرتی ہے اس لیے اس کی بڑھتی ہوئی تعداد پر قابو پانا چاہئے۔

۹) وسائل کا زیادہ سے زیادہ تحفظ کرنے کی کوشش کی جانی چاہئے اور نئے وسائل کی تخلیق کے بارے میں منصوبہ بندی کرنا چاہئے۔

۱۰) اپنے روایتی توانائی کے ذرائع کا کم سے کم استعمال کرنا چاہئے اور غیر روایتی ذرائع جیسے سورج کی روشنی سے حاصل ہونے والی توانائی، ہوا سے حاصل ہونے والی توانائی، اٹامک یا نیوکلیر توانائی کا زیادہ سے زیادہ استعمال کرنا چاہئے۔ اس کے علاوہ پانی، لکڑی، جنگلات وغیرہ کے وسائل کا بھی کم سے کم استعمال کرنا چاہئے

جس سے ہم آنے والی نسلوں کے لیے ان کو بچا کر رکھ سکیں۔ ندیوں سے بہنے والے فالتو پانی کو لوگوں کے پینے اور آب پاشی وغیرہ میں استعمال کرنا چاہئے اور ظاہر ہے کہ اس کے لیے طویل مدتی منصوبوں کی ضرورت پڑے گی۔ زمین کے اندر موجود معدنیات پر بھی ہمیں کم سے کم منحصر رہنے کی کوشش کرنا چاہئے۔

۱۱) ہمیں نئی نئی ٹکنالوجی اور انتظام کے طریقوں پر تحقیق کرنے کی ضرورت ہے جس سے کم سے کم input میں زیادہ سے output حاصل کیا جاسکے۔

۱۲) سرکاروں کو لوگوں کی بنیادی ضرورتوں۔ نوکری، کھانا، پانی، توانائی، صفائی وغیرہ کو پورا کرنے کی کوشش کرنی چاہئے اور اس کے لیے صحیح منصوبہ بندی اور پالیسیوں پر صحیح طرح سے عمل درآمد کرنے کی ضرورت ہے۔

## مستحکم فروغ اور ترقی پذیر ممالک

### (Developing Countries and Sustainable Development)

آج کے تمام ترقی پذیر ممالک کے کچھ بنیادی مسائل ہیں۔ زیادہ آبادی، کم وسائل، غربت و افلاس، مختلف طرح کی بدعنوانیاں، استحکام کی کمی اور مختلف سیاسی، سماجی اور معاشی پریشانیاں وغیرہ۔ عام طور پر یہ دیکھا گیا ہے کہ وہ اپنا مال ترقی یافتہ ممالک کو تو سستے داموں پر بیچتے ہیں لیکن ان کے سامان مہنگے داموں پر خریدتے ہیں جس کے نتیجے میں ان پر قرض چڑھ جاتا ہے۔ اس کے علاوہ ان کے پاس جو بہت سارے کچے مال، چائے کی پتی، کافی، روئی، کاپر، زِنک وغیرہ کی صورت میں موجود ہیں، مناسب technology کی کمی کی وجہ سے وہ انہیں صحیح طریقے سے process نہیں کر پاتے ہیں اس لیے اُنھیں اُن کو سستے داموں پر ترقی یافتہ ممالک کو بیچنا پڑتا ہے اور اس کے بدلے میں ترقی یافتہ ممالک سے دوائیں، مشینیں اور دوسری چیزیں مہنگے داموں پر خریدنی پڑتی ہیں۔ اس کے علاوہ زمین سے تیزی سے معدنیات کے اخراجات کی وجہ سے بڑے پیمانے پر ان کے ماحول کو بھی نقصان پہنچ رہا ہے۔ اس سلسلے میں Clausen کہتے ہیں۔ ''اگر ہمارا مقصد مستحکم فروغ ہے تو ہمارا نظریہ عالمی ہونا چاہئے۔ انسانی ترقی کو معاشی ترقی کے فروغ کی اجازت دینا چاہئے۔ خاص طور پر تیسری دنیا کے ممالک میں اگر مستحکم فروغ ہم چاہتے ہیں تو اس کے لیے ضروری ہے وسائل کے صحیح انتظام کی طرف ہماری توجہ مرکوز ہونا اور ماحول کی طرف بھی''۔ ترقی پذیر ممالک کو مستحکم فروغ کے لئے مندرجہ ذیل قدم اٹھانے چاہئے:-

۱) ان کو خود کفیل اور خود مختار بننا چاہئے۔ ترقی یافتہ ممالک کی خوش آمد کے بجائے اپنی توانائی اور طاقت پر بھروسہ کر کے ترقی کی سڑک پر تیزی سے دوڑنے کی کوشش کرنا چاہئے۔

۲) ان کو پوری دنیا کے مختلف ممالک میں جو جو طرز زندگی چل رہی ہے، اس کا احترام کرنا چاہئے۔

۳) اپنے ملک میں انسانی وسائل کی ترقی (Human Resource Development) کے لیے کافی کوشش کرنی چاہئے اور اس کے لیے خوب کثرت سے حرفتی کورس (جس میں انجینئرنگ، میڈیکل، کمپیوٹر وغیرہ کی تعلیم شامل ہے) اور ایسے کورسوں کو چلانے کی ضرورت ہے جن کو کرنے کے بعد روزگار آسانی سے مل سکے۔

۴) اپنے ملک میں جمہوریت کو خوب فروغ دینے کی ضرورت ہے جس سے سیاسی استحکام آئے۔ اس کے علاوہ ناخواندگی کو دور کرنا بھی اہم ہے اور اس کے لیے غیر روایتی تعلیم کی مدد لینے کی ضرورت ہے۔

۵) اپنے یہاں کی خواتین کی حالت میں اصلاح کی ضرورت ہے، ان کو اور خود اختیاری دینے، تعلیم دینے

اوران کی صحت وتندرستی کا خیال رکھنے کی ضرورت ہے۔اس کے علاوہ بچوں کی بڑی تعداد میں ہورہی اموات پر بھی قابو پانا ضروری ہے۔ ساتھ ہی صحت ،صفائی وغیرہ کے لئے مخصوص قسم کے پروگرام بھی چلانا چاہئے۔

## تعلیم اور مستحکم فروغ

## (Education and Sustainable Development)

تعلیم مستحکم فروغ کے لیے کافی اہم کردار نبھا سکتی ہے اور خاص طور پر مندرجہ ذیل صورتِ حال میں :-

۱) عام طور پر فیصلہ سازی کرنے والے ایک خاص سطح تک تعلیم ضرور حاصل کیے ہوئے ہوتے ہیں (فیصلہ سازی میں عوامی نمائندے اور افسر شاہ دونوں شامل ہیں)۔اگر ہمارا تعلیمی نظام ایسا ہو جوان کو شروع سے ہی یہ بتائے کہ مستحکم فروغ کیوں ضروری ہے اور ہمارے ماحول میں کس حد تک انحطاط ہو رہا ہے تو وہ جب فیصلہ کریں گے تو اپنے سماج کے معاشی، ثقافتی اور ماحولیاتی پہلو پر توجہ مرکوز کر کے ایسے قلیل مدتی یا طویل مدتی پروگرام بنائیں گے جس سے لوگوں میں مساوات پھیلے اور ماحول کو کم سے کم نقصان پہنچے۔

۲) تعلیم لوگوں کے اندر ایسے اقدار، کردار اور طرز زندگی پیدا کر سکتی ہے جو مستحکم فروغ اور مستحکم مستقبل کے لیے ضروری ہو۔ ایسا دیکھا گیا ہے کہ ایک بار جب انسان کے اندر آگاہی پیدا ہو جاتی ہے تو وہ اپنے کردار میں تیزی سے تبدیلی لاتا ہے۔اس لیے اگر بچپن سے ہی بچوں کو تعلیم کے ذریعہ بارش کے پانی اکٹھا کرنے کی اہمیت کے بارے میں، جنگلی جانوروں کی تیزی سے ختم ہورہی تعداد کے بارے میں، جنگلات کی اہمیت کے بارے میں ،معدنیات کے تیزی سے زمین کے اندر سے نکالے جانے اور جنگلات کی کٹائی یا تیزی سے بڑھتی ہوئی آبادی کے بارے میں بتایا جائے تو وہ اپنے اندر ایسی سوچ پیدا کریں گے جو کہ مستحکم فروغ کے لیے بہت ضروری ہے۔

۳) ہر سماج فرد سے مل کر بنتا ہے، ملک سماج سے مل کر اور دنیا مختلف ملکوں سے مل کر۔اگر ہم ہر فرد کے اندر تبدیلی لائیں، اس کے رویے اور رجحان کو بدلیں تو اس سے سماج میں تبدیلی آئے گی اور تبدیلی کا یہ عمل مقامی سطح سے شروع ہو کر بین الاقوامی سطح تک جائے گا۔ تعلیم اس کام میں ہماری بڑی اہم مدد کر سکتی ہے۔ کیونکہ اس کی مدد سے تبدیلی بین الاقوامی سطح تک پہنچائی جاسکتی ہے۔

۴) مختلف چیزوں اور امر و واقعات کے بارے میں ہر انسان کی اپنی اپنی سوچ ہوتی ہے۔ تعلیم اس سوچ کو عملی شکل مہیا کراتی ہے۔مثال کے طور پر افلاطون ،سقراط یا ارسطو کا فلسفہ ہم تک تعلیم کے ذریعہ پہنچا یا اِس دنیا میں جو بھی اہم کام ہوئے ہیں ان تک ہماری رسائی تعلیم سے ہی ہوتی ہے۔ نیوٹن کی کلیات حرکت یا Einstein کے photoelectric effect کے اصول بھی ہم تک تعلیم کے ذریعہ ہی پہنچتے ہیں۔اگر یہ تمام لوگ تعلیم یافتہ نہ ہوتے یا ہم اگر تعلیم یافتہ نہ ہوتے تو نہ تو یہ اپنی سوچ کو عملی شکل دے پاتے اور نہ ہی ہم ان اہم اصولوں کے بارے میں جان پاتے۔اس طرح مستحکم فروغ کے بارے میں ہر انسان کی اپنی ایک سوچ ہو سکتی ہے اور تعلیم کو یہ کوشش کرنی چاہئے کہ وہ یہ موقع فراہم کرے کہ لوگوں کی سوچ عملی شکل میں آجائے۔

باب-۱۲ (Chapter-XII)

# ماحولیاتی تعلیم
# (ENVIRONMENTAL EDUCATION)

## ماحولیاتی تعلیم کی تعریف
## (Definition of Environmental Education)

عام بول چال کی زبان میں ماحولیاتی تعلیم سے مراد انسان میں اس کے قدرتی (natural) اور طبعی (physical) ماحول کے تئیں آگاہی پیدا کرنے کی تعلیم سے ہے۔ یہ تعلیم جہاں ایک طرف انسان کو اپنا طبعی نشو ونما (physical development) کرنے کے لئے قدرتی وسائل (natural resources) کا صحیح استعمال کرنے کی تلقین کرتی ہے وہیں دوسری طرف مختلف ماحول کے تحفظ (conservation) کا بھی سبق دیتی ہے۔ چونکہ انسان اپنی ترقی کی رفتار کو جاری رکھے گا اور اس کے لیے وہ قدرتی وسائل کا خوب تیزی سے استعمال بھی کرے گا اس لیے ماحولیاتی تعلیم ان دونوں کے بیچ توازن قائم کرتی ہے۔ یہ تعلیم قدرتی وسائل کا منطقی اور مدلل (reasonable) طریقے سے لمبی مدت تک استعمال کرنے کی اور آنے والی نسلوں کے لیے بھی ان وسائل کو محفوظ رکھنے کا علم دیتی ہے۔ یہ تعلیم قدرتی وسائل کا اندھادھند اور اناپ شناپ طریقے سے استمال کرنے کے خطرناک نتائج کا علم دیتی ہے اور ماحولیاتی آلودگی (environmental pollution) سے پیدا ہونے والے خطرات کے لیے عوام الناس میں بیداری بھی پیدا کرتی ہے۔ ماحولیاتی تعلیم ماحولیاتی توازن (Ecological balance) کو برقرار رکھنے کی تعلیم ہے۔ ماحولیاتی تعلیم کی کچھ اہم تعریفات (definitions) مندرجہ ذیل ہیں:

۱) یونائیٹیڈ اسٹیٹس عوامی قانون (United States Public Law) کے مطابق ''ماحولیاتی تعلیم ایسی تعلیم ہے، جس کا تعلق انسان اور اس کے قدرتی ماحول سے اور انسان کے ذریعہ قائم کردہ ماحول سے ہوتا ہے۔ اس کی حد میں آبادی، آلودگی، وسائل میں اضافہ یا کمی اور ان کا اختتام، قدرتی تحفظ، نقل وحمل (transportation) تکنیکی ترقی، دیہی اور شہری نشو ونما، منصوبہ بندی اور انسان کا پورا ماحول شامل ہے۔''

۲) نوادہ کانفرنس (Nevada Conference, 1970) کے مطابق ''ماحولیاتی تعلیم سے ہماری مراد ان باشعور شہریوں میں بیداری پیدا کرنے سے ہے جو مطلوبہ علم، ہنر اور استعداد کی اپنے اندر نشو ونما کر کے گروہی طور پر (as a graup) کام کر سکیں اور معیاری زندگی اور معقول ماحول کے بیچ توازن قائم کرنے میں مدد کر سکیں۔''

۳) قومی آلودگی مخالف قانون، جاپان (National Anti Pollution Law, Japan) کے مطابق ''ماحولیاتی تعلیم لوگوں کو اچھی صحت کے لیے آگاہ کرتی ہے اور معیاری زندگی جینے کی حوصلہ افزائی کرتی ہے جس سے کہ انسانی صحت کے متعلق نقصان دہ اثرات کو قابو میں کیا جا سکے اور ہوا، پانی، مٹی اور آواز کی آلودگی گھٹایا جا سکے جو کہ انسان اور اس کے ذریعہ تعمیر کردہ سائنسی ایجادات کی وجہ سے ہیں۔ ماحول

میں انسان، جانور، نباتات اور اس کا پورا ماحولی نظام شامل ہے۔ ان میں آپس میں قریبی تعلقات قائم کرنا ہی ماحولیاتی تعلیم کا اہم مقصد ہے"۔

۴) فِنش نیشنل کمیشن کے مطابق "ماحولیاتی تعلیم، ماحولیاتی تحفظ کے ہدف کی تعمیل کرنے کا ایک طریقہ ہے۔ یہ سائنس کی کوئی الگ شاخ یا کوئی الگ مطالعہ کا مضمون نہیں ہے اور اس کو تاعمر متحدہ تعلیم کے اصول کے طور پر استعمال کیا جانا چاہئے"۔

۵) Chapman Taylor کے مطابق "ماحولیاتی تعلیم سے مراد اچھی شہریت کی نشوونما کرنے کے لیے پورے نصاب کو ماحولیاتی اقدار پر مرکوز کرنا ہے جس سے کہ متعلم ماحول کے بارے میں جانکاری حاصل کر سکے اور جواب دہ ہو سکے"

۶) UNESCO Seminar (1976) کے مطابق "ماحولیاتی تعلیم ماحولیاتی تحفظ کے نفاذ کا طریقہ ہے۔ یہ کسی علم کی شاخ یا مطالعہ کا کوئی علیحدہ عنوان نہیں ہے۔ اس کو ساری زندگی کے اصول کی طرح تعلیم کا انضمامی حصہ سمجھنا چاہئے"۔

مندرجہ بالا تعریفات کی بنیاد پر ہم ماحولیاتی تعلیم کے بارے میں مندرجہ ذیل نتائج پر پہنچتے ہیں:-

۱) یہ ایک ایسا مضمون ہے جس کا دائرہ بہت وسیع ہے اور اس کی حد میں Biology، سماجی مطالعہ، معاشیات، علم سیاست، جغرافیہ اور Geology وغیرہ آتے ہیں۔
۲) یہ مضمون انسان کی زندگی کو متاثر کرنے والے عناصر کی فہم عطا کرتا ہے۔
۳) ماحولیاتی تعلیم کا تعلق انسان کے کردار کے وقوفی پہلو کے ساتھ ساتھ تاثراتی پہلو سے بھی ہے۔
۴) یہ تعلیم انسان کے اندر مثبت سوچ اور طرز عمل پیدا کرنے کا کام کرتی ہے۔
۵) یہ تعلیم فیصلہ سازی کے عمل کی سائنسی طریقے سے تربیت کرتی ہے۔
۶) اس تعلیم میں انسان کے طبعی، سماجی اور ثقافتی تینوں ہی پہلو شامل ہوتے ہیں۔
۷) یہ تعلیم ماحول کے تئیں انسان کے فرائض کا احساس کراتی ہے۔
۸) یہ تعلیم ماحول کے تئیں ایک code of conduct کی نشوونما کرتی ہے۔
۹) یہ مسائل مرکوز ہے، معاشرہ مرکوز ہے، inter disciplinary ہے اور انسان کے آج کے اور مستقبل کے وجود سے تعلق رکھتی ہے۔
۱۰) یہ تعلیمی طرز رسائیوں، طریقوں اور تکنیکوں کا استعمال اصلی ماحولیاتی مسائل کو پہچاننے کے لیے کرتی ہے اور روایتی اور غیر روایتی تعلیم کے ذریعہ ان مسائل کے حل کرنے کی مہارت بھی پیدا کرتی ہے۔
۱۱) یہ ماحول کے نظریاتی اور عملی دونوں پہلوؤں کو اپنے اندر شامل کرکے ماحولیاتی عدم توازن اور ماحولیاتی انحطاط کے معاملات میں اصلاح لانے کی کوشش کرتی ہے۔
۱۲) یہ انسان کے اندر صحت یاب زندگی گذارنے کی عادت کی نشوونما کرتی ہے۔

## ماحولیاتی تعلیم کی نوعیت / ماہیت
## (Nature of Environmental Education)

ماحولیاتی تعلیم دو اہم نوعیت کی ہوتی ہے اور ماحولیاتی تعلیم پر یونیسکو کے تربیتی ورک شاپ (UNESCO Training Workshop on Environmental Education) نے 1980ء میں ماحولیاتی تعلیم کی انہیں دونوں نوعیّتوں پر زور دیا ہے۔ یہ دونوں ہیں: بین الکلیات علمی نوعیت اور کثیر انضباطی نوعیت۔ ہم یہاں پر انہیں دونوں نوعیّتوں پر مختصراً روشنی ڈال رہے ہیں۔

## i) بین الکلیات علمی نوعیت
## (Inter-disciplinary Nature)

ماحولیاتی تعلیم کی اس نوعیت میں مختلف مضامین کے موزوں عنوانات کو نکال کر ان کو آپس میں ملا کر ماحولیاتی تعلیم کا کورس، اس کی مختلف یونٹ اور ماڈیول تیار کئے جاتے ہیں۔ اس کی وضاحت مندرجہ ذیل تصویر 12.1 میں کی گئی ہے۔

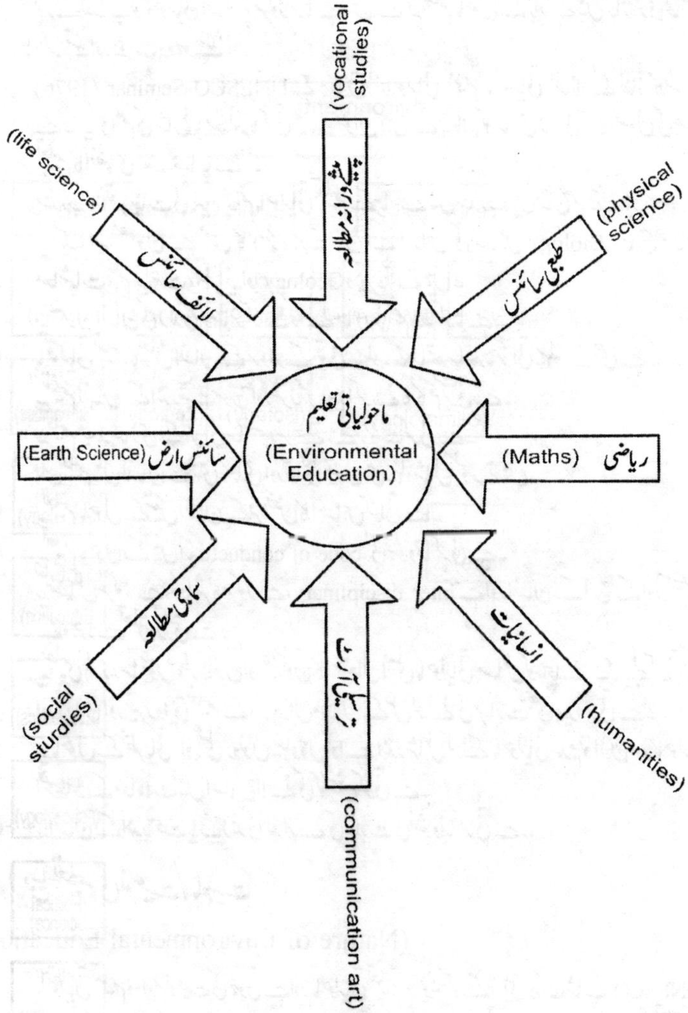


تصویر 12.1: ماحولیاتی تعلیم کی بین الکلیات علمی نوعیت

ذریعہ: Environmental Education by JC Agarwal

اس طرح کے کورس یا یونٹ کی منشاء یہ ہوتی ہے کہ طلباء میں ایسی عادتیں پیدا کی جائیں کہ وہ ماحول کے متعلق مختلف مسائل کو سمجھ کر ان کا حل نکال سکیں۔

## ii) کثیر انضباطی نوعیت
## (Multi-disciplinary Nature)

ماحولیاتی تعلیم کی اس نوعیت کو مندرجہ ذیل خاکہ 12.2 میں پیش کیا گیا ہے:-

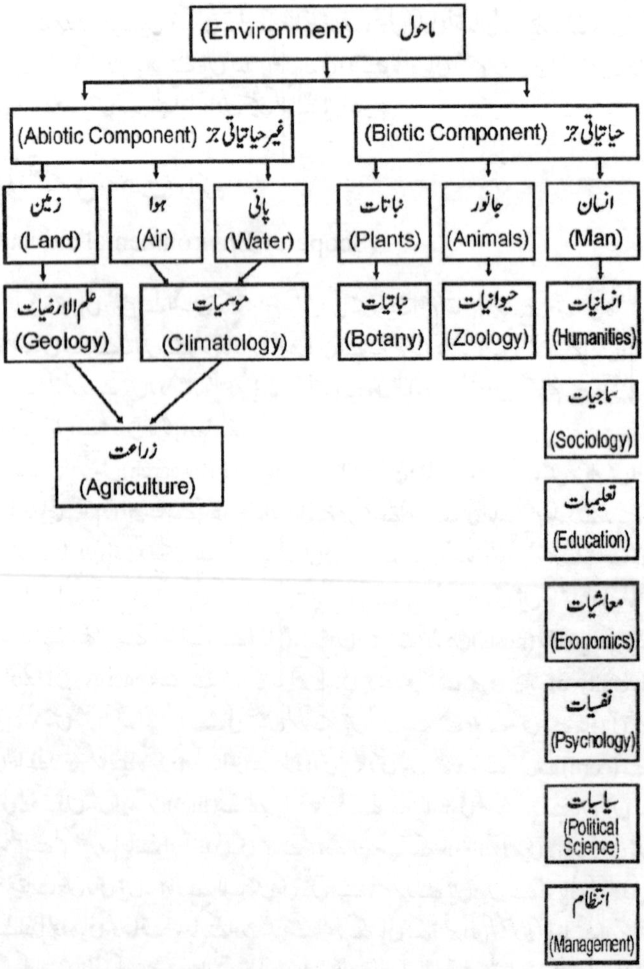


خاکہ 12.2: ماحولیاتی تعلیم کی کثیر انضباطی نوعیت

ذریعہ: Environmental Science by Arti Rajput

اس نوعیت کے تحت جیسا کہ اوپر کے خاکے سے واضح ہے کہ تمام مضامین کے لوگ آپس میں مل بیٹھ کر ماحول کے تحفظ کے لیے سوچتے ہیں۔ ہر شعبے کے علم (مثال کے طور پر (Geology, Botany, Zoology, Agriculture کا استعمال ہم مختلف ماحولیاتی مسائل کے حل نکالنے کے لئے کرتے ہیں۔ اس کے علاوہ نفسیات کے علم کا استعمال لوگوں میں صحیح رویہ اور شعور پیدا کرنے کے لیے، سیاسیات کے علم کا استعمال مختلف قوانین بنانے اوران کے نفاذ کے لیے، سماجیات اور تعلیمات کا استعمال لوگوں میں آگاہی اور بیداری پیدا کرنے کے لیے اور معاشیات کے علم کا استعمال ان تمام مسائل کے معاشی پہلوؤں کے مطالعے کے لیے کرتے ہیں۔ اس کے علاوہ مضمون انتظام (management) کے تحت ہم مختلف صنعتوں کے کچروں کا صحیح استعمال کرنے پر زور دیتے ہیں اور صنعتی ترقی کے ساتھ ساتھ ماحول کو کوئی نقصان نہ پہنچنے پائے، اس کی کوشش کرتے ہیں۔ کل ملا کر ہم یہ کہہ سکتے ہیں کہ اس نوعیت کی رو سے ماحولیاتی تعلیم لوگوں کی ایک ضرورت بن گئی ہے اور سارے لوگ اس کے لیے اپنا تعاون پیش کرتے ہیں۔

## ماحولیاتی تعلیم کی وسعت/ دائرہ
## (Scope of Environmental Education)

آج ماحولیاتی تعلیم نے انسان کے علم اور سرگرمیوں میں ایک اہم مقام بنالیا ہے چونکہ اس کا تعلق بہت سارے مضامین سے ہے۔ اس لیے اس کا دائرہ بہت وسیع ہے۔ ہم یہاں پر ماحولیاتی تعلیم کے انہیں دائروں کا تفصیل سے ذکر کر رہے ہیں (دیکھیں تصویر 12.3) جس سے کہ طلباء کو اس مضمون کے علم سے ہونے والے فائدوں اور مستقبل کے مواقع کا علم ہو جائے۔

ا) تدریس اور تحقیق (Teaching and Research):- آج دنیا کے تمام ممالک میں سرکاریں اور تعلیمی ادارے ماحولیاتی تعلیم کی اہمیت سے آگاہ ہو کر اسے اپنے ہر سطح کے نصاب میں ایک اہم جگہ دے رہے ہیں۔ ظاہر ہے کہ ان اداروں میں تدریس کے لیے ایسے لوگوں کی ضرورت ہے جو کہ ماحولیاتی تعلیم کے مختلف پہلوؤں سے آشنا ہوں۔ اس کے علاوہ ماحولیاتی تحقیقیں بھی دنیا میں بڑے پیمانے پر ہو رہی ہیں خاص طور پر ماحولیاتی آلودگی سے بچنے کے طریقے، غذا کے نئے ذرائع کی کھوج، کیڑے مکوڑوں (pests) پر قابو پانے کے نئے طریقے اور توانائی (energy) کے نئے ذرائع۔ امریکہ کی یونیورسٹی آف میری لینڈ (University of Maryland) میں محقق ایک ایسے پودھے کی تشکیل کر رہے ہیں جس سے نکلنے والے پھل سے بنائی گئی شکر گنے سے بنائی جانے والی شکر سے زیادہ میٹھی ہوگی۔ اس کے علاوہ اسی یونیورسٹی میں کچھ دوسرے محقق مکا (corn) سے نکلنے والی توانائی کو گاڑیوں میں ایندھن (fuel) کے طور پر استعمال کرنے کے آلات کی کھوج کر رہے ہیں جس سے کہ پیٹرول پر کم سے کم منحصر رہا جائے اور آلودگی بھی کم سے کم ہو۔ ان سب کے علاوہ اور دوسری یونیورسٹیوں میں بھی ایسی ہی تحقیقات چل رہی ہیں۔ ہمارے ملک میں بھی محقق ایسے کام کر رہے ہیں جس سے کہ پانی کو آلودگی سے بچایا جا سکے اور آلودہ پانی کو صاف کیا جا سکے اور زمین کے اندر کے پانی کے ذخیروں کو محفوظ کیا جا سکے اور ساتھ ہی سمندر کے کھارے پانی کو پینے کے لائق بنایا جا سکے۔ ظاہر ہے کہ ان تمام تحقیقات کے لیے ماحولیات (ecology) اور ماحولیاتی تعلیم کے علم کا ہونا ضروری ہے۔

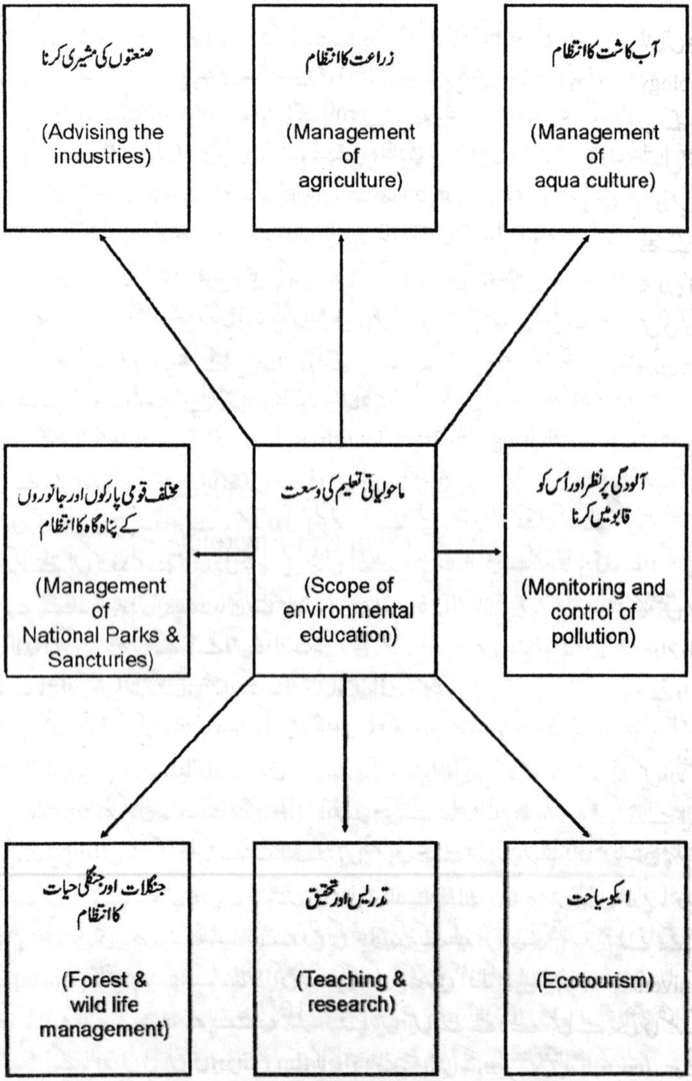


Fig 10.3 : Scope of environmental education
Source : Environmental Science by Arti Rajput

تصویر 12.3: ماحولیاتی تعلیم کی وسعت، ذریعہ: Environmental Science by Arti Rajput

۲) زراعت کی دیکھ بھال (Management of Agriculture):- ہمارا ملک ایک ایسا ملک ہے جس کی معیشت زراعت پر ہی منحصر ہے اور ملک کے زیادہ تر لوگوں کی روزی روٹی کا معاملہ بھی زراعت سے جڑا ہوا ہے۔ آج زراعت کے شعبے میں ایسے بیجوں (seeds) کی کھوج کی ضرورت ہے جس سے کہ زیادہ سے زیادہ

منافع اور پیداوار (yield) حاصل ہو لیکن ساتھ ہی نہ تو وہ مٹی کو کسی طرح کا نقصان پہنچائیں اور نہ ہی ماحول کو۔ آج دنیا کے مختلف حصوں میں پائے جانے والے پھل پھول اور سبزیوں کو ہمارے ملک میں اُگایا جارہا ہے لیکن ظاہر ہے کہ اس کے لیے حرارت اور آب وہوا پر قابو (control) کرنے کی ضرورت ہے۔ ہمیں کیا کرنا چاہئے کہ اس طرح کے پھل پھول اور سبزیاں ہمارے لیے زیادہ افادی ثابت ہوں؟ آج کل کیمیائی کھاد یا جراثیم کش ادویہ کا بنا استعمال کئے ہوئے کاشت کاری (organic farming) پر بھی زور دیا جارہا ہے، جس سے کہ ہم مختلف قسم کے کیمیکلس کے نقصانات سے محفوظ رہیں اور ہمارا ماحول بھی۔ اس کے لیے کن کن چیزوں کی ضرورت ہوگی اور ہمیں کیا کرنا ہوگا۔ اس کا علم ہمیں ماحولیاتی تعلیم ہی دے سکتی ہے۔ اس کے علاوہ آج کل ایک اور مسئلہ پیدا ہوا ہے۔ پچھلے کچھ سالوں سے بارش لگاتار کم ہورہی ہے اور فصلوں کو پانی دینے کے لیے ہم زمین کے اندر محفوظ پانی پر زیادہ سے زیادہ منحصر ہورہے ہیں۔ اس لیے کھیتی کرنے کے ایسے ذرائع کی کھوج کی ضرورت ہے جس سے کم سے کم پانی میں کھیتی ہو سکے۔ اس کام میں بھی ماحولیاتی تعلیم ہماری مدد کرتی ہے۔

۳) مختلف صنعتوں کو صلاح ومشورہ دینا (Advising Different Industries):- کسی بھی ملک کی ترقی کے لیے وہاں کی صنعتیں بڑا اہم رول ادا کرتی ہیں لیکن یہ بھی سچ ہے کہ ہر طرح کی صنعت مختلف قسم کی آلودگی بھی پھیلاتی ہیں۔ ظاہر ہے کہ ہم آلودگی کو کم کرنے کے لیے صنعتوں کو بند نہیں کر سکتے لیکن ایسا انتظام ضرور کر سکتے ہیں کہ وہ کم سے کم آلودگی پھیلائیں مثال کے طور پر صنعت کاری کے عمل کو آبادی سے دور کریں، ان سے نکلنے والے کچروں (wastes) کو صحیح جگہ جمع کریں اور ان کا صحیح انتظام کریں، آلودگی سے بچنے کے لیے بین الاقوامی سطح پر استعمال کیے جانے والے آلات کا استعمال کریں وغیرہ۔ ظاہر ہے کہ ان تمام مشورات کو دینے کے لیے ماہر اور تعلیم یافتہ لوگوں کی ضرورت ہے جنہیں ماحولیاتی تعلیم کا علم ہو۔

۴) مختلف قومی پارکوں اور جانوروں کی پناہ گاہوں کا رکھ رکھاؤ کرنا:- ماحولیات (ecology) کا ایک بنیادی اصول یہ ہے کہ ایک جاندار کی زندگی دوسرے پر منحصر ہے اور ایک میں ہونے والی کسی قسم کی تبدیلی دوسرے کو ضرور متاثر کرتی ہے۔ آج بڑھتی ہوئی آبادی کی وجہ سے ہم گھروں کو بنانے کے کام کو جنگلات تک لے آئے ہیں اور اس میں بھی کافی آگے تک بڑھ گئے ہیں جس کی وجہ سے اس میں رہنے والی مخلوقات کا وجود ہی خطرے میں پڑ گیا ہے۔ خاص طور پر بنگالی چیتوں (Bengali tigers) اور بہت ساری چڑیوں کی تعداد دنوں دن کم ہوتی جارہی ہے۔ ایسے میں ان کے وجود کو بچانے کے لیے سرکار نے مختلف قسم کی پناہ گاہوں (sancturies) کا قیام کیا ہے اور کچھ علاقوں کو مختلف جانوروں کے لیے محفوظ کر دیا ہے (reserves)۔ اس کے علاوہ ہمارے ملک میں بہت سارے بڑے بڑے قومی پارک ہیں جن سے منسلک چڑیا گھر بھی ہیں جہاں پر مختلف قسم کے جانوروں کی نسل کشی (breeding) کا کام ہوتا ہے۔ ان تمام کے بہتر انتظام کے لیے ہمیں ایسے لوگوں کی ضرورت ہے جن کو کہ ماحولیاتی تعلیم کا علم ہو۔

۵) جنگلات اور جنگلی حیات کا انتظام:- ہماری زندگی کے لیے جنگلات بہت ضروری ہیں۔ آج یہ جنگلات بڑی تیزی سے کٹ رہے ہیں۔ لیکن ان کی جگہ پر نئے پودوں کو نہیں لگایا جارہا ہے۔ اس کے علاوہ جنگلوں میں مختلف طرح سے آگ لگا کرتی ہے، کچھ وجوہات کی بنا پر پودے سوکھ جاتے ہیں یا کچھ معاملات میں جنگل میں رہنے والے قبائل (tribes) انہیں اپنی ضرورت کو پورا کرنے کے لیے کاٹ لے جاتے ہیں۔ ان تمام مسائل کا حل یہ ہے کہ ہمیں کچھ ایسے لوگوں کی تقرری کرنی چاہئے جو کہ جنگلات کو ان تمام مسائل سے نجات دلاسکیں۔ سرکار نے ایسے کچھ لوگوں (forest managers) کی تقرری کر رکھی ہے لیکن ظاہر ہے کہ قلیل تعداد ہونے کی

وجہ سے وہ اپنا کام بخوبی نہیں کر پا رہے ہیں۔ ایسے میں جنگلات کی دیکھ بھال اور ہمارے تئیں ان کے فرائض کو ادا کرنے کے لیے ہمیں ماحولیاتی تعلیم کی ضرورت ہے۔

۶) آلودگی پر نظر اور اس کو قابو میں رکھنا:- آج ماحول میں بڑھتی ہوئی آلودگی ہمارے وجود کے لیے ایک خطرہ پیدا کر رہی ہے۔ یہ آلودگی پانی، ہوا اور مٹی سب میں شامل ہے۔ اس کے علاوہ اوزون کی پرت میں تخفیف (Ozone Layer Depletion, OLD)، دنیا کی بڑھتی ہوئی گرمی (Global Warming)، تیزابی بارش (acid rain)، مختلف نباتات اور جانداروں کا خاتمہ (extinction of flora and fauna) بڑے پیمانے پر معدنیات (minerals) کا زمین سے نکالنا، بڑے پیمانے پر زراعت میں جراثیم کش ادویات کا استعمال کرنا، انٹارکٹا کے برف کے ذخائر (glaciers) کا پگھلنا اور زمین کے اندر محفوظ پانی کی مقدار میں بتدریج کمی ایسے کچھ مسائل ہیں جن کے ذمہ دار ہم خود ہیں یا ہمارے ذریعہ پھیلائی گئی آلودگی۔ ظاہر ہے کہ ہمیں آلودگی کو فوراً قابو میں کرنا ہوگا۔ یوں تو سرکار نے بہت سارے قوانین بنائے ہیں اور وہ اپنی سطح پر آلودگی کو کم کرنے کی کوشش کر رہی ہے لیکن سرکار تب تک اس کام میں کامیاب نہیں ہو پائے گی جب تک کہ عوام الناس اپنی شرکت اور تعاون نہیں پیش کریں گے۔ عوام تب تک نہیں پیش کریں گے جب تک کہ انہیں ان تمام خطرات اور ان سے بچنے کے طریقے نہ معلوم ہوں۔ یہ کام ماحولیاتی تعلیم بخوبی کر سکتی ہے۔

۷) آب کاشت کا انتظام:- پانی میں پیدا ہونے والے بہت سارے پودے، پھل اور سبزیاں (جیسے سنگھاڑا، مکھانا وغیرہ) اور بہت سارے جانور (مثال کے طور پر مچھلی، جھینگا، کیکڑے وغیرہ) ہمارے ملک کے لوگوں کی روزی روٹی کا ایک اہم ذریعہ ہیں اور بہت سارے لوگوں کی معاش ان سے جڑی ہوئی ہے۔ ان مختلف طرح کی سبزیوں اور پھلوں کی پیداوار میں کیسے اضافہ کیا جائے اور مختلف قسم کی مخلوط مچھلیوں (hybrid fish) اور دوسرے جانوروں کی پیداوار کس طرح سے کی جائے ان تمام چیزوں کی جانکاری بھی ماحولیاتی تعلیم کے ذریعہ ملتی ہے۔

۸) ماحولی سیاحت (Ecotourism):- ہمارا ملک سیاحت کے مطابق امیر ہے اور اس میں قومی پارکوں، جنگلات، پہاڑوں، گھاٹیوں (valleys)، ندیوں، جھرنوں، ریگستانوں، جزیروں اور سمندر کے کناروں (beaches) کی شکل میں بہت سارے سیاحوں کو اپنی طرف متوجہ کرنے کا مادّہ ہے۔ آج کل دنیا کے مختلف ممالک سیاحت پر بڑا زور دے رہے ہیں کیونکہ ایک تو اس سے لوگوں کی معاش جڑی ہوتی ہے اور دوسرے لوگوں کو ایک دوسرے کی تہذیب و ثقافت کو بھی سمجھنے کا موقع ملتا ہے۔ بہر حال ایکو سیاحت کے ذریعہ ہم اپنے ملک کے نوجوانوں کو بڑے پیمانے پر معاش سے جوڑ سکتے ہیں اور اس سلسلے میں ماحولیاتی تعلیم ہماری مدد کرتی ہے۔

## ماحولیاتی تعلیم کے مقاصد

## (Aims of Environmental Education)

۱) موجودہ قدرتی وسائل کی اہمیت اور اس کے وسائل کے بارے میں انسانوں کے اندر آگاہی پیدا کرنا۔

۲) ماحولیاتی توازن (ecological balance) کی اہمیت اور اس کے عدم توازن کے کیا نتیجے ہوں گے اس کے بارے میں بتانا۔

۳) قدرتی اور طبعی ماحول کے معیار کو برقرار رکھنے کے لیے لوگوں کے اندر مثبت رجحان اور رویے کی نشو و نما کرنا۔

۴) ماحولیاتی توازن کو بنائے رکھنے کے طریقوں کی جانکاری دینا۔
۵) ماحولیاتی توازن کو بگاڑنے والے عناصر کی پہچان کرنا۔
۶) ماحول کے تحفظ کے لیے اپنائی جانے والی تکنیکوں سے لوگوں کو آگاہ کرنا۔
۷) ماحول کے تحفظ کے لیے ہندوستان اور بیرون ممالک میں بنائے گئے قوانین کی جانکاری دینا۔
۸) طلباء کی جماعت کو اس بات کی جانکاری دینا کہ قدرتی وسائل کا استعمال کس طرح کیا جائے کہ وہ آنے والی نسلوں کے لیے بھی محفوظ رہ سکیں۔
۹) ماحولیاتی انحطاط (environmental degradation) کے خطرناک نتائج سے آگاہ کرنا اور ماحول کے تحفظ کے لیے اپنائی جانے والی کوششوں کی (عالمی اور ملکی سطح پر) جانکاری دینا۔
۱۰) ان طریقوں کے بارے میں عوام الناس کو بتانا جس سے کہ ترقی کا عمل بھی رواں دواں رہے اور ماحولیاتی توازن بھی برقرار رہے۔

## ماحولیاتی تعلیم کے اقوامِ متحدہ کے ذریعے اعلان کیے گئے مقاصد

## (Aims of Environmental Education Declared by UNO)

اقوام متحدہ نے ماحولیاتی تعلیم کے پروگرام کے مندرجہ ذیل مقاصد طے کیے ہیں:-
۱) ماحولیاتی تعلیم پر کیے گئے کام اور تحقیق کے تجربات، مختلف ماہرین کی رائے اور اس کے متعلق خبروں کا دنیا کے مختلف حصوں میں ارسال کرنا۔
۲) ماحولیاتی تعلیم کے مقاصد، مواد (content) اور طریقوں (methods) پر منظم اور مکمل طریقے سے تحقیق کے کاموں کی حوصلہ افزائی کرنا۔
۳) ماحولیاتی تعلیم سے متعلق نصاب، نئے تدریسی طریقے، تدریسی اشیاء اور مختلف پروگراموں کا منصوبہ تیار کرنا۔
۴) ماحولیاتی تعلیم کی توسیع میں لگے ہوئے اساتذہ، ملازمین اور محققوں (researchers) اور منصوبہ بندی کرنے والے لوگوں کی تربیت کا انتظام کرنا۔
۵) ماحولیاتی تعلیم کے پروگرام کے عمل درآمد میں لگے ہوئے ممالک کو تکنیکی مدد اور دوسری خدمات مہیا کرانا۔

## ماحولیاتی تعلیم کے اغراض

## (Objectives of Environmental Education)

1977ء میں UNESCO کی ایک کانفرنس تبلسی (Tabilisi) شہر میں ہوئی اور اس میں ماحولیاتی تعلیم کے مندرجہ ذیل اغراض طے کیے گئے۔
۱) بیداری (Awareness):- انسانوں اور معاشرتی گروہوں میں جامع ماحول اور اس کے مسائل اور اس کے تحفظ کے لیے بیداری پیدا کرنے میں مدد کرنا۔
۲) علم (Knowledge):- انسانوں اور سماجی گروہوں میں پورے ماحولیاتی نظام (Ecological

(System) اوراس میں پیدا ہونے والی آلودگی اورانحطاط (degradation) کے بارے میں جانکاری دینا اور یہ بھی بتانا کہ ان مسائل کوحل کیسے کرسکتے ہیں۔

۳) رویّہ (Attitude):-پوری دنیا کے تمام جانداروں میں ثقافتی اورسماجی اقداراور ماحول کے لیے لگاؤ اوراس کے تحفظ کے لیے صحیح رویّہ (مثبت رویّہ) پیدا کرنا۔

۴) مہارت(Skills):-ماحولیاتی آلودگی کو روکنے کے لیے، ماحول کے تحفظ کے لیے اورانسان اور ماحول کے بیچ ایک طرح کا توازن قائم کرنے کے لیے انفرادی مہارتوں کی نشوونما کرنا۔

۵) تعین قدر کی اہلیت (Evaluation Ability):-ماحولیاتی نظام (ecological system)، مختلف ماحولیاتی عناصر اوران سے متعلق تعلیمی پروگراموں کا سماجی، معاشی، سیاسی اور ثقافتی سیاق وسباق میں تعین قدر کرنے کی اہلیت کی لوگوں کے اندر نشوونما کرنا۔

۶) شرکت(Participation):-ماحولیاتی مسائل کواور ماحول کے تحفظ کے لیے عوام الناس میں ذمہ داری کا جذبہ پیدا کرنا اوران سب لوگوں کو ماحول کے تحفظ کے لیے چلائے جارہے مختلف پروگراموں میں شرکت کرنے کے لیے تیار کرنا۔

## ماحولیاتی تعلیم کی اہمیت

## (Importance of Environmental Education)

۱) یہ ہمارے اندر یہ فہم پیدا کرتی ہے کہ کس طرح ایک نسل(species) کا وجوددوسرے نسل کے وجودکو بچانے میں مددگارثابت ہوتا ہے۔

۲) انسانوں کی بے تحاشہ بڑھتی ہوئی آبادی سے پیدا ہونے والے خطرات کی سمجھ ماحولیاتی تعلیم عطا کرتی ہے۔

۳) قدرتی وسائل کے قابلِ بقاء(sustainable) استعمال کے بارے میں بتاتی ہے۔

۴) یہ تعلیم یہ بھی بتاتی ہے کہ کس طرح روایتی توانائی کے ذرائع کی جگہ کم آلودگی پیدا کرنے والے غیرروایتی توانائی کے ذرائع کا استعمال کرکے بڑھتی ہوئی آبادی کے مطالبات کو پورا کیا جاسکتا ہے۔

۵) یہ مختلف کچروں اورکوڑوں(solid wastes) کے بہترین انتظام کے راستے دکھاتی ہے۔

۶) ماحولیاتی انحطاط سے بچنے کے لیے سرکار نے مختلف قسم کے قوانین بنائے ہیں یہ ان کی بھی جانکاری فراہم کرتی ہے۔

۷) یہ تعلیم مختلف سرکاری اورغیرسرکاری لوگوں کوان کوششوں کے بارے میں مطلع کرتی ہے جوکہ ماحول کے تحفظ کے لیے ملک اور بیرونِ ملک میں کی جارہی ہے۔

## باب-۱۳ (Chapter-XIII)

# ماحولیاتی تعلیم کا نصاب
# (CURRICULUM OF ENVIRONMENTAL EDUCATION)

نصاب تعلیمی مقاصد کو حاصل کرنے کا ایک ذریعہ ہوتا ہے۔ لفظ نصاب (curriculum) کی ابتدا لاطینی زبان کے لفظ 'currere' سے ہوئی ہے جس کا مطلب ہوتا ہے دوڑ کا میدان (race course)۔ یعنی نصاب ہی وہ راستہ ہے جس پر اچھی طرح سے چل کر ہم تعلیمی مقاصد کو حاصل کر سکتے ہیں۔ کسی بھی کورس کا نصاب کیسا ہو یہ بہت سارے عناصر پر منحصر کرتا ہے مثال کے طور پر اس ملک میں رائج فلسفہ، طلباء کی خصوصیات، رجحانات اور دلچسپیاں، پڑھائے جانے والے مضمون کی افادی نوعیت، پڑھائے جانے والے مضمون کا مختلف سیاسی، سماجی اور معاشی مسائل سے تعلق وغیرہ۔ ماحولیاتی تعلیم کا نصاب کیسا ہو اور اس تعلیم کے نصاب میں کیا مضامین شامل کیا جائے اس کے متعلق لوگوں کی اور ماہرین کی مختلف رائے ہے۔ عام طور پر ماہرین ماحولیاتی تعلیم کے نصاب کے تعلق سے مندرجہ ذیل تین طرز رسائیوں کی بات کرتے ہیں:

۱) ماحولیاتی تعلیم کو ایک آزاد مضمون مان کر اسے اسکولوں اور کالجوں کے نصاب میں داخل کیا جائے۔
۲) ماحولیاتی تعلیم سے جڑے ہوئے مختلف مدّوں اور مختلف ماحولیاتی مسائل کو دوسرے مضامین میں ڈال کر ان کی تعلیم دینا۔
۳) وقتاً فوقتاً ماحولیاتی تعلیم کے مختلف پروگرام اسکولوں میں منعقد کروا کر بچوں کے اندر ماحول کے تئیں بیداری پیدا کرنا۔

ہم اِنھیں تینوں طرزِ رسائیوں پر مندرجہ ذیل سطروں میں تفصیل سے روشنی ڈالیں گے۔

## ۱) ایک آزاد مضمون کی حیثیت سے ماحولیاتی تعلیم
## (Environmental Education as a Separate Subject)

اس طرزِ رسائی کے تحت ہم ماحولیاتی تعلیم کو آزاد مضمون مانتے ہیں اور اس کو وہی اہمیت دیتے ہیں جو اسکول کے دوسرے مضامین کو۔ اس کا فائدہ یہ ہوتا ہے کہ لوگ ماحول اور اس سے جڑے ہوئے مختلف پہلوؤں کی تعلیم کو نظر انداز نہیں کر پاتے ہیں اور لوگوں کو ماحول اور مختلف طرح کے ماحولیاتی مسائل کی ایک جامع شکل حاصل ہو جاتی ہے۔ اس طرزِ رسائی کی وکالت کے پیچھے مندرجہ ذیل مفروضے (assumptions) ہیں:

۱) ہر اسکول اور کالج کے ہر طالب علم کو ماحولیاتی تعلیم کا علم حاصل کرنا ضروری ہے۔

۲) ماحولیاتی تعلیم کے علم کو اسکول اور کالج یا یونیورسٹی دونوں سطحوں پر دینا ضروری ہے۔
۳) ماحولیاتی تعلیم کے نصاب کو طلباء کو مقامی ماحول اور اس سے جڑے ہوئے مختلف مسائل کی تحقیق کے لئے مقدار پر مبنی (quantitative) اور صفات پر مبنی (qualitative) دونوں طرح کی تکنیکوں سے واقف ہونا چاہئے۔
۴) ماحولیاتی تعلیم کے نصاب کو سماج، معاشرے اور ماحول کے بارے میں پرائمری ذرائع (primary source) سے اطلاعات ملنا چاہئے۔
۵) ماحولیاتی تعلیم کو آزاد ماحول میں آزادانہ طریقے سے دینا چاہئے۔ اِسے کسی طرح کی مذہبی، سیاسی، سماجی یا معاشی تنگ نظری سے آزاد ہونا چاہئے۔ ایسا کرنے سے ہی ہم طلباء کے اندر ایسے اَقدار پیدا کر پائیں گے جس سے وہ صحیح فیصلہ لے سکیں اور ماحول کی بہتری کے لئے اپنے کردار میں تبدیلی لا سکیں۔

## ایک آزاد مضمون کی حیثیت سے ماحولیاتی تعلیم میں شامل کئے جانے والے عنوانات

اگر ماحولیاتی تعلیم کو آزاد مضمون بنایا جائے تو اس میں کن عنوانات کو شامل کیا جائے اس سلسلے میں UNESCO نے کچھ ضابطے مقرر کیے ہیں۔ اس کے مطابق مندرجہ ذیل عنوانات کو شامل کرنا چاہئے:

### الف) بنیادی ماحولیاتی تصورات

۱) انسان ماحولیاتی نظام کا ایک اہم جز ہے۔ اسے یہ سمجھنا چاہئے کہ کس طرح ماحولیاتی نظام کے مختلف اجزاء آپس میں ایک دوسرے کے ساتھ تعامل کرتے ہیں اور کیسے ایک دوسرے پر منحصر رہتے ہیں۔
۲) قدرت (nature) اپنے طور پر ماحولی توازن برقرار رکھتی ہے۔
۳) ماحولی توازن کو قائم رکھنے کے لئے انسانوں کو اپنے رویّے، رجحانات، کردار اور طرزِ زندگی میں تبدیلی لانے کی ضرورت ہے۔
۴) آج کے لوگوں کی حرکات وسکنات اور کارکردگی ماحولی توازن کے ساتھ مطابقت نہیں رکھتی ہے۔
۵) قومی اور بین الاقوامی سطح پر لوگوں، حکومتوں اور غیر سرکاری تنظیموں کو مل جل کر مستحکم فروغ کے لئے کام کرنا چاہئے جس سے وسائل کا کم استعمال ہو، آلودگی کم پیدا ہو اور ماحولی مسائل بھی کم سے کم پیدا ہوں۔

### ب) توانائی

۱) حیاتی کرّہ (biosphere) میں توانائی کی آمد ورفت کس طرح سے ہوتی ہے۔
۲) کس طرح غذائی جال (food web) میں توانائی پیدا کرنے والوں (producers) سے ابتدائی صارف primary consumer اور ثانوی صارف (secondary consumers) تک پہنچتی ہے۔
۳) سورج توانائی کا ایک بنیادی ذریعہ ہے اور اسی توانائی کے ذریعہ زمین پر زندگی رواں دواں رہتی ہے۔
۴) نباتات شمسی توانائی (solar energy) کو کیمیکل توانائی (chemical energy) میں تبدیل کرتے ہیں۔
۵) جو غذائی سلسلہ (food chain) جتنا چھوٹا ہوگا، اس میں توانائی اتنی ہی کم برباد ہوگی۔
۶) نقصان دہ مادّے (toxic elements) غذائی سلسلے کے ذریعے انسانوں تک پہنچ سکتے ہیں۔
۷) جراثیم کش دواؤں کے استعمال میں احتیاط برتنا چاہئے اور گھریلو اور صنعتی کچروں کو بھی صحیح طرح نبٹانا

چاہئے جس سے نقصان دہ مادّوں پر قابو پایا جاسکے۔

۸) توانائی نہ تو پیدا کی جاسکتی ہے اور نہ ہی ختم کی جاسکتی ہے بلکہ یہ صرف ایک شکل سے دوسری شکل میں تبدیل ہو جاتی ہے۔

۹) مختلف ذرائع سے حاصل ہونے والی توانائی کا استعمال احتیاط کے ساتھ کرنا چاہئے۔

۱۰) توانائی کا بحران (energy crisis) بہت سارے سیاسی اور معاشی مسائل پیدا کرتا ہے۔

۱۱) تمام ممالک کو ترقی اور فلاح و بہبود کے لئے توانائی کی ضرورت ہے۔

۱۲) گھروں، صنعتوں اور تجارتی کاموں میں توانائی کا استعمال اچھی طرح ہونا چاہئے اور اس کی بربادی کم سے کم ہونا چاہئے۔

۱۳) توانائی کی بربادی اور اس کے بہتر استعمال پر تحقیق ہونی چاہئے اور اس بات کی کوشش کی جانی چاہئے کہ غیر روایتی ذرائع سے توانائی کیسے حاصل کر سکتے ہیں (ان غیر روایتی ذرائع میں شمسی توانائی، ہوائی توانائی، حیاتیاتی گیس سے حاصل ہونے والی توانائی، نیوکلیائی توانائی وغیرہ شامل ہیں)

۱۴) توانائی کے ذرائع کو زمین کے اندر سے نکالنے کے عمل میں اور ان کو استعمال کرنے کے عمل میں ماحول میں آلودگی پھیلتی ہے۔

## ج) آلودگی

۱) آلودگی ایک ایسا مسئلہ ہے جو کہ انسانوں کی ترقی سے جڑا ہوا ہے۔

۲) عالمی سطح پر آلودگی ہوا اور پانی کے ذریعے ہی پھیلتی ہے۔

۳) آلودگی کی وجہ سے جانوروں، نباتات، انسانی زندگی اور اس کی دولت کو نقصان پہنچتا ہے۔

۴) مختلف طرح کے متعفّن (pollutants) مختلف طرح کے ذرائع سے آتے ہیں۔

۵) متعفّن کے اکٹھا ہونے سے نہ کہ صرف سماجی، معاشی حالات متاثر ہوتے ہیں بلکہ اس کا اثر موسم پر بھی پڑتا ہے۔

۶) آلودگی پر قابو پانے کے لئے سماج کے ہر طبقے کو اپنا تعاون دینا پڑے گا۔ اس کے لئے انفرادی طور پر کوشش کرنی ہوگی۔

## د) آبادی میں اضافہ

۱) بڑھتی ہوئی آبادی پر قابو پایا جاسکتا ہے۔ ہمیں یہ سوچنا چاہئے کہ بڑھتی ہوئی آبادی ماحولی نظام کے لئے خطرہ نہ پیدا کرے۔

۲) ماحول کی ایک مخصوص استعداد ہے کہ وہ کتنے لوگوں کو برداشت کرسکتا ہے۔ سائنس اور تکنیک کے استعمال سے اس استعداد میں صرف کچھ حد تک اضافہ کیا جاسکتا ہے۔

۳) آج کے دور کی تکنیکی سرگرمیاں انسانوں اور غیر انسانوں کی آبادی پر اثر انداز ہو رہی ہیں۔

۴) دنیا کی آبادی خطرناک شرح سے بڑھ رہی ہے۔

۵) آبادی میں اضافے کی وجہ طبعی، حیاتیاتی اور سماجی و ثقافتی تینوں ہی ہیں۔

۶) ترقی پذیر ممالک میں اور کم ترقی یافتہ ممالک میں آبادی، ترقی یافتہ ممالک کے مقابلے زیادہ ہے۔

۷) بڑھتی ہوئی آبادی زیادہ وسائل چاہتی ہے اس لئے اس کی وجہ سے بہت سارے سماجی و معاشی مسائل پیدا ہوتے ہیں۔
۸) آج کے دور کے مسائل کو دیکھتے ہوئے آبادی پر قابو پانا ضروری ہے۔ یہ قدرتی اور مصنوعی دونوں طریقوں سے کیا جا سکتا ہے۔
۹) آبادی پر قابو پانے کے لئے سماج، حکومت اور لوگوں کو آپس میں ربط پیدا کرنا چاہئے اور اس کے لئے مخصوص منصوبہ بنانا چاہئے۔
۱۰) ہمارے ملک کے شہروں کی آبادی بہت گھنی (dense) ہے اور وہ ایک گھنے ماحولی نظام کی نمائندگی کرتے ہیں۔
۱۱) گاؤں سے شہروں کی طرف لوگوں کے آنے سے بڑے مسائل پیدا ہو رہے ہیں۔ اس لئے گاؤں میں بنیادی سہولتیں فراہم کرنے کی ضرورت ہے۔
۱۲) شہروں میں بنیادی ضرورتوں مثال کے طور پر کھانا، کپڑا، مکان، آمد و رفت کے ذرائع اور صحت کی سہولیات کی زیادہ مانگ ہے۔

## ذ) بنیادی ضرورتیں

۱) ہماری بنیادی ضرورتیں ہیں ہوا، پانی اور کھانا، ہمیں آکسیجن ہوا سے ملتی ہے اور ہرے پودوں کو لگانے سے یہ اور صاف ہو جاتی ہے۔
۲) زمین پر تازے پانی کے دو ذرائع ہیں اور وہ ہیں، زمین کے اوپر کا پانی (surface water) اور زمین کے اندر کا پانی (ground water)
۳) زمین کے اندر کے پانی کو کنوؤں اور آج کی جدید مشینوں کے ذریعے نکالا جا سکتا ہے۔
۴) دریا کے پانی کو کبھی بھی استعمال کرنے کے لئے بند/ پشتہ (dam) بنایا جا سکتا ہے۔
۵) انسانی ضرورت کو پورا کرنے سے پہلے اس بات کی یقین دہانی ہونی چاہئے کہ پانی ہر طرح کی گندگی اور آلودگی سے پاک ہے۔
۶) انسان اپنے کھانے کی ضرورت کو مختلف زرعی سرگرمیوں سے پورا کرتا ہے۔
۷) اناج کی پیداوار کو بڑھانے کے لئے انسان جراثیم کش دواؤں اور فرٹیلائزرس کا استعمال کرتا ہے۔
۸) زیادہ مقدار میں کھاد اور جراثیم کش دواؤں کے استعمال سے ماحول میں انحطاط (degradation) پیدا ہوتا ہے۔
۹) کچھ کھانوں کو کھانے والوں تک پہنچانے سے پہلے محفوظ رکھنے کے لئے chemicals کا استعمال کیا جاتا ہے جو کہ خطرناک ہیں۔
۱۰) انسان کو تندرست رہنے کے لئے ہوا، پانی اور کھانے کے معیار کو اچھا رکھنے کی ضرورت ہے۔

## ژ) ماحول اور صحت

۱) ہوائی، آبی اور صوتی آلودگی کی وجہ سے اور دوسرے نقصان دہ مادّوں اور کچروں کی وجہ سے انسانوں کے اندر ایسی بیماریاں پیدا ہوتی ہیں جو کہ قوتِ سماعت پر اثر ڈالتی ہیں، سانس لینے کے عمل میں پریشانیاں

پیدا کرتی ہیں، سر درد اور چڑچڑاپن پیدا کرتی ہیں اور گردے، پھیپھڑے وغیرہ کو نقصان پہنچاتی ہیں۔ ان کی وجہ سے food poisioning بھی ہو سکتی ہے اور یہ پانی کے معیار کو بھی نقصان پہنچاتے ہیں۔ ان آلودگیوں کی وجہ سے بہت سارے دوسرے مسائل جیسے تیزابی بارش، دنیا میں بڑھتی ہوئی حرارت، اوزون کی پرت میں تخفیف اور آب وہوا میں تبدیلی ہورہی ہیں۔

۲) آبادی میں ہونے والے تیز اضافے کی وجہ سے لوگوں کو صاف صفائی کرنے کے معقول مواقع نہیں مل پارہے ہیں، معقول مقدار میں غذا اور توانائی نہیں مل پارہی ہے اس لئے ان کی صحت پر برا اثر پڑرہا ہے۔

۳) جنگلات کی کٹائی کی وجہ سے ان میں پائے جانے والے مختلف طبّی نباتات (medicinal plants) ختم ہورہے ہیں، اس سے لوگوں کو معقول دواؤں کی قلت اور ان پر ہونے والی تحقیقات کے لئے مسائل پیدا ہورہے ہیں۔

## ع) قدرتی وسائل

۱) جنگلاتی وسائل ہمارے لئے بہت اہم ہیں کیونکہ ان سے ہمیں دوائیں ملتی ہیں، ایندھن کے لئے لکڑیاں ملتی ہیں، مکان بنانے کے لئے ضروری لکڑیاں ملتی ہیں، فرنیچر اور دوسری قیمتی اشیاء کے لئے لکڑیاں ملتی ہیں، ان میں بہت سارے قسم کے جنگلی جانور رہتے ہیں، یہ بارش کے نظام کو صحیح رکھتے ہیں، کرّہ ہوا میں $CO_2$ اور آکسیجن کے تناسب کو برقرار رکھتے ہیں اور یہ ہمارے دوسرے تفریحی کاموں میں بھی آتے ہیں۔ اس لئے اس بات کی کوشش ہونی چاہئے کہ ان کی کٹائی نہ ہوتا کہ ہم مندرجہ بالا افادیات سے محروم نہ رہیں، اگر جنگلات کی کٹائی پر قابو نہ پایا گیا تو اس سے ہمارے سامنے بہت سارے مسائل پیدا ہوں گے مثال کے طور پر مٹی کی کٹائی، سیلاب، صحرا بننے کا عمل، مٹی میں نمک کے مقدار میں اضافہ اور شاذونادر قسم کے حیوانات کا خاتمہ (extinction)۔ ان کی کٹائی سے ماحولی نظام کا توازن بگڑ جائے گا اس لئے ہمیں نہ کہ صرف اس پر قابو پانے کی ضرورت ہے بلکہ بڑے پیمانے پر پیڑ پودے لگانے کی ضرورت ہے۔

۲) آبی وسائل ہمارے لئے بڑی اہمیت رکھتے ہیں کیونکہ پانی کے بغیر انسانی زندگی کا تصوّر نہیں کیا جاسکتا ہے۔ پانی کے مختلف ذرائع مثال کے طور پر کنوئیں، جھرنے، تالاب، ندیاں، جھیل وغیرہ سے ملنے والے پانی سے ہم اپنی زراعت کے لئے آب پاشی کا کام کرتے ہیں، مختلف طرح کی صنعتیں چلاتے ہیں، مختلف طرح کے hydroelectric power stations چلاتے ہیں اور دوسرے گھریلو کام کرتے ہیں۔ آبادی میں ہونے والے اضافے کی وجہ سے پانی کی مانگ میں بہت تیزی سے اضافہ ہورہا ہے اس کے علاوہ مختلف صنعتیں جو آج کل لگائی جارہی ہیں ان کو بھی پانی کافی مقدار میں چاہئے ہوتا ہے۔ اس وجہ سے آج کل پانی کے معیار میں گراوٹ آرہی ہے اور انسانی نقل وحرکت کی وجہ سے اس میں آلودگی بڑھ رہی ہے۔ اس لئے ہمیں پانی کے ذرائع کا بڑے احتیاط سے استعمال کرنا چاہئے، بارش کے پانی کو زیادہ سے زیادہ اکٹھا کرنا چاہئے، زمین کے اندر کے پانی پر کم سے کم منحصر رہنا چاہئے اور اس بات کی کوشش ہونی چاہئے کہ استعمال کئے ہوئے پانی کو اس لائق بنایا جائے کہ وہ دوبارہ استعمال کیا جاسکے۔

۳) بحری وسائل (marine resources) دنیا کے ایسے وسائل ہیں جن کی تجدید (renew) کی جاسکتی ہے۔ ان وسائل میں مختلف طرح کی مچھلیاں اور دوسرے جانور آتے ہیں اور ایسے نباتات بھی جو کہ صرف بحری یا وہاں کے ماحولی نظام میں پائے جاتے ہیں۔ ان سے نکلنے والی مچھلیوں، سیپوں، گھونگھوں، جھینگوں وغیرہ سے

بہت سارے لوگوں کی روزی روٹی چلتی ہے۔ اس کے علاوہ یہ نادانستہ طور پر آکسیجن کو پیدا کرنے، کچرے کو تحلیل کرنے اور آب وہوا کے دور کو منظم کرنے کا کام بھی کرتے ہیں۔ لیکن آج کے دور میں جہازوں کی بے پناہ آمدورفت کی وجہ سے اور ان سے نکلنے والے تیل، گریس وغیرہ کی وجہ سے اور مختلف انسانی نقل وحرکت کی وجہ سے ان میں کافی آلودگی پیدا ہورہی ہے۔ اس کے علاوہ کچھ سمندروں کے اندر سے تیل اور دوسری معدنیات بھی نکالی جارہی ہیں اور بہت طرح کے ٹھوس کچرے بھی ان میں ڈالے جارہے ہیں۔ ان تمام حرکات کی وجہ سے پورے بحری ماحولی نظام کو ایک طرح کا خطرہ لاحق ہوگیا ہے۔ ہمیں یہ کوشش کرنی ہوگی کہ ان میں آلودگی کم سے کم پیدا کریں اور ہر حکومت کو یہ ذمہ داری اپنے اوپر لینی پڑے گی کہ وہ اپنے ملک کے دائرے میں آنے والے بحری وسائل کی حفاظت کرے۔ اس بات کی بھی کوشش ہونی چاہئے کہ دہانہ (estuary) کو بھی آلودگی سے بچایا جائے۔ جہاں پر دہانہ سمندر سے مل رہا ہو، اس جگہ کو آلودگی سے پاک کیا جائے اور انسانی آبادیوں اور شہروں سے نکلنے والے گندے پانی کو سیدھے طور پر دہانہ میں ملنے سے روکا جائے۔

۴) جنگلی زندگی پر مشتمل وسائل (wild life resources) بھی ہمارے لئے بڑے اہم ہیں۔ کیونکہ یہ ہمیں مختلف طرح کی تعلیمی اور تحقیقی کھوج کے لئے ذرائع فراہم کرتے ہیں۔ یہ ہمارے ماحولی نظام کا توازن برقرار رکھتے ہیں اور ثقافتی وراثت کو بھی بچائے رکھتے ہیں۔ اس لئے ان کی زندگی کی حفاظت بڑی سنجیدگی کے ساتھ کرنے کی ضرورت ہے۔ ان کو آلودگی اور دوسری تمام انسانی نقل وحرکت سے بچائے رکھنے کے لئے in-situ اور ex-stiu حفاظتی طریقوں کے استعمال کی ضرورت ہے۔ ان کے چوری چھپے شکار کو روکنے کی ضرورت ہے، قانون بنانے اور اس پر سختی کے ساتھ عمل درآمد کرنے کی بھی ضرورت ہے۔ ان کے لئے National parks اور Sancturies کو بنانے کی ضرورت ہے۔ ان پر پیسہ خرچ کرنے کی ضرورت ہے اور ان کی دیکھ بھال کے لئے تربیت یافتہ لوگوں کی تقرری کرنے کی ضرورت ہے۔

۵) برّی وسائل (Land resources) کی بھی ہمارے لئے بڑی اہمیت ہے کیونکہ اس سیارے پر موجود تمام زندگیوں کی ضرورت مٹی سے ہی پوری ہوتی ہے۔ مٹی انسانوں، نباتات اور مختلف طرح کے جانوروں کی ضرورت تبھی پوری کر پائے گی جب اسے معقول آب وہوا، اچھے اور معیاری نباتات اور زرخیزی ملے گی۔ ہمیں اس بات کی کوشش کرنی چاہئے کہ ہم زمین پر بڑی تعداد میں پودے اور پیڑ لگائیں جس سے مٹی کی کٹائی کو روکا جاسکے اور اس میں موجود نمک کی مقدار میں زیادہ اضافہ نہ ہو۔ اس بات کی بھی کوشش کی جانی چاہئے کہ مٹی میں جس طرح اندھادھوند جراثیم کش دوائیں اور کیمیکلس ملائے جارہے ہیں اس پر بھی قابو ہو۔

## غ) آلودگی پر قابو پانے کے طریقے

۱) ہر طرح کی آلودگی، ہوائی، آبی، صوتی، برّی، حرارتی، تاب کار وغیرہ پر قابو پایا جائے۔ اس کے لئے قوانین بنائے جائیں اور ان پر سختی سے عمل درآمد کیا جائے۔ لوگوں کے اندر بیداری اور آگاہی پیدا کی جائے اور آلودگی کو روکنے کے لئے چلائے گئے مختلف طرح کے پروگرام میں عوام کی شرکت کو یقینی بنایا جائے۔ بیداری پیدا کرنے کے لئے میڈیا (دونوں پرنٹ اور الکٹرانک) اور غیر سرکاری تنظیموں اور گروہوں کی مدد لی جائے۔

۲) بڑھتی ہوئی آبادی پر قابو پایا جائے، جنگلات کی کٹائی کو روکا جائے اور بڑے پیمانے پر پیڑ لگائے جائیں، شہروں کو جب بسایا جائے تو گندے پانی کو نکالنے کا معقول انتظام کیا جائے، rain harvesting کا معقول انتظام کیا جائے، نباتات اور پودے لگائے جائیں اور اس بات کی کوشش کی جائے کہ کم جگہوں پر زیادہ

سے زیادہ لوگ رہ سکیں۔

۳) بڑھتی ہوئی لکڑی کی ضرورت کو پورا کرنے کے لئے لکڑی کی مختلف چیزوں کا پھر سے استعمال کرنے پر زور دیا جائے اور ایسے پیڑوں کو لگایا جائے جو جلدی تیار ہو جاتے ہیں اور جن کی لکڑیاں زیادہ افادی ہوتی ہیں اور مختلف طرح کے کام آتی ہیں۔

## ۲) ماحولیاتی تصوّرات کو دوسرے مضامین میں ڈال کر ماحولیاتی تعلیم دینا

## (Environmental Education Through Infusion Approach)

اس طرزِ رسائی کے تحت مختلف ماحولیاتی تصوّرات اور ماحولیاتی مسائل وغیرہ کو اسکول کے دوسرے مضامین مثال کے طور پر Physics، Chemistry، Zoology ، Botany ، Humanities میں ڈال کر پڑھایا جاتا ہے ایک آزاد مضمون کے طور پر نہیں۔ مثال کے طور پر جب zoology کا استاد مختلف طرح کے حیوانات اور ان کی خصوصیات کے بارے میں بتا رہا ہے تو ساتھ ہی اُسے حیاتیاتی کثرت (biodiversity) اور ان حیوانات کی معدومی (extinction) کے بارے میں بھی بتانا چاہئے یا جب chemistry کا ایک استاد ہوا اور اس کے ساخت کے بارے میں پڑھا رہا تو ساتھ ہی اُسے ہوائی آلودگی کی وجوہات اور اس کے انسانی زندگی پر پڑنے والے اثرات کے بارے میں بھی بتانا چاہئے۔ اسی طرح آبی آلودگی، صوتی آلودگی، حرارتی آلودگی، غذائی اور برّی وسائل یا ماحولی نظام کے بھی بارے میں مختلف مضمون کے ذریعے بتایا جا سکتا ہے۔ اس طرزِ رسائی کا سب سے بڑا فائدہ یہ ہے کہ ماحولیاتی تعلیم کو ایک آزاد مضمون کی حیثیت سے نہیں پڑھانا پڑے گا اور ہمارے اسکولوں کا نصاب بوجھل نہیں ہوگا۔ لیکن اس طرزِ رسائی کی بہت ساری خامیاں بھی ہیں۔ ان میں سے اہم مندرجہ ذیل ہیں:

- ☆ استاد مضمون پڑھاتے وقت ماحولیاتی تعلیم سے جڑے ہوئے پہلوؤں کو نظر انداز کر سکتے ہیں کیونکہ وہ اس کو اپنے مضمون کے مقابلے کم اہمیت دیتے ہیں۔
- ☆ وقت کی کمی کا بہانہ بنا کر بھی ماحولیاتی تعلیم کے پہلوؤں کو نظر انداز کر سکتے ہیں۔
- ☆ تعین قدر کے وقت ماحولیاتی پہلوؤں کی جانچ کیسے کریں گے اس کے سلسلے میں مسائل پیدا ہو سکتے ہیں۔
- ☆ زیادہ اساتذہ ماحولیاتی دینے کے لئے تربیت یافتہ نہیں ہیں۔ ایسے میں اس طرزِ رسائی کے تحت علم دینا ان کے لئے کافی دشوار ہوگا۔
- ☆ اس طرزِ رسائی کے مطابق کتابیں لکھ پانا بہت مشکل کام ہے اور عام طور پر یہ پایا جاتا ہے کہ وہ کتابیں کچھ سکھانے کے بجائے اور الٹے شک وشبہات (confusion) پیدا کرتی ہے۔

## ۳) وقتاً فوقتاً مختلف پروگرام منعقد کروا کر ماحولیاتی تعلیم دینا

## (Environment Education through Occasional Programmes)

اسکول میں وقتاً فوقتاً مختلف طرح کے پروگرام منعقد ہوتے رہتے ہیں یا اسکول والے بچوں کو اکثر چڑیا گھر، میوزیم، پارک، dam, sancturies مختلف طرح کے کارخانوں اور شہر یا گاؤں کے مختلف علاقوں

میں لے جاتے ہیں، اس کی مدد سے ہم ماحولیاتی تعلیم دے سکتے ہیں۔ اس کے لئے ضروری یہ ہے کہ پروگرام سے پہلے طلباء کو اس کا مقصد بتایا جائے اور کس کو کیا کارکردگی کرنی ہے اِسے سمجھادیا جائے پھر اس کے بعد یہ تعین قدر کیا جائے کہ مقاصد حاصل ہوئے یا نہیں۔ اس طرح سے ماحولیاتی تعلیم دینے کی سب سے بڑی خوبی یہ ہے کہ طلباء خوشی خوشی اور تفریحاً بہت ساری باتیں سیکھ لیتے ہیں اور بہت سارے ماحولیاتی مسائل سے ان کی واقفیت ہو جاتی ہے۔ ان تمام ماحولیاتی مسائل کے بارے میں جن کو کہ ہم کتابی طریقے سے سکھاتے ہیں، وہ تجربے اور مشاہدے کی مدد سے آسانی سے سیکھ جائیں گے۔ لیکن اس طرزِ رسائی کی بہت ساری خامیاں ہیں۔ پہلی بات تو یہ کہ ہر طرح کے ماحولیاتی مسائل کی جانکاری اس طرح سے نہیں دی جاسکتی۔ دوسری خامی یہ ہے کہ یہ طریقہ پیسے اور وقت دونوں لحاظ سے کافی خرچیلا ہے۔ اور تیسری خامی یہ ہے کہ طلباء جب زیادہ تعداد میں ہوتے ہیں تو ہم مختلف پروگراموں کی مدد سے ماحولیاتی تعلیم دینے میں اپنے آپ کو قاصر پاتے ہیں۔

## ہندوستان میں ماحولیاتی تعلیم کا نصاب

ہمارے ملک میں ماحولیاتی تعلیم دینے کا سلسلہ 1972-1968 کے بیچ شروع ہوا جب کہ مختلف طرح کی کتابوں میں (جو کہ درجہ VI سے درجہ XI تک تھیں) ماحول، ماحولیات اور اس کے تحفظ کے بارے میں مختلف طرح کے عنوانات ڈالے گئے۔ یہ مانتے ہوئے کہ ابتدائی سطح سے ہی ماحولیاتی تعلیم دینا ضروری ہے، پہلی سے پانچویں درجہ کی کتابوں میں سائنسی مضامین کے ساتھ ماحول کے تصوّر کو بڑی بہتری کے ساتھ پیش کیا گیا۔ اس کے بعد جب 1986ء میں اس ملک میں قومی تعلیمی پالیسی بنائی گئی تو اس میں طلباء کو ماحول سے آگاہ کرنے اور مختلف طرح کے ماحولیاتی مسائل کے متعلق بیداری پیدا کرنے پر بڑا زور دیا گیا۔ اس کے تحت Social Studies, Biology, Chemistry, Physics، جغرافیہ اور دوسرے مضامین کی کتابوں میں ماحول سے جڑے ہوئے مختلف تصوّرات کو بڑی وضاحت کے ساتھ پیش کیا گیا۔

1995ء میں National Council of Educational Research and Training نے اسکول کے نصاب پر نظرِ ثانی کرنے کی اور اس میں ماحولیاتی تعلیم کے عنصر شامل کرنے کی ایک مہم چلائی۔ اس سلسلے میں مختلف کمیٹیاں بنائی گئیں، مختلف طرح کے ورک شاپ منعقد کروائے گئے اور مختلف ماہرین کی رائے لی گئی اور اس کے بعد ایک ایسا نصاب تیار کیا گیا جس میں قدرت کے مطالعے کو، ایک گاؤں کے ماحولیاتی مسائل کو، کسی municipility کے ایک ward کے مختلف ماحولیاتی مسائل کے مطالعہ وغیرہ کو نصاب میں شامل کیا گیا۔ اس بات کی کوشش بھی کی گئی کہ نصاب پر نظرِ ثانی کر کے اس میں زیادہ سے زیادہ مقامی مدّوں اور مسائل کو شامل کیا جائے اور نصاب میں مختلف چڑیا گھروں، پارکوں اور Sancturies وغیرہ میں جانے کو شامل کیا جائے تا کہ بچوں کو ماحولیاتی مسائل کی صحیح جانکاری مل سکے۔ ماحولیاتی تعلیم کے نصاب پر عمل درآمد کرنے کے لئے وزارت برائے ترقی انسانی وسائل (MHRD) نے صوبائی حکومتوں کے تعاون سے اور مختلف وزارتوں (مثال کے طور پر وزارت برائے ماحول وجنگلات) کے تعاون سے اس نصاب کی تکمیل کرنی شروع کی۔ ہندوستانی حکومت نے مختلف اداروں مثال کے طور پر Central Board for Workers Education (CBWE),Centre for Environmental Education (CEE) کے تعاون سے ماحولیاتی تعلیم کو مختلف سطح پر دینے کی کوشش کی۔ اس کے علاوہ بہت ساری غیر سرکاری تنظیمیں (NGOs) اس

سلسلے میں کام کر رہی ہیں، حکومت نے ان سے مختلف طرح کے پروگرام چلانے میں اور بیداری پیدا کرنے میں مدد لی ہے۔

2005ء میں اس ملک میں جو نیا National Curriculum Framework(NCF) آیا اس نے اسکولی سطح پر ماحولیاتی تعلیم کو ایک مخصوص اور علیحدہ مضمون قرار دے کر طلباء کو مختلف طرح کے ماحولیاتی مسائل سے آگاہ ہونے کا ایک موقع فراہم کیا۔ اس کے علاوہ اس نصاب کی تعمیل صحیح طریقے سے کیسے ہو اور مقاصد کا حصول کیسے ہو اس سلسلے میں بھی NCF,2005 نے اہم مشورات دیئے ہیں۔ عدالت عالیہ کے ایک فیصلے کے بعد جس میں اس نے حکومت کو یہ ہدایت جاری کیا کہ ماحولیاتی تعلیم کو graduate سطح کے سبھی کورسوں میں لازمی طور پر شامل کیا جائے، بہت ساری یونیورسیٹیوں اور کالجوں نے اِسے اپنے نصاب میں ایک آزاد مضمون کی حیثیت سے شامل کیا ہے۔ اس کے علاوہ MHRD اور NCERT کے ذریعے تیار کیے گئے NCF 2010 نے بھی ماحولیاتی تعلیم کو اسکولوں کے نصاب میں صحیح طرح سے شامل کرنے کے لئے صحیح guidelines بتائی ہیں اور تعلیمی مقاصد کے حصول کے لئے تعین قدر کا طریقہ کیا ہو اس پر بھی روشنی ڈالی ہے۔

## باب-۱۴ (Chapter-XIV)

# ماحولیاتی تعلیم اور اساتذہ
# (ENVIRONMENTAL EDUCATION AND TEACHERS)

ماحولیاتی تعلیم کے مقاصد کے حصول کے لئے اور طلباء میں ماحول کے تئیں بیداری پیدا کرنے کے لئے اساتذہ کافی اہم کردار نبھاتے ہیں۔ ماحولیاتی تعلیم کے تمام اصول دھرے کے دھرے رہ جائیں گے اگر اُن پر عمل درآمد کرنے والے اساتذہ اپنے فرائض کو صحیح طرح سے نہ نبھاسکیں۔ اِس لئے ہمیں اساتذہ کے رول، ذمّے داریوں اور اُن کو نبھانے کے لئے اُن کے اندر موجود مہارتوں کے بارے میں بات کرنا چاہئے۔ اس کی تفصیل مندرجہ ذیل سطروں میں دی گئی ہے۔

## الف) اساتذہ کا کردار
## (Role of the Teachers)

۱) اساتذہ کو سماجی مواد کا انتخاب اس طرح کرنا چاہئے اور اسے تدریس اتنے موثر انداز میں کرنی چاہئے کہ طلباء میں مندرجہ ذیل کے لیے آگاہی پیدا ہوجائے:

a) انسان کی ثقافتی سرگرمیاں (جس میں کہ مذہبی، معاشی، سیاسی اور سماجی سرگرمیاں شامل ہیں) ماحول کو کس طرح سے متاثر کر رہی ہیں۔

b) انفرادی کردار کس طرح سے ماحول کو متاثر کرتا ہے۔

c) مختلف مقامی، قومی اور بین الاقوامی ایسے کون سے مدّعے (issues) ہیں جن کا تعلق ماحول سے ہے۔

d) مختلف ماحولیاتی مسائل کا کیا حل ہوسکتا ہے۔

e) مختلف ماحولیاتی مدعوں اور مسائل کی تحقیق اور تعین قدر کر کے صحیح فیصلہ کس طرح لیا جائے۔

f) کس طرح سے مختلف انسانی اقدار ماحولیاتی مسائل کو سلجھا سکتے ہیں۔

۲) اساتذہ کو اس بات کی کوشش کرنی چاہئے کہ وہ اپنے موجودہ علم، رویے اور کردار کی مدد سے ایک ایسے متوازن نصاب کا ارتقاء کریں جس سے کہ طلبا کے اندر مطلوبہ کرداری تبدیلیاں آئیں۔

۳) اساتذہ کو ایسے تدریسی طریقوں کا استعمال کرنا چاہئے اور ایسی تدبیریں اپنانا چاہئے جس سے طلبا کے کردار میں مطلوبہ تبدیلیاں جلدی آئیں اور وہ مستقل طور پر قائم رہیں۔

۴) مختلف ماحولیاتی مسائل کی تدریس کے لیے اساتذہ کو ایسے طریقے اپنانا چاہیے جس سے کہ اکتساب کی منتقلی (transfer of learning) یقینی ہو اور طلباء میں ایسے اقدار، رجحانات، رویہ اور وقوفی صلاحیتیں (cognitive skills) پیدا ہوں جو کہ ان کو ماحول سے جڑے ہوئے مختلف مسائل کے حل کے لیے فیصلہ سازی کرنے میں مددگار ہوں۔

۵) اساتذہ کو ایسے تدریسی طریقوں کا استعمال کرنا چاہیئے جس سے طلباء کے وقوفی حلقے کے ساتھ۔ ساتھ تأثراتی اور نفسیاتی حرکی حلقے میں تبدیلی آئے۔

۶) تمام طلباء کو مؤثر طریقے سے ان تمام چیزوں کی جانکاری دینا چاہیئے جو کہ نصاب میں شامل ہیں۔

۷) اپنی تدریس سے اساتذہ کو طلباء کے وقوفی اور تأثراتی حلقے میں جو تبدیلیاں آرہی ہیں اُن کا تعین قدر کرنا چاہیئے اور ایمانداری سے اپنے طریقۂ تدریس میں بھی اصلاح لانا چاہیے۔

۸) اساتذہ کو ایسے کام کرنا چاہیے جس سے لوگوں کی معیاری زندگی اور ماحول کے بیچ ایک طرح کا توازن پیدا ہو جائے اور طلباء کو بھی ایسے کام کرنے کی حوصلہ افزائی کرنا چاہیئے۔

## ب) اساتذہ کی ذمہ داریاں

## (Responsibilities of the Teachers)

۱) اساتذہ کی یہ ذمہ داری ہے کہ وہ اپنے classroom کو ایسا رکھیں جس سے طلباء کے اندر اپنے ماحول کو بہتر بنانے کی ترغیب ملے۔

۲) اساتذہ کی یہ بھی ذمہ داری بنتی ہے کہ وہ غیر سرکاری اداروں (non- governmental agencies) کے متعلق کاموں کو طلباء کو بتائیں اور اگر ہو سکے تو ان کی مدد لے کر طلباء کے اندر مختلف ماحولیاتی مسائل کو حل کرنے کی استعداد بھی پیدا کرنے کی کوشش کریں۔

۳) تمام اساتذہ کی اور بالخصوص ماحولیاتی تعلیم دینے والے اساتذہ کی یہ ذمہ داری بنتی ہے کہ وہ ارادتاً یا غیر ارادتاً طلباء کے اندر مختلف ماحولیاتی مسائل کے لیے آگاہی پیدا کریں اور ان مسائل کے حل بھی بتائیں۔

۴) اُن کی یہ بھی ذمہ داری بنتی ہے کہ ماحولیاتی مسائل کے حل کے لیے جو مختلف طریقے اپنائے جارہے ہیں اور دنیا کے مختلف حصوں میں جو کام ہو رہے ہیں ان کی جانکاری رکھیں اور طلباء کو بھی ان کے بارے میں بتائیں۔

۵) ان کو مختلف Seminars, Workshops اور Conferences میں شرکت کرتے رہنا چاہیئے جس سے ان کو نئے نئے مسائل اور ان کے حل کی جانکاری ملتی رہے۔

۶) ان کی یہ بھی ذمہ داری بنتی ہے کہ وہ یہ سیکھیں کہ کیسے Information and Communication Technolgy (ICT) کے نئے نئے ذرائع طلباء کے اندر ماحولیاتی مسائل کے لیے آگاہی پیدا کر سکتے ہیں۔

۷) ان کو مختلف مرکزی اور صوبائی سرکاروں کے کام، معاشرے اور پیشہ ورانہ سماج کے لوگوں کو ایک ساتھ ایک platform پر لا کر ان میں آپس میں تبادلۂ خیال کے لیے حالات سازگار بنانا چاہیئے۔

۸) ان کو resource persons کے طور پر سماج کے مختلف لوگوں، غیر روایتی اداروں میں کام کرنے

والے لوگوں اور تعلیم حاصل کرنے والے لوگوں میں ماحولیاتی انحطاط اور اسے روکنے کے طریقے کو بتانا چاہیے۔

۹) ماحولیاتی تعلیم دینے والے اساتذہ کو اپنی برادری کے دوسرے لوگوں کو (teachers) جو مختلف ماحولیاتی مسائل سے آگاہ نہیں ہیں، آگاہی پیدا کرنا چاہیے۔

۱۰) مختلف صنعتوں سے جڑے ہوئے لوگ جو اس بات کی دلیل دیتے ہیں کہ بغیر صنعتی ترقی کے ملک آگے نہیں بڑھ سکتا اُن کو اساتذہ کو یہ سمجھانے کی ضرورت ہے کہ بیشک صنعتی ترقی ضروری ہے لیکن ماحول کی قیمت پر نہیں اور یہ کہ بیچ کا راستہ نکالا جاسکتا ہے کیونکہ ماحولیاتی انحطاط سے انسان کے وجود پر ہی سوالیہ نشان لگ جائے گا۔

## ج) اساتذہ کی مہارتیں

## (Competencies of the Teachers)

۱) اساتذہ میں وقفے وقفے پر تربیتی پروگرام کرواکر طلباء اور دوسرے لوگوں کے ذہن کو تبدیل کرنے کی مہارت ہونی چاہیے۔

۲) طلباء کو صحیح مسائل کو صحیح تناظر میں دیکھنے کی تربیت دینے کے لیے ان کو مختلف تدریسی طریقوں پر مہارت رکھنی چاہیے۔

۳) ان کے اندر ماحولیات سے جڑے ہوئے مختلف مسائل کو نئے طریقے سے پیش کرنے، مختلف data کا تجزیہ کرنے اور مختلف تنازعات کو حل کرنے کی صلاحیت ہونی چاہیے۔

۴) ان کے اندر اپنی زندگی کو ماحولیاتی اصولوں کے مطابق گزارنے کی مہارت ہونی چاہیے جس سے طلباء ان کو اپنی زندگی میں role model بنا سکیں۔

۵) ان کے اندر مختلف طرح کی سرگرمیوں کو بہترین طریقے سے منعقد کرنے کی اور صحیح جگہ پر طلباء کو لے جاکر صحیح مشاہدہ کروانے کی صلاحیت ہونی چاہیے۔

باب-۱۵ (Chapter-XV)

# ماحولیاتی تعلیم کی تدریس کے لیے اپنائی جانے والی مخصوص طرز رسائیاں

# (SPECIFIC APPROACHES TO TEACH ENVIRONMENTAL EDUCATION)

چونکہ ماحولیاتی تعلیم کے مقاصد اور نصاب دونوں ہی عام نصاب اور مقاصد سے ہٹ کر ہوتے ہیں اس لیے اس کا طریقۂ تدریس بھی کچھ مخصوص طرح کا ہونا چاہئے۔ بالخصوص ماحولیاتی تعلیم کی تدریس کے لیے جو طریقے اپنائے جائیں ان میں مندرجہ ذیل خصوصیات ہونی چاہئے:-

۱) اِن کو طلبا کی زیادہ سے زیادہ شمولیت کو یقینی بنانا چاہئے اور ان کی مہارتوں اور اہلیتوں میں اضافہ کرنا چاہئے۔

۲) اِن کو طلباء کو راست تجربات (direct experiences) کا موقع فراہم کرنا چاہئے اور مقامی ماحول کا ایسا استعمال کرنا چاہئے کہ زیادہ سے زیادہ اقدار اور صحیح رویہ ان کے اندر پیدا ہو۔

۳) اِن کو طلباء کو ایسے حالات پیش کرنے چاہئے جس سے طلباء اپنے تجربات کی بنا پر نتائج اخذ کرسکیں اور اقدار کے بارے میں فیصلہ کرسکیں۔

۴) اِنہیں طلباء کو اس لائق بنانا چاہئے کہ وہ تجربات کی بنا پر مختلف ماحولیاتی مسائل کا حل پیش کرسکیں۔

۵) یہ ایسے ہوں جو طلبا کو اکتساب کے لیے اور ذمہ دار بنائیں۔

مندرجہ بالا نکات کو مدِ نظر رکھتے ہوئے ماحولیاتی تعلیم کی تدریس کے لیے مندرجہ ذیل طریقوں کو اپنایا جاسکتا ہے:-

a) مسئلے کے حل کا طریقہ (Problem Solving Method)

i) کھوج کا طریقہ (Investigation Method)

ii) تجربے کا طریقہ (Experimental Method)

iii) مساحت کا طریقہ (Survey Method)

b) شباہتی طریقہ (Simulation Method)

i) کردار نبھانا (Role play)

ii) ماحولیاتی کھیل (Eco-game)

c) دوسرے طریقے

(i) حلقہ جاتی مطالعہ (Field Study)
(ii) منصوبے کا طریقہ (Project Method)
(iii) انفرادی اکائی کا تفصیلی جائزہ (Case Study)
(iv) اقدار کی توضیح (Value Clarification)
(v) نمائش (Exhibition)
(vi) معلوماتِ عامّہ کا مقابلہ (Quiz)
(vii) مذاکرہ (Debate)
(viii) مشاہدہ/مظاہرہ (Demonstration)
(ix) پوسٹر کی نمائش کرنا (Poster Presentation)
(x) انتا کچھری
(xi) کٹھ پتلی (Puppets)
(xii) بحث ومباحثہ (Discussion)

i) طریقہ تحقیقات/ کھوج (Investigation Method)

اس طریقے سے طلباء کے اندر بہت ساری مہارتیں جیسے صحیح طرح سے مشاہدہ کرنا، اطلاعات اکٹھا کرنا اور ان اطلاعات کو علم کی شکل دینا وغیرہ پیدا ہوتی ہیں۔ یہ ایک بہت مؤثر طریقہ ہو سکتا ہے مختلف سوالات کے جوابات حاصل کرنے کا مثال کے طور پر آس پڑوس کے پیڑ کیوں سوکھ رہے ہیں یا ان کی نشوونما صحیح طرح سے کیوں نہیں ہو پا رہی ہے؟ کونسی انسانی سرگرمیاں پانی، ہوا، مٹی یا آواز کی آلودگی کے لیے ذمہ دار ہیں؟ تالاب یا جھیل کا پانی کم کیوں ہو رہا ہے یا استعمال کے لائق کیوں نہیں رہ پا رہا ہے؟ وغیرہ۔ اِس میں طلباء کو مفروضے قائم کرنے، data اکٹھا کرنے اور مسئلے کے حل کرنے کی حوصلہ افزائی کی جاتی ہے۔ اس کے لیے مشاہدات کو فوٹو کی شکل میں، slide کی شکل میں یا کسی اور شکل میں پیش کیا جا سکتا ہے اور ان کا تجزیہ طلباء سے کروایا جا سکتا ہے۔ اس طریقے کے بنیادی مراحل مندرجہ ذیل ہیں:-

(a طلباء کے سامنے مسئلے کو رکھنا:- اس کا مطلب یہ ہوا کہ طلباء کے سامنے اخبارات یا میڈیا کے ذریعہ صحیح مسائل کو رکھنا یا اساتذہ کے ذریعہ کوئی مسئلہ درجہ جماعت میں رکھنا یا طلباء خود مشاہدہ کر کے کسی مسئلے پر غور وفکر کرنے لگیں۔

(b ڈاٹا اکٹھا کرنا:- مسئلے کے مختلف پہلوؤں کو غور کرنے کے بعد اور اس سے جڑی ہوئی تمام چیزوں کا تجزیہ کرنے کے بعد اور یہ فیصلہ کر لینے کے بعد کہ فلاں مسئلے میں فلاں طریقۂ کار اپنانا ہے۔ اگلا مرحلہ ہے data اکٹھا کرنا (ایسا data جو کہ مسئلے سے جڑا ہوا ہو)۔

(c ڈاٹا کا تجزیہ:- اس مرحلے میں اکٹھا کیے گئے data کا تجزیہ ہوتا ہے اور ہم یہ بھی لائحہ عمل تیار کرتے ہیں کہ آگے کی ہماری کارروائی کیا ہوگی۔

(d کھوج کے طریقے کا تجزیہ:- اس مرحلے میں طلباء اپنے اختیار کیے گئے طریقۂ کار کا تجزیہ کرتے ہیں اور اس بات کا پتہ لگاتے ہیں کہ اس میں کیا خوبیاں اور خامیاں ہیں۔ اس مرحلے میں ہم ان سوالات کے جوابات حاصل کرتے ہیں۔ کیا ہم نے جس طرز رسائی کو اپنایا ہے وہ ٹھیک ہے یا اس میں اور اصلاح کیا جا سکتا ہے؟

کیا اس کے لیے کوئی اور متبادل راستہ (alternative approach) ہوسکتا ہے؟ کیا ہم جن نتائج تک پہنچے ہیں ان کی جانچ کسی اور طریقے سے کی جاسکتی ہے؟ وغیرہ۔ اس مرحلے میں نتائج کے اطلاق پر بھی غور وفکر کی جاسکتی ہے۔

## طریقۂ تحقیقات/ کھوج کی مثالیں

مثال :-۱ بھوپال کے بڑے تالاب میں پانی کم ہو رہا ہے۔

مقاصد: طلباء

۱) بڑے تالاب کے سوکھنے کی وجوہات کا پتہ لگاسکیں گے۔

۲) تالاب کو اور زیادہ سوکھنے سے بچانے کے طریقے بتاسکیں گے۔

۳) بڑے تالاب کے سوکھنے کے نتیجے میں اس کے اثرات (جو کہ مختلف جانوروں، پیڑ پودھوں یا انسانوں پر پڑنے والے ہیں) کی وضاحت کرسکیں گے۔

طریقۂ کار: طلباء بڑے تالاب کے پاس مختلف راستوں سے جائیں گے اور اس علاقے میں ہونے والی بارش، اس سے شہر کے مختلف حصوں میں ہونے والی پانی کی supply، پانی کی آلودگی کے مختلف ذرائع اور اس میں انسانوں کے ذریعہ کیے جانے والے مختلف غیر قانونی قبضوں کی جانکاری حاصل کریں گے۔ وہ اس بات کا بھی معائنہ کریں گے کہ اس کے سوکھنے کے نتیجے میں شہر میں supply ہونے والے پانی کی مقدار پر کیا اثر پڑے گا، چڑیوں یا پانی کے اندر پائے جانے والے جانوروں کی زندگی پر کیا اثر پڑے گا یا جو چھوٹے چھوٹے جانور اس میں رہائش اختیار کیے ہوئے ہیں ان پر کیا اثر پڑے گا۔ مختلف مشاہدات، فوٹو گراف، لوگوں کے انٹرویو اور مختلف نمونوں کی بنیاد پر مسئلے کا تجزیہ کیا جائے گا اور صحیح نتیجے تک پہنچنے کی کوشش کی جائے گی۔

مثال :-۲ نباتات کا مٹی کی کٹائی کو روکنے میں کیا رول ہے؟

مقاصد: طلباء

۱) ایک ایسے تجربے کو انجام دیں گے جس سے نباتات کے مٹی کی کٹائی کو روکنے میں ادا کیے گئے رول کا مطالعہ کیا جاسکے۔

۲) مٹی کو مضبوطی سے رُکے رہنے میں مختلف طرح کی جڑوں کے کردار کی تشریح کرسکیں گے۔

۳) مٹی کی کٹائی کے اثرات کی فہرست بناسکیں گے۔

۴) ایک ایسا جدول تیار کرسکیں گے جس سے یہ پتہ چل سکے کہ کون سے نباتات مٹی کی سطح پر ہریالی لاتے ہیں اور مٹی کی کٹائی کو روکتے ہیں۔

طریقۂ کار: مٹی کی کٹائی کی صحیح وجوہات کا پتہ کرنے کے لیے طلباء ایسی جگہوں پر جائیں گے جہاں پر مٹی کی کٹائی ہو رہی ہے۔ اس مٹی کی کٹائی کے اثرات کا بھی وہ معائنہ کریں گے۔ نباتات کیا رول ادا کرسکتے ہیں مٹی کی کٹائی کو روکنے کے سلسلے میں، اس کے لیے وہ ایک ایسا تجربہ (experiment) کریں گے جس سے اس کے اثرات اور نباتات کا رول دونوں واضح ہوسکے۔ یہ تجربہ، تجربہ گاہ میں (جو کہ اسکول میں ہے) کیا جائے گا۔ اس تجربے کے مشاہدے کو وہ نوٹ کریں گے۔ آخر میں وہ اُن پودھوں کی فہرست بھی بنائیں گے جو کہ مٹی کے کٹاؤ کو روکتے ہیں۔

### ii) تجرباتی طریقہ (Experimental Method)

تجربے کا مطلب ہوتا ہے ایک ایسی سرگرمی جس کے ذریعہ کسی اصول کی جانچ کی جاسکے یا کسی ایسی چیز

کی کھوج کی جاسکے جس کے بارے میں ہمیں معلومات نہ ہوں۔اس طریقے پر درجہ جماعت میں عمل کرنے کا یہ نقصان ہے کہ ایک تجربے کو کسی اور گروہ کے ذریعہ ہم دہرا نہیں سکتے کیونکہ اس گروہ کو نتائج پہلے سے پتہ ہیں اور اگر ایسا کرتے بھی ہیں تو طلباء اس کو صرف مشینی انداز میں بغیر سوچے سمجھے یا کچھ نیا جاننے کے تجسّس کے بغیر دہراتے ہیں۔اس طریقے کا ایک نقصان یہ بھی ہے کہ اس میں زیادہ کتابیں، وسائل، وقت اور محنت کی ضرورت پڑتی ہے۔اس کے علاوہ اس طریقے کا ایک نقصان یہ بھی ہے کہ صرف اوسط سے اوپر (above average) کے طلباء ہی صحیح طریقے سے تجربے کو کر سکتے ہیں، اوسط سے نیچے کے طلبا نہیں۔لیکن ان تمام خامیوں کے باوجود ہم اس بات سے انکار نہیں کر سکتے کہ طلباء کے اندر صحیح مشاہدے کی صلاحیتوں، ڈاٹا کو اکٹھا کرنے کی صلاحیتوں، مفروضے کی جانچ کرنے کی صلاحیتوں اور ان کے اندر خود اعتمادی اور مثبت سوچ (positive thinking) پیدا کرنے میں اس طریقے کا کوئی ثانی نہیں ہے۔ یہ تمام صلاحیتیں انسان کی زندگی میں کام آتی ہیں۔اس طریقۂ کار کا استعمال کرتے وقت اساتذہ کو کھلے ذہن کے ساتھ طلبا کے ساتھ ساتھ سیکھنے کی کوشش کرنی چاہئے اور تجربے کے دوران آنے والے مختلف مسائل کو صحیح طرح سے حل کرنا چاہئے۔اس طریقۂ کار کی کامیابی کے لیے اساتذہ اور طلبا کا تناسب بھی کم ہونا چاہئے۔اس کے علاوہ اساتذہ اور اسکول کے دوسرے حکام کو لچیلے پن کا رویہ (flexible attitude) اختیار کرنا چاہئے کیونکہ اس کے بغیر معنی خیز تجربات کو صحیح سے نہیں کیا جاسکتا۔

مثال-۱: زمین میں پائے جانے والے کینچوؤں (earth worm) کی رہائش کے بارے میں تجربہ

الف) مقاصد: تجربہ کے اختتام کے بعد طلباء مندرجہ ذیل سوالات کے جوابات فراہم کر پائیں گے:

a) زمین میں پائے جانے والے کینچوے زمین کے کتنے اندر رہتے ہیں؟

b) کس طرح کی مٹی میں ان کی نشوونما بہترین طریقے سے ہوتی ہے اور کیوں؟

c) جس مٹی میں وہ رہتے ہیں اس میں کیا کرتے ہیں؟

## ب) کن چیزوں کی ضرورت ہے؟

۱) چار کھلے ہوئے لکڑی کے صندوق 50cm لمبے، 15cm چوڑے اور 15cm اونچے

پہلا صندوق (Box-A): اس بکسے میں چکنی مٹی ہوگی۔

دوسرا صندوق (Box-B): اس میں نرم مٹی ہوگی اور کچھ پتّے، گھاس اور تنکے بھی۔

تیسرا صندوق (Box-C): اس میں پتھریلی (stony) مٹی ہوگی۔

چوتھا صندوق (Box-D): اس میں بالووالی (sandy) مٹی ہوگی۔

۲) ایک ہی نسل اور ایک ہی size کے زمین میں پائے جانے والے 20 کینچوے

## ج) طریقۂ کار

چاروں لکڑی کے بکسوں کو چار مختلف طرح کی مٹی سے جن کا ذکر اوپر کیا گیا ہے، بھرا جائے گا اور اس بات کو یقینی بنایا جائے گا کہ کسی بھی بکسے میں سوراخ (hole) نہ ہو۔بکسوں کو اوپر سے اس طرح بانس کے ٹکڑوں سے ڈھکا جائے گا کہ نہ تو کینچوے اوپر آسکیں اور نہ ان کو ہوا بھی آسانی سے مل سکے۔طلباء کو چار مختلف گروہوں میں بانٹا جائے گا اور ہر کسی سے یہ کہا جائے گا کہ الگ الگ ایک ایک بکسے کا مشاہدہ کریں اور اس کو مندرجہ ذیل جدول 15.1 میں نوٹ کریں۔

جدول 15.1

| نمبر شمار | مشاہدہ (observations) | وقت (time) | پہلا بکسا Box'A' | دوسرا بکسا Box'B' | تیسرا بکسا Box'C' | چوتھا بکسا Box'D' | تبصرہ (remarks) |
|---|---|---|---|---|---|---|---|
| ۱ | تندرست کینچوؤں کی تعداد | پہلے ہفتے کے آخر تک دوسرے ہفتے کے آخر تک | | | | | |
| ۲ | اُن کی تندرستی میں آپ کیا فرق پاتے ہیں؟ | پہلے ہفتے کے آخر تک دوسرے ہفتے کے آخر تک | | | | | |
| ۳ | کینچوؤں کے ذریعہ چھوڑے ہوئے cast کی تعداد | پہلے ہفتے کے آخر تک دوسرے ہفتے کے آخر تک | | | | | |
| ۴ | نئے کینچوے | پہلے ہفتے کے آخر تک دوسرے ہفتے کے آخر تک | | | | | |

## د) سوچنے اور بحث و مباحثے کی چیزیں

a) نم زمین (moist soil) جس میں کہ گلے ہوئے پتے اور گھاس ہیں وہ کینچوؤں کے لیے کیوں مددگار ہیں؟
b) گلے ہوئے پتے اور گھاس کیا کام کرتے ہیں۔
c) کینچوے لوگوں کے لیے کس قدر افادی ہوتے ہیں اور کیوں؟

## ر) مزید کارروائی

a) نہر (canal)، کھیت وغیرہ کے پاس سیر و تفریح (field trip) کا پروگرام بنایا جائے اور اس کی فہرست بنائی جائے کہ کینچوے کہاں پائے جاتے ہیں۔
b) اس بات پر بحث کرنا کہ ان جگہوں پر کینچوے کیوں پائے جاتے ہیں۔
c) اسکول کے لان میں یا گھر میں کیا کوئی ایسی جگہ ہے جو ان کینچوؤں کی رہنے کی جگہ بن سکے؟ اگر ہاں تو یہ جگہ کس طرح سے تعمیر کی جائے؟

مثال-۲: ڈھلان (slope) اور سبزے (vegetation) کا اثر پانی کی وجہ سے مٹی کے کٹاؤ (soil erosion) پر دیکھنا۔

الف) مقاصد:

ا) ایک ایسے تجربے کا خاکہ (design) بنانا اوراس پر کام کرنا جس سے کہ پانی کے بہاؤ کی وجہ سے مٹی کے کٹاؤ پر ڈھلان اور سبزے کے اثرات کا پتہ چل سکے۔

۲) مٹی کے کٹاؤ کو روکنے کے طریقے بتانا۔

ب) طریقۂ کار: 1m x 15 cm x 10 cm کے 6 ایسے صندوق (جن میں ایک طرف سراخ ہوں اور جو پوری طرح سے ڈھکے نہ ہوں جیسا کہ تصویر 15.1 میں دکھایا گیا ہے)، لے کر ان سب میں مٹی بھرتے ہیں۔ اس بات کا خیال رکھنا ہوگا کہ ہر صندوق میں مٹی برابر برابر ہوں۔ تین صندوقوں میں پودھے اور گھاس لگائیں گے اور تین میں نہیں۔ سارے صندوقوں کو 10 دن تک چھوڑ دیں گے۔ چھ صندوقوں کے تین جوڑے بنالیں گے (ایسا جوڑا کہ ایک صندوق گھاس والا ہو اور دوسرا بغیر گھاس کا) اور ان کو بالترتیب & ,$40^o$ ,$20^o$ $60^o$ کے ڈھلان پر رکھیں گے۔اب سارے صندوقوں کے اونچائی والے سرے سے ایک متعین مقدار میں پانی گرائیں گے اور پانی گرانے کی اونچائی بھی مساوی رکھیں گے۔ جو پانی سراخ کے راستے سے گرے گا اسے اکٹھا کریں گے اور مشاہدے کو مندرجہ ذیل table 15.2 میں تحریر کریں گے۔

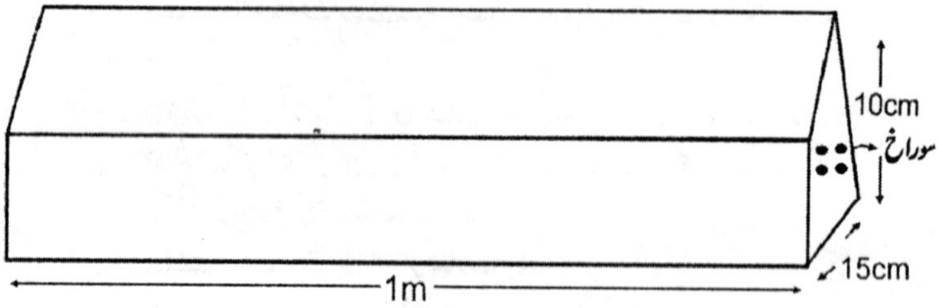


تصویر 15.1: صندوقوں کے سائز

جدول 15.2

| نمبر شمار | حالت (conditoin) | ڈھلان (slope) | اکٹھا کیے گئے پانی کا حجم (volume) | اکٹھا کی گئی مٹی کی کمیت mass |
|---|---|---|---|---|
| پہلا صندوق | گھاس تھی | $20^o$ | | |
| دوسرا صندوق | گھاس نہیں تھی | $20^o$ | | |
| تیسرا صندوق | گھاس تھی | $40^o$ | | |
| چوتھا صندوق | گھاس نہیں تھی | $40^o$ | | |
| پانچواں صندوق | گھاس تھی | $60^o$ | | |
| چھٹا صندوق | گھاس نہیں تھی | $60^o$ | | |

نتیجہ: کون سے حالات میں مٹی کا کٹاؤ کم سے کم ہوتا ہے؟

## iii) مساحت کا طریقہ (Survey)

یہ ایک بہت کارآمد طریقہ ہے کیونکہ یہ سیکھنے والے کو موجود اطلاعات کی بنیاد پر رائے قائم کرنے یا فیصلہ لینے میں مدد کرتا ہے۔ یہ نتائج اخذ کرنے میں بھی مدد کرتا ہے اور منصوبہ (projects) لینے کی بنیاد بھی فراہم کرتا ہے۔ مساحت کے طریقے میں ہم بہت ساری چیزوں کا استعمال کر سکتے ہیں مثال کے طور پر سوال نامہ (questionnaire)، انٹرویو وغیرہ۔ کبھی کبھی مساحت طبعی مشاہدات پر مبنی بھی ہوتا ہے مثال کے طور پر کسی علاقے میں پیڑوں کی تعداد، پانی میں موجود آلودگی، گاڑیوں کی وجہ سے ہوائی آلودگی، ایک انسان کے ذریعہ صرف کی گئی توانائی وغیرہ۔ وقت، حالات اور ضرورت کے مطابق مساحت کو صحیح طریقے سے انجام دینے کے لیے ہم معقول طرز رسائی اپنا سکتے ہیں۔

مساحت کا طریقہ کہیں کہیں پر بہت مشکلوں بھرا ہو سکتا ہے خاص طور پر جب کہ کسی کے ذاتی خیالات، رائے یا اقدار کے بارے میں جانکاری حاصل کرنا ہو۔ کچھ لوگ اجنبیوں کے سامنے کھل کر اپنے خیالات کا اظہار کرنے سے بچتے ہیں اس لیے انٹرویو لینے سے پہلے ان سے قریبی مراسم (rapport) قائم کرنا چاہئے۔ سوالات پوچھتے وقت بہت احتیاط برتنا چاہئے اور کوشش اس بات کی کرنی چاہیے کہ پوری آبادی سے نمونوں کا انتخاب کیا جائے۔

مثال:- کسی معاشرے کے توانائی صرف کرنے کے ساخت (pattern) کے بارے میں مطالعہ کرنا۔

مقاصد:-

۱- فی آدمی کتنی توانائی صرف ہو رہی ہے اس کا تخمینہ کرنا۔

۲- معاشرے میں ایندھن (fuel) کس طرح صرف ہو رہا ہے، اس کا مطالعہ کرنا۔

۳- مستقبل کی توانائی کی ضرورت کا انداز لگانا۔

۴- مساحت کرنے کے طریقۂ کار میں مہارت لانا۔

طریقۂ کار:

۱- سیکھنے والوں کو 5-6 طلباء کے مختلف گروہوں میں تقسیم کیا جائے۔

۲- ہر گروہ کو مساحت کرنے کے مخصوص کام میں لگایا جائے۔ ان سے کہا جائے کہ اس کام میں وہ اساتذہ کے صلاح و مشورے کو مانیں اور اپنے گروہ کے فیصلے کو بھی۔ ان کو مندرجہ ذیل کام کرنے ہوں گے۔

(a جس معاشرے کی شناخت کر لی گئی ہے مساحت کو اسی میں کیا جائے۔

(b اس بات کی کوشش کی جائے کہ نمونے (sample) میں معاشرے کے ہر طبقے اور جنس کے لوگ شامل ہوں۔

(c مختلف طرح کے ایندھن جیسے لکڑی، تارکول، ڈیزل، پیٹرول، گوبر کا اُپلا (dung cake)، بجلی، گیس (LPG) وغیرہ کے استعمال کے بارے میں اطلاعات اکٹھی کی جائے۔

(d انسانوں کے ذریعہ صرف ہونے والے ایندھن کی قیمت کا پتہ لگایا جائے۔

۳) مندرجہ بالا ڈاٹا کی بنیاد پر پورے شہر کی فی آدمی توانائی کی شرح کا تخمینہ کیا جائے اور حاصل کیے ہوئے data کو چارٹ، پوسٹر کی شکل میں دکھایا جائے۔

مساحت کے بعد جو بھی نتیجے اخذ ہوئے ہیں ان پر گروہی بحث و مباحثہ کیا جائے اور مستقبل کی توانائی کی ضرورتوں کا تخمینہ کیا جائے۔ ساتھ ہی اس سے ماحول پر کیا اثر پڑے گا اس پر بھی غور و خوض کیا جائے۔

مثال-۲: گاڑیوں کی وجہ سے ہوائی آلودگی کا مطالعہ کرنا۔

مقاصد: ۱) ان گاڑیوں کی شناخت کرنا جو کہ سب سے زیادہ ہوائی آلودگی پھیلاتی ہیں۔

۲) دن کے اس وقت کا پتہ لگانا جب کہ گاڑیوں کی آمد و رفت سب سے زیادہ ہو۔

طریقۂ کار: سب سے پہلے طلبا ان جگہوں کا معائنہ کریں گے جن جگہوں پر گاڑیوں کے آنے جانے اور ان کی وجہ سے ہونی والی آلودگی کی مساحت کی جا سکے۔ پورے دن کو ایک ایک گھنٹے کے وقفے میں تقسیم کیا جائے گا۔ اور ہر گھنٹے میں کتنی گاڑیاں نکل رہی ہیں اُن کا شمار کیا جائے گا اور کتنا دھواں نکل رہا ہے اُس کی مقدار کا بھی اندازہ لگایا جائیگا۔ نتائج کا تجزیہ کیا جائے گا اور ان کو چارٹ کی شکل میں دکھایا جائے گا۔ آخر میں اس آلودگی سے بچنے کے طریقوں کے بارے میں بحث ومباحثہ (discussion) ہوگا۔

## b) شباہتی طریقے (Simulation Method)

اس طرح کے طریقوں میں سیکھنے والا ماحول کے ایک جز کے طور پر اپنے آپ کو پیش کرتا ہے اور اس کے مطابق کام کرتا ہے۔ مثال کے طور پر اگر ایک جنگل کا منظر (scene) دکھانا ہے تو اس میں شامل طلبا کا رول، پیڑوں، پودوں، چڑیوں، جانوروں، جنگل میں رہنے والے لوگوں اور شکاریوں جیسا ہوگا۔ ہر شخص اپنا کردار اس طرح سے نبھائے گا کہ یہ لوگوں میں اور خود ان کے اندر احساسات (feelings) اور جذبات پیدا کرے گا اور ان کے اکتساب میں اضافہ کرے گا۔ لیکن اس بات کا ہمیں خیال رکھنا ہوگا کہ شباہتی طریقے محرک ہوں اور ماحول کے مسائل کے اردگرد ہوں۔ شباہتی طریقوں کی کامیابی کے لیے سیکھنے والوں کا سرگرم رول نبھانا بہت ضروری ہوتا ہے۔ کچھ طلبا ڈر یا خوف یا ہچکچاہٹ کی وجہ سے اپنا رول صحیح طریقے سے نہیں نبھاتے ہیں لیکن اگر انہیں اساتذہ کی حوصلہ افزائی اور اپنے ساتھیوں کی بھرپور حمایت حاصل ہو جائے تو یہ تمام مسائل دور ہو جائیں گے اور ایک اچھے ماحول میں اکتساب ممکن ہو پائے گا۔ شباہتی طریقے میں عام طور پر دو چیزوں کا استعمال کرتے ہیں۔ کردار نبھانا (role play) اور ماحولیاتی کھیل (eco game)۔ ان کی تفصیل مندرجہ ذیل سطروں میں دی گئی ہے۔

i) کردار نبھانا (Role Play):- اس میں حقیقی زندگی کے حالات کا انتخاب کیا جاتا ہے اور پھر اسے ڈرامائی شکل دی جاتی ہے۔ ہر طالب علم اس خاص حالت کے ایک رکن کے طور پر کام کرتا ہے اور اپنے احساسات اور جذبات کو دکھاتا ہے۔ مثال کے طور پر اگر ایک روڈ حادثے کا منظر دکھانا ہے تو مختلف طلباء الگ الگ کسی خراب اور لاپرواہ ڈرائیور، کسی پیدل چلنے والے انسان (جس کے ساتھ حادثہ ہوا ہے)، پولیس اور ڈاکٹر وغیرہ کے کردار نبھائیں گے۔ اس سے تمام لوگوں کو ان کے احساسات اور جذبات کا انداز ہو جائے گا۔ حادثے کے بعد طلبا میں اساتذہ کی مدد سے مختلف طرح کے بحث ومباحثے کی حوصلہ افزائی کرنا چاہئے۔ کس مسئلے پر کردار نبھانا ہے اس کو اخبارات، رسالے یا مقامی مسائل میں سے چنا جا سکتا ہے۔ اس انتخاب کو طلبا اور اساتذہ کی عام رائے سے کرنا ہے اور کون سا رول کون طالب علم نبھا سکتا ہے اس کا بھی انتخاب کیا جا سکتا ہے۔

مثال۔۱: سڑک حادثہ (a road accident)

مقاصد: طلباء

۱) سڑک حادثے کی مختلف وجوہات کی فہرست بنا سکیں گے۔

۲) سڑک حادثے کے بعد ایک ذمہ دار شہری کا کیا کام ہوتا ہے، اس کو سمجھ سکیں گے۔

۳) اس طرح کے حالات میں پولیس، ڈاکٹر اور ہسپتال کے لوگوں کے مختلف ذمہ داریوں کی تشریح کر سکیں گے۔

طریقۂ کار: پہلے ایک سڑک حادثے کا انتخاب کیا جائے گا اور طلبا اور اساتذہ آپس میں تفصیل سے اس کے مختلف پہلوؤں پر غور وخوض کریں گے۔ مثال کے طور پر ٹریفک کے قوانین، سڑک حادثے کی وجوہات، پولیس آفیسر کے فرائض، ہسپتال کے ملازمین کے کام وغیرہ۔ اس کے بعد کس طالب علم کو کونسا کردار نبھانا ہے اس پر غور وخوض ہوگا اور جب فائنل ہو جائے گا تو طلباء اس کی مشق کریں گے اور آخر میں دوسرے طلبا کے سامنے (جو کہ سامعین ہیں) کردار کو صحیح طرح سے نبھائیں گے۔ بعد میں تمام طلبا اکٹھا ہوں گے اور اساتذہ کے ساتھ ٹریفک قوانین کی اہمیت، صاف ماحول کی اہمیت، عوام، پولیس ڈاکٹروں کے ذریعہ کئے جانے والے مختلف کاموں کی تشریح وغیرہ کریں گے اور آخر میں اس کردار نبھانے سے کیا کچھ سیکھا گیا اس کی فہرست بنائی جائے گی تا کہ طلباء ان کو یاد رکھ سکیں۔

مثال ۲:- ایک باغیچہ (A garden)

مقاصد: طلباء

۱) ایک اچھے عوامی باغیچے کی اہمیت کی تشریح کر سکیں گے۔

۲) اس باغیچے کی اچھی طرح سے صاف صفائی میں اپنے کردار کو سمجھ سکیں گے۔

۳) باغباں اور دوسرے ملازمین کے کردار اور فرائض کی فہرست بنا سکیں گے۔

۴) ایسے کام کر سکیں گے جن سے پیڑ و پودوں، ہریالی اور باغیچے کے تحفظ میں مدد مل سکے۔

طریقۂ کار: طلباء پیڑ پودوں، گھاس، چڑیا، باغباں، کتّے اور عوام کے کردار کا انتخاب کر کے ان کے مختلف پہلوؤں کے متعلق اطلاعات اکٹھا کریں گے اور ان کے بارے میں کردار نبھانے کے لیے ضروری تیاریاں کریں گے۔ باغیچے کا کردار عام سرگرمیوں اور جذبات کے ساتھ نبھایا جائے گا۔ مثال کے طور پر پیڑ پودوں کی جب لاپرواہی کے ساتھ دیکھ بھال کی جاتی ہے تو وہ کیا محسوس کرتے ہیں؟ چڑیا پیڑوں کی غیر موجودگی میں کیا محسوس کرتی ہیں؟ ایک اچھا باغیچہ کس طرح بچّوں اور دوسرے لوگوں کو فرحت بخشتا ہے وغیرہ۔ سرگرمی کے بعد مخصوص نکات کی فہرست بنائی جاسکتی ہے اور طلباء کو اپنے تأثرات اور احساسات کے بارے میں اظہار کرنے کا موقع دیا جاسکتا ہے، ایسے تاثرات جب وہ کردار نبھا رہے تھے۔

## ii) ماحولیاتی کھیل (Eco-game)

ماحولیاتی تعلیم کے کچھ تصورات کو کھیلوں کے ذریعہ سے ہم بہت اچھی طرح سکھا سکتے ہیں اس سے طلباء کو ماحول کے تئیں ایک معقول رویہ قائم کرنے میں مدد ملے گی۔ حالانکہ کچھ کھیل پہلے سے موجود ہیں لیکن ان کے ساتھ ساتھ اساتذہ کو مقامی ضرورتوں، طلبا کے معیار اور ماحول کے مسائل کو ذہن میں رکھتے ہوئے کچھ دوسرے کھیلوں کے بارے میں سوچنا چاہئے۔ کچھ کھیل ایسے ہوتے ہیں جو کلاس روم میں کھیلے جاسکتے ہیں اور کچھ ایسے ہوتے ہیں جنھیں کلاس روم کے باہر کھیلا جاسکتا ہے۔ ایکو کھیل کی منصوبہ بندی بہت سارے موضوعات پر کی جاسکتی ہے۔ مثال کے طور پر کھانے کی عادتیں، ٹریفک کے قوانین، پیڑ پودھوں اور جانوروں کی درجہ بندی، سیلاب اور زلزلہ اور جنگلات کی کٹائی وغیرہ۔ ان کی سب سے بڑی اہمیت یہ ہوتی ہے کہ طلباء کھیلوں میں بڑی دلچسپی لیتے ہیں اور اس سے ان کے اندر تحریک پیدا ہوتی ہے۔ لیکن ساتھ ہی ساتھ ان کے لیے کافی وقت اور اساتذہ کے تئیں کافی محنت کی ضرورت پڑتی ہے۔ اس بات کا بھی خطرہ رہتا ہے کہ کہیں طلباء اس کو صرف ایک کھیل نہ سمجھیں اور اس سے ان کے اندر مطلوبہ کرداری تبدیلیاں نہ آپائیں۔ ایسی صورت میں ان کھیلوں کی تعلیمی اہمیت ختم ہو جاتی ہے۔ اس صورتِ حال سے بچنے کے لیے ان کھیلوں میں مندرجہ ذیل خصوصیات ہونی چاہئے:-

۱) انہیں طلبا کی سرگرم شمولیت کو یقینی بنانا چاہئے۔

۲) کھیل کے بعد کھلاڑیوں کو فوراً ان کے کردار کے لیے باز افزائش (feed back) ملنا چاہئے اور ان کے فیصلوں کے لیے بھی۔

۳) ان کھیلوں کو خصوصی مقاصد کے مطابق اور مضمون وعنوان کی نوعیت کے مطابق ہونا چاہئے۔

۴) تمام کھیلوں میں جسمانی نقل وحرکت اور کھلاڑیوں کا آپس میں سماجی تعامل ہونا چاہئے۔

۵) ان کھیلوں کو طلباء کے سامنے نئے مواقع (opportunities) رکھنا چاہئے۔

۶) ان کو ایسا ہونا چاہئے کہ یہ innovative ہوں اور دلچسپ طریقوں سے طلباء کو اطلاعات فراہم کریں۔ ان کو طلباء کے اندر حوصلہ افزائی کرنا چاہئے اور سیکھنے کے عمل کو دلچسپ بنانا چاہئے۔

۷) ان کھیلوں کے ذریعہ اطلاعات کو وقوفی سطح (cognitive domain) اور اطلاق کی سطح (application) تک پہنچانا چاہئے۔

مثال-۱ : سماجی عادات پر منحصر سانپ اور سیڑھی کا کھیل۔

مقاصد: طلبا کو کچھ بنیادی اور ضروری سماجی عادات سکھانا۔

طریقۂ کار: تصویر 15.2 میں دکھائی گئی تصویر کے مطابق ایک سانپ اور سیڑھی کا کھیل منظم کیا جائے گا۔ اس میں پانچ ایسی عادات شامل ہیں جن کو کرنا چاہئے اور پانچ ایسی ہیں جن کو نہیں کرنا چاہئے۔ وہ عادتیں جن کو ہم طلباء کے اندر پیدا کرنا چاہتے ہیں وہ ایسی ہوتی ہیں جو کہ سیڑھی پر چڑھنے میں مدد کرتی ہیں۔ اور وہ عادتیں جن کو ہم طلبا ئسے بچانا چاہتے ہیں وہ ان کو سانپ تک پہنچاتی ہیں۔ اس کھیل کو ایک ساتھ دو یا دو سے زیادہ کھلاڑی کھیل سکتے ہیں۔

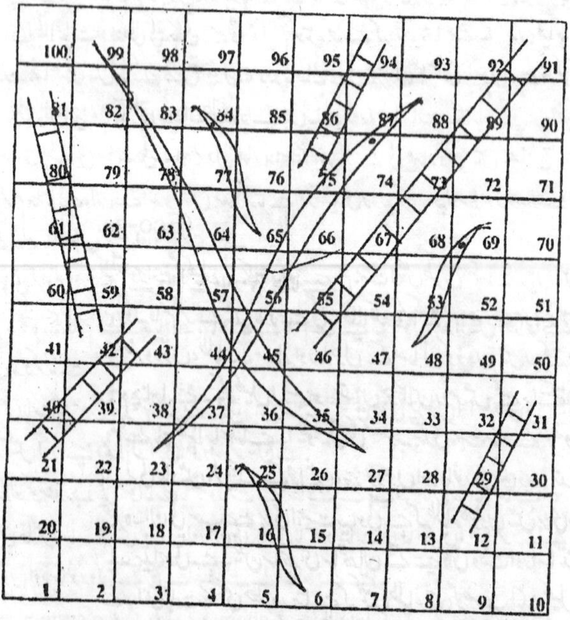


**Fig. 2.3: An example of snake and ladder game**

تصویر 15.2: سانپ اور سیڑھی کے کھیل کی ایک مثال

Source : Environmental Education by Saxena and Anand

مثال ۔۲: Traffic System

مقاصد:۱-طلباء Traffic Rules سیکھ کران پرعمل کریں گے۔

۲۔طلباء سماجی معاملات میں قانون اورنظم کی اہمیت کوسراہیں گے۔

طریقۂ کار: استادمختلف Traffic Rules پر مشتمل ایک کھیل منظّم کرسکتے ہیں۔ ہراس انسان کوایک point دیا جائے گا جوکہ قانون کے مطابق معاملات کو چلائے اور ہروہ انسان ایک point کھوئے گا جوکہ کسی بھی قانون کے خلاف ورزی کرے گا۔ اس میں پہلے سے طے ہوگا کہ کتنے کم سے کم score پر انسان کھیل سے باہر ہوجائے گا۔ (مثال کےطور پر10-) اور جوانسان سب سے زیادہ score کرے گا وہ جیتنے والا کھلاڑی ہوگا۔

## c) دیگر طریقے

ان میں مندرجہ ذیل طریقے آتے ہیں:-

### i) حلقہ جاتی مطالعہ (Field Study)

یہ ایک ایسی اکتسابی سرگرمی ہے جوکہ طلباء کواسکول کے باہر کے حالات کی صحیح جانکاری فراہم کرتی ہے۔ حلقہ جاتی مطالعہ کوئی ضروری نہیں کہ ہمیشہ اسکول کے باہر ہی منعقد کیا جائے بلکہ اسکول کے باغیچے کے اندربھی مختلف پودوں اور جانوروں کے مطالعہ کے لیے منعقد کی جاسکتی ہے۔اس طریقے کی خوبیاں مندرجہ ذیل ہیں:-

- ☆ یہ ایسی اطلاعات اور مطالعے کا ایسا موقع فراہم کرتا ہے جسے کہ درجہ جماعت میں نہیں کیا جاسکتا۔
- ☆ یہ درجہ جماعت میں بتائے گئے تصورات اور پڑھائی ہوئی چیزوں کا تعلق ماحول سے قائم کرتا ہے، اس سے طلباء ان چیزوں کوزیادہ دن یادرکھ پاتے ہیں۔
- ☆ یہ طریقہ طلباء کی مشاہداتی صلاحیتوں اور data اکٹھا کرنے کی مہارتوں میں اصلاح لاتا ہے، انہیں سرگرم بناتا ہے، ان کے اندر تجسس پیدا کرتا ہے اور تنقیدی رویہ بھی۔ یہ اوسط اور اوسط سے اوپر کے طلباء کے لیے بالخصوص بہت افادی ہوتا ہے۔
- ☆ یہ سماجی کرداراور آپس کے تعلقات کواور بہتر بناتا ہے۔
- ☆ تجربہ گاہ کے کام کے لیے یا درجہ جماعت کے کام کے لیے یہ معقول تعداد میں اطلاعات حاصل کرنے میں مدد کرتا ہے۔
- ☆ یہ اس بات کا موقع فراہم کرتا ہے کہ طلباء جماعت میں سیکھی ہوئی چیزوں کا استعمال اپنی حقیقی زندگی میں کرسکیں اوراپنے اندراقدار کی نشوونما کرسکیں۔

حلقہ جاتی مطالعہ کومندرجہ ذیل عنوانات یا تصورات کے مطالعے کے لیے استعمال کیا جاسکتا ہے:-

i) کسی خاص علاقے میں پودوں اوران کی قسموں یا خصوصیات کی جانکاری اکٹھا کرنے کے لئے۔

ii) پودوں اور جانوروں کے بیچ کے تعلقات کے مطالعہ کے لیے۔

iii) ایک eco system میں کھانے کی chain کی جانکاری حاصل کرنے کے لئے۔

iv) انسان کی سرگرمیوں کا ماحول پراثر دیکھنے کے لئے۔

v) مٹی کے معیار کا زرخیزی پر پڑنے والے اثرات کا مطالعہ کرنے کے لئے۔

جب ہم حلقہ جاتی مطالعہ کواس طرح منظّم کرتے ہیں کہ یہ کسی دوردراز کی جگہ پر پورے دن کا کام بن

جاتا ہے تو یہ field trip کہلاتا ہے۔ field trip کو ایک وسیع منصوبہ بندی اور بڑے پیمانے پر تیاریوں کی ضرورت ہے۔ اگر ہم مندرجہ ذیل مراحل کا خیال رکھیں اور مندرجہ ذیل سوالات کے جوابات حاصل کرنے کی کوشش کریں تو ہمیں field trip کی صحیح planning کرنے میں مدد ملے گی۔

۱) field trip کا مقصد کیا ہے؟ یہ کن سوالات کے جوابات فراہم کرے گا؟۔

۲) طلباء میں کن کرداری تبدیلیوں کے آنے کی امید ہے؟ وہ field trip پر کیا کریں گے؟ (مثال کے طور پر نمونہ اکٹھا کریں گے۔ فوٹوگرافی کریں گے، مختلف مشاہدات اکٹھا کریں گے وغیرہ)

۳) کیا طلباء کو ان کو جو کام کرنے ہیں، ان کی جانکاری فراہم کی جا چکی ہے؟

۴) کیا طلباء کے پاس وہ تمام وسائل ہیں جن کی مدد سے وہ منصوبے پر عمل کر سکیں؟ کیا ان کے پاس معقول علم، مہارتیں، آلات وغیرہ ہیں؟

۵) field trip کا متبادل کیا ہو سکتا ہے؟ ان دونوں میں زیادہ افادی کون ہے؟ (تعلیمی نقطۂ نظر سے)۔

۶) کیا پرنسپل، طلباء کے ماں باپ اور دوسرے حکام سے field trip پر جانے سے پہلے اجازت لی گئی ہے؟

۷) کیا اس کے لیے گاڑیوں کی ضرورت پڑے گی؟ اگر ہاں تو اس کا انتظام کیسے ہوگا اور اس کا خرچ کون اٹھائے گا؟

۸) اسکول سے field trip کی جگہ تک جانے میں کتنا وقت لگے گا؟ کیا اس کو منصوبہ تیار کرتے وقت ذہن میں رکھا گیا ہے؟

۹) کیا جو جگہ field trip کے لیے منتخب کی گئی ہے وہاں پر پینے کے پانی، toilet وغیرہ کا انتظام ہے؟ کیا طلباء کو کھانے کی پیکٹ کی ضرورت پڑیگی؟ ان بنیادی ضرورتوں کے لیے کیا انتظامات کیے گئے ہیں؟

۱۰) field trip پر کتنے لوگ جا رہے ہیں؟ کیا اتنے لوگوں کے جانے کا انتظام صحیح طرح سے ہو سکتا ہے؟ کتنے اساتذہ اور دوسرے ملازمین جا رہے ہیں؟ کیا وہ تمام لوگ موجود رہیں گے؟

field trip کو بہتر طریقے سے منظم کرنے کے لیے یہ ضروری ہے کہ اساتذہ اس جگہ پر پہلے سے چلے جائیں اور ان تمام حالات کا معائنہ کر لیں کہ کیسے تعلیمی نقطۂ نظر سے اس field trip کا بہترین مصرف نکل سکتا ہے؟ اس سے صحیح طرح سے اور حقیقت پسندانہ طریقے سے منصوبہ بندی کرنے میں بھی مدد ملے گی۔

حلقہ جاتی مطالعہ سے واپس آنے کے بعد اساتذہ اور طلباء کو مندرجہ ذیل کام کرنے چاہیے:

۱) وہ تمام مشاہدات، اطلاعات، اور data جو کہ filed trip پر لیے گئے ہیں ان کا تجزیہ کرنا اور ان کے مختلف پہلوؤں پر بحث و مباحثہ کرنا۔

۲) وہ لوگ جو اس trip پر نہ جا سکے تھے ان کی بہتری کے لیے ان تمام اطلاعات کو chart, poster یا فوٹوگراف کی شکل میں پیش کرنا۔

## حلقہ جاتی مطالعہ کے لیے منتخب کی گئی جگہ پر احتیاط

۱) حلقہ جاتی مطالعہ کی وجہ سے اس جگہ کے قدرتی ماحول پر کسی طرح کا اثر نہیں پڑنا چاہئے۔

۲) پودوں یا جانوروں کے ساتھ کسی قسم کی چھیڑ چھاڑ نہیں ہونا چاہئے اور اس بات کی کوشش کی جانی چاہئے کہ طلباء کے اندر ان پودوں اور جانوروں سے ہمدردی اور ان کی دیکھ بھال کرنے کے جذبات پیدا ہوں۔

۳) کسی بھی نایاب پودے کونمونے کے طور پر ایک جگہ سے دوسری جگہ نہیں کرنا چاہئے۔
۴) اگر کسی بھی جانور یا پودے کونمونے کے طور پر کچھ مطالعہ کرنے کے لیے منتخب بھی کیا جائے تو فوراً اس کو اس کے قدرتی رہائشی علاقے میں واپس بھیجنا چاہئے۔
۵) field trip کی جگہ پر فالتو کچرا نہیں اکٹھا کرنا چاہئے۔

## حلقہ جاتی مطالعہ کی خامیاں

۱) اس طریقے کا استعمال کرنے سے پہلے بہت سارا کام کرنا پڑتا ہے مثال کے طور پر حکام سے اجازت لینا، گاڑیوں کا انتظام کرنا، مقاصد کا تعین کرنا اور مختلف سرگرمیوں کا منصوبہ بنانا وغیرہ۔
۲) کچھ اساتذہ اس طریقے کو پسند نہیں کرتے ہیں کیونکہ وہ یہ سوچتے ہیں کہ وقوفی حلقے سے جڑے ہوئے زیادہ تر مقاصد کا حصول تو درجہ جماعت میں ہی ہو جاتا ہے اس لیے تاثراتی حلقے پر وہ زیادہ زور نہیں دیتے ہیں۔
۳) کبھی کبھی حلقہ جاتی مطالعہ کی جگہ پر اساتذہ کے لیے بڑے بڑے مسائل پیدا ہو جاتے ہیں کیونکہ اس میں طلباء نئے ماحول میں اور انجانی چیزوں سے ملتے ہیں۔
۴) درجہ جماعت کی پڑھائی کے مقابلے جو کہ آسان ہوتی ہے، یہ طریقہ مشکل ہو جاتا ہے اور اس میں failure کے بھی خطرات ہوتے ہیں۔

## حلقہ جاتی مطالعہ کی مثالیں

مثال-۱ :جھیل کی سیر (سردیوں میں چڑیوں کی آمد کے بعد)

مقاصد: مندرجہ ذیل سوالات کے جوابات فراہم کرنے کے لیے۔

۱) ان چڑیوں کی شناخت کرنا جو کہ جھیل میں یا اس کے اطراف میں رہتی ہیں اور ان کی رہائش اور عادات کا مطالعہ کرنا۔
۲) چڑیوں کی آمد کی وجوہات جاننا۔
۳) انسانی نقل وحرکت سے کس طرح چڑیوں کی تعداد پر اثر پڑ رہا ہے کیا ہم اسے کم کر سکتے ہیں؟
۴) ماحولی نظام میں یہ چڑیاں کس طرح توازن رکھتی ہیں؟ اگر یہ نہ آئیں تو کیا ہوگا؟

طریقہ کار: سب سے پہلے استاد اس جھیل کے پاس جائے گا اور ان چڑیوں کا مشاہدہ کرے گا جو کہ وہاں پر موجود ہیں، ان کی شناخت کرے گا اور ان کی خصوصیات کی فہرست بنائے گا۔ وہ اس بات کا بھی تخمینہ کرے گا کہ ان کی تعداد پر انسانی نقل وحرکت کا کیا اثر پڑ رہا ہے؟ تمام باتوں کو ذہن میں رکھتے ہوئے جن جن کاموں کو کرنا ہے ان کی فہرست بنائی جائے گی۔ ان سرگرمیوں کو کرنے کے لیے ضروری تیاریاں کی جائیں گی مثال کے طور پر آلات کو اکٹھا کرنا، کام کرنے کی فہرست بنانا، مشاہدے کی sheet بنانا وغیرہ اور طلباء کو ان کے ذریعہ کیے جانے والے کام کی اطلاع فراہم کی جائے گی۔ ان کو field frip کے دوران کن کاموں کو کرنا ہے اور کیا احتیاط برتنا ہے اس کی بھی جانکاری فراہم کی جائے گی۔ field trip کے بعد مشاہدات کو اور نتائج کو اکٹھا کر کے ان پر بحث ومباحثہ کیا جائے گا۔

مثال-۲: ایک مقامی تالاب کی سیر۔

مقاصد: field trip کے بعد طلباء

۱) تالاب میں food chain کی وضاحت کرسکیں گے۔

۲) انسانی زندگی کا پانی میں رہنے والے جانوروں کی زندگی پر پڑنے والے اثرات کا مشاہدہ کرسکیں گے۔

۳) تالاب کو محفوظ رکھنے کے طریقے بتاسکیں گے۔

طریقہ کار: تالاب ایک ایسا ذریعہ ہوسکتا ہے جو کہ طلباء کو ایک مکمل ماحولی نظام کی جانکاری فراہم کرسکے اور جسے طلباء آسانی سے سمجھ سکیں۔ لیکن اس سے پہلے استاد کو یہ منصوبہ بنانا ہوگا کہ طلباء کو کون کون سے کام کرنے ہیں، کون کون سے نمونے اکٹھا کرنے ہیں اور کون کون سے مشاہدے اکٹھا کرنے ہیں؟ اس کے لئے معقول آلات کو اکٹھا کرنا ہوگا اور طلباء کو معقول ہدایات فراہم کرنی ہوں گی۔ ساتھ ہی اساتذہ کو اپنے آپ کو سیکھنے والا اور کھوجی کے طور پر پیش کرنا ہوگا۔ field trip کے بعد تجربہ گاہ میں کچھ ایسے تجربات کیے جاسکتے ہیں جس سے یہ پتا چل سکے کہ کیمیاوی یا حرارتی آلودگی کس کس طرح پانی میں رہنے والے جانوروں کی زندگی کو متاثر کررہی ہے۔ تالاب کی حفاظت اور جانوروں کی زندگی کی حفاظت کے لیے معقول قدم اُٹھانے کے منصوبے بھی بنائے جاسکتے ہیں۔

## ii) منصوبے کا طریقہ (Project Method)

منصوبے کے طریقے میں ہم کسی فرد یا گروہ کو اس طرح ملوث کرتے ہیں کہ کوئی مخصوص تعلیمی مقصد حاصل ہوسکے۔ یہ درجہ جماعت کے اندر یا باہر دونوں جگہ کیا جاسکتا ہے۔ ایک پروجیکٹ کسی مسئلے کے حل نکالنے کے لیے بھی ہوسکتا ہے یا کسی آلے کو بنانے کے لیے بھی۔ مثال کے طور پر لوگوں کو آسانی سے پینے کا پانی کیسے مہیا کرائیں یا wind mill یا solar cooker کیسے بنائیں وغیرہ۔ اس پروجیکٹ کا استعمال ہم طلباء کے اندر پانی یا بجلی کی حفاظت کرنے کے صحیح رویے کو پیدا کرنے کے لیے بھی استعمال کرسکتے ہیں۔ یہ طلباء کو خود سے کرکے سیکھنے کا موقع فراہم کرتا ہے۔ طلباء بھی اپنے آپ کو بہت مطمئن محسوس کرتے ہیں اور ان کی خوداعتمادی میں اضافہ ہوتا ہے۔ لیکن پروجیکٹ کے عنوان کا انتخاب سب سے اہم اور مشکل کام ہوتا ہے۔ یہ ایسا ہونا چاہئے جو کہ طلباء کی استعداد کے مطابق ہو، ان کی دلچسپیوں کے مطابق ہو لیکن ساتھ ہی چنوتیوں سے بھی بھرا ہو۔ بہت آسان یا بہت مشکل عنوان اپنے مقصد میں کامیاب نہیں ہو پاتا ہے۔ پروجیکٹ کرنے کے دوران اساتذہ کو اپنے طلباء کی ترقی پر نظر رکھنا چاہئے اور وقفے وقفے پر ان کو صحیح رہنمائی فراہم کرنا چاہئے۔ پروجیکٹ کرنے کے بعد اس کی رپورٹ، ماڈل، چارٹ وغیرہ کو دوسروں کے علم میں بھی لانا چاہئے ان کی مدد سے ہم آگے کے پروجیکٹ کی بھی منصوبہ بندی کرسکتے ہیں۔

مثال-۱: آلودہ پانی کو پینے جاسکنے والے پانی میں تبدیل کرنے والے ایک آلے کی نشوونما کرنا۔

مقاصد: طلباء

۱) ایک ایسے آلے کی کھوج کرسکیں گے جو کہ آلودہ پانی کو پینے کے پانی کے طور پر استعمال کے لائق بنا سکے۔

۲) اس آلے کے اثرات (efficacy) کا مطالعہ کرسکیں گے۔

۳) اس آلے کا موازنہ دوسرے ایسے آلوں سے کرسکیں گے جو کہ پانی کو پینے کے لائق بناتے ہیں۔

طریقۂ کار: طلبا پہلے پانی میں موجود آلودگی کا مطالعہ کریں گے اور ان آلودگیوں کو دور کرنے کے مختلف طریقوں کا بھی۔ اس کی بنیاد پر وہ ایک ایسے کام کرنے والے ماڈل (Working Model) کی تخلیق کریں گے جو کہ پانی کو پینے کے لائق بنا سکے۔ اس آلے کے اثرات، اس کی قیمت اور اس کے ذریعہ صاف کیے جانے والے پانی کے معیار کا بعد میں مطالعہ کیا جائے گا۔ اس آلے کے مختلف پہلوؤں پر ایک رپورٹ لکھی جائے گی اور اس کے اثر اور معیار کا دوسرے طریقوں کے اثر اور معیار سے موازنہ بھی کیا جائے گا۔

مثال-۲: پانی کو محفوظ رکھنے کے منصوبے کی تیاری

مقاصد: طلباء

۱) اس بات کا مطالعہ کرسکیں گے کہ اسکول میں پانی کیسے آتا ہے، کیسے خرچ ہوتا ہے اور کیسے برباد ہوتا ہے۔

۲) طلباء ایک ایسا منصوبہ بنا سکیں گے جس سے کہ اسکول میں پانی کی حفاظت کی جاسکے اور اس کا صحیح استعمال کیا جاسکے۔

طریقۂ کار: طلباء اسکول میں پانی کے ذرائع کا مطالعہ کریں گے کہ کس طرح سے پانی آتا ہے، کتنا خرچ ہوتا ہے اور کتنے کی ضرورت ہے وغیرہ۔ وہ اس بات کا بھی پتا لگائیں گے کہ کیا پانی برباد کیا جارہا ہے۔ مشاہدے اور data کی بنیاد پر وہ ایک ایسا منصوبہ بنائیں گے جس میں اس بات کی وضاحت رہے گی کہ کس طرح سے پانی کا معقول استعمال کرنا ہے اور اُسے بربادی سے بچانا ہے۔ اس منصوبے کے عمل درآمد پر کتنا خرچ آئے گا، اس پر بھی کام کیا جائے گا اور اسے اسکول کے حکام کو دیا جائے گا۔

## iii) انفرادی اکائی کا تفصیلی جائزہ (Case-Study)

جب کسی مسئلے میں سماجی پہلو ملوث ہو تو انفرادی اکائی کا تفصیلی جائزہ زیادہ موزوں ہوتا ہے۔ یہ کوئی حادثہ بھی ہوسکتا ہے، انسانی کردار بھی، کوئی خبر بھی، کوئی خط یا خطاب یا کوئی حقیقی واقعہ بھی۔ مطالعے کی کسی شاخ کی شناخت کرنے کے بعد اس کے مختلف پہلوؤں پر غور وخوض کیا جاتا ہے۔ اس میں اُس مطالعے کے مقاصد، اطلاعات حاصل کرنے کے طریقے اور تجزیہ بھی شامل ہیں۔ تمام طلباء کو چھوٹے چھوٹے 3 یا 4 گروہ میں بانٹ دیتے ہیں اور اس بات کی کوشش کرتے ہیں کہ ہر گروہ کے حصے میں کم سے کم مطالعہ کا ایک پہلو ضرور آئے۔ آخر میں درجہ جماعت کے سامنے مختلف گروہ اپنی رپورٹ پیش کرتے ہیں اور ایک جامع نقطۂ نظر بنتا ہے۔ ان گروہی کاموں کی بنیاد پر اور گروہی مباحثوں (group discussion) کی بنیاد پر آخری رپورٹ تیار کی جاتی ہے۔ اس پوری سرگرمی کے دوران اساتذہ معقول رہنمائی فراہم کرتے ہیں۔

مثال-۱: معاشرے میں ملیریا (malaria) بیماری کے پھیلنے کا مطالعہ

مقاصد: طلبا سے امید کی جاتی ہے کہ وہ-

۱) معاشرے میں ملیریا بیماری کی شدت (severity) کا مطالعہ کریں گے۔

۲) مچھروں کے پیدا ہونے اور ان کی تعداد میں اضافہ کرنے کے لیے جو انسانی نقل وحرکت ذمہ دار ہیں ان کی فہرست بنا سکیں گے۔

۳) مریضوں کو جو ڈاکٹری سہولیات دستیاب ہیں اس کا مطالعہ کرسکیں گے اور رپورٹ بنا سکیں گے۔

۴) مستقبل میں ایسی بیماری کو پھیلنے سے روکنے کے طریقے بتا سکیں گے۔

طریقۂ کار: ملیریا بیماری ملک کے مختلف حصوں میں بہت عام ہے۔ طلبا کو تین یا چار گروہوں میں تقسیم کر کے انہیں کہیں گے کہ وہ اس بات کا منصوبہ بنائیں کہ اطلاعات کس طرح سے اکٹھا کرنا ہے۔ اطلاعات اکٹھا کرنا ایک survey کے ذریعہ بھی ہوسکتا ہے (مثال کے طور پر ملیریا بیماری کی شدت کو جاننے کے لیے)، سوال نامے (questionnaire) کا استعمال کر کے بھی ہوسکتا ہے (مثال کے طور پر ملیریا بیماری کے مریضوں کا علاج کس طرح سے ہو رہا ہے)، کتابوں کے مطالعہ سے بھی ہوسکتا ہے اور مشاہدے کے ذریعہ بھی ہوسکتا ہے۔ جہاں پر ضرورت ہو، وہاں پر ضروری آلات کی تخلیق کی جاسکتی ہے۔ ہر گروہ کے حاصل کردہ نتائج کو چارٹ، تصاویر، پوسٹر وغیرہ کے ذریعہ بتایا جاسکتا ہے۔ آخر میں تمام گروہ ایک ساتھ بیٹھتے ہیں اور اپنے تجربات کا تبادلہ خیال کرتے ہیں۔

مثال: ۲ آج کل سبزیاں مہنگی کیوں ہیں؟

مقاصد: طلباء سے یہ امید کی جاتی ہے کہ وہ

۱) سبزیوں کی قیمت کا موازنہ آج کی قیمت سے اور ایک مہینے یا ایک سال پہلے کی قیمت سے کر سکیں گے اور بڑھتی ہوئی مہنگائی کا تجزیہ کر سکیں گے۔

۲) ان عناصر کی فہرست بنا سکیں گے جن پر سبزیوں کی قیمت منحصر کرتی ہے۔

۳) ان وجوہات کی تشریح کر سکیں گے جن کی وجہ سے سبزیاں مہنگی ہو رہی ہیں اور قیمتوں پر قابو پانے کے طریقے بھی بتا سکیں گے۔

طریقہ کار: طلبہ سب سے پہلے مل بیٹھ کر مطالعہ کے مختلف پہلوؤں پر غور وخوض کریں گے۔ ان کو کئی چھوٹے چھوٹے گروہوں میں تقسیم کیا جائے گا اور ہر گروہ مطالعہ کے لیے معقول لائحۂ عمل کے بارے میں منصوبہ بنائے گا اور اطلاعات کہاں سے اور کیسے حاصل کرنا ہے اس کے بارے میں بھی سوچے گا۔ ان تمام اطلاعات کو حاصل کرنے کے بعد ان کا تجزیہ کیا جائے گا، بحث ومباحثہ کیا جائے گا اور نتائج اخذ کیے جائیں گے۔ ساتھ ہی سماجی ثقافتی اور معاشی پہلو جو کہ مسئلے سے جڑے ہوئے ہیں ان پر بھی غور وخوض ہوگا۔

## iv) اقدار کی توضیح (Value Clarification)

اس میں طلباء سے یہ امید کی جاتی ہے کہ وہ کسی بھی چیز کے اقدار کی وضاحت کریں گے بغیر دوسروں کی رائے سے متاثر ہوئے۔ اس میں مندرجہ ذیل پانچ مراحل ہوتے ہیں:-

۱) طلباء کے سامنے کوئی مدعا یا مسئلہ پیش کیا جاتا ہے۔

۲) وہ اس مسئلے کے کئی متبادل حل تلاشتے ہیں۔

۳) ہر حل کے مختلف پہلوؤں پر غور وخوض کرتے ہیں اور ان کے اثرات پر بھی۔

۴) ہر متبادل حل کے تئیں اپنے تأثرات اور احساسات کا اظہار کرتے ہیں۔

۵) آخر میں آزادانہ طور پر ایک کا انتخاب کرتے ہیں۔

اقدار کی توضیح میں ہم کئی طرز رسائیوں کا استعمال کرتے ہیں مثال کے طور پر رائے جاننا، مسائل کو ترجیح دینا (rank order)، دئے ہوئے جوابات میں سے ایک کا انتخاب کرنا، value continuum وغیرہ۔ ان تمام کی مثالیں مندرجہ ذیل ہیں۔

## الف) رائے جاننا (Opinion Polls)

آپ کے شہر کو خوبصورت بنانے کے لیے مندرجہ ذیل کام کیے جانے ہیں۔ ان پر آپ اپنی رائے صحیح کا نشان (P) معقول خانے میں لگا کر دیجئے۔

| | پوری طرح سے اتفاق رکھتے ہیں | تھوڑا اتفاق رکھتے ہیں | اتفاق نہیں رکھتے ہیں |
|---|---|---|---|
| ۱- شہر سے تمام جھگیوں (slums) کو ہٹا دینا چاہیے۔ | | | |
| ۲- پالیتھین کے استعمال پر پابندی لگانا چاہیے۔ | | | |
| ۳- سائیکل اور رکشہ پر پابندی لگانا چاہیے۔ | | | |
| ۴- آوارہ جانوروں کو ہٹا دینا چاہیے۔ | | | |
| ۵- سڑکوں کو اور چوڑا کرنا چاہیے | | | |

## ب) ترجیح دینا

(Rank Order)

نیچے کچھ ماحولیاتی مسائل دیئے گئے ہیں۔ ان میں سے جو مسئلہ سب سے اہم ہو اسے رینک 1 دیجئے، اس کے بعد کے مسئلے کو رینک 2 اور اس طرح سے جو مسئلہ سب سے کم اہم ہو اسے رینک 8 دیجئے۔

جنگلات کا تیزی سے ختم ہونا ....................

جنگلی جانوروں کا فنا ہونا (extinction) ....................

زیادہ دھواں دینے والی گاڑیاں ....................

آلودہ پانی ....................

پالیتھین کی تھیلیاں ....................

شہروں میں ہونے والی آواز کی آلودگی ....................

بڑھتی ہوئی آبادی ....................

لوگوں کا شہروں کی طرف آنا ....................

## ج) Value Continuum

مندرجہ ذیل مسئلوں پر آپ کی رائے 1 سے 5 کے بیچ ہو سکتی ہے۔ 5 کا مطلب یہ ہوا کہ آپ پوری طرح اتفاق رکھتے ہیں جب کہ 1 کا مطلب یہ ہوا کہ آپ سب سے کم اتفاق رکھتے ہیں۔ اپنی رائے کو مندرجہ ذیل نمبروں میں کسی ایک پر دائرہ (O) بنا کر واضح کریئے۔

i) پالیتھین کی تھیلیوں کے استعمال کرنے پر۔

| 5 | 4 | 3 | 2 | 1 |
|---|---|---|---|---|
| پوری طرح سے اتفاق | | | | پوری طرح سے نا اتفاقی |

ii) جراثیم کش دواؤں کے استعمال کرنے پر

| 5 | 4 | 3 | 2 | 1 |
|---|---|---|---|---|
| پوری طرح سے اتفاق | | | | پوری طرح سے نا اتفاقی |

## د) دیئے گئے جوابات میں سے کسی ایک کا انتخاب کرنا۔

شہروں میں لوگوں کی معیار زندگی کو اوپر اٹھانے کے لیے مندرجہ ذیل میں سے کون سا قدم پہلے اٹھایا جانا چاہیئے اور کیوں؟

☆ پالیتھین کی تھیلیوں کو ہٹانا۔

☆ رات میں بے گھر بار لوگوں کو رہنے کی جگہ (shelter) فراہم کرنا۔

☆ آوارہ جانوروں سے نجات حاصل کرنا۔

☆ شور وغل پیدا کرنے والی سرگرمیوں پر سخت قدم اٹھانا۔

☆ زیادہ سے زیادہ اسپتال بنانا۔

اقدار کی توضیح سے ہم طلباء کے اندر ماحولیاتی مسائل کی صحیح تفہیم اور شناخت کی استعداد پیدا کر سکتے ہیں، مدعوں کی صحیح سمجھ اور ان کے صحیح حل کے لیے فیصلہ کر سکتے ہیں، ان کے اندر دوسروں کے نقطۂ نظر کو برداشت کرنے کی عادت پیدا کر سکتے ہیں اور خود اپنی رائے کو مختلف مدعوں کے تئیں قائم کرنے کی صلاحیت پیدا کر سکتے ہیں۔

## v) بحث ومباحثہ (Discussion)

یہ ایک آسان طریقہ ہے جس کا استعمال اساتذہ بغیر زیادہ پریشانی کے کر سکتے ہیں۔ یہ سیکھنے والوں کو ایک موقع فراہم کرتا ہے کہ وہ ایک دوسرے کے ساتھ تبادلۂ خیال کر سکیں، آزادانہ طور پر اپنی رائے کو پیش کر سکیں اور مسئلوں کو سمجھ کر ان کا حل پیش کر سکیں۔ اس کا مقصد یہ ہوتا ہے کہ ہم طلباء کے اندر مختلف مسائل کے صحیح تجزیہ کرنے کی عادت پیدا کریں اور وہ دوسروں کی رائے کو صبر وتحمل کے ساتھ سن سکیں۔ یہ روایتی اور غیر روایتی دونوں طرح سے ہو سکتا ہے۔ درجۂ جماعت میں کسی طالب علم کے ذریعہ پوچھا گیا ایک سوال بھی بحث ومباحثہ کا ذریعہ بن سکتا ہے۔ لیکن معنیٰ خیز بحث ومباحثہ کے لیے ہمیں پہلے سے طلباء کو عنوان بتا دینا چاہیئے اور ان کو تیاری کا معقول موقع فراہم کرنا چاہیئے۔ اس طریقے کی خاصیت یہ ہے کہ اس میں زیادہ وقت اور پیسے کی درکار نہیں ہوتی ہے اس کے باوجود طلبا کو گروہ میں رہ کر اکتساب کا موقع ملتا ہے اور ساتھ ہی اساتذہ کو بھی یہ موقع ملتا ہے کہ وہ طلباء کی صحیح تفہیم کا معیار جان سکیں۔

مثال ا: کیا eucalyptus کی باغبانی پر پابندی عائد کرنی چاہیئے۔

مقاصد: طلباء سے یہ امید کی جاتی ہے کہ وہ۔

۱) اس بات کا تجزیہ کرسکیں گے کہ پیڑ کیوں لگائے جاتے ہیں اور ان کو لگانے کے دوران کیا پریشانیاں آتی ہیں۔

۲) eucalyptus کو اُگانے کی اچھائیوں اور کمیوں کو جان سکیں گے۔

۳) ہریالی لانے کے لیے اور کون سے درخت اُگائے جاسکتے ہیں ان کے بارے میں مشورہ دے سکیں گے۔

طریقۂ کار: استاد درجہ جماعت میں طلباء کے سامنے یہ بات رکھے گا کہ بہت سارے لوگ eucalyptus کے پیڑ لگانے کی مخالفت کرتے ہیں۔ اس مسئلے کی صحیح تفہیم کے لیے اس کے حیاتاتی، ماحولیاتی، سماجی اور معاشی پہلوؤں پر غور وخوض کرنا ہوگا۔ اس کے لیے طلباء کو وقت اور پڑھنے کے لیے کتابیں مہیا کرانی پڑیں گی۔ بعد میں طلباء اپنے خیالات کا اظہار بحث ومباحثے کے ذریعہ کریں گے اور استاد ایک فائنل فیصلہ کرنے میں ان کی مدد کرے گا۔

مثال۲: کیا پٹاخوں (crackers) پر پابندی عائد کرنی چاہیے؟

مقاصد: طلبا سے امید کی جاتی ہے کہ وہ

۱) پٹاخوں سے ہونے والے مختلف ماحولیاتی نقصانات، صحت پر پڑنے والے ان کے بُرے اثرات اور ان کی وجہ سے ہونے والے حادثات کی فہرست بناسکیں گے۔

۲) اس بات کو سمجھ سکیں گے کہ لوگ کیوں پٹاخوں کا استعمال کرتے ہیں اور ان پر پابندی لگانے میں کیا دقتیں آسکتی ہیں۔

۳) ایسے قدم اٹھانے کے مشورات دے سکیں گے جن سے اس مسئلے کا حل نکل سکے۔

طریقۂ کار: استاد درجہ جماعت میں ان مختلف تحقیقات اور مطالعوں کا حوالہ دیتے ہوئے طلباء کو بتائیگا کہ پٹاخوں سے کیا کیا نقصانات ہو رہے ہیں۔ طلباء اس کے مختلف پہلوؤں پر تیاری کریں گے اور آپس میں بحث ومباحثہ کریں گے اور آخر میں استاد کی مدد سے صحیح نتیجے تک پہونچیں گے۔

## vi) نمائش (Exhibition)

ماحولیاتی تعلیم سے متعلق نمائش میں ایسے چارٹ، پوسٹر، ماڈل، آلات، پروجیکٹس، تکنیکیں، صحت سے جڑے ہوئے مختلف پہلوؤں کی جانکاری وغیرہ شامل ہوتی ہیں جس سے طلباء میں اور دوسرے لوگوں میں آگاہی پیدا ہو۔ اسے ہر سال اسکولوں میں منعقد کیا جانا چاہئے اور اس میں طلبا کی شمولیت کو یقینی بنایا جانا چاہئے۔ اس کے مقاصد مندرجہ ذیل ہوتے ہیں:-

i) طلباء کی چھپی ہوئی صلاحیتوں کو باہر لانے کا موقع فراہم کرنا اور انہیں سرگرم ہو کر کام کرنے کا موقع دینا۔

ii) ماحول سے جڑے ہوئے مختلف پہلوؤں کی جانکاری عوام کو دینا۔

iii) مختلف طرح کی آلودگیوں اور ان سے بچنے کے طریقے بتانا۔

vi) طلباء کو گروہی سرگرمیوں کے ذریعہ سیکھنے کا موقع فراہم کرنا۔

v) طلباء کے اندر تخلیق کاری (creativity) کو فروغ دینا۔

vi) اسکولوں کے رابطے کا دائرہ بڑھانا۔

vii) طلباء اور عوام کو نئی نئی تکنیکوں کے بارے میں جانکاری فراہم کرنا۔

## نمائش کا انعقاد کیسے ہو؟

نمائش کے انعقاد میں مندرجہ ذیل مراحل ہوتے ہیں:-

الف) منصوبہ بندی(Planning):-اِس کے تحت سب سے پہلے استاد کو اپنے اسکول کے پرنسپل یا دوسرے حکام سے نمائش کی اجازت لینی پڑتی ہے۔ اس کے بعد نمائش کی جگہ کا تعین ہوتا ہے اور دوسرے اداروں کو دعوت نامہ (invitation card) بھیجا جاتا ہے۔اس کے تحت ایک اعلانیہ (circular) جاری کیا جاتا ہے جس میں تمام تفصیلات موجود ہوتی ہیں۔ مثال کے طور پر نمائش کی تاریخ، جگہ، عنوانات، وقت، دن اور کن لوگوں سے رابطہ قائم کرنا ہے اور ان کے فون نمبر وغیرہ موجود رہتے ہیں۔ اگر شریک ہونے کے لیے کوئی فیس متعین کی گئی ہے تو اس کی بھی وضاحت کرنا چاہئے۔ اس کے بعد کے مرحلے میں جب نمائش سے جڑی ہوئی مختلف چیزیں مختلف اداروں سے آنے لگیں تو ان کو مختلف عنوانات کے تحت درجہ بندی کرنا چاہئے۔ کتنا پیسہ خرچ ہوگا اور کتنی جگہ کی ضرورت ہوگی اس کی بھی وضاحت کرنی چاہئے۔ اس کے علاوہ اس بات کا بھی خیال رکھنا چاہئے کہ نمائش کی زیادہ سے زیادہ publicity ہو جس سے کہ زیادہ لوگ اس سے فائدہ اٹھاسکیں۔

ب) مختلف کاموں کی تقسیم (Disribution of Work):-مختلف طلبا کے گروہ بنائے جانے چاہئے اور ان کو مختلف طرح کے کام ان کی صلاحیتوں اور رجحانات کے مطابق دیا جانا چاہئے۔ اِس کے علاوہ ہمیں مختلف کمیٹیوں کی تشکیل دینا چاہیے۔ مثال کے طور پر انتظامیہ کمیٹی، استقبالیہ کمیٹی، پبلیسٹی کمیٹی، مشاورتی کمیٹی وغیرہ اور اس بات کی کوشش کرنی چاہئے کہ ہر کمیٹی کا اِنچارج ایک استاد ہو اور ہر کمیٹی اپنا کام مستعدی سے کرے۔

ج) اشتہارات کو منظّم کیسے کریں(How to Arrange the Display):- اشتہارات کے سلسلے میں اس بات کا خیال رکھا جانا چاہئے کہ دو اشتہاروں کے بیچ خاصی جگہ ہو (وہ چاہے پوسٹر ہوں، ماڈل ہوں یا پھر چارٹ ہوں) ان پر جو چیزیں لکھی ہوں وہ بڑی اور موٹی تحریر میں لکھی ہوں جس سے کہ لوگ دور سے بھی آسانی سے پڑھ سکیں۔ ان پر اُن کو بنانے والے طلباء اور ان کے اسکولوں کے نام بھی لکھے ہونے چاہئے۔ جن تجربات (experiments) میں بجلی کی ضرورت ہے ان کو ایک طرف رکھنا چاہئے اور اس بات کو یقینی بنانا چاہئے کہ تجربے کے دوران بجلی کی کمی نہ ہونے پائے اور اس کے علاوہ جو مظاہرے (demonstrations) کئے جاتے ہیں ان کی معقول مشق پہلے سے کر لینی چاہئے تاکہ عین وقت پر کوئی پریشانی نہ کھڑی ہونے پائے۔

د) منصوبے کی تعمیل (Execution):-منصوبے کے مطابق اور لوگوں کو دیئے گئے مختلف کاموں کے خاکے کے مطابق اصل کام کی تعمیل ہونی چاہئے۔ اس کے لیے پہلے نمائش کا افتتاح ہونا چاہئے اور اس کے بعد مختلف طلباء اور اداروں کے کاموں کا تعین قدر (evaluation) ہونا چاہئے۔

ر) تعین قدر(Evaluation):- یہ نمائش کے انعقاد کا آخری مرحلہ ہے۔ اس کے تحت ہمیں پہلے سے ہی ججوں پر مشتمل مختلف کمیٹیوں کی تشکیل دیدینی چاہئے جو کہ نمائش کی مختلف چیزوں کی جانچ کرنے کے بعد کس کو کون سا انعام دینا ہے اس کے بارے میں فیصلہ کریں۔ ان معیارات (standards) کا جن کی بنیاد پر تعین قدر ہونا ہے ہمیں پہلے سے ہی اپنے اسکول اور دوسرے اسکولوں کے طلبا کو بتا دینا چاہئے۔ عام طور پر تعین قدر کے وقت نمبرات دینے کے معاملے میں مندرجہ ذیل معیار اپنانا چاہئے:-

| | |
|---|---|
| سائنسی اقدار کو | - 30% |
| تخلیقیت کو | - 20% |

تکنیکی مہارت کو - 20%

جامعیت (thoroughness) کو - 10%

موثر طریقے سے پیش کش کو - 10%

ذاتی انٹرویو کو - 10%

اسی معیار کو ذہن میں رکھ کر طلباء کو نمبرات دینے چاہئے اور انعام کی تقسیم کرنی چاہئے۔

جب پوری نمائش کے تمام پہلو مکمل ہو جائیں تو طلباء اور اساتذہ کو آپس میں مل کر ایک بار پھر سے اس کی خوبیوں اور خامیوں پر غور کرنا چاہئے بالخصوص کمیاں کہاں پر رہ گئیں، اس کے لیے کون ذمے دار ہے اور ان کمیوں کو دور کیسے کر سکتے ہیں اور کیا احتیاطی قدم اُٹھائے جائیں جن سے مستقبل میں پھر اس طرح کی کمی پیدا نہ ہونے پائے۔ ہمیں اس بات کی بھی کوشش کرنی چاہئے کہ زیادہ سے زیادہ عوام اس میں شرکت کر کے مختلف ماحولیاتی مسائل سے آگاہ ہو جائیں۔

## vii) معلوماتِ عامہ کا مقابلہ (Quiz)

ماحولیاتی تعلیم سے متعلق quiz کو منعقد کرنے کے لیے بہت سارے سوالات کی ضرورت پڑتی ہے اس کے لیے پہلے سے ایک استاد کو بہت سارے سوالات پر مشتمل ایک question bank تیار کرنا پڑتا ہے۔ اس کے علاوہ ایک تاریخ کو بھی متعین پہلے سے کرنا پڑتا ہے، کن لوگوں کو اس میں شریک ہونا ہے (یعنی ان کی عمر، تعلیمی صلاحیت وغیرہ) اُس کا ضابطہ مقرر کرنا پڑتا ہے، کس جگہ پر مقابلہ ہونا ہے اور کس وقت ہونا ہے وغیرہ کو متعین کرنا پڑتا ہے۔ ایک اعلانیہ (circular) جاری کر کے تمام اسکولوں اور لوگوں کو اس کی اطلاع دینی پڑتی ہے اور کن لوگوں سے رابطہ کرنا ہے اور ان کے فون نمبر کا بھی ذکر کرنا پڑتا ہے۔ جس استاد کے ذمہ question bank کی تیاری ہو اس کو یہ چاہئے کہ ان میں ایسے سوالات شامل کریں جو کہ مختلف پیڑ پودوں کی تصویروں، مختلف چڑیوں اور جانوروں کی آواز اور تصاویر، مختلف طرح کی جغرافیائی تصویر وغیرہ پر مشتمل ہوں۔ اس کے علاوہ مختلف ماحولیاتی آلودگی کی وجوہات، ان کے اثرات، انسانی زندگی کی ہونے والی پریشانیوں، صحت پر اثرات وغیرہ کے متعلق بھی سوالات کرنا چاہئے۔ یہ بھی کوشش کرنا چاہئے کہ مختلف قومی پارکوں، sancturies، مختلف غیر سرکاری تنظیموں اور ان کی کارکردگی، ایسے پودے جن سے دوائیں بنائی جاتی ہیں، مختلف ماحولیاتی قوانین، مختلف ماحولیاتی حادثات، بین الاقوامی اور قومی سطح پر ہونے والی conference، روایتی اور غیر روایتی توانائی کے ذرائع، ماحولیاتی تعلیم سے متعلق سرکاری اداروں، کتابوں اور رسالوں کے متعلق سوالات کرنے چاہئے۔

## Quiz کے متعلق چند قوانین

1) اگر شرکاء کی تعداد زیادہ ہو تو ایک تحریری جانچ کر لینی چاہئے اور اس جانچ کی ہی بنیاد پر یہ فیصلہ کرنا چاہئے کہ کن لوگوں کو quiz میں شریک ہونا ہے۔ team بناتے وقت بھی اس بات کا خیال رکھنا چاہئے کہ ایک ٹیم میں دو لوگ ہوں اور وہ ایسے ہوں جن کی آپس میں tuning اچھی ہو۔ دو پول A اور B بنا دینے چاہئے۔ pool A میں ٹیم نمبر 1,3,5,7 اور پول B میں ٹیم نمبر 2,4,6,8, کو شامل کرنا چاہئے۔ اس طرح quarter final اور semi-final کے متعلق بھی پہلے سے قانون بنا دینا چاہئے۔ اس کے علاوہ tie ہونے کی صورت میں کیا ہوگا اور نمبرات کس طرح دیئے جانے ہیں اس کے بارے

میں بھی فیصلہ پہلے سے ہی کر لینا چاہئے۔

۲) معلوماتِ عامہ کے مقابلے میں سوالات کرنے والا (quiz master) کون ہوگا اوراس کے اختیارات کیا ہوں گے اس کے بارے میں پہلے سے فیصلہ کرلینا چاہئے اور کسی بھی تنازع کی صورت میں اس کی رائے کو فائنل ماننا چاہئے۔ اس کے علاوہ quiz کے کتنے round ہوں گے اور اس میں audio، visual یا کسی اور طرح سے سوالات کرنے ہیں اس کے بارے میں بھی quiz master کو اختیار دینا چاہئے۔

۳) اس میں ایک scorer ہونا چاہئے۔ scoring کرنے کے قوانین اس کو پہلے سے بتادینا چاہئے۔ ہر round کے بعد وہ مختلف ٹیموں کے score کے بارے میں بتاتا رہے گا۔

۴) ایک time keeper ہونا چاہئے جو کہ وقت کا خیال رکھے اور کوشش کرے کہ غیر جانب داری سے تمام لوگوں کو برابر کا وقت دے اور کوشش کرے کہ ایک سرگرمی اپنے معینہ مدت میں ختم ہوجائے۔

۵) اگر quiz میں ایسے سوالات کرنے ہوں جو کہ audio-visual قسم کے ہوں تو اس کے لیے ایک technician کا انتظام پہلے سے کرلینا چاہئے۔

## viii) مذاکرہ (Debate)

ماحولیاتی تعلیم میں کچھ مدعے ایسے ہوتے ہیں جن میں تضاد ہوتا ہے۔ مثال کے طور پر کیا ہم کو تمام ترقیاتی کام کو ماحول کی حفاظت کے لیے بند کر دینا چاہئے؟ کیا global warming کی وجہ سے کچھ علاقوں کے ڈوبنے کا خطرہ ہے؟ کیا dam بنانا چاہئے؟ کیا bonsai فائدہ مند ہوتے ہیں؟ کیا چڑیا گھر سماج میں رکھے جانے چاہئے یا بند کر دینا چاہئے وغیرہ۔ یہ تمام موضوعات ایسے ہوتے ہیں جن پر طلباء اچھی طرح سے مذاکرہ کر سکتے ہیں۔ ہم طلباء کو عنوان پہلے سے بتا سکتے ہیں اور ان سے ان کی رائے لے سکتے ہیں کہ وہ اس عنوان کی حمایت میں بولیں گے یا مخالفت میں۔ مقابلہ کے لیے جگہ اور تاریخ کو متعین کرکے ججوں کو ہمیں پہلے سے مقرر کردینا چاہئے جو کہ اس بات کا فیصلہ کریں کہ کون جیتا؟ ججوں کو ہمیں پہلے سے ضابطوں کے بارے میں بتادینا چاہئے جس کی بنیاد پر وہ فیصلہ لے سکیں۔ جو طلباء اس میں حصہ نہیں لے رہے ہیں ان کو رکنے کو اور سننے کو کہنا چاہئے۔ جب ایک بار مقابلہ ہوجائے تو audience میں سے کچھ لوگوں کو سوالات کرنے کا موقع فراہم کرنا چاہئے اور بولنے والوں کو ان کے جواب صبر وتحمل سے دینا چاہئے۔ اور اگر کچھ شکوک وشبہات رہ گئے ہیں تو انہیں بھی دور کرنا چاہئے۔ مذاکرے کی وجہ سے سامعین کو کسی بھی مسئلے کے دونوں پہلوؤں کی جانکاری ملے گی اور وہ اس پر غور وخوض کر سکیں گے۔ اس کے علاوہ مذاکرے کے بعد ہم کو ایک عام نتیجے پر پہنچنے کی کوشش کرنی چاہئے جو کہ بڑے پیمانے پر افادی ہو اور اس میں کسی طرح کے ذاتی مفادات شامل نہ ہوں۔

## ix) مظاہرہ (Demonstration)

مظاہرہ کا مطلب ہے طلباء کو کسی بھی کام، عمل یا تجربے کے بارے میں کرکے دکھانا۔ اس میں ہم مختلف طرح کی سمعی، بصری اشیاء کا استعمال کرتے ہیں۔ مثال کے طور پر recording, film, filmstrip, chalkboard، تصویر، chart وغیرہ۔ اس کے ذریعہ سے ہم طلباء کے اندر تجسس پیدا کر سکتے ہیں اور ان کے اندر تکنیکی اور مشینی مہارتیں بھی پیدا کی جاسکتی ہیں۔ لیکن مظاہرے سے پہلے ہمیں اس بات کو یقینی بنانا ہوگا کہ پہلے سے اس کی تیاری اور معقول مشق کرلی گئی ہے، جن چیزوں کی ضرورت ہے انہیں اکٹھا کرلیا گیا ہے۔ اس

بات کو بھی یقینی بنانا ہوگا کہ ہر کوئی اس کو آرام سے دیکھ سکے اور اس مظاہرے کے عام نکات کو board پر لکھ بھی دینا چاہیئے۔ اس کے علاوہ ہمیں اس بات کی بھی کوشش کرنی چاہیئے کہ ہم بہت جلد بازی نہ کریں۔ مظاہرے کو آسان بنائے رکھیں، خاص نکات سے نہ بھٹکیں۔ اور وقفے وقفے پر سوالات کر کے اس بات کو جاننے کی کوشش کریں کہ طلباء ہماری باتوں کو سمجھ پا رہے ہیں یا نہیں۔ طلباء کو آخر میں لکھے ہوئے hand notes فراہم کرنا چاہیئے اور ان سے پوچھنا چاہیئے کہ انہوں نے اس مظاہرے سے کیا سمجھا؟ مظاہرے کے بعد ہم کو اس کا تعین قدر بھی کرنا چاہیئے۔ اس طریقے کی خاصیت یا خوبی یہ ہے کہ اس سے بہت سارے طلباء کو ایک ساتھ ایک مظاہرے کے ذریعہ بہت ساری چیزوں کو سکھا سکتے ہیں اور اس کے ذریعہ سے حاصل کیا گیا علم دیر پا ہوتا ہے۔ لیکن اس کی خامی یہ ہے کہ یہ طلباء کو خود سے کر کے سیکھنے کا موقع فراہم نہیں کرتا اور نہ یہ انفرادی تفاوت کا خیال رکھتا ہے۔

## x) پوسٹر کی نمائش کرنا (Poster Presentation)

پوسٹر سادے اور موٹے کاغذ کی شیٹ پر بنائے جاتے ہیں اور یہ کچھ نعرے (slogans)، تصاویر یا پیغام دینے کے اہم ذرائع ہیں۔ جو لوگ ان کے پاس سے گذرتے ہیں وہ انہیں دیکھ کر کافی کچھ سیکھ جاتے ہیں۔ ماحولیاتی تعلیم میں ہم پوسٹر کا کافی بہتر استعمال کر سکتے ہیں۔ پہلے ہمیں طلباء کو کچھ عنوانات یا موضوعات دینے ہوں گے اور پھر اس کے بعد ان سے کہا جائے گا کہ وہ پوسٹر بنا کر لائیں اور پھر ان کو ان کے پیغامات کے ساتھ دوسرے لوگوں کو دیکھنے کا موقع فراہم کر سکتے ہیں۔ لیکن ماحولیاتی تعلیم سے متعلق پوسٹر بناتے وقت ہمیں مندرجہ ذیل باتوں کا خیال رکھنا چاہیئے:-

۱) ایک پوسٹر پر صرف ایک idea یا پیغام ہو اور یہ ایسا ہو کہ لوگ آسانی سے اس کا مطلب سمجھ سکیں۔

۲) پوسٹر اتنا بڑا ہو اور اس کی تحریر اتنی موٹی ہو کہ لوگ آرام سے دور سے بھی دیکھ سکیں یا ایک سے زیادہ لوگ بھی آسانی سے دیکھ سکیں۔

۳) پوسٹر کو رنگ برنگا (colourfull) ہونا چاہیئے اور یہ ایسا ہونا چاہیئے کہ لوگوں کی توجہ اپنی طرف کھینچے۔

۴) اس میں جو کچھ تشریحات دی گئی ہوں وہ بہت واضح ہونا چاہیئے۔

۵) اس کو ایسی جگہ ٹانگنا چاہیئے یا چسپاں کرنا چاہیئے جہاں زیادہ سے زیادہ لوگ دیکھ سکیں۔

۶) پوسٹر لگانے کے بعد طلباء کے مختلف گروہوں میں آپس میں بحث و مباحثہ کرنے کا موقع فراہم کرنا چاہیئے اور اس بات کی کوشش کرنا چاہیئے کہ طلبا اس پوسٹر کے پیغام کو آسانی سے سمجھ سکیں۔

## xi) بیت بازی (Antakshari)

اس کے لئے درجہ جماعت کے طلباء کو دو گروہوں میں تقسیم کر کے ان سے یہ کہا جا سکتا ہے کہ وہ کچھ ایسے گانے گائیں جن میں ماحول کے متعلق کچھ باتیں کہی گئی ہوں اور کوشش کرنی چاہیئے کہ ہر طالب علم کو گانے کا موقع ملے۔ اس کے بعد ان سے پوچھنا چاہیئے کہ کیا گانے میں جو باتیں کہی گئی ہیں وہ ہمارے ماحول میں پائی جاتی ہیں کہ نہیں یا اگر پائی جاتی ہیں تو کتنی مقدار میں؟ پھر طلبا سے یہ پوچھنا چاہیئے کہ ماحول کو بہتر کرنے کے لیے کیا کیا کام کیے جانے چاہیئے؟ ان کاموں میں سرکار کے ذریعہ کئے گئے کام عام انسانوں کے فرائض اور دوسری تنظیموں کے کام بھی شامل ہیں۔

### (xii) کٹھ پتلی (Puppets)

کٹھ پتلیوں کی مدد سے ہم بہت سارے ماحولیاتی پیغامات کو آسانی سے لوگوں تک پہنچا سکتے ہیں۔ ان کو بنانا بھی آسان ہوتا ہے اور استعمال بھی۔ ہم بہت سارے ماحولیاتی اجزاء۔ مثال کے طور پر پیڑ پودے، جانور، شکاری، ماحولیاتی انحطاط سے ہونے والے نقصانات، تیزی سے ختم ہونے والے جانوروں، نباتات، ماحولیاتی آلودگی اور ان کی وجوہات وغیرہ کی کٹھ پتلی آسانی سے بنا سکتے ہیں اور ان کو اپنی پسند کے کپڑے پہنا سکتے ہیں اور ان کو اپنا من پسند رنگ بھی دے سکتے ہیں۔ ہم ان کو مستقل طور پر بنا سکتے ہیں یا وقتی طور پر بھی۔ ان کی ایک خاصیت اور ہوتی ہے کہ اس میں بچے سرگرم ہو کر سیکھتے ہیں، کام کرتے ہیں تو ان کو گروہی طریقے سے اکتساب کرنے کا موقع ملتا ہے۔ طلباء کے خالی وقت کا صحیح استعمال ہوتا ہے اور انعام وغیرہ جیتنے سے ان کی حوصلہ افزائی ہوتی ہے اور دیکھنے والے بھی اسے دلچسپی سے دیکھتے ہیں۔

## ماحولیاتی کلب (Eco Club)

### ایکو کلب کو منظّم کرنا (Organising an Eco-club)

ایکو کلب نوجوانوں پر مشتمل ایک ایسا گروہ ہوتا ہے جو کہ ماحولیاتی تحفظ کے لیے کام کرتا ہے۔ چونکہ اس میں گروہی سرگرمیاں ہوتی ہیں اس لیے اس کے ذریعہ چلائی جانے والی تحریکیں بہت مؤثر ہوتی ہیں۔ عام طور پر ایکو کلب کے مندرجہ ذیل کام ہوتے ہیں:-

۱) وقفے وقفے پر conference, seminar، مذاکرہ، بحث و مباحثہ، پوسٹر کی نمائش، quiz وغیرہ کے پروگرام منعقد کروانا۔

۲) پیڑ لگانے کی تحریک چلانا، ماحول کو صاف کرنے کی تحریک چلانا، آلودگی کو کم کرنے کی حکمتِ عملی بنانا، رڈی کاغذ اور پلاسٹک کو recycle کر کے ان کو پھر سے کارآمد بنانا وغیرہ۔

۳) مختلف اخبارات، رسالے اور خبروں میں ماحولیاتی تعلیم سے متعلق تحریریں یا خبریں شائع کروانا۔

۴) مختلف طرح کے ایسے project بنانا اور چلانا جن سے ماحول کی حفاظت کی جا سکے۔

۵) پانی کی آلودگی پر نظر رکھنا اور اس کے لیے عوام کو بیدار کرنا۔

### ایکو کلب کی تشکیل کیسے کی جائے؟

Naticnal Green Corps (NGC) کے 2001ء کے document کے مطابق ''ہم سب لوگ جس ماحول میں رہتے ہیں اس کا ایک حصہ ہیں اور بہت سارے ماحولیاتی مسائل کا حل ہمارے رویّے (attitude) سے جڑا ہے۔ اگر ہم ماحول کے تئیں مثبت رویہ رکھتے ہیں تو ہم اس کے مسائل کو حل کرنے کی کوشش کریں گے اور اگر منفی رویہّ رکھیں گے تو نہیں۔ اگر ہم کسی طرح سے عوام کا رویہّ ماحول کے تئیں مثبت کر دیں تو ماحولیاتی مسائل خود بخود حل ہو جائیں گے۔ عوام کو آگاہ کرنے کا بہترین طریقہ ہے کہ ہم شروعات بچوں سے کریں کیوں کہ بچے ہی آگے چل کر کسی سماج کے ذمہ دار شہری بنتے ہیں۔ اسی لئے ہندوستان سرکار کی وزارتِ ماحولیات اور جنگلات نے ملک کے تمام اضلاع میں NGC کا پروگرام چلایا ہے تاکہ اس کے ذریعہ ہم بچوں اور دوسرے لوگوں کو ماحول کے تئیں حساس بنا سکیں۔

## ایکو کلب کے مقاصد:

۱) رائج ماحولیاتی مسائل کے ممکن حل بتانا۔
۲) اسکول کے بچوں کو ماحولیاتی تعلیم مہیا کرانا۔
۳) اسکول کے بچوں میں ماحول کے تحفظ کے لیے ایسی بیداری پیدا کرنا جس سے کہ وہ جب عملی زندگی میں آئیں تو ایک ذمے دار شہری بن سکیں۔
۴) طلباء کو سرگرم طریقے سے ماحولیاتی تحفظ کے لیے چلائی جانے والی اسکیموں میں ملوّث کرنا۔
۵) طلباء کے اندر ماحولیاتی مسائل کو لے کر ایک طرح کا سائنسی رویہ قائم کرنا۔
۶) طلباء کو مختلف ماحولیاتی مسائل کے راست رابطے (direct contact) میں لانا۔
۷) اسکول یا اسکول سے باہر ماحول کے تحفظ کے لیے چلائی جانے والی اسکیموں کی جانکاری فراہم کرنا۔

## ایکو کلب کے رکن

اس وقت CBSE اور ICSE سے ملحق تمام اسکولوں، کیندریہ ودیالے اور اس کے علاوہ ہر ضلع کے 100 اسکول میں ایکو کلب قائم کیے گئے ہیں۔ ہر کلب میں 35-30 طلباء ہوتے ہیں اور اس کا ذمہ دار ایک teacher in-charge ہوتا ہے۔ طلباء اور استاد دونوں کا تعین اس بنیاد پر ہوتا ہے کہ وہ ماحول سے جڑے ہوئے مختلف مسائل میں کتنی دلچسپی لیتے ہیں۔ ہر کلب کو کچھ سامان اور وسائل مہیا کرائے جاتے ہیں اور کچھ خاص قسم کی لکھی ہوئی باتیں (ماحول کے متعلق) بھی فراہم کی جاتی ہیں (جیسے کلب کے لوگ چاہیں)۔ اس کے علاوہ اس کلب کو -/Rs. 1000 سالانہ اس بات کے لئے بھی دیا جاتا ہے کہ وہ ماحول کے متعلق مختلف طرح کی سرگرمیوں کو منعقد کریں۔ ضلع سطح پر ایک کمیٹی ہوتی ہے جو کہ انچارج اساتذہ کو تربیت دیتی ہے اور ایکو کلب کی مختلف سرگرمیوں میں ربط پیدا کرتی ہے۔ یہ کمیٹی سال بھر کے پورے ضلع کے اسکولوں کے پروگرام کا خاکہ بھی تیار کرتی ہے۔ اس کے علاوہ قومی سطح پر ایک کمیٹی ہوتی ہے اور صوبائی سطح پر بھی ایک کمیٹی ہوتی ہے جو آپس میں ربط پیدا کر کے مختلف پروگراموں کا لائحۂ عمل تیار کرتی ہے۔ تربیت دینے اور معیار کو برقرار رکھنے کا کام مرکزی کمیٹی کا ہوتا ہے۔ قومی کمیٹی ہر ضلع سے ایک یا دو master trainer کا انتخاب کرتی ہے، انہیں تربیت دیتی ہے اور وہ بعد میں جا کر الگ الگ ایکو کلب کے teacher in-charge کو تربیت دیتے ہیں۔

## ایکو کلب کے لیے رقم کا بندوبست

۱) ہر اسکول کے ایکو کلب کو حکومت کی طرف سے سالانہ -/Rs.1000 دیئے جائیں گے۔ اس کو کہاں اور کس طرح خرچ کرنا ہے یہ فیصلہ کلب کے ممبران اور Teacher in-charge مل کر کریں گے۔
۲) ہر ضلع سے ایک یا دو Master Trainer کی تربیت کے لیے مرکزی کمیٹی صوبائی کمیٹی کی nodal agency کو -/Rs. 990 فی Master in-charge کے اعتبار سے دے گی۔
۳) ہر کلب کے Master in charge کی تربیت کے لئے صوبے کی nodal agency کو فی استاد کے حساب سے -/Rs.335 روپیہ دیگی۔
۴) کچھ چیزوں کو چھپوانے، اشتہار لگوانے یا کچھ سامان خریدنے کے لیے ہر صوبے کی nodal agency

کو -/Rs.50 فی ماحولی کلب کے حساب سے رقم دی جائیگی۔

۵) کسی بھی صوبے کی nodal agency کو تمام اخراجات کا 5% حصہ انصرامی سرگرمیوں پر کی گئی محنت کے محنتانہ کے طور پر دیا جائیگا۔

## ایکو کلب کی سرگرمیاں

۱) اسکول میں مختلف ماحولیاتی مسائل سے متعلق مدعوں پر بحث ومباحثہ منعقد کروانا، لکچر کروانا اور سیمینار کروانا اور march, rally یا جلوس نکالنا تاکہ لوگوں کے اندر ماحول کے تئیں بیداری پیدا ہو جائے۔

۲) طلباء کو مختلف wild life parks, national parks, sancturies اور ماحولیاتی نقطۂ نظر سے اہمیت کی حامل جگہوں کی سیر کروانا اور ان جگہوں پر بھی لے جانا جن کو دیکھ کر طلباء کو مختلف طرح کی آلودگی کا احساس پیدا ہو۔

۳) اسکول کے اندر اور اسکول کے باہر پیڑ پودے لگانا، صاف صفائی کی مہم چلانا، خراب کاغذ کو پھر سے استعمال کرنے کی عادت پیدا کرنا، بارش کے پانی کو صحیح طریقے سے جمع کرنا، پانی یا ہوا کو آلودہ کرنے والے ذرائع کا مقامی سطح پر پتا لگانا اور ان کی جانکاری ماحول کے لیے ذمہ دار حکام کو دینا۔

۴) طلباء کے اندر انفرادی صاف صفائی کی عادت پیدا کرنا۔ مثال کے طور پر کھانے سے پہلے صابن سے ہاتھ دھونا، ناخن کاٹنا، روز نہانا، پالیتھین یا کچرا dustbin میں ڈالنا وغیرہ اور عوامی جگہوں پر poster لگانا یا pamphlet تقسیم کرنا تاکہ لوگ ماحولیاتی آلودگی کے ذرائع سے واقف ہو سکیں۔

۵) اسکول کے باہر اور اندر جتنے پارک یا باغیچے ہیں ان کا صحیح طرح سے رکھ رکھاؤ کرنا اور لوگوں کو فالتو جگہوں پر کوڑا وغیرہ پھینکنے سے روکنا۔

## ایکو کلب کے نگراں (Teacher in-charge) کا کردار

۱) زیادہ سے زیادہ طلباء کو ایکو کلب میں شامل ہونے کی حوصلہ افزائی کرنا۔

۲) مقامی سطح پر جن پروگرام اور اسکیموں کی ضرورت ہو ان کو دلجمعی کے ساتھ بنانا اور ان پر عمل کرنا۔

۳) کم سے کم ایک ہفتے میں ایک بار ایکو کلب کے تمام ممبران کو اکٹھا کر کے کچھ ماحولیاتی مسائل پر غور وخوض کرنا اور کوئی نہ کوئی سرگرمی کروانا۔

۴) طلباء کی حوصلہ افزائی کرنا کہ وہ اگلے ہفتے کی کچھ سرگرمیوں کی فہرست بنائیں اور ان پر کس طرح سے عمل درآمد کرنا ہے اس کا بھی خاکہ تیار کریں۔

۵) اپنے پرنسپل کو بھروسے میں لے کر ان تمام پروگرام پر عمل درآمد کرنے میں اس کی مدد لینا۔

۶) ماحولیاتی تعلیم کے لیے ذمہ دار ضلع کمیٹی (NGC اسکیم کے تحت) کو ہر مہینے کی کارکردگی کی رپورٹ دینا اور اپنے مسائل سے بھی انہیں آگاہ کرنا۔

۷) ضلع سطح پر جو کچھ بھی پروگرام ضلع کمیٹی کی جانب سے چلائے جارہے ہیں اس میں تعاون کرنا اور ان تمام سرگرمیوں میں بڑھ چڑھ کر حصہ لینا۔

۸) ماحول کے متعلق رسالوں، اخبارات کی خبروں اور مختلف طرح کی تحقیقات کا مطالعہ کرنا اور اس کی جانکاری طلباء اور دوسرے لوگوں کو فراہم کرنا۔

باب-۱۶ (Chapter-XVI)

# ماحولیاتی تعلیم کے مسائل

# PROBLEMS OF ENVIRONMENTAL EDUCATION

ماحولیاتی تعلیم کے اہم مسائل مندرجہ ذیل ہیں:

۱) ماحولیاتی تعلیم کے ساتھ سب سے بڑا مسئلہ یہ ہے کہ لوگ اِسے اتنی توجہ نہیں دے رہے ہیں جتنی کہ دوسرے مضامین کو۔ چونکہ ماحولیاتی مسائل، آلودگی، global warming مختلف natural اور man made آلودکار وغیرہ کی جانکاری طلباء کو تبھی ہو پائے گی جب ہم ان کو اُن جگہوں پر لے جائیں گے اور اس میں کافی وقت کی درکار ہوتی ہے اس لیے لوگ اِسے زیادہ توجہ نہیں دیتے۔ کیونکہ اسکول کا نصاب بڑا بوجھل ہوتا ہے اور اساتذہ اور طلباء کو کافی کام کرنا پڑتا ہے حالانکہ عدالتِ عالیہ نے اس سلسلے میں ایک فیصلہ جاری کیا ہے اور حکومت کو یہ ہدایت دی ہے کہ ہر سطح پر ماحولیاتی تعلیم دی جائے لیکن ابھی مقامی سطح پر یہ کام نہیں ہو پا رہا ہے۔

۲) ماحولیاتی تعلیم کو ہم بہترین طریقے سے تبھی دے سکتے ہیں جب ہم اس کو ہر مضمون میں شامل کریں اور نادانستہ طور پر اسے طلبا کو دیں۔ اس سطح پر ابھی کچھ خاص کام نہیں ہو پایا ہے۔

۳) ماحولیاتی تعلیم کے مقاصد بہت واضح نہیں ہوتے ہیں۔ اس تعلیم کے مقاصد انسان کے کردار کے تینوں پہلوؤں- دقوفی، تاثراتی اور نفسیاتی حرکی سے جڑے ہیں لیکن عام طور پر ہم زیادہ زور وقوفی حلقے پر ہی دیتے ہیں اور تاثراتی اور نفسیاتی حرکی پر کم۔ جب تک طلباء ماحولیاتی مسائل کو سمجھ کر ان سے والہانہ لگاؤ رکھ کر ان کو حل کرنے کی کوشش نہیں کریں گے تب تک ماحولیاتی تعلیم دینا بے سود ہوگا۔ ہمیں یہ کوشش کرنی چاہیئے کہ اس تعلیم کے ذریعہ طلباء میں مثبت رویہ اور معقول دلچسپیاں پیدا ہوں۔

۴) ماحولیاتی تعلیم کے مختلف تصورات کو صحیح طرح سے سمجھانے، طلباء کے اندر مثبت رویہّ پیدا کرنے اور ماحولیاتی مسائل کو حل کرنے کی استعداد پیدا کرنے کا کام تربیت یافتہ، مستعد اور قابل اساتذہ کا ہے۔ لیکن بد قسمتی سے ہمارے ملک میں ایسے اساتذہ کی کمی ہے۔ جو لوگ ماحولیاتی تعلیم دے رہے ہیں وہ نہ تو تربیت یافتہ ہیں اور نہ ہی زیادہ دلچسپی لیتے ہیں۔ اکثر وبیشتر یہ پایا گیا ہے کہ وہ طلباء کے مختلف مسائل کو حل کرنے کے بجائے ان کے لئے confusion اور پریشانیاں زیادہ پیدا کرتے ہیں۔

۵) عام طور پر یہ دیکھا گیا ہے کہ سرکاری محکمہ ماحولیاتی تعلیم کے متعلق زیادہ سنجیدہ نہیں ہے۔ ان میں بڑے پیمانے پر بدعنوانیاں پھیلی ہیں۔ سرکار اگر اس سلسلے میں کچھ کوشش بھی کرتی ہے تو ان بدعنوانیوں کی وجہ سے ان کوششوں کا اثر عوام تک نہیں پہنچ پاتا ہے۔ اگر وہ کچھ کام کرتے بھی ہیں تو صرف خانہ پُری (formality) کے لیے، قوّتِ ارادی کے ساتھ نہیں۔

۶) ماحولیاتی انحطاط اور آلودگی ایک بہت بڑا بین الاقوامی مسئلہ ہے اور کچھ ماہرین کا تو یہاں تک ماننا ہے کہ آج انسان کا وجود ہی صاف ستھرے ماحول پر منحصر ہے۔ ظاہر ہے کہ اتنے بڑے اور سنجیدہ مسئلے کو حل کرنا صرف تعلیمی اداروں یا اساتذہ کا کام نہیں ہے بلکہ اس کے لیے گھر، خاندان، سماج، سرکار اور غیر سرکاری تنظیموں کو آگے آنا ہوگا۔ اور مل کر کام کرنا ہوگا لیکن ہم یہ پاتے ہیں کہ ان تمام اداروں میں ربط کی کمی ہے۔

ضمیمہ (Annexure)

# آلودگی کو کم کرنے کے لئے ہندوستان میں بنائے گئے کچھ اہم قوانین
# (Some Important Laws for the Prevention and Control of Pollution in India)

## (ا) پانی کو آلودگی سے بچانے اور اس پر روک تھام کے لیے قانون، 1974
## Water (Prevention and Control of Pollution) Act, 1974

پانی کو آلودگی سے بچانے اور اس پر قابو پانے کے مقصد سے 1974ء میں حکومتِ ہند نے اس قانون کو بنایا اور اسی سال سے نافذ کیا۔ اس قانون میں 64 دفعات (sections) اور آٹھ باب (chapter) ہیں۔ ان میں سے ہم خاص خاص کو مندرجہ ذیل سطروں میں پیش کر رہے ہیں:

### باب-۱ (Chapter -I): تمہیدی باب (Preliminary)

دفعہ ۱:- قانون کا مختصر عنوان، اس کی حد اور آغاز (commencement)

(i) اس قانون کو پانی (کو آلودگی سے بچانے اور اس پر روک تھام) کا قانون، 1974 کہیں گے۔

(ii پہلے مرحلے میں اس قانون پر پورے آسام، بہار، گجرات، ہریانہ، ہماچل پردیش، جموں اور کشمیر، کرناٹک، کیرالہ، مدھیہ پردیش، راجستھان، تری پورہ، مغربی بنگال اور مرکز کے ذریعہ منظم کئے جانے والے علاقوں (UTs) میں عمل درآمد ہوگا۔ اس کے علاوہ اس پر ان صوبوں میں بھی عمل درآمد ہوگا جو کہ آئین کی دفعہ 252 کے (1)clause کے مطابق اسے قبول کریں گے۔

دفعہ ۲:- تعریفات:- اس قانون میں مندرجہ ذیل تعریف پیش کی جاتی ہے۔

(i) بورڈ (board) کا مطلب مرکزی بورڈ یا صوبائی بورڈ سے ہے۔

(ii) مرکزی بورڈ (central board) کا مطلب ہے مرکزی آلودگی روک تھام بورڈ جسے کہ دفعہ ۳ کے تحت تشکیل کیا گیا ہے۔

(iii) رکن (member) کا مطلب، بورڈ کا رکن اور اس میں اس کا Chairman بھی شامل ہے۔

(iv) آلودگی کا مطلب پانی میں ایسی چیزوں کا ملنا یا اس کی طبعی کیمیاوی یا حیاتاتی خصوصیات میں اس طرح کا انحراف ہونا یا اس میں ٹھوس، رقیق یا gaseous مادّوں کا اس طرح سے ملنا (صنعتی یا غیر صنعتی ذرائع سے) کہ وہ انسان کی صحت یا تحفظ کے لیے نقصان دہ ہو یا جانوروں اور پودھوں کے لیے نقصان دہ ہو یا زراعتی، گھریلو، صنعتی یا اقتصادی استعمال کے لائق نہ رہ جائے اور پانی میں پائے جانے والی مختلف مخلوقات کے لیے نقصان دہ ثابت ہونے لگے۔

(v) نالوں کے ذریعہ نکلنے والے گندے پانی (Sevage effluent) کا مطلب ایسے پانی سے ہے جو گھروں یا دوسری جگہوں سے نکل کر پانی میں ملتا ہے۔

(vi) صوبائی بورڈ کا مطلب صوبائی آلودگی روک تھام بورڈ، ہے جسے دفعہ ۴ کے تحت قائم کیا گیا ہے۔

(vii) دھارے (stream) میں بہتے یا سوکھے ہوئے پانی کا راستہ، قدرتی یا انسانوں کے ذریعہ بنایا گیا زمین کے اندر کے نکلنے کا راستہ اور جھرنے سے گرنے والا پانی شامل ہے۔

### باب-۲ (Chapter -II)

پانی کی آلودگی کو قابو میں کرنے اور اُسے آلودگی سے بچانے کے لئے مرکزی اور صوبائی بورڈ

دفعہ۳:- مرکزی بورڈ کا آئین(constitution)

دفعہ۴:- صوبائی بورڈ کا آئین

دفعہ۵:- بورڈ کے ارکان کی خدمات کے لیے ضروری شرائط

دفعہ۶:- کسی بھی ایسے آدمی کو بورڈ کا رکن نہیں بننے دیا جائے گا جو-

a) دیوالیہ (insolvent) قرار دیا گیا ہو۔

b) اپنے دماغ کا صحیح طرح سے استعمال نہ کر پا رہا ہو۔

دفعہ۷:- اگر کسی رکن کا بورڈ سے اخراج ہو جائے گا تو اس کی جگہ خالی مانی جائے گی۔

دفعہ۸:- بورڈ کی کم سے کم تین مہینے میں ایک meeting ضرور ہو گی۔

دفعہ۹:- بورڈ کو یہ اختیار ہو گا کہ وہ ایسی کمیٹیوں کی تشکیل کر سکے جو ایسے لوگوں پر مشتمل ہو جو یا تو پورے کے پورے بورڈ کے رکن ہوں یا اس میں سے کچھ باہر کے ہوں۔

دفعہ۱۰:- بورڈ کو یہ اختیار ہو گا کہ وہ وقتی طور پر ایسے آدمیوں کی خدمات لے سکے جن کے مشورات کی اُسے ضرورت ہے۔

دفعہ۱۱:- بورڈ کی خالی جگہ، اس کی کارکردگی پر کسی طرح کا کوئی اثر نہیں ڈالے گی اور نہ ہی قوانین پر

دفعہ۱۲:- بورڈ کے سیکریٹری اور دوسرے حکام و ملازمین کی تفصیلات

## باب-۳ (Chapter -III): متحدہ بورڈ(Joint boards)

دفعہ۱۳:- متحدہ بورڈ کا آئین

دفعہ۱۴:- متحدہ بورڈ کی ساخت

دفعہ۱۵:- متحدہ بورڈ کے ہدایات دینے کے مخصوص حالات اور طریقے

## باب-۴ (Chapter -IV): بورڈوں کے اختیارات اور کام

دفعہ۱۶:- مرکزی بورڈ کے کام

۱) اس بورڈ کا سب سے اہم کام مختلف صوبوں کے کنوؤں (wells) اور دھاراؤں (streams) کی صاف صفائی کرانے کی ذمہ داری ہو گی

۲) اس کے علاوہ مرکزی بورڈ کے مندرجہ ذیل کام ہوں گے:-

a) پانی کی آلودگی یا اس کی روک تھام کے متعلق مرکزی سرکار کو کسی بھی طرح کا مشورہ دینا

b) صوبائی بورڈوں کے کام میں ربط پیدا کرنا، اُن پر نظر رکھنا اور ان میں آپس میں کسی طرح کا کوئی تنازعہ پیدا ہو جائے تو حل کرنا

c) صوبائی بورڈوں کو پانی کی آلودگی کو دور کرنے کے لیے تحقیق کرنے میں ہر طرح کی تکنیکی مدد کرنا اور ان کی رہنمائی کرنا

d) پانی کی آلودگی کو دور کرنے کے لیے لوگوں کو تربیت دینا اور پانی کی آلودگی سے بچنے کے منصوبے بنانا۔

e) ابلاغ عامہ (mass media) کی مدد سے لوگوں کے اندر پانی کو آلودگی سے بچانے کے لیے بیداری پیدا کرنا

f) پانی کی آلودگی کے متعلق data اکٹھا کرنا، ان کی اشاعت کرنا اور اسے لوگوں تک پہنچانا

g) کنوؤں یا دھاراؤں کی بہتری کے لیے معیارات (standards) طے کرنا

h) قومی سطح پر پانی کو آلودگی سے بچانے کے لیے پروگرام بنانا اور اس پر عمل درآمد کرنا

۳) بورڈ ایسی کسی بھی ایک یا ایک سے زیادہ تجربہ گاہوں کی شناخت کر سکتا ہے یا انہیں قائم کر سکتا ہے، جس سے یہ اپنے کام کو آسانی سے کر سکے

دفعہ۱۷:- صوبائی بورڈ کے کام

۱) صوبائی بورڈ کے کام مندرجہ ذیل ہوں گے:-

a) صوبے میں پائے جانے والے کنوؤں یا دھاراؤں کو آلودگی سے بچانے یا ان کی صفائی کے لیے ایک جامع

پروگرام کا منصوبہ بنانا

(b پانی کی آلودگی، اس کی روک تھام یا اس سے بچاؤ کے مشورات صوبائی سرکاروں کو دینا۔

(c پانی کی آلودگی کے متعلق اطلاعات کو اکٹھا کرنا

(d پانی کی آلودگی، اُس سے بچنے کے طریقے اور آلودہ پانی کی صفائی کے لیے مختلف طرح کی تحقیق کی حوصلہ افزائی کرنا

(e. ایسے لوگوں کی تربیت کے لیے مرکزی بورڈ کے ساتھ تعاون کرنا جو پانی کی آلودگی سے بچانے اور اس کی روک تھام کے لیے کوشش کر رہے ہیں

(f کسی بھی صنعتی ادارے سے نکلنے والے یا کسی بھی گندے پانی کے نالے کی جانچ کرنا جہاں سے گندا پانی نکل کر صاف پانی میں مل رہا ہو یا کسی اور طرح سے پانی کو آلودہ کر رہا ہو

(g صنعتوں سے یا نالوں سے نکلنے والے پانی کے معیار (standard) طے کرنا

(h صنعتوں سے نکلنے والے یا گھریلو گندے پانی کو صاف کرنے کے لیے سستے اور آسانی سے دستیاب ہونے والے طریقوں کی کھوج کرنا

(i ایسے طریقوں کی کھوج کرنا جن سے ہم گندے پانی کو زراعت کے لیے استعمال کر سکیں

(j صنعتوں سے نکلنے والے گندے پانی کی نکاسی کے مستعد (efficient) طریقے کھوجنا

(k ایسے حالات کی کھوج کرنا جن کے تحت گھریلو گندے پانی یا صنعتوں سے نکلنے والے گندے پانی کو کسی دھارے (stream) میں آسانی سے چھوڑا جا سکے۔

دفعہ ۱۸:- ہدایات دینے کے اختیارات

اپنے کام کو کرنے کے لیے

(a مرکزی بورڈ مرکزی حکومت کے ذریعے تحریری شکل میں دی گئی ہدایات کو ماننے کے لیے مجبور ہوگا

(b صوبائی بورڈ مرکزی بورڈ کے ذریعہ یا صوبائی حکومتوں کے ذریعہ تحریری شکل میں دی گئی ہدایات کو ماننے کے لیے مجبور ہوں گے

## باب-۵ (Chapter -V): پانی کی آلودگی کو قابو میں کرنا اور اُسے آلودگی سے بچانا

دفعہ ۱۹:- صوبائی سرکار کا یہ اختیار ہے کہ وہ اس قانون کے اطلاق کو کچھ علاقوں میں محدود کر دے۔ اگر صوبائی سرکار کو صوبائی بورڈ سے مشورہ کرنے کے بعد یہ لگتا ہے کہ اس قانون میں کہی گئی باتوں کا اطلاق پورے صوبے میں نہیں ہوتا ہے تو وہ اس کے استعمال کو صرف ان علاقوں کے لیے محدود کر سکتی ہے جہاں پر پانی کو آلودگی سے بچانا یا جہاں پر پانی کی آلودگی کی روک تھام ضروری ہے

دفعہ ۲۰:- اطلاعات حاصل کرنے کا اختیار۔ صوبائی بورڈوں کو یہ اختیار ہوگا کہ وہ یا ان کے ذریعہ متعین کیا گیا کوئی بھی شخص کسی بھی علاقہ کا معائنہ کر سکے۔

دفعہ ۲۱:- کسی بھی علاقے سے گندے پانی کا نمونہ لینے (sample) اور اس کی صفائی کے لیے مناسب قدم اٹھانے کا اختیار۔ صوبائی بورڈ یا صوبائی بورڈ کے کسی بھی افسر کو اس بات کا اختیار ہوگا کہ وہ کسی بھی کنوئیں، دھارا، یا ندی یا نالے کے پانی کا نمونہ لے سکیں جس سے کہ وہ اس میں موجود آلودگی کا تجزیہ کر سکیں

دفعہ ۲۲:- نمونوں کے تجزیہ کی رپورٹ۔ دفعہ-۲۱ کے تحت لیے گئے نمونے کو کسی بھی تجربہ گاہ میں تجزیہ کروا کر اس کی رپورٹ کی تین کاپی مرکزی بورڈ یا صوبائی بورڈ حاصل کر سکتے ہیں

دفعہ ۲۳:- کسی بھی جگہ داخل ہونے اور معائنہ کرنے کا اختیار۔ صوبائی بورڈوں کے ذریعہ متعین کیے گئے کسی بھی انسان کو کسی بھی جگہ داخل ہونے کی مندرجہ ذیل صورتوں میں اجازت ہوگی

- بورڈ کے کسی بھی کام کو صحیح طریقے سے کرنے کے لیے (جو کہ وہاں بغیر داخل ہوئے نہیں ہو سکتا ہو)
- کسی بھی صنعتی ادارے، کارخانے، رجسٹر، data یا کسی بھی طرح کے کاغذات کے مطالعہ کے لیے

دفعہ ۲۴:- کسی بھی کنوئیں یا دھارا میں آلودہ مادّہ گرانے پر پابندی عائد کرنے کا اختیار

دفعہ۲۵:- پانی کی نئی نکاس کو محدود کرنے کا اختیار۔ کسی بھی انسان کو کسی بھی صنعت یا گھریلو گندے پانی کو کسی بھی کنوئیں یا دھارا میں گرانے کا اختیار تب تک نہیں ہوگا جب تک کہ وہ صوبائی بورڈوں سے اس کی اجازت نہ لے لیں

دفعہ۲۶:- موجودہ گندے پانے کے ذریعہ یا صنعتی کچرے کی نکاسی کے متعلق ہدایات

دفعہ۲۷:- صوبائی بورڈ کے کسی بھی کام کو نہ دینے یا دیئے گئے کام کو واپس لینے کا اختیار

دفعہ۲۸:- اپیل کرنے کا اختیار۔ دفعہ 25-26 یا 27 کے تحت منع کیے گئے کسی کام کے لیے کوئی بھی انسان صوبائی بورڈ کے پاس 30 دنوں کے اندر اپیل کرسکتا ہے

دفعہ۲۹:- نظرِ ثانی (revision) کرنے کا حق

دفعہ۳۰:- صوبائی سرکاروں کے کچھ مخصوص کام کو جاری رکھنے کے اختیارات

دفعہ۳۱:- صوبائی بورڈوں کو اور دوسرے اداروں کو کچھ مخصوص حالات میں اطلاعات حاصل کرنے کے اختیارات

دفعہ۳۲:- کسی بھی کنوئیں یا دھارا کی آلودگی کے سلسلے میں کچھ مخصوص قدم اٹھانے کا اختیار

دفعہ۳۳:- صوبائی بورڈ کے کسی بھی کنوئیں یا دھارا کو آلودگی سے بچانے کے لیے عدالت جانے کا اختیار

## باب-۶ (Chapter - VI): فنڈ، حساب داری اور آڈٹ (Funds, Accounts and Audit)

دفعہ۳۴:- مرکزی سرکار کا تعاون۔ مرکزی سرکار پارلیامنٹ کے ذریعہ پاس کیے گئے قوانین کی رو سے مرکزی بورڈ کو اتنا پیسہ مہیا کرائے گی جتنا کہ بورڈ کو اپنے کام کو اطمینان بخش طریقے سے چلانے کے لیے ضروری ہو

دفعہ۳۵:- ہر سال صوبائی سرکاریں، صوبائی اسمبلی سے پاس کی گئی قرارداد کے مطابق صوبائی بورڈ کو اُتنا پیسہ مہیا کرائیں گی جتنا کہ صوبائی بورڈوں کو اپنا کام صحیح طرح سے کرنے کے لیے ضروری ہو

دفعہ۳۶:- مرکزی بورڈ کا فنڈ۔ مرکزی بورڈ اپنا خود کا ایک فنڈ رکھے گا۔ اور ان تمام اخراجات کا حساب مرکزی سرکار کو دیگا جو پیسہ مرکزی سرکار نے وقفے وقفے پر اس کو دیا ہے یا بورڈ کو کسی بھی ہدیہ، تحفے یا کسی اور شکل میں کسی بھی سرکاری یا غیر سرکاری ادارے سے ملا ہے

دفعہ۳۷:- صوبائی بورڈ کے فنڈ۔ صوبائی بورڈوں کے اپنے فنڈ ہوں گے اور یہ ان تمام ایسے اخراجات کا حساب دیں گے جو کہ اُنھوں نے صوبائی سرکار کے دئے گئے پیسے سے کیا ہے۔

دفعہ۳۸:- بجٹ

دفعہ۳۹:- سالانہ رپوٹ۔ مرکزی بورڈ ہر سال کے اخراجات اور سرگرمیوں کی رپورٹ مرکزی سرکار کو تحریری شکل میں پیش کرے گا

دفعہ۴۰:- حساب داری اور آڈٹ۔

۱- ہر بورڈ اپنے تمام اخراجات کا حساب رکھے گا اور اس کا رکارڈ بنائے گا

۲- ہر بورڈ کے حساب کی آڈٹ ایک auditor کرے گا

## باب-۷ (Chapter - VII): جرمانہ اور طریقۂ کار (Penalties and Procedure)

دفعہ۴۱:- دفعہ ۲۰ کی ضمنی دفعہ (sub-section) (2) یا (3) کو پورا نہ کرنے پر یا دفعہ 32 کی ضمنی دفعہ (1) کی رو سے جاری کئے گئے احکامات یا دفعہ 33 کی ضمنی دفعہ 2 یا دفعہ (A)33 کے تحت جاری کیے گئے احکام کی خلاف ورزی کرنے کی صورت میں سزا دینے کی تفصیلات

دفعہ۴۲:- کچھ مخصوص کارکردگی کے لیے جرمانہ۔ جو بھی انسان:

- بورڈ کے ذریعہ یا بورڈ کے ذریعہ متعین کیے گئے کسی بھی آدمی کے ذریعہ لگائی گئی کسی بھی نوٹس کو اکھاڑنے، کسی بھی بورڈ (board) یا کھمبے (pillar) کو اکھاڑنے یا ایسی کسی بھی چیز کو ہٹانے کا ذمّے دار پایا جائے گا
- بورڈ کے ذریعہ متعین کیے گئے کسی بھی آدمی کے کام میں پریشانیاں پیدا کریگا یا رکاوٹیں حائل کرے گا
- بورڈ کی کسی بھی ملکیت کو نقصان پہنچائیگا
- کسی بھی ایسے انسان کو جو کہ بورڈ کے ذریعہ متعین کیا گیا ہو، کو اطلاعات فراہم نہ کرے گا
- کسی بھی حادثے کے متعلق معقول جانکاری فراہم نہیں کر پائے گا

اُس کے اوپر معقول جرمانہ عائد کیا جائے گا

دفعہ۴۳:- دفعہ ۲۴ میں منع کیے گئے کسی بھی کنوئیں یا دھارا کا استعمال گندے پانی کے اخراج کے لیے کرنے پر کم سے کم ایک سال اور چھ مہینے کی سزا ہو سکتی ہے جسے کم سے کم 6 سال تک کے لیے بڑھایا بھی جا سکتا ہے اور جرمانہ بھی عائد کیا جا سکتا ہے

دفعہ۴۴:- دفعہ 25 یا 26 کی خلاف ورزی کرنے پر کم سے کم دو سال کی قید کی سزا ہو سکتی ہے جسے چھ سالوں تک بڑھایا جا سکتا ہے اور جرمانہ بھی عائد کیا جا سکتا ہے

دفعہ۴۵:- کوئی بھی ایسا انسان جس نے دفعہ 24،25 یا 26 کی پہلے خلاف ورزی کی ہے اور وہ دوبارہ وہی جرم کرتا ہے تو اسے پھر کم سے کم ڈیڑھ سال کی سزا ہوگی اور اِس سزا کو جرمانے کے ساتھ چھ سال تک بڑھایا جا سکتا ہے

دفعہ۴۶:- قانون کی خلاف ورزی کرنے والوں کے نام کی اشاعت کا اختیار

دفعہ۴۷:- اگر کوئی کمپنی اس قانون کے کسی بھی دفعہ کی خلاف ورزی کرتی ہے تو اس کے خلاف اور وہ حکام جو اس وقت کمپنی میں کام کر رہے تھے ان کے بھی خلاف قانونی کارروائی کی جائے گی۔

دفعہ۴۸:- اگر اس قانون کے کسی بھی دفعہ کی خلاف ورزی سرکاری محکمہ یا عملہ کرتا ہے تو اس محکمے کے امیر (head) کے خلاف قانونی کارروائی کی جائے گی

دفعہ۴۹:- بورڈ کو یہ اختیار رہوگا کہ وہ عدالت کے سامنے کسی ایسے معاملے کو لائے جس میں اس قانون کے کسی بھی دفعہ کی خلاف ورزی کی گئی ہو

دفعہ۵۰:- اس بورڈ کے حکام اور دوسرے لوگ عوامی خادم سمجھے جائیں گے

## باب-۸ (Chapter -VIII): متفرق(Miscellaneous)

دفعہ۵۱:- مرکزی پانی کی تجربہ گاہ (Central Water Laboratory) کے بارے میں

۱) مرکزی سرکار، سرکاری کاغذات (Official gazette ) میں اعلانیہ جاری کر کے

a) ایک مرکزی پانی کی تجربہ گاہ بنا سکتی ہے

b) کسی بھی ایسے ادارے یا تجربہ گاہ کی وہ مرکزی پانی کی تجربہ گاہ کے طور پر نشاندہی کر سکتی ہے جہاں پر مختلف گندے پانی کے نمونوں کا تجزیہ کیا جا سکے

دفعہ۵۲:- صوبائی پانی کی تجربہ گاہ (State Water Laboratory) کے بارے میں

۱) صوبائی سرکار، سرکاری کاغذات میں اعلانیہ جاری (notification) کر کے

a) ایک پانی کی صوبائی تجربہ گاہ قائم کر سکتی ہے

b) کسی بھی ایسے ادارے یا تجربہ گاہ کی وہ صوبائی پانی کی تجربہ گاہ کے طور پر نشاندہی کر سکتی ہے جہاں پر مختلف قسم کے گندے پانی کے نمونوں کا تجزیہ کیا جا سکے

دفعہ۵۳:- تجزیہ کار (analysts) کے بارے میں۔ مرکزی سرکار سرکاری اطلاع نامہ (official gazette) جاری کر کے کسی بھی ایسے آدمی کو تجزیہ کار کے طور پر مقرر کر سکتی ہے جو کہ تمام اہلیتوں کو پورا کرتا ہو اور گندے پانی کے تجزیہ کے لیے مقرر کی گئی تمام شرائط کو پورا کرتا ہو

دفعہ۵۴:- تجزیہ کار کی رپورٹ کے سلسلے میں

دفعہ۵۵:- مقامی حکام کو بورڈ کے حکام کے ساتھ تعاون کرنے کے سلسلے میں ہدایات

دفعہ۵۶:- صوبائی بورڈ کی ضرورت کے لیے زمین کو لازمی طور پر حاصل کرنے کے سلسلے میں ہدایات

دفعہ۵۷:- بورڈ کی مختلف قسم کی رپورٹ کی اشاعت کے سلسلے میں ہدایات

دفعہ۵۸:- ہر بورڈ کے دائرے (bar of jurisdiction) کے سلسلے میں ہدایات

دفعہ۵۹:- اگر اس قانون کو نافذ کرنے والے لوگ کسی قسم کی قانونی کارروائی کرتے ہیں یا board کسی بھی قسم کی کارروائی کرتا ہے تو اس کے بدلے میں board پر یا حکام پر کسی قسم کا کوئی مقدمہ قائم نہیں کیا جائے گا

دفعہ۶۰:- کسی بھی قسم کی قانونی لڑائی میں بورڈ مداخلت کر سکتا ہے

دفعہ۶۱:-مرکزی سرکار کو یہ اختیار ہوگا کہ وہ مرکزی بورڈ یا صوبائی بورڈوں کے ذریعہ لئے گئے کسی بھی فیصلے کو بدل سکے یا اس کے اوپر اپنی فوقیت دکھا سکے

دفعہ۶۲:-اسی طرح صوبائی سرکاروں کو بھی صوبائی بورڈوں کے فیصلے بدلنے کا اختیار ہوگا

دفعہ۶۳:-مرکزی سرکار کے قانون بنانے کے اختیارات

۱) مرکزی حکومت۔ مرکزی بورڈ سے صلاح ومشورہ کر کے ضمنی دفعہ (۲) کے کسی بھی معاملے میں قانون بنا سکتی ہے

۲) مندرجہ ذیل میں سے کسی ایک پر یا تمام پر قوانین بنائے جا سکتے ہیں

☆ بورڈ کے رکن کی خدمات کی شرائط طے کرنے کے لیے (member secretary اور chairman کو چھوڑ کر)

☆ بورڈ کی میٹنگ کی جگہ یا بورڈ کے ذریعہ قائم کی گئی کسی بھی کمیٹی کے ارکان کی تنخواہ اور مختلف سہولیات دینے کے سلسلے میں

☆ لوگوں کو مختلف مقاصد کے تحت بورڈ کے کسی بھی کام میں ملوث کرنے کے لیے ضروری اہلیتوں اور شرائط میں اصلاح کرنے کے لیے

☆ بورڈ کے صدر اور سیکریٹری کی خدمات کے شرائط اور اہلیت کے تعین کے سلسلے میں

☆ بورڈ کے چیئر مین اور سیکریٹری کے حقوق اور فرائض کے تعین کرنے کے لیے

☆ مرکزی بورڈ کی شائع ہونے والی رپورٹ کے سلسلے میں

☆ دفعہ ۴۰ میں بیان کئے گئے مرکزی بورڈ کے account & audit کے سلسلے میں جو شرائط پیش کی گئی ہیں ان میں ترمیم کے لیے

دفعہ۶۴:-صوبائی سرکاروں کے قانون بنانے کے اختیارات

۱) صوبائی سرکاریں صوبائی بورڈوں سے مشورہ کر کے کسی بھی طرح کے قانون بنا سکتی ہیں۔ (ایسے قانون جو کہ بورڈوں کی کارکردگی کے سلسلے میں ضروری ہوں)

۲) مندرجہ ذیل میں سے تمام یا کچھ موضوعات پر قوانین بنائے جا سکتے ہیں

☆ بورڈ کے ارکان (chairman اور member secretary کو چھوڑ کر) کی خدمات کی اہلیت اور شرائط طے کرنے کے سلسلے میں

☆ صوبائی بورڈوں کی میٹنگ، ان کی جگہ اور وقت کے تعین کے سلسلے میں

☆ بورڈوں کے ذریعہ قائم کی گئی کسی بھی کمیٹی کے ایسے اراکین کی تنخواہ اور سہولیات کے سلسلے میں جو کہ board کے رکن نہیں ہیں

☆ کسی بھی انسان کی خدمت کب اور کیوں لی جا سکتی ہے بورڈ کے کام کے تعلق سے، اِس کے بارے میں

☆ بورڈوں کے چیئر مین اور سیکریٹری کی خدمات کے شرائط اور اہلیت کے تعین کرنے میں

☆ بورڈوں کے چیئر مین اور سیکریٹری کے حقوق اور فرائض کے تعین میں۔

☆ بورڈ کے ذریعہ دی جانے والی نوٹس (notice) کی وضع قطع کے سلسلے میں۔

☆ صوبائی بورڈوں کے تجزیہ کاروں کے ذریعہ پیش کی گئی رپورٹوں کے سلسلے میں

☆ صوبائی بورڈوں سے منظوری حاصل کرنے کے لئے دی جانے والی عرضی کے متعلق

اس قانون میں صوبائی بورڈوں کو کسی بھی جگہ معائنہ کرنے اور مختلف کام کرنے کے لئے power of attorney دی گئی ہے لیکن کسی بھی جگہ سے نکلنے والے گندے پانی کی مقدار یا اس کی quality کے بارے میں کسی طرح کی کوئی ہدایت نہیں دی گئی ہے۔

## ۲) ہوا کو آلودگی سے بچانے اور اس پر روک تھام کے لیے قانون، 1981

## Air (Prevention & Control of Pollution) Act, 1981

ہوا کو آلودگی سے بچانے اور ہوا کی آلودگی کی روک تھام کے لیے سرکار نے 1981ء میں ایک قانون بنایا اور 1981ء سے ہی اس پر عمل درآمد شروع کر دیا۔ اس میں کل سات باب اور 54 دفعات ہیں۔ ہم اس قانون کے خاص خاص پہلوؤں پر تفصیل سے

ذکر مندرجہ ذیل عنوانات کے تحت پیش کر رہے ہیں۔

## باب-۱ (Chapter -I) تمہیدی باب(Preliminary)

دفعہ۱:-قانون کا مختصر عنوان،اس کی حد اور آغاز

۱) اس قانون کا نام ہوا کا(یعنی ہوا کو آلودگی سے بچانے اور اس پر روک تھام کے لیے) قانون 1981ء ہوگا۔

۲) اِس قانون پر پورے ہندوستان میں ایک ساتھ عمل درآمد کیا جائے گا۔

دفعہ۲:-تعریفات(definitions)

اس قانون میں مندرجہ ذیل تعریفات دی گئی ہیں:

☆ ہوا کو آلودہ کرنے والے متعفن(air pollutants) کا مطلب ہے ایسے ٹھوس، رقیق یا gaseous ماڈے(ان میں شور وغل بھی شامل ہے) جو کہ کرّہ ہوا(atmosphere) میں اتنی مقدار میں موجود ہوں جو کہ انسان کی زندگی کو، دوسری مخلوقات کو، یا پیڑ پودھوں کو، یا انسانوں کی ملکیت کو نقصان پہنچا رہے ہوں یا پہنچا سکتے ہوں

☆ ہوا کی آلودگی کا مطلب ہے ہوا میں موجود کوئی بھی متعفن(air pollutant)

☆ بورڈ کا مطلب ہے مرکزی بورڈ یا صوبائی بورڈ

☆ مرکزی بورڈ کا مطلب ہے پانی کی آلودگی کو روکنے اور اس پر روک تھام کے لیے بنایا گیا مرکزی بورڈ (جسے کہ 1974ء کے قانون کی دفعہ 3 کے تحت بنایا گیا ہو)

☆ اخراج(emissions) کا مطلب ہے کسی بھی ٹھوس رقیق یا گیسی ماڈے کو کسی بھی چمنی یا کسی اور ذریعہ سے نکالنا

## باب-۲ (Chapter -II): ہوا کی آلودگی کی روک تھام کے لیے بنائے گئے مرکزی اور صوبائی بورڈ

(Central & State Boards for the Prevention and Control of Air Pollution)

دفعہ۳:- ہوا کی آلودگی کی روک تھام کے لیے مرکزی بورڈ

جو مرکزی بورڈ 1974ء کے قانون کی دفعہ 3 کے تحت پانی کی آلودگی کو روکنے کے لیے بنایا گیا تھا وہ بنا کسی تعصب کے اپنے حقوق اور فرائض کا استعمال ہوا کی آلودگی کی روک تھام کے لیے بھی کرے گا

دفعہ۴:- ہوا کی آلودگی کی روک تھام کے لئے صوبائی بورڈ

جن صوبوں میں پانی کی آلودگی کی روک تھام کے لئے صوبائی بورڈ قائم کئے گئے ہیں وہ بنا کسی تعصب کے اپنے حقوق وفرائض کا استعمال ہوا کی آلودگی کی روک تھام کے لئے بھی کریں گے۔

دفعہ۵:- صوبائی بورڈوں کا آئین(constitution)

دفعہ۶:- Union Territories میں مرکزی بورڈ ہی صوبائی بورڈ کی حیثیت سے کام کرے گا اور ان کے لیے الگ سے کسی طرح کے board کا قیام نہیں کیا جائے گا

دفعہ۷:- بورڈ کے ارکان کے خدمات کی شرائط اور اہلیت کے سلسلے میں

دفعہ۸:- بورڈ سے کسی بھی رکن کے اخراج(disqualification) کے سلسلے میں:

کسی بھی ایسے انسان کو بورڈ کا رکن نہیں بنایا جا سکتا جو کہ

a) ذہنی طور پر دیوالیہ قرار دیا گیا ہو

b) جس کا ذہن صحیح طرح سے کام نہ کر رہا ہو

دفعہ۹:- اگر کسی بھی رکن کا بورڈ سے اخراج ہو جائے گا تو اس کی جگہ خالی سمجھی جائے گی

دفعہ۱۰:-کم سے کم تین مہینوں میں ایک بار بورڈ کی میٹنگ ہونا ضروری ہوگا

دفعہ۱۱:- بورڈ کو یہ اختیار رہوگا کہ وہ کتنی بھی کمیٹیوں کی تشکیل کر سکے اور ان کمیٹیوں کے ممبران کو چاہے طویل مدتی یا قلیل مدتی طور پر مقرر کر سکے۔ وہ ممبران چاہے بورڈ کے ارکان ہوں یا باہر کے ہوں

دفعہ۱۲:- کچھ مخصوص مقاصد کے حصول کے لیے بورڈ کچھ لوگوں کو وقتی طور پر خود سے منسلک کرسکتا ہے
دفعہ۱۳:- بورڈ میں خالی جگہ کی وجہ سے بورڈ کی کارکردگی پر کوئی اثر نہیں پڑے گا
دفعہ۱۴:- صوبائی بورڈوں کے سیکریٹری اور دوسرے حکام کی شرائط اور اہلیت کے سلسلے میں
دفعہ۱۵:- بورڈ کی مجموعہ طاقت/اختیارات(delegation of Powers) کے سلسلے میں

## باب-۳ (Chapter -III): بورڈ کے اختیارات اور افعال (Powers and Functions of Boards)

دفعہ۱۶:- مرکزی بورڈ کے کام

۱) بورڈ کا سب سے اہم کام ہوا کے معیار میں اصلاح لانا اور اسے آلودگی سے بچانا ہوگا
۲) مرکزی بورڈ مندرجہ ذیل کام کرسکتا ہے:-

a) مرکزی حکومت کو ہوا کے معیار میں اصلاح لانے کے۔لیے یا ہوا کو آلودگی سے بچانے کے لیے صلاح ومشورہ دینا
b) قومی سطح پر ہوا کو آلودگی سے بچانے کے لیے پروگرام کا منصوبہ بنانا اور اس پر عمل کرنا
c) صوبائی بورڈوں کے ذریعہ کیے جارہے کاموں میں ربط پیدا کرنا اور ان کے آپس کے تنازعات کو دور کرنا
d) صوبائی بورڈوں کو تکنیکی مدد کرنا جس سے کہ وہ ایسی تحقیقات اور کھوج کرسکیں جو کہ ہوا کی آلودگی کو روکنے کے لیے افادی ہوں
e) ہوا کو آلودگی سے بچانے کے لئے مختلف طرح کے تربیتی پروگرام منعقد کروانا۔
f) ابلاغ عامہ (mass media) کی مدد سے ایسے جامع پروگرام بنانا جس سے لوگوں کے اندر ہوا کی آلودگی کو روکنے کی تحریک اور بیداری پیدا ہو
g) technical اور statistical data کو اکٹھا کرنا اور ان کی اشاعت کرنا جس سے کہ ہوا کی آلودگی کو روکنے کے مؤثر ذرائع کھوجے جاسکیں
h) ہوا کے معیار کا تعین کرنا
i) ہوا کی آلودگی سے جڑی ہوئی دوسری اطلاعات کو اکٹھا کرنا اور ان کی تشریح کرنا

دفعہ۱۷:- صوبائی بورڈوں کے کام

۱) صوبائی بورڈوں کے کام مندرجہ ذیل ہوں گے:-

a) ہوا کی آلودگی کو روکنے، اس پر control اور اس کو ختم کرنے کے لیے ایک جامع پروگرام کا منصوبہ بنانا
b) صوبائی سرکاروں کو ہوا کو آلودگی سے بچانے کے سلسلے میں مختلف مشورات دینا
c) ہوا کی آلودگی سے جڑے ہوئے data اور اطلاعات کو اکٹھا کرنا
d) مرکزی بورڈ کے ساتھ ایسے لوگوں کی تربیت دینے میں تعاون کرنا جن کا استعمال ہوا کی آلودگی کو روکنے کے لیے کیا جائے
e) ہوا کی آلودگی کو روکنے کے لیے کسی بھی جگہ، صنعت یا plant کا یا تو اچانک معائنہ کرنا یا ایک خاص مدت کے بعد پابندی سے کرنا
f) جن علاقوں میں ہوا کی آلودگی کو روکنے کی ضرورت ہو وہاں کا دورہ کرنا
g) صنعتوں، گاڑیوں، چمنیوں یا بھٹیوں سے نکلنے والے دھوؤں کے اخراج کی مقدار اور معیار پر نظر رکھنا اور مرکزی بورڈ کے صلاح ومشورے سے اخراج کا ایک پیمانہ (standard) طے کرنا
h) صوبائی سرکاروں کو یہ مشورہ دینا کہ کسی بھی علاقے میں کوئی ایسی صنعت قائم کی جائے یا نہیں جس سے ہوا کی آلودگی کے پھیلنے کا اندیشہ ہو اگر قائم کی بھی جائے تو کس جگہ پر
i) صوبائی سرکار یا مرکزی بورڈ وقفے وقفے پر جو کوئی دوسری ذمہ داری صوبائی بورڈوں کو سونپے ان کو کرنا
j) صوبائی بورڈ کا اپنے کام کی سہولیت کے اعتبار سے کوئی تجربہ گاہ قائم کرنا یا پہلے سے قائم ہوئی کسی تجربہ گاہ کی نشاندہی کرکے اس سے اپنا کام لینا

دفعہ ۱۸:-ہدایات جاری کرنے کے اختیارات

a) مرکزی سرکار تحریری شکل میں جو ہدایات جاری کریگی، مرکزی بورڈ کو اس کو ماننا پڑے گا

b) ہر صوبائی بورڈ کو صوبائی سرکار یا مرکزی بورڈ کے ذریعہ دی گئی تحریری ہدایات کو ماننا پڑے گا

## باب-۴ (Chapter -IV): ہوا کو آلودگی سے بچانا اور اس کی روک تھام (Prevention and Control of Air Pollution)

دفعہ 19:- ہوا کی آلودگی کو کم کرنے والے ایسے علاقوں کی پہچان کا اختیار جہاں پر ہوائی آلودگی کو قابو میں کرنے کی ضرورت ہے

۱) صوبائی سرکار صوبائی بورڈ سے صلاح ومشورہ لینے کے بعد، سرکاری اطلاع نامے کے ذریعہ کسی بھی علاقے کی شناخت ایسے علاقے کے طور پر کرسکتی ہے جہاں پر آلودگی کو کم کرنے کی سخت ضرورت ہے

۲) صوبائی سرکار صوبائی بورڈ سے صلاح ومشورہ کرنے کے بعد

a) کسی بھی ایسے علاقے میں تبدیلی کرسکتی ہے جہاں پر آلودگی کو کم کرنے کی ضرورت ہے

b) کسی بھی نئے علاقے کی پہچان ایسے علاقے کے طور پر کرسکتی ہے جہاں پر آلودگی کو کم کرنے کی سخت ضرورت ہے

دفعہ ۲۰:-گاڑیوں سے نکلنے والے دھوئیں کے اخراج کے معیار کو طے کرنے کا اختیار

دفعہ ۲۱:-کچھ صنعتی کارخانوں کے استعمال پر پابندی کا اختیار۔اس دفعہ کی رو سے لوگوں کو یہ باور کیا جاتا ہے کہ کسی بھی انسان کو کسی بھی جگہ پر بغیر صوبائی بورڈ کی اجازت کے کوئی بھی صنعتی کارخانہ لگانے کا اختیار نہیں ہوگا

دفعہ ۲۲:-جن لوگوں نے صنعت لگائی ہے یا کارخانہ کھولا ہے انہیں یہ ہدایت دی جاتی ہے کہ اس سے نکلنے والے دھوئیں کی مقدار، صوبائی بورڈ کے ذریعہ طے کیے گئے معیار سے کبھی بھی زیادہ نہ ہونے دیں

دفعہ ۲۳:-اگر کسی بھی صنعتی کارخانے سے کسی حادثے کی وجہ سے یا کسی اور وجہ سے صوبائی بورڈ کے ذریعہ طے کیے گئے مقدار سے زیادہ متعفن کا اخراج ہوتا ہے تو اسے فوراً یہ اطلاع صوبائی بورڈ کو دینا ہوگا۔اگر مستقبل میں زیادہ متعفن کے اخراج کا اندیشہ ہوتو بھی اس کی اطلاع صوبائی بورڈ کو دینا پڑیگا

دفعہ ۲۴:-کسی بھی صنعت یا کارخانے میں داخل ہونے اور معائنہ کرنے کا اختیار

۱) کوئی بھی ایسا انسان جس کو صوبائی بورڈ نے اختیار دیا ہے۔وہ کسی بھی وقت ایسی کسی بھی جگہ داخل ہوسکتا ہے تا کہ وہ:

a) صوبائی بورڈ کے ذریعے دیے گئے کام کو بخوبی انجام دے سکے

b) یہ پتا لگا سکے کہ صوبائی بورڈ کے کون سے کام کو کس طرح انجام دینا ہے

c) کسی بھی صنعتی plant، register, record یا آلات کا جائزہ لے سکے

۲) کوئی بھی ایسا انسان جو کسی خاص علاقے کی صنعت یا کارخانے میں کام کررہا ہے اور اُس علاقے کو صوبائی بورڈ نے اس طور پر شناخت کرلیا ہے کہ وہاں پر آلودگی کو کم کرنا ضروری ہے، اسے صوبائی بورڈ کے کسی بھی ملازم کے ساتھ تعاون کرنا پڑے گا اور اپنے آلات وغیرہ کا معائنہ صوبائی بورڈ کے ملازم سے کروانا پڑے گا۔اگر وہ ایسا نہیں کرے گا تو یہ ایک جرم مانا جائے گا۔

دفعہ ۲۵:-صوبائی بورڈ کے کسی بھی عہدے دار یا اس کے کسی بھی نمائندے کو یہ اختیار ہوگا کہ وہ کسی بھی صنعت کار یا کارخانے کے مالک سے ہوائی آلودگی کو کم کرنے کے لیے ضروری کسی بھی قسم کی اطلاع حاصل کرسکے یا یہ جان سکے کہ اس صنعت یا کارخانے سے کتنی مقدار میں متعفن کا اخراج ہورہا ہے

دفعہ ۲۶:-صوبائی بورڈ کو یا اس کے کسی بھی عہدے دار کو یہ اختیار ہوگا کہ وہ کسی کارخانے یا چمنی سے نکلنے والے دھوئیں یا اس علاقے کی ہوا کا ایک نمونہ لے سکے تاکہ وہ اس کا تجزیہ کرسکے

دفعہ ۲۷:-دفعہ ۲۶ میں لئے گئے کسی بھی نمونے کا تجزیہ ایسا انسان کرے گا جس سے کہ صوبائی بورڈ نے کرنے کو کہا ہے اور وہ اپنی رپورٹ کی تین کاپی صوبائی بورڈ کو پیش کرے گا

دفعہ ۲۸:-صوبائی تجربہ گاہ برائے ہوا (State Air Laboratory)

۱) صوبائی سرکار Official Gazette کے ذریعہ اطلاع نامہ دے کر

a) ایک یا ایک سے زیادہ صوبائی تجربہ گاہ برائے ہوا کو قائم کرسکتی ہے

b) صوبے میں پہلے سے موجود ایک یا ایک سے زیادہ ایسی کسی بھی تجربہ گاہ کو صوبائی تجربہ گاہ برائے ہوا کے طور پر شناخت کرسکتی ہے جہاں پر ہوا کی آلودگی کے تجزیے کا کام کیا جاسکے

دفعہ۲۹:-صوبائی سرکار Official Gazette میں اطلاع نامہ (notification) جاری کر کے کسی بھی ایسے انسان کی تقرری تجزیہ کار (analyst) کے طور پر کرسکتی ہے جس کے اندر ایسی اہلیتیں اور صلاحیتیں موجود ہوں جو یہ کام کرسکے

دفعہ۳۰:-جس تجزیہ کار کو سرکار نے اس کام کے لیے مقرر کیا ہے اسے اپنی رپورٹ کی تین کاپی صوبائی بورڈ یا سرکار کو پیش کرنی پڑے گی

دفعہ۳۱:-اپیل دائر کرنے کا اختیار

کسی بھی انسان کو جسے صوبائی بورڈ نے کچھ فیصلہ سنایا ہے اُسے یہ اختیار ہوگا کہ وہ اس فیصلے کے خلاف 30 دنوں کے اندر صوبائی بورڈ کے کسی بھی عہدے دار یا صوبائی سرکار کے ذریعہ مقرر کیے گئے کسی بھی عہدے دار کے سامنے اپیل کرسکے۔

## باب-۵ (Chapter -V): فنڈ، حساب داری اور آڈٹ (Funds, Accounts and Audit)

دفعہ۳۲:-مرکزی سرکار کا تعاون

مرکزی سرکار پارلیامنٹ کے ذریعہ پاس کی گئی قرارداد کے مطابق ہر سال اتنا پیسہ مرکزی بورڈ کو مہیا کرائے گی جتنے پیسوں سے بورڈ اپنی ذمہ داریوں کو بخوبی نبھاسکے

دفعہ۳۳:-بورڈ کے فنڈ کے بارے میں

دفعہ۳۴:-بورڈ کے بجٹ کے بارے میں

دفعہ۳۵:-ہر سال مرکزی بورڈ ایک ایسی رپورٹ تیار کرے گا جس میں کہ اس کی سال بھر کی سرگرمیوں اور اخراجات کی تفصیل دی ہوگی اور یہ رپورٹ ہر مالی سال کے ختم ہونے کے چار مہینے کے اندر اندر مرکزی سرکار کو پیش کرنا پڑے گا

دفعہ۳۶:-حساب داری اور آڈٹ

۱) ہر بورڈ کو اپنا account برقرار رکھنا پڑے گا جس میں کہ تمام اخراجات کی تفصیل موجود ہوں گی

۲) بورڈ کے account کی audit ایک auditor سے کروانا پڑے گا

## باب-۶ (Chapter -VI) جرمانہ اور طریقۂ کار (Penalties and Procedure)

دفعہ۳۷:-دفعہ۲۱، دفعہ۲۲، یا دفعہ۲۳ کی خلاف ورزی کرنے پر کم سے کم ڈیڑھ سال کی سزا جسے کہ چھ سال تک بڑھایا جاسکتا ہے اور جرمانہ بھی عائد کیا جاسکتا ہے۔ اگر خلاف ورزی دوبارہ ہوئی تو ہر دن کے حساب سے پانچ ہزار روپے کا جرمانہ عائد کیا جاسکتا ہے

دفعہ۳۸:-کچھ مخصوص کام کے لیے جرمانہ

جو انسان بھی :

a) بورڈ کے کسی بھی نوٹس بورڈ، کھمبے یا کسی اور بھی ملکیت کو کسی طرح سے نقصان پہنچائیگا یا کسی ایسی ملکیت کو نقصان پہنچائے گا جس سے بورڈ کا مفاد جڑا ہو

b) بورڈ کے ذریعہ مقرر کیے گئے کسی بھی انسان کو کسی کام کے کرنے سے روکیگا

c) بورڈ کے کسی بھی کام میں رُکاوٹ پیدا کریگا

d) بورڈ یا اس کے کسی بھی عہدے دار کو کوئی اطلاع فراہم نہیں کریگا

اُس پر معقول جُرمانہ عائد کردیا جائے گا۔

دفعہ۳۹:-جو کوئی بھی انسان اس قانون کی کسی بھی دفعہ کی خلاف ورزی کرے گا اسے کم سے کم تین مہینے کی سزا ہوگی اور فائن ہوگی جسے کہ کم سے کم 10 ہزار روپے تک بڑھایا جاسکتا ہے۔ اگر خلاف ورزی دوبارہ ہوئی تو پہلی خلاف ورزی سے ہر دن کے حساب سے پانچ ہزار روپے کی فائن ہوگی

دفعہ۴۰:-اگر کوئی کمپنی اس قانون کے کسی دفعہ کی خلاف ورزی کرے گی تو وہ انسان جس کے پاس اس وقت کمپنی کا چارج رہا

ہوگا،اُس کے خلاف کارروائی کی جائے گی

دفعہ۴۱:-اگر کوئی سرکاری محکمہ اس قانون کی خلاف ورزی کرے گا تو اس محکمے کے امیر (head) کے خلاف کارروائی کی جائے گی

دفعہ۴۲:-اگر کوئی عہدے دار بورڈ کے کام کے سلسلے میں اپنے فرائض کو انجام دے گا یا بورڈ کی طرف سے کچھ کام کرے گا تو اس پر کوئی قانونی کارروائی نہیں کی جائے گی

دفعہ۴۳:-قانون کی خلاف ورزی کی صورت میں کی گئی کارروائی کے سلسلے میں

دفعہ۴۴:-بورڈ کے رکن حکام اور ملازم عوامی خادم (public servants) سمجھے جائیں گے

دفعہ۴۵:-بورڈ کی رپورٹ اور کارکردگی کے سلسلے میں

دفعہ۴۶:-بورڈ کے کام کے دائرہ (jurisdiction) کے سلسلے میں

دفعہ۴۷:-صوبائی سرکاروں کو یہ اختیار ہوگا کہ وہ صوبائی بورڈوں کے فیصلے کو بدل سکیں یا ان کو کسی بھی معاملے میں صوبائی بورڈ پر فوقیت ہوگی۔

## باب-۷ (Chapter -VII): متفرق (Miscellaneous)

دفعہ۴۸:-مرکزی بورڈ یا صوبائی بورڈوں کا سبقت (supersession) کا اختیار جسے 1974ء کے قانون میں دیا گیا ہے

دفعہ۴۹:-صوبائی بورڈوں کو تحلیل کرنے کا حق (dissolution of boards)

دفعہ۵۱:-ہر صوبائی بورڈ کو ایک register میں ان تمام تفصیلات کو درج کرنا پڑے گا کہ انہوں نے کتنے لوگوں کو متعفن کے اخراج کی اجازت دی ہے اور کتنی مقدار میں

دفعہ۵۲:-اس قانون کے اوپر دوسرے قوانین کے کون کون سے اثرات مرتب ہوں گے، اس کے سلسلے میں

دفعہ۵۳:-مرکزی سرکار کا قانون بنانے کا اختیار

مرکزی سرکار، مرکزی بورڈ کی صلاح سے مندرجہ ذیل معاملات میں قانون بنا سکتی ہے:-

a) بورڈ کی میٹنگ کب اور کہاں ہوگی اور کتنے وقفے سے ہوگی اِس کے سلسلے میں

b) وہ لوگ جو مختلف کمیٹی کے رکن ہیں (لیکن بورڈ کے نہیں) ان کی تنخواہ اور سہولیات کے سلسلے میں۔

c) کن مقاصد کے لیے اور کس طرح لوگوں کو بورڈ سے منسلک کیا جائے گا اس کے سلسلے میں

دفعہ۵۴:-صوبائی سرکار، سرکاری gazette میں اطلاع نامہ دے کر ایسے قوانین بنا سکتی ہے جو بورڈ کی کارکردگی کے لیے ضروری ہوں

# ۳) ماحول کے تحفظ کا قانون، 1986
# (Environment Protection Act, 1986)

بھوپال گیس حادثے (2-3-Dec, 1984) کے بعد ہندوستان کی حکومت نے ماحول کے تحفظ کا قانون بنایا اور اس پر عمل درآمد شروع کیا جس سے کہ ماحول کی حفاظت کی جا سکے اور اس کے معیار میں اصلاح لائی جا سکے۔ یہ قانون 19 نومبر 1986ء (سابق وزیر اعظم اندرا گاندھی کی یومِ پیدائش کے موقع پر) سے لاگو کیا گیا۔ اس میں چار باب اور 26 دفعات ہیں جن کی تفصیل مندرجہ ذیل ہے:-

## باب-۱ (Chapter -I): تمہیدی باب (Preliminary)

دفعہ۱:-مختصر عنوان، قانون کی حد اور آغاز

۱) اس قانون کا نام ماحول کے تحفظ کا قانون، 1986 ہوگا

۲) اس پر پورے ہندوستان میں ایک ساتھ عمل درآمد کیا جائے گا

دفعہ۲:-تعریفات (definitions)

☆ ماحول میں پانی، ہوا، زمین اور پانی، ہوا، زمین کے انسان سے تعلقات، دوسرے جانور، پیڑ پودے، خرد جانور

اور ملکیت شامل ہیں

☆ متعفِن/آلودکار (pollutants) سے مراد ایسے ٹھوس، رقیق یا گیسی مادّہ سے ہے جو ماحول میں اتنی مقدار میں موجود ہو کہ یہ انسان کی زندگی کو نقصان پہنچانے کی سکت رکھتا ہو

☆ ماحولیاتی آلودگی (environmental pollution) سے مراد ماحول میں متعفن کے پائے جانے سے ہے

☆ کسی بھی چیز کا کاروبار (handling) کرنے کا مطلب اس چیز کو بنانا (manufacturing)، اس پر کوئی اور عمل کرنا (treatment)، اس کو پیک کرنا، اس کو store کرنا، اسے ایک جگہ سے دوسری جگہ لے جانا (transportation)، اس کا استعمال کرنا، اس کو اکٹھا کرنا، اس کو ختم کرنا (destruction)، اُسے ایک صورت سے دوسری صورت میں تبدیل کرنا (conversion)، اُسے بیچنا، اسے ایک جگہ سے دوسری جگہ کو منتقل کرنا یا ایسے کسی کام کو کرنا شامل ہے جو ان سے ملتے جلتے ہوں

☆ نقصادن دہ مادّے (hazardous substance) کا مطلب ایسے کسی مادّے یا اس کو تیار کرنے کے عمل سے ہے جس کی طبعی یا کیمیاوی خصوصیات کی وجہ سے یا اس کے کاروبار کرنے کی وجہ سے انسانی زندگی اور دوسرے جانداروں کو، ملکیت کو، ماحول کو یا نباتات کو نقصان پہنچ سکتا ہو

☆ 'قابض' (Occupier) کا مطلب ایسا انسان جو کہ کسی فیکٹری یا اس کے premises یا اس کے معاملات پر قابو رکھتا ہو یا اس فیکٹری کے کسی بھی مادّے (substance) پر قبضہ رکھتا ہو

## باب-۲ (Chapter -II): مرکزی حکومت کے عام اختیارات (General Powers of the Central Government)

دفعہ۳:- ماحول کی حفاظت اور اس میں اصلاح لانے کے مرکزی سرکار کے اختیارات

۱) مرکزی سرکار کو وہ تمام اختیارات ہوں گے جس کے تحت وہ ماحول کی حفاظت کر سکے، اس میں اصلاح لا سکے اور ماحولیاتی آلودگی کو قابو میں رکھ سکے یا ختم کر سکے

۲) دفعہ۳ کی ضمنی دفعہ (۱) کے اختیارات میں مندرجہ ذیل شامل ہیں۔-

i) صوبائی سرکاروں، حکام اور انتظامیہ کے دوسرے لوگوں کے کام میں ربط (coordination) پیدا کرنا

ii) ماحولیاتی آلودگی سے بچنے، اس پر نظر رکھنے اور اس سے بچنے کے لیے قومی سطح پر ایک پروگرام چلانا

iii) ماحول کے معیار (quality) کے لیے پیمانہ (standard) مقرر کرنا

iv) مختلف ذرائع سے اخراج ہونے والے متعفن کی مقدار کا تعین کرنا اور اس کا پیمانہ مقرر کرنا

v) کسی بھی ایسے علاقے پر پابندی لگانا جہاں پر مختلف صنعتیں یا اس طرح کی نقل وحرکت چل رہی ہو

vi) حادثات (accidents) سے بچنے کا انتظام کرنا اور حادثات کی صورت میں امدادی کارروائی کرنا

vii) نقصان پہنچانے والے مادّے کے کاروبار، ان کی حفاظت اور ان سے لیے جانے والے کام کے معیارات مقرر کرنا

viii) وہ تمام مادّے جو ماحولیاتی آلودگی پیدا کر سکتے ہیں یا آلودگی کی سطح کو بڑھا سکتے ہیں، ان کی جانچ کرنا یا ان کے بننے کے عمل (manufactuting) کی جانچ کرنا

ix) ماحولیاتی آلودگی سے بچنے کے لیے مختلف قسم کی تحقیقات اور کھوج کی حوصلہ افزائی کرنا اور ایسے کاموں میں ایک طرح کا ربط پیدا کرنا اور ایسی کوششوں کے لئے معاشی مدد کرنا

x) کسی بھی industrial plant، factory یا کارخانے کا معائنہ (inspection) کرنا، کسی بھی عمل کی جانچ کرنا یا حکام کو ہدایات دینا جس سے کہ ماحولیاتی آلودگی کو کم کیا جا سکے یا اس کو ختم کیا جا سکے

xi) ملک کے مختلف حصوں میں تجربہ گاہوں کا قیام کرنا یا ایسی تجربہ گاہوں کی شناخت کرنا جہاں پر ماحولیاتی آلودگی سے متعلق کام کیا جا سکے یا تحقیق کی جا سکے

xii) ماحولیاتی آلودگی سے متعلق اطلاعات کوحاصل کرنا اوراس کا تجزیہ کرنا
xiii) ماحول کی حفاظت اور اِسے آلودگی سے بچانے کے لیے code of conduct اور guide line تیار کرنا
xiv) اس قانون پر عمل درآمد کرنے کے لیے سرکار جن چیزوں کی ضرورت سمجھتی ہے اسے وہ سب حاصل کرنے کا حق

دفعہ۴:- سرکار ایسے حکام کی تقرری کرسکتی ہے اور ان کو ایسے مخصوص اختیارات دے سکتی ہے جن کی اس قانون پر عمل درآمد کروانے میں ضرورت ہے

دفعہ۵:-ہدایات جاری کرنے کے اختیارات

a) کسی بھی صنعت کو بند کرنے یا کسی بھی عمل کو روکنے یا اس پر پابندی لگانے کے لیے ہدایات جاری کرنے کا اختیار
b) بجلی کی سپلائی یا پانی کی سپلائی کو بند کرنے یا جاری کرنے کی ہدایات (مندرجہ بالا صنعتوں کو)

دفعہ۶:-ماحولیاتی آلودگی کی تحدید (regulation) کے لیے قانون بنانا

۱) دفعہ (۳) میں کہی گئی تمام باتوں یا ان میں کسی ایک کے سلسلے میں official gazette میں اطلاع نامہ جاری کرکے قانون بنانا

۲) مندرجہ ذیل صورتوں میں تمام میں یا ان میں سے کسی ایک کے لیے ایسے قوانین بنانا جس سے آلودگی کو کم کرسکیں:-
a) مختلف علاقوں کے ہوا، پانی اور مٹی کے معیار (quality) کا اُن علاقوں کے لیے تعین کرنے کے لیے
b) مختلف علاقوں کے لیے خارج کیے جانے والے مختلف متعفن کی مقدار کا تعین کرنے کے لیے
c) نقصان دہ مادے کے کاروبار کے طریقۂ کار اور ان سے حفاظت کے لئے قانون بنانا
d) مختلف علاقوں میں نقصان دہ مادّوں پر پابندی عائد کرنے کے سلسلے میں
e) کسی بھی علاقے میں صنعت یا factory کے کام کاج پر پابندی عائد کرنے کے سلسلے میں

## باب -۳ (Chapter -III): ماحولیاتی آلودگی سے بچنا ،اس کو قابو میں رکھنا اور اُسے ختم کرنا
## (Prevention, Control and Abatement of Environmental Pollution)

دفعہ۷:-کسی بھی صنعت (factory) یا کارخانے کے مالک کو متعین مقدار سے زیادہ متعفن کے اخراج کی اجازت نہیں دی جائے گی

دفعہ۸:-کسی بھی انسان کو نقصان دہ مادّے کے کاروبار کی اجازت تب تک نہیں ہوگی جب تک کہ وہ اس سے حفاظت کے لیے طے کیے گئے ضابطوں پر عمل درآمد نہیں کرے گا

دفعہ۹:-کسی بھی انسان کو متعفن کے اخراج کی جانکاری، سرکار یا حکام کو ضرور دینی پڑے گی

دفعہ۱۰:-داخل ہونے اور معائنہ کرنے کا اختیار

مرکزی سرکار کے ذریعہ مقرر کیے گئے کسی بھی ایسے انسان کو کارخانوں یا factories میں داخل ہونے اور ان کا معائنہ کرنے کا اختیار ہوگا جس سے وہ ماحولیاتی آلودگی کا جائزہ لے سکیں۔اس سلسلے میں اس کو مختلف کاغذات، register وغیرہ کے بھی معائنے کا اختیار ہوگا

دفعہ۱۱:-مرکزی حکومت یا اس کا کوئی نمائندہ کہیں سے بھی ہوا، پانی یا مٹی کا ایسا نمونہ لے سکتا ہے جس کا تجزیہ کیا جاسکے

دفعہ۱۲:-ماحولیاتی تجربہ گاہ (Environmental laboratories)

۱) مرکزی سرکار Official Gazette میں notification کے ذریعہ
a) ایک یا ایک سے زیادہ ماحولیاتی تجربہ گاہ قائم کرسکتی ہے
b) ایک یا ایک سے زیادہ ایسی تجربہ گاہوں کی ماحولیاتی تجربہ گاہ کے طور پر شناخت کرسکتی ہے جو کہ پہلے سے ہی کسی اور کام کرنے کے لیے قائم کی گئی ہیں

۲) مرکزی سرکار Official Gazette میں notification کرکے ایسے قانون بنا سکتی ہے جن میں مندرجہ ذیل کی وضاحت ہو:-

a) ماحولیاتی تجربہ گاہ کے کام کے سلسلے میں
b) ایسی تجربہ گاہوں میں ہوا، پانی، مٹی وغیرہ کے نمونے لے جانے اوران کے تجزیہ کرنے ،ان کی رپورٹ یاان کو دی جانے والی فیس کے سلسلے میں
c) کسی اورایسے معاملے کے سلسلے میں جوان تجربہ گاہوں کوصحیح طرح سے کام کرنے کے لیےضروری ہو

دفعہ۱۳:-سرکاری تجزیہ کار(government analyst)

مرکزی سرکار Official gazette میں notification کے ذریعہ کسی بھی ایسے انسان کی تقرری سرکاری تجزیہ کار کے طور پر کرسکتی ہے جس کی اہلیتیں اورشرائط سرکاری ضابطوں کے مطابق ہوں اور جوہوا، پانی اورمٹی کے مختلف نمونوں کا تجزیہ صحیح طرح سے کرسکے۔

دفعہ۱۴:-سرکاری تجزیہ کار کی رپورٹ کے سلسلے میں

دفعہ۱۵:-قانون کی خلاف ورزی کی صورت میں جرمانہ اور ہدایات

۱) کوئی بھی ایساانسان جوکہ اس قانون کی کسی دفعہ کی خلاف ورزی کرتا ہے یا کسی دفعہ کے تحت موصول ہونے والی ہدایات پرعمل نہیں کرتا ہے توایسی صورت میں اُسے ۵ سال تک کی قید کی سزاہوسکتی ہے اوراس کے ساتھ fine بھی عائد ہوگی جوکم سے کم ایک لاکھ روپیہ ہوگی۔اگرخلاف ورزی جاری رہی تو ہرروز کے حساب سے 5000 روپیہ اور fine بڑھتی جائے گی اوردونوں کی گنتی تب سے شروع ہوگی جب کہ پہلی بارخلاف ورزی کی گئی تھی

۲) دفعہ 15 (ا) کے تحت کی گئی خلاف ورزی اگرسزاسنائے جانے کے بعد ایک سال تک مسلسل جاری رہتی ہے تو خلاف ورزی کرنے والے شخص کوکم سے کم سات سال کی قید کی سزاہوگی

دفعہ۱۶:-کمپنیوں کے ذریعہ اس قانون کی کسی دفعہ کی خلاف ورزی کی صورت میں اس وقت کمپنی میں موجود ہرذمہ دارشخص اورکمپنی کے خلاف مقدمہ دائر کیا جائے گا

دفعہ۱۷:-سرکاری محکموں کے ذریعہ اس قانون کی کسی دفعہ کی خلاف ورزی کی صورت میں:

۱) اس کے امیر (head) کے خلاف قانونی کارروائی کی جائیگی

۲) اگریہ پایا گیا کہ امیر کے علاوہ کسی اورعہدے دار کی رضامندی سے یااس کے اپنے فرض کوسنجیدگی سے نہ نبھاپانے کی صورت میں اس قانون کی کسی دفعہ کی خلاف ورزی ہوئی ہے توایسے میں امیر کے علاوہ اس عہدے دار کے خلاف بھی مقدمہ قائم کیاجائے گااورسزادی جائے گی

## باب-۴ (Chapter -IV): متفرق(Miscellaneous)

دفعہ۱۸:-اگراس قانون کونافذ کرنے میں کوئی بھی عہدیدار کسی کے خلاف کوئی کارروائی کرتا ہے تواس عہدیدار کے خلاف قانونی کارروائی نہیں کی جائے گی

دفعہ۱۹:-قانون کی خلاف ورزی کی صورت میں کی گئی کارروائی کی تفصیل کے سلسلے میں

دفعہ۲۰:-اطلاعات، رپورٹ وغیرہ کے سلسلے میں

دفعہ۲۱:-دفعہ۳ کے تحت قائم کیے گئے کسی بھی محکمے کے ملازمین کوعوامی خادم سمجھاجائے گا

دفعہ۲۲:-اس قانون کے دائرے کے سلسلے میں وضاحت

دفعہ۲۳:-وفد(delegation) مقرر کرنے کے سلسلے میں اختیارات

دفعہ۲۴:-اس قانون کے اوپردوسرے قوانین کے اثرات کی وضاحت

دفعہ۲۵:-اس قانون کے مقاصد کوحاصل کرنے کے لیے مرکزی سرکار Official Gazette میں notification کرکے قوانین بناسکتی ہے

دفعہ۲۶:-اس قانون کے تحت بنائے گئے کسی بھی قانون کوسرکار پارلیامنٹ کے دونوں ایوانوں (houses) میں پیش کرے گی جب کہ دونوں کی کارروائی چل رہی ہواور یہ کارروائی کم سے کم 30 دن چلے (ایک session میں یادو session کو ملاکر)

# ۴) جنگلی جانوروں کے تحفظ کا قانون، 1972ء
# (Wild Life Protection Act, 1972)

ہندوستان میں جنگلی جانوروں، چڑیوں اور دوسری ایسی مخلوقات کی حفاظت کے لیے جو کہ جنگلوں میں رہتے ہیں، 1972ء میں ایک قانون بنایا گیا تھا۔ اس قانون میں سات باب اور 66 دفعات ہیں جن کا تفصیل سے ذکر مندرجہ ذیل سطروں میں کیا گیا ہے:

## باب-۱ (Chapter -I): تمہیدی باب (Preliminary)

دفعہ۱:- مختصر عنوان، حد اور آغاز

اس قانون کا نام جنگلی جانوروں کے تحفظ کا قانون، 1972 ہوگا۔ اس کی حد میں پورا ہندوستان ہوگا صرف صوبہ جموں وکشمیر کو چھوڑ کر

دفعہ۲:- تعریفات (definitions)

☆ جانور، کا مطلب وہ تمام جانور جو کہ اپنے بچوں کو دودھ پلاتے ہیں (mammals)، چڑیا، زمین پر رینگنے والے جانور، سانپ اور ان کے بچے اور انڈے

☆ جانوروں سے بننے والے سامان (animal articles) کا مطلب کسی ایسے سامان سے ہے جو کہ جانور کے جسم کے کسی حصے یا پورے جانور کو قید کر کے بنایا گیا ہو

☆ بورڈ کا مطلب ہے 'Wild Life Advisory Board' جسے کہ دفعہ (۱)6 کے تحت بنایا گیا ہے

☆ بند علاقے کا مطلب ایسے علاقے سے ہے جس میں دفعہ 37 کے تحت شکار کرنا ممنوع قرار دیا گیا ہے

☆ رہائش (habitat) سے مراد زمین، پانی یا ایسے نباتات سے ہے جس میں جانور فطری طور پر رہتے ہیں

☆ شکار میں شامل ہیں:

- کسی بھی جنگلی جانور کو پکڑنا، جال میں پھنسانا، اسے زہر دینا یا مارنا
- کسی بھی جانور کو چوٹ پہنچانا، یا اس کے بچوں اور انڈوں کو نقصان پہنچانا یا اس کے گھونسلوں کو توڑنا

☆ جنگلی جانور کا مطلب کوئی ایسا جانور جو کہ قدرتی طور پر پایا جاتا ہے یا ایسا جانور جس کا ذکر Schedule I, II,III, IV, & V میں کیا گیا ہے۔

☆ جنگلی زندگی (wild life) کا مطلب کسی بھی جانور، تتلی (butterfly)، مچھلی، مکھی، شہد کی مکھی اور زمین پر اُگنے والی ایسی ترکاری یا گھاس سے ہے جو کہ جانوروں کی رہائش ہے

☆ چڑیا گھر (zoo) کا مطلب ایک ایسے اِدارے سے ہے جہاں پر جنگلی جانوروں کو پکڑ کر لوگوں کو دکھایا جاتا ہے، چاہے یہ رُکا ہوا ہو (stationary) یا چل رہا ہو (mobile)۔ اس میں سرکس میں کرتب دکھانے والے جانور بھی شامل ہیں جن کو یہ کرتب دکھانے کے لیے لائسنس دیا جاتا ہے

## باب-۲ (Chapter -II): اس قانون کے تحت مقرر کیے جانے والے حکام (Authorities to be appointed or constituted under the act)

دفعہ۳:- ڈائریکٹر اور دوسرے حکام کی تقرری

مرکزی حکومت مندرجہ ذیل کی تقرری کرسکتی ہے:-

a) جنگلی جانوروں کی حفاظت کے لیے ایک ڈائریکٹر (Director)

b) جنگلی جانوروں کی حفاظت کے لیے ایک اسسٹینٹ ڈائریکٹر (Assistant Director)

c) دوسرے ایسے حکام یا ملازمین جن کی ضرورت ہو

اسسٹنٹ ڈائرکٹر اور دوسرے ملازمین، ڈائرکٹر کے ماتحت ہوں گے

دفعہ۴:- Wild Life Warden اور دوسرے عہدیداران کی تقرری

صوبائی سرکاریں مندرجہ ذیل کی تقرری کرسکتی ہیں:-

a) Chief Wild Life Warden

b) Wild Life Wardens

c) دوسرے دیگر ایسے حکام اور عہدیداران جن کی ضرورت محسوس کی جائے

Wild Life Wardens اور دوسرے ملازمین Chief Wild Life Warden کے ماتحت ہوں گے۔

دفعہ۵:- وفد یا نمائندہ بھیجنے کا اختیار

دفعہ۶:- Wild Life Advisory board کا آئین

دفعہ۷:- بورڈ کو کن طریقہ کار پر عمل کرنا ہے اُس کی تفصیل

۱) بورڈ کم سے کم سال میں دوبار ایسی جگہ پر میٹنگ کرے گا جہاں پر صوبائی سرکار چاہے

۲) بورڈ کام کرنے کے طریقۂ کار کا تعین خود کریگا (جس میں کہ quorum پورا کرنا شامل ہے)

دفعہ۸:- Wild Life Advisory Board کے فرائض کی تفصیل

-Wild Life Advisory Board کا یہ فرض ہوگا کہ صوبائی سرکاروں کو مندرجہ ذیل مشورے دے

☆ ان علاقوں کو منتخب کرنے میں جن کو کہ Sancturies, National Parks یا بند علاقہ (closed area) قرار دینا ہے

☆ اس قانون کے کسی بھی دفعہ میں ترمیم کرنے کے لیے

☆ جنگلی جانوروں کی زندگی سے جڑے ہوئے کسی اور پہلو کے بارے میں

## باب-۳ (Chapter -III): جنگلی جانوروں کا شکار (Hunting of Wild Life Animals)

دفعہ۹:- شکار پر پابندی۔ کسی بھی انسان کو ایسے کسی جانور کا شکار نہیں کرنے دیا جائے گا جس کا ذکر Schedule I, II, III & IV میں آچکا ہے صرف ان کے شکار کی اجازت ہوگی جن کی تفصیلات دفعہ 11 اور 12 میں درج ہیں

دفعہ۱۱:- کچھ مخصوص علاقوں میں جانوروں کو مارنے کی اجازت کے سلسلے میں

۱(a) اگر Chief Wild Life Warden اس بات سے مطمئن ہو جائے کہ کوئی بھی جانور انسانی زندگی کے لیے خطرناک ہوگیا ہے یا اسے کوئی ایسی بیماری لگ گئی ہے جس کا علاج بہت مشکل ہے، تو وہ اس کے شکار کی اجازت دے سکتا ہے

(b) اگر کوئی جانور ملکیت کو (اور بالخصوص فصلوں کو) نقصان پہنچاتا ہے تو Chief Wild Life Warden اس کے شکار کی اجازت دے سکتا ہے

۲) جنگلی جانور اگر کسی پر حملہ کرے تو اپنی حفاظت میں اس کا مارنا جرم نہیں ہوگا

دفعہ۱۲:- مخصوص مقاصد کے لیے پرمٹ دینا

Chief Wild Life Warden کی یہ ذمہ داری ہوگی کہ وہ مندرجہ ذیل صورتِ حال میں جانوروں کے شکار (hunting) کی اجازت دیں

a) تعلیمی مقاصد کے لیے

b) سائنسی تحقیق کے لیے اور سائنسی انتظام (management) کے لیے

c) مندرجہ ذیل جگہوں میں نمونے کے طور پر (specimens) اکٹھا کرنے کے لیے

i) سرکاری طور پر منظور شدہ چڑیا گھروں کے لیے

ii) میوزیم یا اس طرح کے دوسرے اداروں کے لیے

## باب-۳-اے (Chapter -III-A): مخصوص پودوں کی حفاظت (Protection of Specified plants)

دفعہ ۱۷-اے: -مخصوص پودوں کو توڑنا، جڑ سے اکھاڑنا وغیرہ کے سلسلے میں

کسی بھی انسان کو یہ اجازت نہیں ہوگی کہ وہ اپنی مرضی سے کسی بھی جنگل کے کسی بھی پودے کو (جسے کہ مرکزی سرکار نے مخصوص قرار دیا ہے) خریدے یا بیچے یا اس کے کسی بھی حصے کو ایک جگہ سے دوسری جگہ کو منتقل کرے یا کسی کو ہدیئے کے طور پر دے

دفعہ ۱۷-بی: -مخصوص مقاصد کے لیے پرمٹ دینے کے سلسلے میں

Chief Wild Life Warden صوبائی سرکار کی مرضی سے کسی بھی انسان کو مخصوص پودوں کو توڑنے، اکھاڑنے، یا اکٹھا کرنے کی اجازت مندرجہ ذیل کاموں کے لیے دے سکتا ہے:-

a) تعلیم کے لیے

b) سائنسی تحقیق کے لیے

c) کسی بھی سائنسی ادارے کے herbarium کے لیے جس کا مقصد اس پودے کی حفاظت کرنا ہے

دفعہ ۱۷-سی: -مخصوص پودوں کی کھیتی بغیر اجازت نہیں کرنے دی جائے گی

دفعہ ۱۷-ڈی: -مخصوص پودوں کے کاروبار کی اجازت بغیر licence کے نہیں دی جائے گی

## باب-۴ Sancturies, National Parks and Closed Areas:(Chapter -IV)

دفعہ ۱۸: -sanctuary کے اعلان کے سلسلے میں

صوبائی سرکار، اطلاع نامہ جاری کر کے اپنی اس منشا کا اظہار کرسکتی ہے کہ وہ کسی خاص علاقے یا جنگل کو sanctuary بنانا چاہتی ہے لیکن وہ علاقہ forest reserve میں نہ شامل ہو

دفعہ ۱۹: -اس ضلع کے collector کو اس علاقے کا معائنہ اور اس کے بارے میں اپنی رپورٹ دینے کا حق ہوگا

دفعہ ۲۰: -اس سلسلے میں collector کے حقوق کی تفصیلات

دفعہ ۲۱: -collector کے ذریعہ جاری کیے گئے اعلانیہ کے سلسلے میں

دفعہ ۲۲: -collector کے ذریعہ پوچھ تاچھ (enquiry) کے سلسلے میں

دفعہ ۲۶: -collector کے نمائندہ بھیجنے کے حق کے سلسلے میں

دفعہ ۲۷: -sanctuary میں داخل ہونے پر پابندی عائد کرنے کے سلسلے میں

۱) کسی بھی انسان کو Sanctury میں داخل ہونے کی اجازت نہیں ہوگی صرف مندرجہ ذیل کے علاوہ

a) ایک عوامی خادم (public servant) جو کہ duty پر ہو

b) ایک ایسا انسان جس کو کہ Chief Wild Life Warden یا اس کے کسی ماتحت حاکم نے sanctuary کے آس پاس رہنے کی اجازت دی ہو

c) ایسا انسان جس کی کوئی ایسی ملکیت اس sanctuary کے پاس ہو جسے منتقل نہ کیا جاسکے

d) ایسا انسان جو کہ ایک ایسے highway سے گزر رہا ہو جو کہ sanctuary کے پاس ہو

دفعہ ۲۸: -Sanctury میں داخل ہونے کی پرمٹ دینے کے سلسلے میں

Chief Wild Life Warden کسی بھی انسان کو ایک درخواست کی بنیاد پر مندرجہ ذیل میں سے تمام یا کسی ایک مقصد کے لیے sanctuary میں داخل ہونے یا رہنے کی اجازت دے سکتا ہے

a) جنگلی جانوروں کی زندگی کے بارے میں تحقیق کرنے کے لئے

b) فوٹوگرافی کے لئے

c) سائنسی تحقیق کے لیے

d) سیاحت (tourism) کے لیے

(e) کسی ایسے آدمی کے ساتھ business کے لیے جو کہ sanctuary میں رہتا ہو

دفعہ ۲۹:-کسی بھی sanctuary میں بغیر پرمٹ کے توڑ پھوڑ (destruction) وغیرہ پر پابندی : Chief Wild Life Warden کی اجازت کے بغیر کوئی بھی انسان نہ تو کسی جنگلی جانور کو اِدھر سے اُدھر کرسکتا ہے اور نہ ہی اس کی رہائش (habitat) کے ساتھ چھیڑ چھاڑ کرسکتا ہے۔ یہ اجازت تبھی دی جائے گی جب کہ صوبائی سرکار اس بات سے مطمئن ہوجائے کہ جنگلی جانوروں کی بہتری اسی میں ہے کہ انہیں وہاں سے ہٹایا جائے یا ان کی رہائش کے ساتھ توڑ پھوڑ یا چھیڑ چھاڑ کی جائے

دفعہ ۳۰:-sanctuary میں آگ لگانے پر پابندی

دفعہ ۳۱:-کسی بھی انسان کو sanctuary میں ہتھیار (weapon) لے کر جانے کی اجازت نہیں ہوگی۔ اگر Chief Wild Life Warden تحریری شکل میں اجازت دے تبھی وہ ایسا کرسکتا ہے

دفعہ ۳۲:-کسی بھی انسان کو یہ اجازت نہیں ہوگی کہ وہ sanctuary کے اندر یا اس کے آس پاس ایسے chemicals یا مادّوں کا استعمال کرے جس سے کہ جنگلی جانوروں کی زندگی کو خطرہ لاحق ہوجائے

دفعہ ۳۳:-sanctuary کے نظم وضبط (control) کے سلسلے میں

Chief Wild Life Warden کو تمام sanctuary کا انتظام کرنے، ان کا maintenance رکھنے اور دوسری سہولیات مہیا کرانے کا اختیار ہوگا۔ اس کے لئے وہ:

(a) ایسی سڑکیں، boundary، پُل، gate وغیرہ بنا سکتا ہے جس کو بنانا اُس sanctuary کے مقاصد کو حاصل کرنے کے لئے ضروری ہو

(b) ایسے کام کرسکتا ہے کہ جنگلی جانوروں کی زندگی محفوظ ہوسکے اور sanctuary کی بھی حفاظت ہوسکے

(c) اُن کے رہائش کی بہتری کے لیے اور اُن کے مفاد کے لیے قدم اٹھائے گا

دفعہ ۳۴:-کچھ لوگوں کو ہتھیار رکھنے کی اجازت دینے کے سلسلے میں:

جب کسی بھی جگہ sanctuary بنانے کا فیصلہ ہوجائے تو اس تاریخ کے تین مہینے کے اندر ایسے کسی بھی انسان کو ہتھیار رکھنے کا اختیار ہوگا جسے کہ Arms Act, 1959 کے تحت اسے رکھنے کا اختیار ملا ہے اور جو sanctuary کے اردگرد کے دائرے میں رہتا ہے

دفعہ ۳۵:-قومی پارکوں (National Parks) کے سلسلے میں

اگر کوئی بھی صوبائی سرکار کسی خاص علاقے کی جغرافیائی، حیاتیاتی، نباتاتی یا ماحولیاتی ساخت سے متاثر ہوکر یہ سمجھتی ہے کہ اس کے ذریعہ جنگلی زندگی کی حفاظت کی جاسکتی ہے، ان کی بہتری کی جاسکتی ہے یا فلاح و بہبود ہوسکتی ہے تو وہ اس کو قومی پارک بنانے کا اعلان کرسکتی ہے لیکن اس کی حد میں تبدیلی بغیر قانون بنائے نہیں کی جاسکتی

دفعہ ۳۷:-بند علاقے کا اعلان (declaration of closed area)

۱) صوبائی سرکار اطلاع نامہ جاری کرکے کسی بھی علاقے کو شکار کے لیے 'بند علاقہ' قرار دے سکتی ہے

۲) اطلاع نامے میں وضاحت کیے گئے وقفے میں کسی طرح کا کوئی شکار نہیں کیا جاسکتا

دفعہ ۳۸:-مرکزی سرکار کا اختیار کہ وہ کسی بھی علاقے کو Sanctuary یا National Park کا درجہ دے

## باب-۴-اے (Chapter -IV A): مقتدرہ مرکزی چڑیا گھر اور چڑیا گھروں کی شناخت (Central Zoo Authority and Recognition of Zoos)

دفعہ ۳۸-اے:-مقتدرہ مرکزی چڑیا گھر کا آئین (Constitution of Central Zoo Authority)

دفعہ ۳۸-بی:-اس کے Chairman اور دوسرے اراکین کی خدمات کی اہلیت، شرائط، کام کی مدت وغیرہ کے سلسلے میں

دفعہ ۳۸-سی:-مقتدرہ مرکزی چڑیا گھر کے کام (Functions of Central Zoo Authority)۔ مقتدرہ مرکزی چڑیا گھر مندرجہ ذیل کام کرے گی:

(a) چڑیا گھر میں رکھے جانے والے جانوروں کی رہائش، دیکھ بھال اور ان کو طبی سہولیات مہیا کرانے کے لیے

پیمانے (standards) متعین کرے گی

(b طے کیے گئے پیمانوں کے مطابق چڑیا گھر میں کام ہو رہا ہے کہ نہیں اِس بات کی جانچ کرے گی

(c چڑیا گھروں کو قانونی منظوری (recognition) دیگی یا منظوری رد کردیگی (derecognition)

(d ایسے جانور جو تیزی سے ختم ہو رہے ہیں اور ان کے وجود کو خطرہ ہے (endangered) ان کی شناخت کر کے دوسرے مقامات پر اُن کی breeding کروائیگی

(e نسل بڑھانے کے مقصد سے جانوروں کی ایک جگہ سے دوسری جگہ کی منتقلی کے عمل کو آسان بنائے گی

(f endangered animals کی نسل کو آگے بڑھانے کے عمل کے لئے ضروری کتابیں مہیا کرائیگی اور ان کے رکھ رکھاؤ کا انتظام کریگی

(g چڑیا گھر میں جن جانوروں کو رکھا گیا ہے ان کی سہولیات کی فہرست بنائیگی اور اُسے مہیا کرائے گی

(h چڑیا گھر میں کام کرنے والے لوگوں کی تربیت کا ملک اور بیرونِ ملک میں انتظام کرے گی

(i چڑیا گھر میں رکھے گئے جانوروں کی نسل کو آگے بڑھانے (breeding) کے لیے تحقیق کو فروغ دے گی

(j چڑیا گھروں کو سائنسی لائن پر نشو و نما کرنے اور بہترین انتظام کرنے کے لیے تکنیکی اور دوسری مدد کرے گی

(k چڑیا گھروں سے متعلق اور دوسرے کام کریگی، ایسے کام جو کہ اس قانون پر عمل کرنے کے لیے ضروری ہیں

دفعہ ۳۸-ڈی:- مقتدرہ مرکزی چڑیا گھر کو وفد بنانے اور نمائندے بنانے کا اختیار ہوگا

دفعہ ۳۸-ای:- مقتدرہ مرکزی چڑیا گھر کو دی جانے والی امداد (grants) اور فنڈ کو خرچ کرنے اور اس کے حساب کے طریقہ کے سلسلے میں

دفعہ ۳۸-ایف:- سالانہ رپورٹ

ہر سال کی کارکردگی اور سرگرمیوں کی تفصیل Central Zoo Authority مرکزی سرکار کو بھیجے گی اور اپنے اخراجات کا حساب بھی۔

دفعہ ۳۸-جی:- Central Zoo Authority کی سالانہ رپورٹ اور آڈٹ رپورٹ پارلیامنٹ کے سامنے رکھی جائے گی

دفعہ ۳۸-ایچ:- کسی بھی چڑیا گھر کو Central Zoo Authority کی منظوری کے بغیر چلنے نہیں دیا جائے گا

دفعہ ۳۸-آئی:- Central Zoo Authority کی اجازت کے بغیر کسی بھی جانور کو کسی بھی چڑیا گھر میں نہیں رکھا جا سکتا

دفعہ ۳۸-جے:- کسی بھی چڑیا گھر میں جانوروں کے ساتھ چھیڑ خانی (teasing) کرنے پر پابندی لگانا

## باب-۵ (Chapter -V): جنگلی جانوروں اور ان سے بننے والے چیزوں کی تجارت اور پیشہ

## (Trade or Commerce in Wild Animals and Animal Articles)

دفعہ ۳۹:- سارے جنگلی جانوروں کو حکومت کی ملکیت سمجھا جائے گا

دفعہ ۴۰:- مختلف سرکاری ملکیتوں کے اعلان (declaration) کے سلسلے میں

دفعہ ۴۱:- جانچ اور پوچھ تاچھ کے سلسلے میں

Chief Wild Life Warden یا اس کا کوئی نمائندہ کسی بھی وقت ایک نوٹس دیکر کسی بھی جگہ داخل ہو کر جانور، اُن سے بننے والے سامان، اُن کے چمڑے یا دوسری چیزوں کے متعلق سوالات پوچھ سکتا ہے

دفعہ ۴۲:- ملکیت کا سرٹیفیکیٹ (Certificate of Ownership)

Chief Wild Life Warden کسی ایسے انسان کو ملکیت کا سرٹیفیکیٹ جاری کر سکتا ہے جس کے پاس قانونی طور پر کچھ جنگلی جانور ہوں یا اُن سے بنی ہوئی چیزیں ہوں

دفعہ ۴۳:- جانوروں کے ایک جگہ سے دوسری جگہ منتقل کرنے کے ضابطے (regulations) کے سلسلے میں

دفعہ ۴۴:- بغیر Licence کے جانوروں سے بنی ہوئی چیزوں کی خرید و فروخت پر پابندی عائد کرنے کے سلسلے میں

دفعہ ۴۵:- صوبائی سرکار کے حکم نامے کی بنیاد پر Chief Wild Life Warden دفعہ ۴۴ میں جاری کیے گئے کسی بھی licence کو منسوخ کر سکتا ہے

دفعہ ۴۶:- کسی بھی انسان کو licence کے منسوخ ہونے کی صورت میں اپیل دائر کرنے کا حق ہوگا

دفعہ ۴۷:- Chiief Wild Life Warden کو مختلف records کو maintain کرنا پڑے گا

دفعہ ۴۸:- Chiief Wild Life Warden، مختلف جانوروں کی خرید و فروخت کے لیے licence جاری کرسکتا ہے

## باب-۵-اے (Chapter -V A): کچھ جانوروں یا ان سے بنی ہوئی چیزوں کی تجارت یا پیشے پر پابندی (Prohibition of Trade or Commerce in Certain Wild Animals and Articles)

دفعہ ۴۹-اے:-تعریفات (definitions)

a) درج فہرست جانور (scheduled animals) کا مطلب ایسے جانوروں سے ہے جن کو کچھ وقت کے لیے Schedule-I یا Schedule-II کے دوسرے حصے میں ڈالا گیا ہے

b) درج فہرست جانوروں سے بننے والے سامان (scheduled animal article) کا مطلب ایسے جانوروں سے یا ان کے کسی حصے سے بننے والے سامان سے ہے جن کا ذکر (a) 49 A میں آچکا ہے

دفعہ ۴۹-بی:- درج رفہرست جانوروں سے بننے والے سامان کا کاروبار کرنے پر پابندی

دفعہ ۴۹-سی:- جانوروں کے سامان کا کاروبار کرنے والے لوگوں کی طرف سے اعلان (declaration)

## باب-۶- (Chapter -VI): جرم کی تحقیق اور روک تھام (Prevention & Detection of Offences)

دفعہ ۵۰:- Chief Wild Life Warden یا Central Zoo Authority کو یہ حق ہوگا کہ وہ کہیں بھی داخل ہو کر تحقیقات کریں اور اگر ضروری ہو تو کچھ لوگوں کو گرفتار کریں

دفعہ ۵۱:- اس قانون کی کسی بھی دفعہ کی خلاف ورزی کی صورت میں عائد ہونے والے جرمانے کے سلسلے میں

دفعہ ۵۲:- جانوروں کی پشت پناہی کے سلسلے میں

دفعہ ۵۳:- غلط کاموں کے لیے سزا ملنے کے سلسلے میں

دفعہ ۵۶:- دوسرے قوانین کے اس قانون پر پڑنے والے اثرات کے سلسلے میں

دفعہ ۵۸:- کمپنیوں کے ذریعہ کیے جانے والے جرم (Offences) کے سلسلے میں

## باب-۷ (Chapter -VII): متفرق (Miscellaneous)

دفعہ ۵۹:- Chief Wild Life Warden یا Central Zoo Authority میں کام کرنے والے دوسرے عہدے داران عوامی خادم سمجھے جائیں گے

دفعہ ۶۰:- اگر قانون پر عمل درآمد کرنے میں کوئی بھی عہدیدار کوئی قانونی کارروائی کرے گا تو اس پر کوئی قانونی کارروائی نہیں کی جائے گی۔

دفعہ ۶۱:- اس قانون کے مختلف schedule میں مختلف تبدیلیاں کرنے کے سلسلے میں

دفعہ ۶۴:- صوبائی سرکاروں کو مختلف قوانین بنانے کے اختیارات ہوں گے

دفعہ ۶۵:- درج فہرست قبائل کے حقوق اور مفادات کی حفاظت کی جائے گی

اس قانون (Wild Life Protection Act, 1972) میں مقامی لوگوں کی کسی طرح سے شمولیت نہیں ہے اور یہ قانون جموں کشمیر میں لاگو نہیں ہوتا ہے کیونکہ وہاں پر دوسرے قانون موجود ہیں۔

**Rs. 750 US$ 37.50**

ISBN: 978-81-7541-730-4

First Published in India, 2014

*Environmental Education* (in Urdu)



*Published by:*

**SHIPRA PUBLICATIONS**

H.O.: LG 18-19, Pankaj Central Market, I.P. Ext.,
Patparganj, Delhi 110092,
Ph. 22235152, 22236152
Br. Off.: 4617/18, Ansari Road, Daryaganj,
New Delhi 110002; Ph.9650028065, 9810522367
Email: info@shiprapublications.com
Website: www.shiprapublications.com

# ENVIRONMENTAL EDUCATION

(in Urdu)


**DR. SAJID JAMAL**
Associate Professor
Maulana Azad National Urdu University
College of Teacher Education
Bhopal

**MOHD. MOSHAHID**
Assistant Professor
Department of Education
Maulana Azad National Urdu University
Hyderabad



SHIPRA